HANGIL
GREAT BOOKS
168

제일철학 2

에드문트 후설 지음 | 이종훈 옮김

한길사

HANGIL
GREAT BOOKS
168

Edmund Husserl
Erste Philosophie (1923/24) 2

Translated by Lee Jonghoon

Published by Hnagilsa Publishing Co. Ltd., Korea, 2020

1920년대 연구실에서 자료를 검토하고 있는 후설
후설은 『이념들』 제1권(1913) 출간 이후
『형식논리학과 선험논리학』(1929)을 낼 때까지
어떠한 연구 성과도 발표하지 않았다.
하지만 그 기간 선험적 현상학의 토대를 굳게 다지는 데 전력을 다했다.

슈타인(E. Stein), 하이데거M. Heidegger), 란트그레베(L. Landgrebe), 핑크(E. Fink)
후설의 연구조교이자 속기원고를 정서하고 후설과 함께 수정하고 검토한 공동연구자
슈타인(1916~1918)의 1910년대 초반, 하이데거(1918~1923)의 1920년경,
란트그레베(1923~1930)의 1980년, 핑크(1930~1938)의 1929년 모습.

『데카르트적 성찰』 프랑스어 판과 『위기』의 모체 「비엔나」 강연안내문
1923/24년 강의 「제일철학」의 문제의식을 발전시킨 1929년 2월
프랑스 소르본대학교의 「파리강연」은 1950년 『데카르트적 성찰』로,
1935년 5월 오스트리아 비엔나문화협회의 「비엔나강연」은
1936년 『위기』의 제1부와 제2부, 1954년 제3부로 출간되었다.

후설아카이브가 설립될 시기의 연구원들

1939년 루뱅대학교에 설립된 후설아카이브는 후설의 유고를 정리해
『후설전집』을 발간하고 독일의 프라이부르크대학교와 쾰른대학교,
프랑스의 소르본대학교, 미국의 뉴욕 뉴스쿨에 지부를 설치했다.

HANGIL GREAT BOOKS 168

제일철학 2

에드문트 후설 지음 | 이종훈 옮김

한길사

제일철학 2

일러두기 • 16

제2부   현상학적 환원의 이론

제1장   철학의 필증적 출발에 관한 예비성찰

1절   서론: 절대적 상황에서 출발하는 철학의 동기부여 • 19
    28 그리스에서 철학의 이념과 철학을 하면서 출발하는 주체의 동기부여
    상태 • 19
    29 생성되는 철학자가 습관적인 삶의 형식을 건립함 • 28
    30 순수한 문화의 성향 일반과 철학적 근본주의를 근원적으로
    건립함 • 38

2절   필증적 명증성의 이념과 출발의 문제제기 • 52
    31 자연적 명증성과 선험적 명증성, 필증적 명증성과 충전적 명증성 • 52
    32 가능한 출발점인 '나는 존재한다'와 '출발하는 철학자인 나'; '나는
    존재한다'―'이 세계는 존재한다' • 64

제2장   세속적 경험에 대한 비판. 선험적 환원으로의 첫 번째 길

1절   세계에 대한 지각과 세계에 대한 신념 • 73
    33 '세계가 존재한다'는 명제의 폐기할 수 없는 우연성 • 73
    34 선험적 가상과 경험적 가상. '터무니없는 착상에 대한 반론' • 82

2절 '터무니없는 착상에 대한 반론'을 본받은 보충과 해명 • 91

    35 '감정이입'의 이론 • 91

    36 선험적 독아론. 세속적 경험에 대한 비판의 부정적 결과 • 98

3절 선험적 경험의 장(場)을 열어 제시함. 선험적 환원, 현상학적 환원과 필증적 환원 • 105

    37 세계가 존재하지 않을 수 있는 필증적 확실성과 주관성이 선험적 삶을 드러냄 • 105

    38 선험적 비판의 주제인 선험적 경험의 장 • 112

제3장 현상학적 환원의 현상학. 선험적 환원으로의 두 번째 길을 열어 제시함

1절 주관성의 선험적 삶의 흐름이 지닌 선험적 시간의 형식 • 121

    39 보편적인 선험적 자기경험의 완전한 내용. 선험적 현재, 과거 그리고 미래 • 121

    40 자아의 분열로서 반성과 흐르고 있는 생생한 현재에서 자아의 동일성 • 127

2절 현상학자의 이론적 태도에 관한 이론. '판단중지'의 의미와 작업수행 • 134

    41 반성과 이론적 관심, 태도를 취하는 자아의 분열 • 134

    42 관심, '태도', '주제'라는 가장 일반적인 개념 • 141

    43 현상학적 '판단중지'와 반성에서 주관적 존재에 대한 순수 관심의 가능성 • 151

3절 자연적 자아 삶의 의식 활동성과 순수 주관성으로의 환원 • 160

    44 정립적 작용과 유사-정립적 작용 그리고 그 환원; '판단중지'와 '유사-판단중지' • 160

    45 작용의 주체인 자아의 자연적인 세계 삶과 비자연적인 현상학적으로 순수한 자기성찰. 그 사유의 진행 • 170

    46 현상학적 방법을 개조하고 심화함: 선험적 환원으로의 데카르트적 길과 심리학자의 길 • 178

제4장　현상학적 심리학, 선험적 현상학 그리고 현상학적 철학

　1절　현상학적-심리학적 환원의 작업수행과 문제제기 • 185
　　　47 지향적 함축과 반복 • 185
　　　48 그때그때 작용의 심리학적 환원에서 보편적인 현상학적 '판단중지'와
　　　　환원으로 넘어가는 문제 • 193

　2절　두 번째 길에서 선험적 경험의 영역을 열어 제시함 • 202
　　　49 생생하게 흐르는 현재의 지평 • 202
　　　50 삶의 무한한 시간 흐름과 보편적 반성과 '판단중지'의 가능성 • 210
　　　51 보편적 '판단중지'와 환원으로 넘어감. 순수한 보편적 삶과 그
　　　　체험세계 • 216

　3절　선험적 현상학적 환원의 철학적 의미 • 224
　　　52 선험적 주관성이 선험적 자기경험에 근거해 자신을 선험적으로
　　　　이론화하는 체계적 형식으로 자신을 체계적으로 전개해가는
　　　　철학 • 224
　　　53 상호주관성의 문제 • 230
　　　　a) 순수 현상학이 선험적으로 소박할 가능성과 선험적 경험을
　　　　　필증적으로 비판하는 철학의 과제
　　　　b) 선험적 자아론('독아론적 현상학')과 상호주관적 환원으로 넘어감
　　　54 선험적 관념론에 이르는 현상학적 환원의 길과 선험적 모나드론인 이
　　　　길의 현상학적 의미 • 244

보충 논문

　1. 절대적 자기책임에서 개인의 삶과 공동체의 삶의 이념에 관한
　　성찰 • 257
　2. 활동으로서 성찰함—보편학문의 목적을 성찰하는 현상학 • 268
　3. 완전한 존재론의 이념 • 279

4. 실증과학과 실증적 제일철학을 통한 절대적인 보편적 존재론으로서
선험적 현상학에 이르는 길 • 288

5. 충분할 수 없는 실증과학과 제일철학 • 300

6. 선험적 주관성에 관한 학문으로의 길에 단계를 구분하는 시도 • 328

7. 실증과학에 대한 비판을 통한 선험적 현상학에 이르는 길.『이념들』
제1권의 데카르트적 길 그리고 미리 주어진 생활세계의 문제 • 339

8. 선험적 현상학으로의 데카르트적 길과 보편적인 현상학적 심리학의
길 • 358

후설 연보 • 391
후설의 저술 • 397
옮긴이의 말 • 403
찾아보기 • 407

제일철학 1

일러두기 • 16
엄밀한 제일철학을 줄곧 추구한 선험적 현상학 | 이종훈 • 17

제1부 비판적 이념의 역사

제1장 플라톤의 철학이념부터 데카르트가 이 이념을 근대에 실현하기 시작까지

1절 철학의 이념과 그 역사적 유래 • 55
2절 논리학의 정초와 형식적–진술논리 분석론의 한계 • 75
3절 소피스트들의 회의가 계기가 된 인식하는 주관성에 대한 최초의 성찰 • 94
4절 주관성에 관한 학문의 역사적 발단 • 119

제2장 로크가 자아론을 시도한 기초와 그가 남긴 문제제기

1절 원리적으로 제한된 로크의 시야와 그 원인 • 155
2절 로크의 탐구에서 은폐된 진정한 지속적 문제제기에 대한 비판적 해명 • 185
3절 순수의식에 관한 형상적 학문의 이념을 간과한 지표로서 경험론의 추상이론 • 216

제3장   버클리와 흄, 독단적 합리론을 통해 현상학이 회의적
          형식으로 미리 형성됨

  1절   순수내재의 철학이 로크에서 버클리로 급격하게 귀결됨 • 235
  2절   흄의 실증주의 ─ 회의론을, 동시에 선험적 근본학문의 결정적
          준비단계를 완성함 • 256
  3절   근대의 합리론과 형이상학 • 286

보충 논문

  1. 철학적 문화의 이념. 그리스 철학에서 그 이념이 최초로 싹틈 • 309
  2. 칸트의 코페르니쿠스적 전환과 이러한 코페르니쿠스적 전환 일반의
      의미 • 315
  3. 칸트와 선험철학의 이념 • 342
  4. 엄밀한 학문의 이념에 역사적 발생이 아니라 이상적 발생의 문제 • 415

  찾아보기 • 429

일러두기

1. 이 책은 벨기에 루뱅대학교 후설아카이브(Husserl-Archiv)의 루돌프 뵘(Rudolf Boehm, 1927~)이 편집한 후설전집(Husserliana) 제8권 『제일철학』 제2권(*Erste Philosophie II (1923/24)*, 1959) '현상학적 환원의 이론'에서 '부록'과 '원문의 비판적 부대사항'을 제외하고 본문과 보충 논문 8편을 옮긴 것이다.

2. '원문의 비판적 부대사항'은 전문학자의 서지학적 관심 이외에 별 도움이 안 되며, 분량에 편차가 큰 32편의 '부록'은 그 내용이 대부분 본문과 유사하다고 판단해 제외했다. 그리고 한 권의 책으로 제시해야 할 체제상 어쩔 수 없는 선택이었다.

3. 원전에서 겹 따옴표(" ")로 묶어 강조한 문구는 홑 따옴표(' ')로, 격자체나 고딕체로 강조한 부분은 고딕체로 표기했다.

4. 인명, 중요한 개념이나 표현은 우리말 다음에 원어를 병기했고, 필요한 경우 독자의 이해를 돕기 위해 간략한 주석을 달았다.

5. 중요한 용어나 합성어 그리고 문장의 흐름을 파악하는 데 도움이 된다고 판단해 강조한 부분은 원전에 없는 홑 따옴표(' ')로 묶었다. 관계대명사로 길게 이어지는 문장은 짧게 끊거나 그것이 수식한 말의 앞과 뒤에 사선(─)을 넣었다. 부연해 설명하는 부분이 너무 길어져 문맥을 이해하기 힘들 경우에도 그렇게 했다.

6. 본문의 ( )는 원전의 것이며, 문맥의 원활한 흐름을 위해 또는 독자의 이해를 돕기 위해 필요한 말은 옮긴이가 [ ] 안에 보충했다. 너무 긴 문단은 내용과 호흡을 고려해 단락을 새롭게 나누었다.

7. 본문의 각주는 독자의 이해를 돕기 위해 옮긴이가 붙인 것이다. 단 저자가 단 각주에는 끝에 '─후설의 주', 편집자의 주는 '─편집자 주'라고 표시했다.

제2부

현상학적 환원의 이론

제1장 철학의 필증적 출발에 관한 예비성찰

1절 서론: 절대적 상황에서 출발하는 철학의 동기부여

28 그리스에서 철학의 이념과 철학을 하면서 출발하는 주체의 동기부여 상태[1]

크리스마스 이전에 우리 강의는 선험적[2] 현상학(transzendentale

---

1) 이 책의 장, 절, 항의 제목은 편집자인 뵘(R. Boehm)이 각기 관련된 내용을 고려해 붙인 것이다.

2) 후설현상학의 근본성격을 집약해 드러내는 이 용어 'transzendental'이 'transzendieren'(초월한다)에서 파생되었다고 학계 일부에서 '초월(론)적'으로 옮기기도 하지만, 한국현상학회가 1980년대 중반부터 사용해온 관례에 따라 또한 다음과 같은 이유로 '선험적'으로 옮긴다.

① 후설은 이 용어를 칸트에게서 이어받았지만 다른 의미로 사용한다. 즉 '선험적'은 '모든 인식의 궁극적 근원으로 되돌아가 묻고 자기 자신과 자신이 인식하는 삶을 스스로 성찰하려는 동기'로서 철저한 반성적 태도를 뜻한다. 따라서 칸트나 신칸트학파에서 '선험적'에 대립된 것은 '경험적'(empirisch)이지만, 후설현상학에서 그것은 소박한 자연적 태도의 '세속적'(mundan)이다.

② 모든 경험은 스스로 거기에 주어진 핵심을 넘어 사념함으로써 처음에는 주시하지 않던 국면을 점차 밝혀줄 지평을 지니는데, 여기에는 역사적으로 형성되고 침전되어 전통으로 계승된 문화도 포함된다. 이처럼 모든 역사의 아

Phänomenologie)과 현상학적 철학(phänomenologische Philosophie)[3]
을 이념 역사적으로 소개하는 완결된 전체에 맞춰 짜였다. 그 강의는
철학사(哲學史)를 철학의 이념에서 역사라는 관점에서 고찰했다. 이
역사는 소피스트철학에 대한 소크라테스-플라톤의 반동에서 생겼
고, 그 후의 모든 학문발전을 내적으로 이끄는 목적이념으로서 진행
해나가는 과정을 규정했다. 따라서 철학은 시종일관 인식하는 자가
자신의 인식 작업수행에 대해 최고의 궁극적 자기성찰, 자기이해〔의
사소통〕, 자기책임에 입각한 인식이 되어야 했다. 같은 말이지만, 스
스로 정당화된 학문, 더구나 보편학문이 되어야 했다. 그렇지만 역사

프리오리를 그 궁극적 근원으로 되돌아가 묻는 발생적 현상학을 '초월(론)적'
이라 부를 수 없다. '넘어선다'는 것이 결코 의식과 대상이 분리된 이원론을 전
제한 '초월'은 아니기 때문이다.

③ 선험적 환원은 초월적 실재를 내재적 영역으로 이끌어 의식작용과 그 대
상에 동일한 의미를 구성하는 선험적 자아를 드러내는 방법, 즉 시선을 대상에
서 그 주관으로 되돌리는 태도변경이다. 그런데 이것을 '초월(론)적 환원'으로
하면, 의식에 내재적으로 끌어오는 것이 아니라 정반대의 뜻으로 이해된다.

④ 가령 "현상학과 다른 모든 학문의…… 관계는 '선험적'[초월론적] 존재
와 '초월적' 존재의 본질적 관계에 근거한다"(『이념들』 제1권, 159쪽)에서 '초
월론적'으로 번역하면 매우 어색하며 '-론'의 유무만으로는 의미를 제대로 파
악할 수 없다. 또한 "모든 초월성(Transzendenz)을 '배제하는' 태도에서 현상학
은…… '선험적[초월론적] 문제들'의 전체적 복합체로 나아가고, 따라서 선험
적[초월론적] 현상학이라는 명칭을 마땅히 받을 만하다"(같은 책, 198쪽)에서
처럼 '초월론적'으로 번역하면 모순된 표현이 될 수밖에 없다.

요컨대 후설 현상학에서 '[현재의] 경험(驗)에 앞선 것(先)'을 뜻하는 '선험
적'(先驗的)은 인식의 형식뿐만 아니라 앞으로 인식할 다양한 내용을 포함해
자아의 체험에 수동적으로 미리 주어진 모든 역사성과 사회성을 궁극적 근원
으로 되돌아가 묻고 해명함으로써 이론과 실천을 엄밀하게 정초하고자 한다.

3) 후설은 '선험적 현상학'과 '현상학적 철학' 또는 '선험철학'을 명확하게 구분
해 사용하지 않지만, 전자는 매우 포괄적인 의미로, 후자는 단순히 현상적 환
원의 단계(방법론)를 넘어 철저한 선험적 태도에서 선험적 환원을 거쳐 생긴
철학으로 이해할 수 있다.

적 발전은 이 이념을 실현시킬 수 없었다. 이러한 상태의 지표는 때에 따라 드러나거나 숨겨진 회의론이 계속 발전해나간 흐름이었다. 우리는 끊임없이 근본적 비판을 가해 이렇게 발전해나간 과정을 추적했고, '모든 정당화는 그 궁극적 원천과 통일성을 인식하는 주관성과 선험적 순수함에서 포착할 수 있는 주관성의 통일성 속에 지닌다'는 사실을 실질적으로 분명하게 설명했다. 그러므로 근원적 원천의 학문, 즉 선험적 주관성에 관한 학문인 제일철학(Erste Philosophie)이 필요하다. 진정한 모든 학문은 제일철학에서 그 모든 근본개념과 원리, 그밖에 그 방법의 모든 원리를 이끌어내야 한다. 바로 그 궁극적 근원의 영역을 이렇게 공유함으로써 그 학문들은 하나의 유일한 철학의 분과로 드러나야 한다.

이렇게 가장 보편적으로 선험적 현상학과 이것에서 생긴 진정한 철학의 예비개념 — 따라서 이론 속에 최초로 작동할 수 있는 가장 보편적인 목적이념 — 을 획득하고 미래의 모든 발전에 필연적인 목적이념을 인식한 다음에는, 그 목적이념이 스스로 활동하면서 실현되게, 따라서 그 목적이념에 적합한 철학을 그 근원적 출발에서부터 현실적으로 생성되게 착수해보자.

우리는 선험철학의 싹을 역사적으로 데카르트에서 찾는다. 그의 성찰을 기억해내는 것은 몇 가지 — 하지만 올바로 최초의 출발을 시도하는 데 — 도움을 얻을 수 있을 것이다.[4]

심지어 곧바로 진부한 말로 사라질 수 있을 그의 틀린 이론이나 원초적 사유과정에서조차 더 높은 진리가 있고 은폐되어 있다. 어쨌든 '갓 태어난 상태의'(in statu nascendi) 진리 — 여전히 올바로 형성되고 정초되지는 않았지만, 미래를 예감하고 제시하는 한편 그것을 이

---

4) 이에 관해서는 『제일철학』 제1권의 9~11항을 참조할 것.

미 완전히 성숙된 진리로 소유한 후대의 사람들이 발전의 참된 싹이라는 형태로 아주 잘 인식할 수 있는 진리 ── 를 느낄 수 있다는 것은 철학적 천재의 장점이다. 그래서 그것은 데카르트의『제일철학에 관한 성찰』과 무엇보다 잘 알려진 일련의 성찰에서 처음 두 성찰5)에 관련된다. 여기에서 예감할 수 있는 깊이에서 이 성찰은 ── 비록 가장 본질적으로는 후계(後繼)를 거의 발견하지 못했더라도 ── 언제든 다시 행사된 강력한 인상을 통해 그 주요부분을 설명할 수 있다. 데카르트가 모든 학문 ── 심지어 수학적 학문도 제외하지 않고 ── 에 정초의 궁극적 타당성을 부정한 것, 그가 그 학문들에게 절대적 정당화를 부여해야 할 유일한 절대적 원천에 입각해 정초할 새로운 방법을 그 학문들에 요구한 것은 그 자체로 위대한 일이었다. 학문들은 그 방법을 통해 ── 데카르트에 따르면 그 자체로 모든 진정한 인식을 포괄하고 그 인식에 필연적 통일성을 부여하는, 즉 이 모든 인식이 유래해야 할 이성의 통일성에 의해 필연적 통일성을 부여하는 ── 하나의 '보편적 지혜'(universalis sapientia)의 단순한 분과가 될 수 있었다.

이때 위대한 일은 외견상 아주 평범한 '나는 생각한다'(ego cogito)를 발견한 것에서 더 나아가 이것을 통해 요구된 절대적 인식의 정초에 소급해 관련시킨 것, 그래서 선험적 자기인식이 다른 모든 인식의 근원적 원천이라는 확신이다. 우리는 이러한 가장 보편적인 것에 따라 데카르트에 의해 모든 참된 학문적 철학이 출발한 근원적 형식이 ── 아무리 그가 이러한 출발의 의미를 오해하고 그래서 실제로 출발하지 못했더라도 ── 발견되었다는 점을 보여줄 것이다.

그러나 데카르트가 자신뿐 아니라 독자를 철학과 그 방법의 아르

---

5) 이것은 데카르트의『제일철학에 관한 성찰』가운데 제1성찰 '의심할 수 있는 것들에 관해'와 제2성찰 '인간 정신의 본성에 관해. 정신이 물질보다 더 쉽게 인식된다는 것'을 뜻한다.

키메데스 점인 '나는 생각한다'로 이끌어간 그『제일철학에 관한 성찰』의 양식도 관심을 끌만 하다. 참된 방법이 자신의 것이 되었다는 자신의 개인적인 심사숙고에 관한 역사적 보고서처럼 데카르트가 제시한 것은 명백히 개인을 넘어선 의미를 지녔고, 반드시 이러한 의미로 이해되어야 한다. 우선 이 점에서 시작해보자.

일반적으로 최고의 의미에서 철학자가 되려는 사람은, 절대적 정당화에 입각한 보편적 학문이라는 플라톤과 데카르트의 이념에 따라, 근원적으로 그렇게 자기성찰을 해야 한다. 그러한 합리적 자기형성과 자기인식의 길로 나서야 하며 다른 한편 정당한 방식으로 출발해가고 정당한 방식으로 계속 형성해가는 이러한 자기성찰도 철학 자체의 체계적 내용에 포함된다. 즉 철학이 객관적 형태를 획득하는 주관적 원천은 철학 자체와 분리될 수 없다. 자연적 인식과 심지어 실증적 학문은 참신하게 포착하면서 출발할 수 있고, 소박하게 작동하는 명증성에서 사유의 길을 선택해가며 방법을 형성할 수 있다.

사유하는 모든 형태에 앞서 그러한 인식과 학문은 대상들을 지닌다. 그때그때 학문적 영역을, 모든 것에 앞서 자연적 경험을 통해 미리 주어진 세계를 지닌다. 그러나 철학자는 참신하게 포착하면서 출발할 수 없다. 왜냐하면 그는 아무것도 미리 주어진 것으로 간주하면 안 되고, 그가 스스로에게 절대적으로 정당화하는 가운데 부여한 것만 지녀야하기 때문이다. 그는 어떠한 대상도 미리 지니지 않는다. 그에게는 현존하는 대상들이 그에게 거리낌 없이 제공되는 자연적 경험의 자명한 권리가 존재하지 않는다. 그는 심지어 아무런 의심도 솟구칠 수 없는 어떤 경험의 방식이더라도 소박하게 작동하는 어떠한 명증성도 잘 살피지 않은 채 미리 통과시키면 안 된다. 아무것도 자명하게 존재하면 안 되고 어쩔 수 없이 미리 받아들이면 안 된다. 절대적으로 정당화되지 않은 것은 아무것도 인정하면 안 된다.

그래서 철학자는 어떤 이론적 기체를 지니기 이전에 그가 어떻게 이렇게 출발하게 되었는지 돌이켜봐야 한다. 즉 그가 절대적으로 정당화된 것으로 간주한 것 — 이 경우 그 자체로 최초의 출발인 것 — 을 어떻게 자발적으로 행동할 수 있는지를 반성할 필요에 직면하게 된 자신을 보게 되는 것이다. 절대적 정당화의 의미에 관한 물음, 철학적 목적의 의미에 관한 물음이 모든 것에 앞서 있어야 하며, 그 물음은 이러한 의미가 최초의 싹에서 계속 형성되고 세분화되기 때문에 끊임없이 계속 활동하고 유지되는 물음이다. 따라서 철학자 그 자신은, 우선 자기 자신 이외에 아무것도 지니지 않기 때문에, 보편적인 절대적 인식인 철학을 원하는 자로서 자기 자신을 반성하고 이러한 관점에서 명석함을 마련하는 것에서 출발해야 한다. 그는 그 어떤 대상에 곧바로 이론적 주제로서 몰두하는 — 이때 자기 자신은 고려되지 않는다[6] — 소박한 인식의 주체이기를 완전히 중지해야 한다.

그 반성은 근원적으로 의지(Wille) 속에서 이루어진다. 실로 주체는 스스로를 철학적 주체로 규정함으로써 미래의 인식 삶 전체를 향한 의지의 결단을 포착한다. 주체는 이제부터 더 이상 전혀 또 어떤 방식으로든 인식하려 하지 않는다. 이제까지와 — 학문 이전이든 학문적이든 — 다르게 자신을 언제나 절대적으로 정당화된 인식만, 체계적이며 보편적인 하나의 철학만 원하는 자로 의도적으로 규정한다. 이와 같은 반성적 의지에 입각해 이러한 목적의 의미와 그 실현가능성을 숙고하게 된다. 이러한 숙고의 내용(따라서 그러한 반성적 철학

---

6) 이러한 지적은 곧 "이론적 작업을 수행하면서 사태, 이론과 방법에 몰두한 나머지 자신의 작업수행이 지닌 내면성에 관해 아무것도 모르고, 그 속에 살면서도 이 작업을 수행하는 삶 자체를 주제의 시선 속에 갖지 못하는 이론가(理論家)의 자기망각을 극복해야 한다."(『형식논리학과 선험논리학』, 20쪽)로 연결된다.

의 의지를 실현시키기 위한 수단)은 철학의 길에 필연적인 최초의 출발을 형성한다. 그 내용은 방법의 근본을 형성하고, 방법을 보편적으로 형성시키며, 이렇게 함으로써 철학 자체는 내용상 나중에 ─절대적으로 정당화된 이론체계로서─ 생길 것이다. 실제로 철학은 이렇게 해서만 철학적 의지를 단계적으로 완전하게 충족시키는 인식의 형성물로서 ─무한히 체계적으로 진보해─ 성장한다.

이러한 방식으로 철학은 원리적으로 소박하게 인식하는 행위 속에 생길 수 없다. 오직 인식하는 자의 자유로운 자기성찰 또는 자유로운 자기규정에 입각해서만, 자기 자신에 관한, 또한 주체가 철학적 주체로서 본래 하려는 것뿐 아니라 이에 따라 실현하는 데 따라야 할 길과 방법론에 관한 근본적으로 명석한 반성에 입각해서만 생길 수 있다. 그래서 철학을 하는 자아는 철학의 목적을 달성하기 위해 자기 자신에 대해 의지의 주제(Willensthema)가 되어야 한다. 그렇지만 이것은 '더 나아가' 그 자아가 자기 자신에 대해 자신의 최초의 인식의 주제(Erkenntnisthema)가 되어야, 즉 그 자아가 확실한 방법적 통각(Apperzeption)[7]에 근거해 스스로를 선험적 자아 또는 순수 자아로서 파악하고 그런 다음 이러한 자아 속에 그가 이론적 작업을 하는 근본 장(場)을 발견해야 비로소 타당하다. 내가 '더 나아가'라고 말한 이유는 그것이 더 이상 그 자체로 최초의 출발에 속하지 않고 철학이 이끄는 최초의 정점(頂点)으로서 성찰이 이룩한 성과의 내용에 속하기 때문이다.

그러나 철학을 하는 주체에 대해 반성하는 의지의 결단과 더불어

---

7) 이 용어는 라틴어 'appercipere'(덧붙여 지각한다)에서 유래하며, '직접 지각하는 것'(Perception) 이외에 잠재적으로 함축된 감각들까지 간접적으로 지각하는 것을 의미한다. 칸트 이후에는 새로운 경험(표상)을 이전의 경험(표상)들과 종합하고 통일해 대상을 인식하는 의식의 작용을 뜻하기도 한다.

최초로 성찰할 때 출발하는 형식을 좀 더 생각해보자. 이러한 결단을 통해 수립되고 생성되는 철학자가 습관적으로 살아가는 형식을 고찰해보면, 그 형식은 완벽하고 부단한 자기책임 속에 인식하는 삶의 형식이다.

철학을 하면서 출발하는 주체의 주관적 동기부여의 상황——이러한 상황에서 그 주체는 철학적 삶으로 규정된다——에 형식적-보편적인 것을 고찰해보자. 그 주체는 우선 소박한 인식의 주체이지만, 어쨌든 그 주체가 이제까지 인식의 소박함을 자각하고 그 소박함에 만족하지 못하는 한, 더 이상 완전히 소박하지는 않다. 그 주체는 자신의 배후에 삶의 구간(Lebensstrecke)이 있으며, 따라서 인식하는 삶의 구간도 있다. 비록 더 낮은 형태라도 어쨌든 깨어 있는 모든 삶에서 인식작용도 파묻혀 있기 때문이다. 게다가 그 주체는 실로 학문적으로 인식하는 주체였고, 그러한 것으로서 인식의 작업을 수행했을 뿐 아니라 가치를 평가하면서 비판했고 인식의 작업수행을 궁극적 가치에 따라 목적에 맞게 변형시켰다.

학문적 주체인 그 주체는 '확실하게 판단하는 의견은——그 의견이 자신이 뜻하는 것을 단순히 말하는 것이 아니라 그 의견이 뜻하는 것은 인식하는 형태 자체 속에 통찰된 진리 자체로서 실현될 정도로——아주 탁월한 방식으로 '진정한' 인식으로 형성될 수 있다'고 믿는다. 뜻하는 지향은 인식 속에 충족된다. 인식하는 주체는 목적을 달성하는 형태 속에 그 자신을 자각하고, 이제 목적 자체에 가까이 있게 된다. 그 주체는 인식하면서 '진리'를 간취한다. 이것은 곧 목적이 달성된 것, 판단에 따른 의견작용의 '그것 자체'(es selbst)다. 이것은 철학을 하는 초심자 또는 '갓 태어난 상태의' 철학자가 믿는(비록 논리적으로 명확하게 확정되지 않았더라도) 상황이다.

이와 대조적으로 철학자에게는 진정한 인식형태의 형식인 '명증성'이 빠져 있고 그 사태 자체를 간취하지('정초하지', '통찰할 수 있게 하지') 않은 채 단순히 그 사태를 뜻하는 그밖에 판단의 의견이 있다. 그 역시 '모든 단순한 판단의-의견이 작동되고 있다'는 것 그리고 '그 의견에 대해 정당화하는 정초가 시도될 수 있다'는 것을 믿는다. 즉 '그 의견을 그에 상응하는 진정한 인식으로 이행시키는 일 — 여기에서 스스로 주어진 진리는 그 권리의 척도가 되거나 그 진리가 올바른 진리로 증명되는 권리 자체가 된다 — 이 시도될 수 있다'는 것을 믿는 것이다. 철학자도 이러한 시도가 자주 실패하거나 — 진리가 드러나지만 판단에 따른 의견이 산산이 부서져 무효화되는 진리가 자신의 옳지 못함을 증명하는 한 — 그 반대로 뒤집힌다는 것도 잘 알고 있다. 이때 '모든 판단은 올바르거나 올바르지 않다'는 것, '모든 판단은 참이거나 거짓이다.' 따라서 '증명하는 데 이 두 가지 사건 가운데 하나가 반드시 등장한다'는 것이 철학자에게는 자명한 것으로 보인다. 더 나아가 이 모두에서 중요한 것은 순간적인 판단 작용이나 인식작용에 우연적 사건이 아니라, '진리는 지속적으로 목적을 달성할 수 있는 재산, 즉 인식하는 자가 일단 자발적으로 목적을 달성하면 이제 그에게 — 동일한 것으로서 언제나 다시 목적을 달성할 수 있고 결코 그 반대인 거짓으로 뒤집힐 수 없는 하나의 동일한 진리로서 — 지속적인 획득물과 소유물로 이바지할 수 있다는 것도 자명하다. 참인 것, 실제의 진정한 인식 속에 진리 또는 판단의 올바름으로 통찰될 수 있는 것은 결단코 진리이며, 거짓은 결단코 거짓이다.

그렇지만 진리는 사실상 목적을 달성할 수 있는 재산이라 할 수 있다. 진리가 아닌 것은 가치가 아니듯이, 진리는 하나의 가치다. 실천적 가치로서 진리는 인식하는 노력과 인식하는 행위의 목적이 된다. 그 밖의 행위와 같이 인식하는 행위가 자신의 목적을 다소 불완전하게 달성할 수 있으며, 그 행위는 노골적으로 또는 눈에 띠지 않게 그 목적을 놓쳐버릴 수 있다. 인식은 여전히 사태에서 어느 정도 멀리 떨어져 있을 수 있다. 실로 주시하지만 단지 미리 주시하고 여전히 완전히 스스로를 파악하고 있지 않거나 여전히 의견의 모든 의미의 계기에 따라 스스로를 부여하지 않는 불완전한 명석함을 지닐 수도 있다. 그래서 인식하는 행위를 반성적으로 검토하고 그 행위를 여전히 불완전한 추정적 목적달성을 반성적으로 비판하는 길에서 실제로 완전한 목적달성으로 변형시키는 것을 정당화하는 새로운 노력에 동기부여가 된다.

이 모든 것은 학자로서 철학의 초심자에게 (비록 그가 보편적 분석과 기술에 입각해야 비로소 생기는 논리적 법칙을 통찰하지 않더라도) '구체적으로' 잘 알려져 있다. 실로 그것은 모든 학문적 노력과 이 노력에서 나오는 학문적 인식작용의 근본성격에 포함된다. 이 인식작용은 그 자체로서 소박하려 하지 않고, 인식비판을 관통해가는 인식작용이려 한다. 학자가 표명하는 것을 그는 항상 규범의 정당성(이것은 최소한 학자로서 그가 요구하는 것이다)이라는 의식 속에 표명한다. 그것은 이미 비판의 연옥(煉獄)을 통해 관통한 것이며, 여기에서부터 학문적으로 진정한 인식 ― 곧 비판적으로 나중에 평가된 인식 ― 의 형태를 받아들인다.

29 생성되는 철학자가 습관적인 삶의 형식을 건립함

따라서 출발하는 철학자가 일반적으로 학자의 동기부여를 이어받는 한, 그가 실로 이전에 이미 학자였기 때문에 그 동기부여는 그 철학자 속에 계속 살아 있을 뿐이다. 요컨대 그 철학자는 이에 관해 아무것도 변경하려 하지 않을 것이고, 철학자로서 학자 ― 물론 진정한, 근본적으로 진정한 학자—가 아닌 한 결코 달리 되려 하지 않는다. 지혜에 대한 사랑이 그 밖의 학자와 마찬가지로 그의 마음을 움직이며, 우선은 학문적 지혜에 대한 사랑에 따라 판단영역의 본질 속에 포함된 진리의 가치영역에 습관적으로 헌신하는 방식으로 그는 스스로를 철학자라 부른다. 그래서 그도 이와 같은 진리에 대한 사랑을 통해 실천적 가능성의 테두리 속에 이러한 진리영역의 가장 위대한 것과 최상의 것을 향한 지속적인 삶의 결단에 스스로를 규정시킨다.

어쨌든 여기 도처에 본질적 차이가 있다. 아주 근원적으로 학문과 철학은 동일한 것 또는 특수과학은 분리할 수 없는 하나의 생명체로서 하나의 철학—전체 속의 줄기—에서 생생한 분과일 뿐이었다. 그러나 그 사이에 이 둘은 분리되었고, 오직 직업에 종사하는 것에 생기를 불어넣는 성향을 통해서만 분리되었다. 그것은 '철학'이라는 명칭 아래 학문을 학문으로 만드는—따라서 인식을 인식비판으로 정당화하는 가운데, 이와 더불어 자신이 인식하는 모든 작업수행에서 학자의 자기정당화 속에—궁극적인 것으로까지 나가려는 근본주의(Radikalismus)[8] 정신이 상실되었기 때문에 분리되었다. 자립화된 학문 그리고 이제까지 모든 학문 일반은 참된 철학자, '매우 탁월한'(kat' exochen) 학자를 만족시키지 못했다. 그것은 각기 모든 학문이 자신의 이론적 지배영역으로서 포괄하려는 대상의 우주가 매우 무한한데도 여전히 제약되었기 때문이 아니다. 또한 진리의 최고조

---

8) 이것은 데카르트와 라이프니츠의 '보편수학'(mathesis universalis)의 이념이다. 후설은 이것을 모든 개별과학의 학문적 성격을 보장하고 학문의 경계를 설정하는 규범적 법칙으로서, 즉 학문을 참된 학문으로 성립시킬 수 있는 이론적 형식에 관한 학문이론(Wissenschaftstheorie)으로서 순수 논리학을 정초할 형식적 영역의 존재론(regionale Ontologie)으로 발전시킨다.

건(Optimum), 즉 모든 사람이 얻고자 애쓰는 진리의 체계가 마찬가지로 제한된 것이고 진리의 전체통일성의 완전한 최고조건이 아니기 때문이 아니다. 무엇보다 모든 학문이 어중간한 소박함 속에 끼여 있고 그래서 학문으로서 그 학문들에 타고난 의미 ─ 시종일관하는 규범의 정당성의 의미 ─ 를 충족시키지 못하기 때문이다. 그 학문들은 모두 미리 주어진 것(Vorgegebenheit), 인식을 통해 미리 주어진 것을 지닌다. 왜냐하면 궁극적으로 미리 주는 것(Vorgebendes), 즉 **경험작용**(Erfahren)도 비록 낮은 단계의 인식이라도 그 자체로 이미 인식이기 때문이다.

즉 그 학문들은 이렇게 미리 주는 인식을 이전에 결코 비판적으로 탐구하지 않았는데도 곧바로 받아들인다. 마찬가지로 그 학문들은 다소 비판으로 주시해 비판적 형태를 각인시킨 방법적 인식작용을 작동시킨다. 어쨌든 그 학문들은 가장 철저하게 반성하는 가운데 인식하는 이론적 작업수행을 궁극적으로 신중한 자신의 주제로 다시 삼지 않는다. 바로 그 때문에 전제 없는 출발에 대한, 새롭게 인식하는 삶에 대한 실제로 근본적인 철학적 충동이 생긴다. 그것은 절대적 정당화에 입각해 학문을 창조하는 삶, 철학자가 ─ 모든 인식의 행위와 이 속에서 지배하는 모든 선택과 결단의 의미와 권리를 이해하고 책임질 수 있는 ─ 인식하면서 활동하는 자로서 절대적으로 좋은 양심으로 자기 자신 앞에 서는 삶이다.

그러나 이러한 절대적 근본주의는 이렇게 지극히 진정한 의미에서 철학자가 되려는 자에게 자신의 삶이 **절대적 소명**에 입각한 삶이 되는 그에 상응하는 절대적인 근본적 삶의 결단(Lebensentscheidung)을 뜻한다. 그것은 주체 자체가 또한 전적으로 주체 자체로서 ─ 자신의 인격 가장 안에 있는 중심으로부터 ─ 인식의 보편적 가치영역 속에 그 자체로 최상의 것을 결정하고 이 최상의 것의 이념을 향해 일관되게 헌신해 살아갈 것을 결정하는 결단이다. 그것은 주체 자신이 어떤 의미에서 이 최상의 것과 '절대적으로 동일화되는' 결단이라 할 수 있다. 이렇게 동일하게 중심적이며 보편적인 자기규정에 대한 상관적 표현은 '스스로를 철학자로 규정하는 주체는 최고의 인식 또는 철학을 자신이 노력하는 삶에 절대적 최종목적으로 선택하고 그 주체가 결단코 규정하고 결정했으며 실천적 자아로서 절대적으로 헌신해 몰두한 자신의 참된 '소명'으로 선택한다'는 것이다. 그와 같은 확고부동함의 주체인 철학자는 이렇게 작업을 수행하는 최종목적을, 자신의 삶에서 소명으로서 항상 자각한다. 자연히 잘 이해할 수 있는 의미로 말하면, 그 최종목적은 철학자 속에 습관적으로 지속해 계속 타당하게 살아 있으며, 철학자는 이 최종목적을 항상 깨달을 수 있다. '이것이 자신의 지속적 삶의 목적이라는 것, 근원적으로 수립된 결단으로부터 결단코 타당하며 모든 인식행위를 지배하는 이념적 극(Pol)으로서 지속하면서 작동하고 있다는 것'을 항상 명증성으로 이끌 수 있다.

따라서 이러한 이념적 중심화(Zentrierung)로부터만 존재하는 철학자에게는 자신의 삶이 지니는 최종목적에서 벗어나 헤매는 모든 것은 자기 자신으로부터 벗어나 헤매는 것, '자기-자신에게-충실하지 않게-되는 것'을 뜻한다. 마찬가지로 철학적 삶의 의지에서 솟아나오는 의지를 작동시키는 모든 것은 일관된 절대적 정당화를 명백하게 겨냥하고, 동시에 또한 이와 상관적으로 철학자 자신의 자기정당화라는 성격을 띤다.

어쨌든 이러한 결단의 의미 또는 양식에서 여전히 가장 중요한 것 가운데 하나는 우리가 절대성을 강조하면서 너무 불충분하고 모호하게 나타냈다는 점이다. 이러한 점을 더 분명하게 전개해보자.

철학, 즉 '보편적 지혜'에 따라 삶의 목적으로서 최종목적에 개인적 타당성은 다른 어떤 목적과 같이 일반적으로 어떤 삶의 목적을 단순히 선택하는 것을 뜻하지 않는다. 어떤 의미에서는 예를 들어 재산, 명예, 권력, 영광은 개인의 최종목적이라는 성격을 띨 수도 있고, 이른바 직업[소명]의 형식을 규정할 수도 있다. 그러나 이것은 직업이 철학적 직업뿐 아니라 진정한 예술가, 진정한 정치가 등의 직업에도 명백히 하듯이, 직업 자체가 더 높은 의미, 즉 고유한 엄숙함의 성격을 길어내는 더 높은 소명일 뿐으로 드러난 직업의 삶일 것이다. 물론 우리는 보편적인 정신적 형식의 통일체로 결합되는 보편적 특성을—통상적 의미나 더 높은 의미에서 직업이 논의될 때마다—동일한 방식으로 반복해 발견한다.

예를 들어 장사하는 직업을 결정한 자는 그 직업에서 가능한 최대의 재산, 권력, 명성을 가능한 한 넉넉하게 얻을 것을—여기에서는 철학자와 다르지 않다—마음속에 '결단코'의 형식으로 결정한다. 그도 서로 계열을 이룰 뿐 아니라 서로 연달아 구축되고 통합되며 승격된 가치와 목적의 무한한 연쇄를 상상한다. 이 가치와 목적은 그것의 이후 총합이 이전 총합을 흡수하고, 이때 이전 총합을 어떤 방식으로 유지한다. 그렇지만 어쨌든 다시 넘치기 때문에 효력이 없어진 가치다. 더 나아가 이렇게 승격되어 상승하는 무한한 단계구조 속에 그 자체로 가치 전체를 형성하는 가치다. 또한 무한한 단계로서 그 자체가 하나의 가치와 목적인—또한 '직업'이라는 명칭으로 선택된—이른바 '페르나소스로의 계제(階梯)'(gradus ad Parnassum)[9]를 형성하는 가치다.

자유롭고 실제로 마음속으로 선택된 모든 직업에는 이렇게 상관적

---

9) 이것은 라틴어 운율 사전의 이름으로, 음절의 길이와 동의어가 표시된 시작법 (詩作法)에 관한 책이다.

으로 함께 하나의 전체를 이루는 형태로 궁극적 타당성과 최종목적이 놓여 있다. 이는 의지의 주체인 인격적 주체에게는 이러한 목적이나 목적체계와 동일하게 확인되는 것을 뜻한다. 즉 자아의 중심으로부터 '사랑에 입각해'(aus Liebe) 그 목적이나 목적체계에 창조적-실천적으로 헌신해 몰두하는 것과 이 속에서 특별한 방식으로 언제까지나 살아가려는 것을 뜻한다.

그럼에도 일상적 의미의 직업과 소명에 입각한 직업은 하늘처럼 멀리 떨어져 있다. 사실상 하늘처럼 멀리 떨어져 있다. 왜냐하면 이러한 진정한 직업의 고향집은 단순히 추정된 가치 ——그런데 이 추정된 가치가 어떤 진정함을 지녔더라도 어쨌든 바로 완성의 순수함을 내포하지는 않은—— 에 대립해 절대적 또는 순수한 가치인 절대적 이념(Idee)의 '천상에 있는 영역'(topos ouranios)이기 때문이다. 다른 한편 소명의 고향집은 자아(Ich) 자체다. 이것은 일반적으로 가치를 평가할 뿐 아니라 모든 일면적인 유한화(有限化)와 혼탁함을 관통해 순수하고 진정한 가치 자체를 예감하고 예견하면서 지향한다. 가치 자체를 사랑하면서 헌신해 몰두하며, 창조적으로 실현하는 가운데 가치 자체와 일치된다. 그러나 순수한 것 자체는 수학의 극한을 닮았다. 그것은 적어도 '실로 그 자체가 간취된 모든 순수한 것이 여전히 자아와는 거리가 먼 것을 지녔다'는 것과 '그것이 그 자체에서든 자신의 연관지평에서든 이념을 사랑하는 사람이 끌려들어 갈 수 있고 끌려들어 가야 할 여전히 충족되지 않은 구성요소를 수반한다'는 것이 참이라면, 무한함 속에 놓여 있는 한계이념이다.

모든 가치영역에는 이러한 종류의 순수한 것, 즉 그 자체의 가치, 이념으로서 순수한 '아름다운 것'(kalon)[10]이 존재한다. 그래서 인식

---

10) 플라톤은 『필레보스』(*Philebos*, 64e~65a), 『티마이오스』(*Timaios*, 87c~89) 등에

의 가치영역에는 진리를 이론 속에 체계적이며 창조적으로 형성하는 가운데 끊임없이 승격되는 순수한 진리가 존재한다. 이렇게 단계적으로 상승해 형성할 경우 가장 낮은 단계에서 산출된 진리는 어떤 방식으로 지속하면서 보존된 가치다. 다른 한편으로는 어쨌든 더 높은 단계의 가치로 흡수되며 단순히 더 낮고 〔이미〕 극복된 가치로 평가가 절하된다. 이때 이론 자체의 무한한 진보와 이렇게 진보하는 가운데 수행된 진리를 길어내는 단계적 발전을 주시해보면, 그 진보는 무한함과 통일성에서 다시 순수한 가치로서, 모든 단계를 뛰어넘어선 가치로서 밝혀진다. 그 가치는 그 자체가 변화되거나 상승되지는 않지만 개별적 가치가 형성되고 그 가치가 상승되는 전체성(Allheit)으로서의 가치, 그래서 절대적인 동시에 변치 않고 지속하는 가치다. 명백히 여기에서 최고의 궁극적인 것은 순수한 진리 일반—이 가운데도 정초하는 이론—의 무한한 전체성, 즉 임의의 출발하는 진리에서 흘러나오는 생각해낼 수 있는 모든 이론화의 진보를 포괄하는 전체성이다.

그러므로 우리는 여기에서 이론적으로 결합된 진리의 전체 속에 순수한 아름다움 자신의 무한한 영역을 갖추게 된다. 이 영역은 순수한 바라봄(Schauen)에서 밝혀지지만, 실제로 밝혀지는 것은 수동적으로 주시함(Hinschauen)과 붙잡음(Erfassen)이 아니라 사랑하면서 창조하는 행위(Tun)에서다. 이 행위에서 그 자체로 순수한 것과 아름다운 것은 미리 예감하는 지향을 충족시킨 것인 그 자체의 본질로서 현실화된다. 그래서 자발적인, 창조적으로 일깨워진—자아 자체가 도달한—최종목적으로 간취된다. 하지만 모든 최종목적은 단지

서 "모든 좋은 것(to agaton)은 아름답고, 아름다운 것(to kalon)은 반드시 균형을 이룬다"고 파악한다.

상대적인 목적(telos)일 뿐이며, 어쨌든 그 최종목적은 새로운 시선 방향에 놓여 있는 새로운 지평(Horizont)[11]을, 즉 그 시선방향에 여전히 드러나지 않은 미리 예감함을 밝히도록 언제나 다시 계속 몰아낸다. 여기에서 현실적 인식활동의 상대적인 유한한 형식으로 ─ 동경해온 것을 충족시키지만 아무튼 상대적으로만 충족시키는 그 인식행위와 더불어 ─ 무한한 진보(또는 변치 않는 절대적 가치)를 이끄는 변치 않는 이념이 자신의 방식으로 현실화된다.

아름다운 것은 사랑을 받는다. 그러나 사랑은 끝이 없다. 사랑은 사랑하는 무한함 속의 사랑일 뿐이며, 이때 사랑은 끊임없이 상관자로서 그 자체 속에 순수한 가치 자체의 무한함을 지닌다. 그 사랑은 아름다운 것을 무한히 동경하는 창조적 자아의 사랑으로서, 자유롭지 못하게 억제되면 몹시 불행해진다. 자유롭게 진행되는 자발적으로 충족시키는 가운데, 미리 예감했지만 그런 다음 미리 간취되고 결국 ─ 언제나 단지 상대적이고 유한하게 제한되었을 뿐이라도 ─ 스스로 형성된 아름다움 자체를 부단히 실현시키는 가운데 더없이 행복하게 된다.

그렇지만 이제 순수한 아름다움을 사랑하면서 [그 아름다움에] 열려 있고 실로 아름다움의 세계를 미리 바라보면서 포괄하는 것과, 그와 같은 세계에 헌신해 몰두하는 것은 다른 일이라는 사실에 주의해야 한다. 또한 때로는 그러한 세계에 헌신해 몰두하고 때로는 그러한

---

11) 그리스어 'horizein'(경계를 짓다)에서 유래하는데, 후설은 이것을 제임스가 의식의 익명성을 밝히려고 사용한 '언저리'(Fringe) 개념에서 받아들였다. 모든 의식작용에는 기억이나 예상과 함께 주어지는 국면이 있는데, 이것들은 경험이 발생하는 틀을 형성한다. 즉 '지평'은 신체가 움직이거나 정신이 파악함에 따라 점차 확장되고 접근할 수 있는 문화와 역사 그리고 사회적 조망을 지닌 무한한 영역, 인간이 세계와 자기 자신을 항상 새롭게 이해할 수 있는 전제조건이다.

세계를 순수한 기쁨에서 창조적으로 형성하거나 추후에 형성하면서 실현하고 바로 이렇게 함으로써 자기 자신을 정화하면서 고양시키는 것과, 가능한 창조적 형성물의 세계인 그와 같이 무한한 가치의 세계에 자기 자신을 전적으로 헌신해 몰두하는 것은 다른 일이다. 여기서 몰두하는 것은 말하자면 이러한 무한함 속에 흘러들어가고, 무한하고 무조건적인 절대적 사랑으로 무한한 범위의 아름다움을 유한하게 진보해가는 가운데 가장 자기다운 자신의 행위로 만들어야 하는 것이다.

만약 그 어떤 아름다움의 영역에서 순수한 아름다움에 대한 사랑이 이미 일깨워졌다면, 다른 영역의 아름다움에 대한 사랑도, 이해할 수 있는 그 어떤 전제가 충족되는 한, 효과를 볼 수 있으며 또 보게 된다. 그러나 사랑하는 자는 동일한 방식으로 모든 가치의 영역에 대해, 동시에 모든 사람에 대해 실제로 실천해 결정할 수 없다. 각각은 하나의 세계이며, 그 자체에서 무한한 전체성(Allheit)이다. 그 가운데 하나를 결정하는 것은, 즉 실현하기 위해 사랑하는 행위로 넘어가면서, 그 밖의 다른 것을 마찬가지로 실현하는 것을 억제한다. 따라서 이 다른 것을 무조건 결정할 가능성도 억제한다.

그런데 선택하는 것, 무조건 결정하는 것은 여기에서 우연인가? '소명'이라는 말을 기억해보면, 그 답을 얻게 된다. 나는 순수한 아름다움의 서로 다른 세계를 사랑하는 가치 속에 직시할 수 있고, 심지어 그 세계를 그것의 가치 그 자체에 관해서 아름다움으로 동일하게 간주할 수 있다. 그리고 어쨌든 나는 '바로 나 자신인 나에게 이들 아름다움의 세계는 동일하게 간주될 수 없으며, 바로 나 자신인 나는 이들 가운데 하나의 세계만 결정할 수 있고 또 결정해야 한다'고 말할 수 있으며 그렇게 말해야 한다. 그것은 단순히 내가 대체로 그 가운데 하나를 결정해야 하기 때문이 아니다. 이성적 존재자인 나는 실천적으로 결정해야 하며, 이때 아름다운 것 하나만──순수한 의미에서 아름다운 모든 것에 대립해 예전에 매우 열렬하게 갈망했던 다른 모든 가치(단순히 추정된 가치로서)가 절대적으로 실천에 무효가 되는 한──결정할 수 있다. 또한 그것은 단순히 내가 실로 한 번에 모든 것을 하나로 할 수 없고 행위 하면서 그 어떤 가치의 세계를 우선시해야 하기 때문이 아니다. 그 세계가 내가 특별히 또 무조건 친밀하게 여기는 세계 가운데 하나기 때문이다. 또는 내가 '그 자체로 고찰해보면 동일한 가치의 모든 아름다움이 바로 그 때문에 나에게 실천적으로 동일한 가치를 지녀야 하는 것은 아니다'라는 사실과 '내 마음속 가장 깊은 내면으로부터 어느 한 가치영역이 나에게는 절대적 가치의 낙인을 찍는 개인적 평가를 받아들이는 한, 그것은 주어진 경우인 여기에서 존재할 수 없다'는 사실을 간취하기 때문이다.

그러므로 나는 나 자신에게 이렇게 말해야 한다. 즉 아름다움이라는 이 하나의 세계영역은 내 자신이 내 인격의 가장 내면에 있는 중심으로부터 속하는 것이다. 그것의 측면에서는 나 자신의 것, 완전히 개인적으로 나를 부르고 나는 그것에 대해 부름을 받는 것이다. 존재하는 그대로의 나는 아름다움(실천적으로 말하면, 순수한 의미에서 좋음)의 이러한 영역에서 분리될 수 없으며, 그 영역을 실현하는 것은 내 일이다. 그리고 여기에서 그것은 〔소명을 받은〕 내 직업의무의 영역이다. 내가 이 부름(Ruf)을 따른다면, 나는──나 자신, 즉 세속적인 것에서 정화된 진정하고 참되며 무한한 나의 자아를 획득하기 위해──유한하며 진정하지 않으며 참되지 않은 자아인 나를 상실하는 것 이외에 무엇을 해야 하는가? 이렇게 세속적인 것 속에 영원한 것을, 순수하지 않은 것 속에 순수한 것을 그리고 유한한 것 속에 무한한 것을 이끌어내 예감하며 순수한 아름다움으로서 지칠 줄 모르는 사랑의 행위로 실현시키는 것은 살아가면서 나는 단순한 '행운'

(Glück)이 아니라 '더없는 행복'(Seligkeit), 즉 내가 오직 나 자신에 만족하는 그 순수한 만족을 얻는다. 바로 이렇게 함으로써 나는 내가 나 자신을 정신[혼]과 진리 속에 오직 나 자신을 존재한다고 부를 수 있는 것으로 나 자신을 실현한다.

우리는 물론 보편성의 형식으로 우리가 여기에서 문제 삼는 특수성을 뜻했다. 우리는 소명에 입각해 결정하는 것에 대해 보편적으로 말했다. 이는 특히 철학을 결정하는 것, 즉 참된 철학자를 결정하는 것을 뜻했다. 참된 철학자는 그가 부름―그에게 '보편적 지혜'의 이념의 소리를 듣게 하고 이것에 절대적으로 헌신해 몰두하게 요구하는 부름―에 따를 때만 참된 철학자다. 자기 자신을 철두철미하게 예술에 바치는 자만 예술가이듯이, 자기 자신을 철학에 바치는 자만 철학자다. 단순히 철학에 관심을 보이고 때로는 진리문제를 숙고하며 심지어 계속 이런 일을 한다해도 이는 아직 철학자가 된 것이 아니다. 이것은 예술을 애호하는[아마추어] 화가와 조각가를―심지어 그의 전 생애에 걸치더라도―아직 예술가가 되었다고 하지 않는 것과 똑같다. 여기에 빠진 것은 순수한 이념과 이념의 세계 전체의 무한함을 동경하며 영원한 극(極)―이 극에 헌신하고 몰두해 살아가고 창조적으로 활동해 살아가는 가운데 그는 자기 자신을 영원한 자아로서 실현한다―에 헌신하고 몰두해 살아가는 가운데에서만 만족할 수 있는 '궁극적인 것에 대한 의지'(Willen zum Letzten)의 근본주의다.

30 순수한 문화의 성향 일반과 철학적 근본주의를 근원적으로 건립함

지난 강의에서는 창조적으로 실현하는―만드는(poiesis)[12]―영역으로서 순수한 가치의 영역을 고찰했고, 다른 순수한 가치의 영역과 인식의 영역을 평행하게 놓았다. 이때 철학은 보편적인 절대적 학문이다. 또는 인식의 가치에 전체성을 궁극적이며 가장 순수하게 완성시키고 실현시키려 노력하고 순수한 문화의 다른 이상적 형태― 그래서 형성하는 예술의 이상적 형태 ―와 동일한 수준에서 다루는 학문이었다. 만들어내는 주체의 측면으로부터 그때그때 순수하고 진정한 가치를 실현하는 것은 어디에서나 유한한 것, 불완전한 것, 미완성된 것 속에서는 결코 만족될 수 없고 오히려 이념의 영원한 극(極)을 향해 노력해가는 성향의 그 근본주의를 요구한다.

다른 한편 그럼에도 철학과 학문의 경우 예술과 그 밖의 다른 문화의 영역에서와 사정이 본질적으로 다르다. 예술과 같이 학문, 이 둘은 ―하나는 학문적 형태의 전체성을, 다른 하나는 문화형태의 전체성을 포괄하는― 보편적 개념이다. 그러나 보편적 학문으로서 철학은 실제적이거나 가능한 학문형태의 전체성에 대해 목적에 따라 활동해 실현하게 하는 것을 가능케 하거나 심지어 수행하려 한다. 그리고 모든 특수학문은 그 의지의 주제로서 비록 제한되었지만 어쨌든 매우 무한한 자신의 영역에 진리가 특수화된 전체성을 지닌다. 즉 철학자를 이끄는 것은 개별적 저술을 순수하게 완성하는 이념으로서 그 저술에 기초가 되는 어떤 이념이 무한할 뿐 아니라 그와 같이 완성된 형태가 지니는 전체성의 무한함이다. 단순히 객관적인 것이 아

---

12) 이것은 일반적으로 '만듦, 제작'을 뜻하는 그리스어다. 그런데 아리스토텔레스는 인간의 지적 활동을 '보는 것'(theorein), '행하는 것'(prattein), '만드는 것'(poiein)으로 구분하고, 이에 상응해 이론(theoria)에 관한 '이론학'(theoretike), 실천(praxis)에 관한 '실천학'(praktike), 만듦에 관한 '제작학[시학]'(poietike)으로 구분했다. 그리고 이 학과들을 연구하는 데 필요한 예비학과를 '분석론'(analytike)이라 불렀는데, 그가 죽은 뒤 페리파토스학파와 스토아학파가 논쟁하면서 '논리학'이라 부르기 시작했다.

니라 자신의 의식에 따른 지향에 입각해 ─ 이것은 적어도 모든 탐구자 자신의 의견이다 ─ 그때그때 수행된 개별적 인식과 이론은 학문적 의지가 그것을 보편적으로 획득하려 겨냥한 보편적 진리의 영역에 새로운 부분을 실현한다. 물론 다른 문화의 영역에서는, 우리가 '그 영역과 관련해 인류에게 보편적으로 향한 실천적 지향을 일깨우고 그래서 그 자체에서 보편성을 겨냥한 더 높은 단계의 문화형식을 정초할 가능성을 생각해낼 수 없는지' 문제 삼지 않더라도, 이 모든 것에 대해 전혀 논의되지 않는다. 어쨌든 순수하고 진정한 예술로 생각된 예술은 우리에게는 실제적이거나 가능한 문화형태의 전체성과 어떤 방식으로든 경계를 설정할 수 있는, 특수한 전체성을 겨냥한 보편적인 예술가가 지닌 의지의 명칭이 아니다.

그러나 철학의 고유한 의미를 다른 모든 순수한 문화의 의미와 구별하는 다른 문제가 이 문제와 연결되어 있다. 순수한 문화는 어떤 소박함도 결코 배제하지 않는다. 실로 ─ 철학 이외에 ─ 어디에서나 이러한 소박함 속에서 생기며 또 남아 있다. 그런데 반성적 자기비판과 그때그때 단계의 작업형태에 대한 비판이 아무리 이념의 근본주의 아래 모든 순수한 문화에 속하더라도, 그래서 이러한 관점에서 실제로 다른 모든 문화와 동일한 수준에서 고찰되는 실증적 학문에 속하더라도, 소박함 속에서 생기며 또 남아 있다. 하지만 철학은 이러한 수준 전체를 넘어선다. 그 길은 원리적으로 모든 소박함과 분리된다. 여기에는 실로 철학의 근본주의는 그 밖의 모든 문화성향에 속하는 것과 본질적으로 다르다는 점이 내포되어 있다. 그러므로 직시되고 사랑받는 순수한 가치를 무조건 헌신해 몰두하면서 노력하는 이러한 보편적 근본주의는 아직 철학적 근본주의가 아니다. 또한 이와 연관된 것은 〔어떤 사람을〕 철학자로 만드는 그 삶의 결단을 정초하는 방식이 예술가나 학자에 속하는 그 방식과 본질적으로 다르다는 사실이다.

우선 철학자가 실증적 학문의 독단론에 대해 마음속에 제기하는 반론은 결코 학문적 성향의 이념성에 관계하면 안 된다. 근대 실증과학이 '아는 것은 힘이다!'(scientia est potentia)라는 모토에 따라 베이컨(F. Bacon)[13]의 공리주의(Utilitarisamus) 원리에 지나치게 지배되었다면, 그럼에도 우리는 정당하게 그 학자들에게서 자신의 학문적 진리의 영역에 대한 순수한 사랑의 성향을 즉시 또 보편적으로 부정하면 안 될 것이다. 또한 가장 탁월한 모든 학자가 진정한 소명에 입각한 탐구정신이 그들에게 결코 없지 않았다. 그러나 여기에서 이러한 사랑과 이 사랑에 따르는 개인적 삶의 결단은 은밀하게 생길 수 있다. 이는 순수한 문화의 다른 영역, 가령 예술의 영역에서도 아주 마찬가지다. 어떤 사람의 어린 시절, 실로 소년시절에 예술에 대한 순수한 사랑이 생길 수 있으며, 실천적으로 헌신해 몰두할 수 있다. 어쩌면 풍경화를 그리는 데 전문화되어, 그는 어떤 엄숙한 결단 없이 은밀하게 그 직업에 빠져들 수도 있다. 어쩌면 나중에 일어날 명백한 직업선택이 그때는 단순히 확인하는 성격과 동시에 어차피 이미 당연히 생긴 습관적 삶의 의지와 행위의 의지를 명백히 형성하는 성격을 띤다. 그것은 학문에 관해서도 마찬가지다. 일찍부터 발전된 재능을 타고난 자의 경우에도 드물지 않다.

그렇지만 철학자의 경우 그 사정은 완전히 다르다. 그는 **필연적**

---

13) 베이컨(1561~1626)은 아리스토텔레스의 형식적인 추상적 연역논리뿐만 아니라 단순한 사실만 수집하고 결론을 이끌어내지 못하는 경험론도 비판하면서 관찰과 실험을 중시한 귀납논리를 체계화하고 새로운 과학적 방법으로 학문 전반을 개혁해 근대 과학혁명을 크게 촉진시켰다. 저서로『학문의 진보』(1605),『고대인의 지혜』(1609),『새로운 기관』(Novum Organum, 1605),『새로운 아틀란티스』(1627) 등이 있다.

으로 자신의 ─자기 자신을 철학자 일반으로 비로소 또한 근원적으로 만드는─결단, 즉 근원적으로 자신을 창조하는 근원적 건립(Urstiftung)이 필요하다. 〔그렇지 않으면〕 누구도 철학 속에 빠져들 수 없다.

여기에는 '인식을 사랑하고 인식을 창조하는 그 어떤 소박함이 필연적으로 첫 번째 일이다'라는 사실과 '그 소박함은 그 자체에 은폐되고 기껏해야 희미하게 느껴지지만 이해되지는 않은 불완전함이 수반된다'는 사실을 내포한다. 이 불완전함을 회의론이 맨 처음 드러내 밝혔다. 이것은 인식의 주제가 〔한편으로〕 인식의 대상과 〔다른 한편으로〕 인식하는 자에게 인식된 진리의 관계에 주목하기 시작하고 그래서 잘 알려진 인식론적 어려움에 빠져들었을 때 비로소 그와 같은 것으로 명백하게 드러난다는 사실을 내포한다. 결국 인식하는 자는 각각의 모든 인식이 이러한 어려움에 관련된다는 점, 어떠한 인식의 가치도 소박한 절대성에서 설치될 수 없으며 ─바로 각각의 가치가 자신과 분리할 수 없는 인식의 주체와 이 주체가 인식하는 형태에 소급해 관련되는 한─소박한 태도 속에 절대적 가치로 주장될 수 없다는 점을 확신하게 된다.

인식을 원하는 자는, 일반적으로 여기에서 순수한 인식의 가치를 획득하고 주장할 수 있을 때, 그는 인식하는 작업수행과의 이러한 상관관계(Korrelation)에서 파악되고 인식된다는 사실을 알아차려야 한다. 그에게 더욱더 판명하게 드러나는 점은 '여기〔인식의 작업수행〕에서는 그때그때의 반성이나 소박함과 반성의 혼합에 의해서는 아무것도 수행되지 않는다'는 것, '오히려 여기에서 이치에 어긋남만 생긴다'는 것이다. 단순한 논리적 비판, 즉 학자 자신이 수행하는 비판과 다시 이 비판이 독단적 논리학만 그 형식으로 이끄는 비판은 도움이 안 된다는 것은 명백하다. 모든 논리적 형식화와 논리학

자체가 여전히 이해할 수 없는 이러한 동일한 차원을 수반하기 때문이다.

비로소 새로운 보편적인 절대적 근본주의가 요구된다. 이 근본주의는 모든 소박함을 원리적으로 겨냥한다. 이 소박함을 극복해 궁극적 진리 — 이것은 최초에 참된 본래의 진리다 — 를 획득하려 하고, 더구나 이 진리를 보편성의 정신 속에서 획득하려 한다. 그래서 모든 것을 포괄하는 완전히 새로운 종류의 철두철미한 선험적 학문을 시작하고 체계적으로 계속 진행해갈 의지가 생긴다. 그 학문은 [모든 것을 어둡게 파멸시키는] 어떠한 회의적 심연(深淵)도 더 이상 없으며, 오히려 모든 것을 철두철미하게 밝혀 분명하며 확실한 학문이다.

플라톤 이전에 소피스트들의 철학(Sophistik)이 있었고, 그는 이 철학에 대항해 일종의 새로운 근본주의로서 새로운 학문을 추구했다. 회의(Skepsis)는 그 이후 — 중세뿐 아니라 고대 — 의 철학과 학문 전체를 줄곧 몰아붙였다. 회의는 오직 회의를 극복할 수 있고 절대적 학문을 가능케 할 수 있는 궁극적인 것의 근본주의로만 상기시키게끔 철학을 촉구했다. 회의적 유명론(Nominalismus)[14]은 근대로까지 확대되었다. 르네상스 시대에 부활되고 강화된 플라톤주의는, 동시에 함께 소생된 고대의 회의론이나 경험론처럼, 그 유명론에 반대했다.

데카르트에서 근대의 시기를 규정하면서 학문을 절대적-근본적으로 정초하려는 의지가 새로운 근원적 힘으로 되살아났다. 학문이

---

14) 유명론(唯名論)은 중세 보편논쟁에서 보편자(관념)가 개별자에 '앞서'(ante rem) 실제로 존재한다는 실재론(實在論)에 반발해 보편자는 개별자 '뒤에' (post rem) 인간의 지성이 만든 추상적 이름이나 기호(nomina)일 뿐이라는 견해다. 로스켈리누스(Roscelinus)는 보편자를 '공허한 목소리'(flatus vocis) 라고 부정했고, 둔스 스코투스(Duns Scotus)는 참으로 존재하는 것은 '이것' (haecceitas)뿐이라고, 이러한 견해를 더욱 강화한 오캄(W. Occam)은 '존재는 쓸데없이 증가되면 안 된다'는 오캄의 면도칼(사유경제법칙)을 주장했다.

절대적으로 스스로 부여하지 않은, 아무것도 미리 지니지 않는 궁극적으로 타당한 학문인 철학의 이념이 거기에 있었다. 그럼에도 **영국 경험론**이 등장했고, 드러나거나 은폐된 회의론으로 오늘날까지 계속 살아 있다. 우리 모두 앞에는 흄과 그로부터 발산된 실증주의가 있다. 우리 모두 앞에는 근원적으로 수학에서 받아들인 ─ 결국 여전히 오늘날에도 ─ 학문의 이상을 지닌 근대에 자립한 학문들이 있다. 그럼에도 이 동일한 원형의 수학은 그 방법, 기본개념, 공리, 추론원리의 근본요소를 명확하게 하려고 ─ 이렇게 하는 것은 결국 모범이 되는 정확함이라는 자신의 명성을 참되게 할 수 있었을 것이다 ─ 전력을 다 했지만 실패하고 말았다. 이 모든 것은 그러한 모든 노력이 충분치 못함을 이해하고 실로 희망이 없음에도 철학을 원하는 우리 앞에 놓인 상황이다.

그래서 철학의 이념 자체는 일종의 궁극적 타당성과 궁극적 타당성에 관한 일종의 근본주의를 포함한다. 이 근본주의는 자연적인 소박한 인식에 대한 사랑이나 ─ 실증적 학문 속에 지배하는 ─ 여전히 소박한 학문에 대한 사랑에서는 자연적 방식으로도 은밀하게 생길 수 없다. 철학의 이념이 이끄는 목적이념으로서 등장하기 위해 인식의 주체 속에 전제하는 것은 바로 일종의 소박한 모든 인식의 가치와 학문의 가치를 붕괴시키는 일일 뿐이다. 즉 여전히 매우 높게 평가된 이제까지의 모든 학문이 치유할 수 없는 ─ 그 학문들이 바로 자신의 유형 속에 머물러 있는 한, 치유할 수 없는 ─ 불완전함 때문에 고생한다는 사실이다. 그래서 그와 같은 모든 '실증적' 학문은 의문시되고 미리 어떤 방식으로 타당성에 제외되어야 한다는 것이 된다. 따라서 완전한 의미에서 학문이 도대체 가능하려면 완전히 새로운 출발과 완전히 새로운 종류의 학문이 필요하다는 사실을 인식하는 가운데 붕괴시키는 일뿐이다. 그럼에도 '그와 같은 일이 가능한지', 심지어 이러한 문제도 실제로 전제해선 안 되며, 출발하는 가운데 의문시해야 한다.

그러므로 출발하는 철학자는 이러한 유례없는 상황에 처해 있는데, 이것은 단순히 우연적인 역사적 사실성 때문이 아니다. 왜냐하면 절대적이고 근본적으로 정초된 학문의 이념이 그래서 출발하는 철학자가 들여놓아야 할 그 상황에 입각해 그 의미를 길어내야 하는 것은 '관념적으로'(idealiter)도 분명하기 때문이다. 그렇지 않으면 철학자는 순수한 인식에 대한 자신의 모든 사랑에도 불가피하게 단지 인식의 소박함에 빠져들 뿐이다. 아무리 사실(Faktum) 속에서 계속 발전해 나가더라도 그 영향으로 보편적 형식을 유지하며, 인식하는 자를 선험적 인식의 심연 앞에 세우고, 진정한 철학의 출발에 고전적 상황이 만들어질 수 있을 회의적 올가미와 수수께끼로 그를 혼란스럽게 할 것이다.

따라서 이러한 상황과 관련해 자신에게 중대한 삶의 결단이 필요하다. 그것은 궁극적인 것의 근본주의로 진리와 학문을 추구하거나 오히려 자기 자신으로부터 또 동일하게 생각하는 자들과 연대해 그러한 학문 ─ 순수한 인식에 대한 사랑을 이제야말로 오직 궁극적으로 만족시킬 수 있는 궁극적으로 좋은 양심에만 입각한 학문 ─을 시도하는 위험한 모험에 대한 결단이다. 학문은 가능한 모든 측면에 따라 완성된 명석함을 만들어내야 한다. 그런데 이 명석함은 곧바로 인식의 지향을 충족시키는 것을 소박하게 만족하는 것으로 충분하지 않다. 무엇보다 이른바 ─ 한편으로 회의의, 다른 한편으로 독단적 형이상학의 ─ 선험적 유령(Gespenster)과 날조(Gespinst)를 떨쳐버리는 선험적 명석함을 수립하는 것이다. 그러나 이것은 바로 모든 학문적 작업수행(Leistung)이 작업을 수행하는 주관성의 완전한 구체적 연관 속에 고찰되고 이러한 상관관계를 연구하는 가운데 함께 탐구되어야만 가능하다.

철학자를 자신의 절대적 생활 속에 근원적 결단을 수행하면서 자신을 철학자로서 만족시키려는 사람으로 생각한다면, 이제 첫 번째로 필요한 일은 **가능한 방법에 대한 성찰**을 작동시키는 것이다. 이렇게 계속 출발이라는 철학적 이념의 공허한 보편성을 더 구체적으로 충족된 이념이 되게 해야 한다. 그래서 철학의 구체적 의미를 항상 더 충족시켜야 하는 것이다. 동일한 것이 항상 더 풍부하게 규정하는 요소와 연관에 관한 방법에 대해서도 타당하다.

여기까지 이르면, 즉시 성찰 자체 속에 들어갈 수 있을 것이며, 출발하는 자에게는 절대적 요구로서 또 자신의 철학적 의지의 순수한 결과에 입각해 생기는 최초의 철학적 행위와 더불어 시작할 수 있을 것이다. 그 행위는 아무리 획득했더라도 이전의 모든 확신을 **보편적으로 전복시키는 것**, 따라서 데카르트가 '진지하게 좋은 정신에 도달하려는 자'(qui serie student ad bonam mentem)[15] 모두에게 '일생에 한 번은'(einmal im Leben) 요구했던 문제로 전복시키는 것이다. 그것은 명백히 절대적으로 좋은 인식의 양심, 철학자의 절대적 자기정당화를 뜻한다.

---

15) 데카르트는 『정신지도를 위한 규칙들』(*Regulae ad directionem ingenii*) 제8규칙에서 "진지하게 좋은 정신에 도달하려는 자는 '일생에 한 번은' 시도해야 할…… 모든 진리에 대한 탐구를 위의 규칙들에 따라 무엇보다 오성이 먼저 인식되어야 한다는 것을 발견할 것이다"라고 주장한다. 그는 『방법서설』(*Discours de la mèthode*)에서 인간을 인간답게 만드는 이 좋은 정신이 주어져 있는 것만으로는 부족하기 때문에 이 능력을 잘 발휘할 수 있는 방법이 중요하다고 강조한다.

후설은 이러한 데카르트의 근본주의 견해를 적극 지지해 철학을 근본적으로 새롭게 시작할 필요성을 제기하고 철학적 자기성찰의 원형을 데카르트의 성찰에서 찾는다. 그리고 선험적 현상학을 '신-데카르트주의'라고 한다(『데카르트적 성찰』.1~2항을 참조할 것).

그럼에도 그 철학적 행위와 더불어 시작하기 전에, 나는 여러분에게 간략하게 알려줄 사소하지 않은 다음 고찰과 함께 이 서론을 마무리 짓고 싶다. 즉 아무리 단순한 인식이 지닌 가치의 보편적 영역에 관계되더라도 그 인식이 지닌 가치 이외에 실로 다른 가치의 범주가 존재하고 따라서 순수한 문화의 다른 형식이 존재한다. 그렇지만 철학은 그 자체에 모든 순수한 문화에 걸쳐 펼쳐진 의미를 지니며, 바로 이 때문에 또 이와 상관적으로 문화가 소급해 관련되는 총체적 이성의 인류(Vernunftmenschheit)와 모든 보편적 이성의 인류에 대한 의미도 지닌다. 하지만 우리가 뜻하는 이 보편적 의미는 단순한 역사적 사실의 의미가 아니라 학문과 문화를 결합하는 본질필연성에서의 의미다.

인식작용을 그것의 완전한 범위에 이성적인 것과 비이성적인 것 그리고 직관적인 것과 비직관적인 것 등과 함께 받아들이면, 인식작용은 술어로든 술어 이전이든 판단의 영역 전체를 포괄한다. 그것이 어떤 것이든 어떻게 있든 믿는 모든 종류의 자아의 작용, 믿는 모든 양상(추정함, 가능하다고 간주함 등)을 포괄한다. 가장 넓은 의미에서 인식작용이나 판단작용이 이렇게 다양하게 특수화되는데도 여전히 모든 종류의 사랑함과 미워함, 좋아함과 싫어함, 원함, 갈망함, 욕구함 같은 다른 유의 자아의 작용(Ichakt)이 상당히 남아 있다.

다른 한편 그와 같은 모든 자아의 기능은 서로 나란하지 않고 서로 침투해 있다. 우리가 적확한 의미에서 인식작용, 예를 들어 학문적 인식작용에 대해 이야기한다면, '그와 같은 모든 작용은 단순히 판단작용이 아니라, 처음에는 명료하지 않은 판단작용을 관통해 노력하고 욕구하는 경향이 여기에서 진행된다'는 사실은 실로 분명하다. 이 경향은 결국 그에 상응하는 명료한 판단작용—적확한 의미에서 인식하는 판단작용—속에서 끝나며, 그 내용에 목적을 달성한 진리라는 의지의 성격을 부여한다. 따라서 여기에는 어디에서나, 진리에 실천적으로 향한 사람이 통찰의 상관자인 진리를 긍정적으로 평가하고 그 때문에 의지의 목적으로 받아들이는 한, 실로 평가작용을 포함해 판단작용과 욕구작용은 서로 침투된다.[16]

여전히 다른 예를, 가령 어떤 꽃을 아주 순수하게 좋아하는 가치작용의 예를 고찰해보자. 이 꽃 자체는 지각에 따라 시야 안에 있다. 또한 이것은 지각에 대한 믿음 속에 그 꽃이 다양한 실질적 징표를 지니고 직접 현존하는 것으로 스스로를 부여한다는 사실을 뜻한다. 그러나 좋아함 자체로부터 지각을 통해 제공된 징표의 내용을 넘어서 어떤 것이 그 꽃에 당연히 주어진다. 그 꽃은 이것으로부터 어떤 내용, 즉 '매력적인, 아름다운, 사랑스런' 등의 성격을 받아들인다. 우리는 좋아함의 태도에서, 즉 자아가 심정 속으로 순수하게 겨냥하는 것에 따라서 '아름다운 것', '매력적인 것'이 이제 경험하는 믿음 속에 파악된다. 그런 다음 가령 이러한 말을 사용하듯이 술어화되는 판단의 태도로 쉽게 넘어간다. 따라서 그와 같은 모든 술어는 술어로 진술되기 이전에, 또 파악하는 경험 이전에 심정 속에 그 근원이 있다. 다른 술어들과 마찬가지로 좋음과 나쁨, 유익함, 목적에 적합함, 유해함의 술어는 평가하는 심정과 결합된 의지작용 속에 그 원천이 있다.

서로 다른 문화의 영역을 살펴보아도 사정은 마찬가지다. 문화는

---

16) 후설은 『논리연구』 제2권에서 의식의 다양한 체험을 분석해 그 본질적 구조인 항상 '무엇에 대한 의식'이라는 지향성을 밝히는데, 의식체험의 표층에 매우 복잡하게 얽혀 있는 다층적 구조를 표상(지각, 판단)작용, 정서작용, 의지작용으로 구분해 출발한다. 이 가운데 객관화하는 표상작용을 의식의 각 영역에 공통적인 가장 기본적인 1차적 지향작용으로 파악한다. 표상작용이 모든 작용의 근본적 토대이기 때문이다.

실천의 형성물을 포괄하는데, 이 형성물은 관련된 심정의 행위와 의지의 행위를 추후에 이해함으로써 그와 같은 것으로서 이해해 파악된다. 가령 심미적 감정의 지향을 관통해나가는 의지의 지향은 관련된 심미적 형태를 객관적으로 실현하는 것을 겨냥하고 노력해 행위하는 것에 동기부여를 한다. 그리고 그렇게 추후에 이해된 것은 경험하며 파악하는 대상과 술어로 규정하는 대상, 심지어 학문적 문제제기의 대상이 될 수 있다. 이때 심미적 태도와 실천적 태도는 인식하는 태도로 변화된다.

자연과학자처럼 그 의미의 원천이 심정과 의지 속에 있는 모든 술어를 자의(恣意)로 또 추상적으로 의도해 배제할 때만, 우리는 순수한 인식의 학문을 획득한다. 즉 자연과학에서 심정과 의지가 함께 작동하는 이러한 학문은 단지 인식을 원하는 형식 또는 인식의 목적으로서 진리를 평가하는 형식으로만 작동할 뿐이다. 심정과 의지가 아름다움 등의 술어와 같이 대상적 술어에 대한 의미의 원천이 되는 형식으로 작동하지는 않는다. 문화의 형성물에 대한 학문이라는 특수한 의미에서 모든 문화의 학문은 그 주제의 영역에서 '단순한 자연'이라는 술어를 지닌 단순한 자연 대신 바로 심정에서 유래하는—따라서 평가하고 욕구하면서 형성된 주체를 소급해 지시하는—술어를 지닌다.

이렇게 인식의 영역을 심정의 주관성과 의지의 주관성에서 유래하는 작업수행의 모든 영역을 넘어 포괄하는 보편성이 명백하게 나타난다. 물론 이와 상관적으로 평가하는 심정과 의지가 노력하고 행위 하는 가운데 총체적 주관성과 그 모든 지향적 기능을 넘어 도달하는, 유사하게 포괄하는 보편성도 명백하게 나타난다. 그러나 이것이 학문에 의미하는 것은 인식하는 이성뿐 아니라 평가하는 이성과 실천적 이성 모두의 객관화로서 학문 속에 반영되고 함께 객관화된다는 점이다. 또는 이론적 진리를 인식하는 형식에서 다른 모든 진리, 그래서 모든 평가의 진리(참되고 진정한 가치라는 것)와 실천적 진리가 술어적 형식 속에 진술되고 규정되며 또한 인식에 적합하게 정초하는 형식을 받아들인다는 점이다. 순수하게 그 자체에서 평가하는 것은 심정이며, 순수하게 그 자체에서 또는 그와 같은 것으로 아름다운 것을 형성하는 것은 행위 하는 의지다. 가치의 진정함과 그런 다음 작업의 진정함인 진리는, 아름다운 것을 실천적으로 실현하는 것이 목적을 달성하는 데 기초지어진 만족함 속에서 드러난다. 그리고 근원적으로 소박하게 다시 심정 속에, 순수한 만족함 속에 드러난다.

그렇지만 가치의 진정함과 목적달성의 진리는 궁극적으로 인식작용 속에서 **책임을 진다**. 인식작용은 판단의 태도에서 또 그 논리적 형식으로 가치와 무가치에 대해 술어화되고, 명백하게 우연히 앞에 놓여 있는 가치관을 보편적으로 통찰할 수 있는 가치의 규범으로 소급해 관련시키며, 이렇게 함으로써 인식에 대한 책임으로서 더 높은 책임을 획득한다. 그러나 최고의 궁극적 책임은 궁극적인 구성적 심정의 작업수행과 의지의 작업수행을 향한 선험적 태도에 입각한 인식 속에 생긴다.

동시에 이러한 고찰을 통해 학문 일반에 관련된 보편적 철학은 실제로 완전한 보편성을 얻고자 노력하고 따라서 가능한 인식의 세계 전체와 마찬가지로 선험적 문제제기 전체를 확고하게 주목하면 '단순한' 학문이론이 아니라는 사실이 분명해진다. 가령 '단순한' 인식론, 즉 가능한 인식과 학문이라는 명칭으로 단순히 제한된 것에 연관되거나 논리적 인식작용의(noetisch)[17] 보편자에 연관된 '단순한' 학

---

17) 이 말의 어원은 '사유, 인식하는 주관, 삶의 주체'를 뜻하는 그리스어 'nous'(지성)다. 플라톤은 『국가』 제6권 '선분의 비유'(519d~511e)에서 인식되는 대상을 '감각의 대상들'(ta aistheta)과 '지성으로 알 수 있는 것들'(ta noeta)로 나

문이론이 아니라는 것이다. 오히려 주관성과 객관성 사이에 본질적 보편성과 구체적 — 그런데도 여전히 본질적 — 특수성이 어떻게 관여하는지, 어떤 종류의 이성과 이성의 형성물이, 사회적 주관성[18]의 어떤 본질형식이, 이와 관련해 그 주관성 속에 또 그 주관성으로부터 가능해진 문화형성물과 문화체계의 어떤 형식이 문제가 되는지가 분명해진다. 그리고 이것들 모두는 완전한 철학의 테두리에 들어온다. 이때 순수한 인식의 문제가 첫 번째 위치에 있다면, 그것은 논리학과 같이, 그래서 근본적인 선험적 철학과 같이 자연스러운 진행이 가장 보편적인 것에서 출발하고 여기서 충족된 특수성으로 넘어가는 것 때문에 일어난 일일 뿐이다. 물론 학문에 가장 보편적인 것은 형식이다. 이 형식은 존재자 — 형식적이며 가장 보편적인 의미에서 진리의 의미의 존재자 — 를 원리적으로 특수화하는 데 미리 판단할 수 없다. 따라서 '단순한 사실(모든 종류의 규범의 술어를 문제 삼

누고, 이에 상응해 인식하는 주관의 상태를 전자는 속견(doxa), 후자는 지성에 의한 인식(noesis)이라 부른다. 이러한 맥락에서 'noesis'는 '인식작용'으로, 'noema'는 '인식대상'으로 옮긴다.

18) 후설이 흔히 사용하는 '주관성'(Subjektivität)이라는 용어는 주관(Subjekt), 즉 자아와 그 체험영역 전체를 가리키는 것으로. '주관과 연관된 것'을 함축하는 '주관적인 것'(Subjektives)이라는 생소한 용어를 사용해 '선험적 주관성'을 대상과 본질적으로 상관관계(Subjekt-Objekt-Korrelation)에 있지 않은 것으로 오해하는 것을 방지하고자 한다. 따라서 선험적 현상학을 절대적 관념론이나 독아론(Solipsismus)이라고 비난하는 것은 전혀 근거가 없다. 왜냐하면 주관성이 구체적 사회성을 지닌 상호주관이 아니면 의사소통은 불가능하고, 따라서 객관적 정신을 이어받고 전달하는 생생한 전통과 습득성 없이는 주관성을 지닐 수 없기 때문이다. 심지어 혼자서 하는 사고도 상호주관성을 전제하는 언어의 기능 없이 결코 생각할 수 없다. 논리적 객관성도 "그 자체로 상호주관성이라는 의미에서 객관성"(『이념들』제2권, 82쪽)이며, 구체적인 선험적 주관성은 "상호주관성 또는 자아의 공동체 안에 있다."(『심리학』, 323쪽, 344쪽)

지 않는), 가치 실천적 당위(當爲)'나 '사실적인 것 안에서 단순한 자연과 정신(인격성, 인격의 산물인 문화) 등의 차이' 같은 주제의 구별을 아직 알지 못한다.

2절 필증적 명증성의 이념과 출발의 문제제기

31 자연적 명증성과 선험적 명증성, 필증적 명증성과 충전적 명증성[19]

우리는 출발이라는 중대한 문제에 직면해 있다. 우리는 절대적 상황 속에 지금 형성되고 있는 철학자다. 우리 배후에는 우리가 이전에 매우 만족한 모든 인식의 성과를 지닌—따라서 언젠가 절대적으로 평가할 진리, 이론, 학문을 지닌—이제까지의 학문적 삶이 놓여 있다. 그렇지만 이것들에 더 이상 만족될 수 없다. 우리는 실증적으로 진리를 정초하는 소박함에서 깨어났고, 회의론의 가시를 충분히 고통스럽게 느꼈다. 우리는 이 가시를 통해 인식하는 주관성을 향한 시선을 배웠는데, 이 주관성의 의식의 작업수행에 입각해, 이 주관성의 이론 이전의 수동성(Passivität)과 이론적 능동성(Aktivität)[20]에 입각

---

19) '필증적'(apodiktisch)은 의식에 주어진 사태가 존재하지 않음을 결코 의심할 수 없는 것으로 자기의식의 확실성을 뜻한다. 후설이 진리나 명증성을 논의할 때 이것과 줄곧 대조시키는 용어인 '충전적'(adäquat)은 이에 대한 전통적 견해인 '사물과 지성의 일치'(adequatio rei et intellctus)를 뜻한다.

20) 후설 현상학에서 수동성과 능동성은 칸트철학에서 감성과 오성의 역할처럼 고정되어 있지 않다. 지향적 현상을 기술하기 위한 방편일 뿐이다. 후설의 분석에 따르면, 능동성 이전의 근원적 수동성은 자아의 어떠한 관여 없이 대상이 수용되고 지각되는 보편적 구조를 지닌다. 여기에는 모든 체험이 근원적으로 구성되는 내적 시간의식의 지속적 흐름, 시간적으로 변양된 표상이 동기부여를 통해 새롭게 주어지는 표상과 끊임없이 짝지어 결합하는 '근원적

해 추정된 모든 존재뿐 아니라 참으로 정초된 존재, 추정된 모든 이론뿐 아니라 객관적 진리로 밝혀진 이론도 주관적으로 생긴다. 우리는 세계가 존재한다는 것과 이 세계에 대한 참된 이론을 규정하는 것의 완전한 인식은 세계와 세계에 대한 이론이 선험적-주관적으로 구성되는 선험적 주관성에 대한 연구 없이 획득될 수 없다는 사실을 잘 알고 있다. 따라서 모든 실증적 학문은 그 학문 속에 경험하고 사유하며 탐구하고 정초하는 의식의 선험적 삶과 작업수행이 보이지 않고 이론화되지 않으며 이해되지 않은 채 익명적으로 남아 있기에 추상적 일면성을 지닌다.

이제까지는 학문들 역시 주관성과 그 인식작용을 주제로 삼았다는, 즉 심리학과 이 심리학과 연관된 생물학, 사회학, 문예학의 학과가 그 인식작용을 주제로 삼았다는 사실에 주목했다. 하지만 이 학문들도 '실증적' 또는 '독단적'이라는 사실에도 이미 주목했다. 즉 이 학문들도 그 방법적 처리절차에서 인식작용이 인식된 객체[대상]에 근원의 기능(의미를 부여함, 의미를 정초함)으로서 자신의 이론적 권리를 얻지 못하는 그 소박함에서 수행해간다. 이러한 점은 동물과 인간, 개인과 사회의 주관성뿐 아니라 세계(구체화된 정신성, 문화)에서 그 주관적 산물에 해당된다. 게다가 이 세계에(세계화된 정신성의 범주로서) 관련된 인식기능들의 이론 이전이나 이론적 형성물로서 그 주관적 산물이 이 학문들 ― 세계의 객관성으로서 개인적 주관과 주관의 형성물에 대한 학문 ― 속에 해당된다.

그래서 모든 학문은 우리가 고찰하는 범위 속에 들어왔고, 어디에서나 동일한 종류의 실패가 나타났다는 점이 명백해진다. 그 실패는

연상(Assoziation)', 지각의 대상이 모든 측면에서 주어질 수 있는 조건인 신체의 운동감각(Kinästhesis)이 있다.

사실적 학문의 ─ 마치 이 학문에 우연히 부착된 듯한 ─ 불완전함뿐 아니라 이 불완전함이 그 학문에 본질적이라는 데 있다. 또한 사실적 학문이 여전히 동일한 방법론으로 새롭게 정초하는 모든 학문을 미리 자신의 것으로 만들어야 하기에 그 학문의 원리상 방법적 특성에 있다. 따라서 이러한 학문을 그 방법적 특성의 테두리 안에서 생각해 낼 수 있을 만큼 완전하게 하면 할수록 그 실패에 대해 결코 변경시킬 수 없다는 점은 분명하다.

이렇게 말함으로써 우리는 이미 모든 것을 포괄하는 학문비판, 어떤 의미에서는 근본적 학문비판을 수행했다. 그것은 (모든 학문의 역사와 실증적 학문 자체의 이념에 역사적 근원을 함께 포괄하는) 철학사 전체의 경과와 학문의 오늘날의 형태 ─ 그 학문의 희망 없는 철학적 부록들 ─ 에 대한 비판이다. 그러나 이어받은 철학적이며 학문적인 소박함에 대한 비판인 동시에 이 소박함을 극복하려고 언제나 다시 어중간함, 막연함, 불일치를 통해 위축된 시도에 대한 이러한 비판은 우리에게는 『제일철학에 관한 성찰』(*Meditationes de prima philosophia*)에서 오직 첫 번째로 필요한 부분일 뿐이다.

그 작업수행은 실증적 학문이 원리상 불충분하다는 점과 실증주의 정신 속에 정초된 철학이 ─ 세계와 인식할 수 있는 모든 것 일반의 절대적 의미를 겨냥한 학문으로서 ─ 원리상 불가능하다는 점을 우리에게 지극히 민감하게 느낄 수 있게 만드는 것일 수밖에 없었다. 게다가 그 작업수행은 모든 인식의 작업수행에서 그 근본적인 것, 의미와 타당한 의미를 형성하는 주관성뿐 아니라 [한편으로] 인식하는 작업수행, 인식의 의미와 [다른 한편으로] 인식된 존재 사이의 희미한 상관관계에 시선을 돌림으로써 새로운 종류의 학문과 철학을 예감하게 한다. 실로 더 나아가 데카르트의 경우 이미 작동되었듯이 모든 이성과 이성의 형태 ─ 따라서 모든 학문을 일체로 ─ 의 근원적 장(場)인 '선험적' 주관성을 소급해 지시하는 것은 '철학이 보편적이며 절대적으로 근거지어진 학문, 즉 궁극적 인식의 원천에 입각해 해명되고 이렇게 함으로써 절대적으로 정당화된 학문'이라는 고대의 사상에 새로운 의미와 그 의미 속에 새로운 힘을 주었음에 틀림없다.

그러나 바로 이것이 그 동기부여, 즉 절대적 상황을 형성했다. 왜냐하면 활발하게 작업하는 학문들은 궁극적 의미에서 진정한 학문에 대한 절망에 만족할 수 없었기 때문이다. 그 학문들의 실증적 작업수행에서 궁극적 타당성에 대한 절망은 결코 진정한 학문 일반의 가능성에 대한 절망을 포함하지 않는다. 반대로 그 동기부여의 원천 자체 그리고 모든 인식의 실증성이 완전히 불충분하게 놓여 있는 모든 유형의 회의론에 대한 비판은 우리가 회의론에는 없는 것을 미리 주시하면서 파악할 중요한 수단이었다. 회의론에 없는 것이란 모든 인식과 특히 모든 학문이 통일되는 그 근거—즉 인식하고 작업을 수행하는 삶 속에 모든 인식의 통일체가 생기는 선험적 주관성—를 이론적으로 명백하게 제시하고 체계적으로 탐구하는 것이다.

바로 이것이 결국 이제까지 성찰한 전체의 성과다. 즉 이러한 근원적 근거에 대한—가능한 모든 참된 존재와 가능한 모든 학문 그리고 보편적인 절대적 학문으로서 보편철학의 의미부여와 의미타당성에 대해 가장 엄밀한 의미에서 근원적인 것에 대한—보편학문의 이념이다. 보편철학은 이러한 근원적인 것과 구체적으로 통일적인 것에 입각해 가능한 모든 학문을 자발적으로 산출하며, 그 학문들을 넘어 절대적으로 주장할 수 있는 권리가 절대적으로 이해할 수 있게 생기게 하며, 그 학문들 모두를 특수 분과로서 포괄한다.

이렇게 해서 우리는 인식하기 위한 모든 노력을 이끌 최상의 목적이념을 획득한다. 이때 명백한 동기부여 속에 생기는 이 이념은 근원

적인 것에 대한 그리고 근원적인 것에 입각한 이러한 학문을 명시적
으로 이끄는 생각할 만한 가치가 전혀 없다. 달리 말하면, 우리는 여
기 출발에서 여전히 철학의 명석하고 판명한 원형을 마음대로 처리
한 것이 아니라, 이러한 명칭 아래 참으로 그렇게 부를 수 있는 '고
고학'(Archäologie)으로서 존재와 진리의 궁극적으로 근원적인 것과
모든 근원적인 것을 내포하는 것을 체계적으로 탐구하고 그 결과 우
리에게 가르쳐야 할 학문이 필요하다는 형식적-일반적 방법상 주도
적 사상만 마음대로 처리하는 것이다. 그것은 모든 의견과 타당성의
이러한 근원적 원천에 입각해 모든 인식을 최고의 궁극적 이성의 형
식─절대적으로 기초짓는 형식, 절대적으로 정당화하는 형식, 궁극
적으로 생각해낼 수 있는 의미를 해명하는 형식, 권리를 인증하는 형
식─으로 이끌 수 있는 것과 마찬가지다. 따라서 그 형식은 그 인식
이 절대적으로 좋은 양심에 의해 완성된 것으로, 즉 타당한 것일 뿐
아니라 '궁극적으로 타당한 것'으로 근원적으로 획득되고 그래서 결
단코 마무리된 것으로 제쳐놓을 수 있는 것이다.

그래서 그 인식은 확고한 인식의 소유물의 범위에 편입된다. 그런
다음 이 인식의 소유물은 언제나 다시 진정한 근원의 형태로 다시 활
성화되며, 필연적으로 변경할 수 없는 궁극적 타당성에서 절대적으
로 주장될 수 있다. 따라서 단순히 거기에서 대개 '명증성'이라 부르
는 소박한 명석함(자연적 명증성, 실증성의 명증성)이 아니라 선험적 근
원의 명석함이라는 더 높은 단계의 명증성에 입각한다. 이 명증성에서
실증성의 명증성 속에 은폐된 인식의 작업수행에 근원은 부당하게
규정하고 부당하게 한정하는 자신의 동기부여의 지평과 더불어 밝
혀지며, 근원에 입각해 그렇게 이해된다.

생성되는[갓 태어난] 철학자인 우리는 철학의 이러한 이념을 실
천적으로 결정하고, 이 결정에 입각해 실천적 결과를 이끌어낸다.

즉 철학이 지향으로서 내포하고 규정되지 않은 요구로서 미리 지시한 것을 전개하고 이렇게 함으로써 지향했던 학문 자체를 출발시키며 계속 진행해 실현하는 형태로 만들고자 시도하는 것이다. 이렇게 해야 비로소 우리는 철학 자체를 가질 수 있고, 그래야 비로소 우리가 본래 계획한 것, 본래 의도한 것 또는 그것이 실제로 그 자체인 것을 알 수 있다. 이렇게 '절대적 정당화'에서 시도된 보편적 학문은, 그것이 비로소 참된 의미에서 모든 참된 존재에 대한 궁극적으로 타당한 인식을 만들어내는 한, 궁극적으로 타당한 학문이어야 한다.

우리의 철학을 주도하는 이념의 의미를 전개함으로써 처음 미리 지시하는 것을 풍부하게 하는 데서 출발할 수 있다. 그렇다면 방금 간략하게 시사한 자연적 명증성과 선험적 명증성을 구별함으로써 '절대적 정당화에 입각한 보편적 학문'으로서 철학이 보편적인 절대적 인식의 정당화에 대한 이러한 논의의 애매함 속에 판명하게 부각되지 않은 더 많은 의미의 구성요소들을 내포하는 사실이 뚜렷해진다.

'절대적'(absolut)이라는 말은 한편으로 모든 인식 일반이 지닌 통일성의 원천, 물론 우리에게 이제까지는 단지 '멀리 떨어진 이념'(Fern-Idee)으로만 알려진 선험적 주관성을 지시한다. 다른 한편으로 '절대적' 정당화라는 표현은 '명석함과 판명함'[21]에서, 명증성에서, 통찰 그 자체에서 최소한의 결함도 허용하지 않는 것이다. 또한 확신을 조금도 흐리게 하지 않는 것이며 인식의 성과를 그 후에 여

---

21) '명석함'(clear)은 주의 깊은 정신에 명백하게 주어진 것을, '판명함'(distinct)은 이 가운데 아주 간결해 다른 것과 확연히 구별되는 것을 뜻한다. 판명하지도 명석하지도 않은 혼란스러운 개념에는 여러 가지로 이해할 수 있는 '애매함'(ambiguous)과 지시하는 대상의 범위가 명확하지 않은 '모호함'(vague)이 있다.

전히 의문시하고 의심스러운 것으로 여길 수도 있을 것, 즉 전적으로 완전히 설명해주는 일을 가리킬 것이다. 나의 인식은 '궁극적으로 타당한' 것이어야 한다. 그것은 나에게 확실하게 타당한 것에서 나를 보존하며 그때마다 다시 포기하게 된다. 내가 나중에 그것이 내가 확실하게 믿었던 것이거나 바로 그것이 아니라고 생각하는 한 또는 그것은 오히려 다른 것이며 내가 믿었던 것과 같은 것이 아니라고 생각하는 한 나의 믿음은 무효화될 것이다. 그렇지만 나의 인식 역시 모든 관점에서 **명증적**이어야 한다. 또한 지금 또는 통상 나에게만 현실적 관점이 아니라 가능한 모든 관점에서 명증해야 한다. 〔이미〕 인식된 것(Erkanntes)은 이것에 본질적으로 속한 규정을 지니면 안 된다. 그러한 규정은 평소 나의 완전한 명증성의 시선 밖에 있고, 그것이 아직 알려지지 않았기 때문에 곤란한 막연함, 수수께끼와 의혹을 수반한다.

그러나 이 **절대적 정당화**의 양면성은 더 깊은 근거가 있다. 즉시 밝혀지듯이, 여전히 절대적 주관성에 소급해 관계되지 않은 각각의 모든 명증성은—수학적 명증성처럼 완전한 명증성이라도—필연적으로 자신의 측면에서 불확실할 수 있고, 수수께끼 같을 수 있으며, 의문시될 수 있다. 이것들은 명증성의 독특한 내용을 근원적 시선방향에서 변화시키지 않고 그 자체가 그 '실증성' 속에 폐기되지 않는다. 그럼에도 인식의 관점에서 바로 허용될 수 없는 불완전함을 뜻한다. 이것으로써 방금 마주친 구별, 즉 〔한편으로〕 인식을 폐기할 가능성을 열어 놓는 명증성의 결함과 〔다른 한편으로〕 인식을 폐기하지 않지만 바로 한 측면의 명증성과 한 측면의 인식 자체만의 부족한 부분(이와 함께 자연적 인식방향에서 벗어날 수도 있고 아마 아주 위험하게 벗어날 수 있을 보이지 않는 심연)을 나타내는 명증성이 지닌 결함의 구별을 처음으로 완전히 이해할 수 있게 된다. 이렇게 구분하는 것도 선험적인 것(Transzendentales)[22]과 관련된 모든 것을 거부하는 명증성, 우리가 방금 실증성의 명증성이라 부른 단순히 자연적이고-소박한 모든 명증성의 결함을 곧바로 고려하려 한다.

어쨌든 우리는 참된 출발을 추구할 때 끊임없이 이 두 가지를 유념해야 한다. 그러나 다른 한편 우리는 모든 인식 ─ 그 소박한 실증성에서 일면적 인식뿐 아니라 반성적-선험적 인식 ─ 이 지배를 받고 순수한 명증성에 입각한 진정한 정초를 표명하는 가장 보편적인 정당화의 원리를 앞에 두어야 한다. 따라서 출발하는 철학자인 우리는 의도적으로 절대적 정당화에 입각한 보편적 인식의 이념을 겨냥하려 하고, 가장 엄밀한 의지의 보편성에서 순수한 '명증성'의 원리를 따르려 한다. 그렇지만 우리는 이것을 다음과 같이 이해한다.

아무것도 궁극적으로 타당하게 인식된 것으로 간주하지 않아야 한다. 따라서 존재하는 것이나 그렇게 존재하는 것(so seiend) 또는 그 어떤 존재의 양상에서 존재하는 것은 아무것도 궁극적으로 타당하게 인정하지 않아야 한다. 그것은 그렇게 존재하는 것이나 그 존재의 양상에서 존재하는 것으로 우리에게 그 자체가 눈앞에 있지 않은 것, 그것이 우리의 인식에 대한 신념 속에 생각되고 정립된 것과 정확하게 똑같이 그 자체가 우리에게 파악된 것이 아니기 때문이다. 그래서 이러한 의미에서 우선 궁극적인 것의 근본주의가 지배하기 원하며, 모든 인식작용에서 어느 정도 명증성의 극한으로 이행하거나 항상 이행할 것을 시도하기 원한다. 인식에 대한 우리의 만족은 가능한 한

---

22) '선험성'(Transzendentalität)으로도 표현되는 이것은 소박한 자연적 태도의 존재정립을 판단중지해 드러난 새로운 차원, 즉 선험적 환원을 통해 밝혀진 자아와 그 체험영역 전체의 본질적인 지향적 상관관계를 뜻한다. 따라서 그 의미상 경험적 태도에서 드러나는 '경험세계'와 대립된 '선험세계'로 이해할 수 있다.

'절대적인 것'이어야 한다. 이때 그 만족은 우리가 인식하면서 의도한 목적을 절대적으로 달성한 것일 수 있다. 이것은 우선 우리의 인식이 존재하는 것 자체를 갖는 데 순수한 확실성의 양상일 것을 요구한다. 여전히 불확실성이 현존하는 한, 만족될 수 없다. 그런데 확실성은 극한 속에 절대적으로 명증한 것, 따라서 단순히 완전하게 확실한 의견이 아니라 직시하는 확실성, 결국 절대적으로 스스로를 부여하는 확실성이어야 한다. 스스로를 부여함(Selbstgebung)이 척도가되어야 하며, 스스로를 부여함의 절대적 최선(Optimum)은 모든 판단, 모든 존재에 대한 우리의 생각을 확증하는 궁극적인 척도가 되어야 한다. 요컨대 이것은 모든 학문적 행위의 의미 속에 있다. 우리는 이것을 분명히 깨닫고, 이것에서 첫 번째 원리를 깨닫는 목적을 추구하는 방법을 만들면 된다.

그러나 여전히 다음 사실을 첨부해야 한다. 우리는 명증성을 가동하면서 느낀 인식의 만족에 의지하면 안 된다. 우리가 지닌 명증성은 명증성으로서 정당화되어야 한다. '우리의 인식지향이 사정에 따라 어느 정도 얼마큼 충족되더라도, 인식된 것이 실제로 그 자체를 실현시켜 주어졌다는 것 그리고 그에 상응하는 스스로 주어진 것 없이 어느 정도 그 속에는 더 이상 아무것도 단순한 예견으로 생각되지 않는다'는 사실을 확신해야 한다. 명백히 이렇게 확신하는 것은 원리적 가능성에 따라 항상 인식을 작동시키는 데 뒤따르는 반성의 형식으로 생길 수 있다. 그 반성은 판단의 확실성에서 거기에서 생각된 것인 의미내용의 구성요소들을 스스로 주어진 것의 존립요소에서 측정하며, 그 구성요소들을 그것이 충족됨과 관련해 개별적으로 주어진 '그 자체'의 구성요소를 통해 확인한다. 앞에서 나타낸 이상적 완전성을 지닌 명증성을 충전적 명증성이라 한다.

그러므로 우리는 그 명증성에 대한 사실을 어쨌든 오직 두 번째 명증성, 곧 그 자체가 다시 충전적 명증성이어야 할 반성적 명증성에서만 인식한다. 그 명증성은 충전적 명증성으로서 수행될 수 있고 그래서 '무한히'(in infinitum) 충전적 반성이 가능하며 '무한히' 정당화해야 하는 것처럼 보인다. 이는 여기에 놓여 있는 문제뿐 아니라 충전적으로 주어지는 가능성을 수반하는 문제도 숙고해야 해도, 우리를 전혀 괴롭히지 않을 것이다. 왜냐하면 아마 그와 같이 스스로 주어짐(Selbstgegebenheit)은 우리가 순수한 빨간색을 그렇게 부르는 것과 유사한 의미로 하나의 단순한 '이념'이라는 점이 밝혀질 것이기 때문이다. 우리가 보는 빨간색은 항상 다소 불완전한 순수함에서만—결국 어쨌든 빨간색에 (다소 간에) 멀리 떨어져 있음에도 그것을 지각하면서 관통하는 가운데 순수한 빨간색에 접근해가는 일련의 상승에 속한—빨간색일 것이다. 그와 같은 계열의 궁극적으로 보인 것을 넘어서 계속 상승해가는 것이 항상 가능하고 생각해볼 수 있다.

다른 한편 진행해가는 것 자체 속에 우리는 멀리 떨어져 있는 '순수한 빨간색'에 바로 접근해가는 명증성을 지닌다. 그러나 이제 이념으로서 이러한 이념의 존재에 대한 명증성은, 순수한 빨간색 그 자체를 스스로 갖는(Selbsthaben) 명증성이 아니더라도, 그 논의에 본질적으로 근거한 애매함에 있다. 그런데 아마 '그것 자체'로서 생각된 것을 파악하는 의식인, 스스로를 부여함으로서 각각의 모든 명증성에는 우리가 충전적 명증성에 대해 이야기하는 어디에서나 그것을 그와 같은 것으로 확신하는 어떤 상대성이 있다.

우리 앞에는 이와 유사한 동시에 어쩌면 연속적이고 자유롭게 계속 이끌어갈 수 있는 상대적 명증성이 상승되는 과정만 있다. 그래서 의식에 적합하게 그래서 함께 포함된 목적—그 자체로, 따라서 단지 이념으로서만 명증한 반면, 어쨌든 명증한 방식으로 접근해가는 명증성에도 불구하고 도달되지 않은 채 남아 있는 목적—에 끊임없이 또 자유롭게 접근해가는 의식만 있다. 또한 여기에는 무한소급(無限遡及)이 위협하지는 않는지 등 계속된 문제가 즉시 제기된다. 그럼에도 이러한 문제가 출발의 문제일 수는 없다.

출발하는 자로서 나는 어떠한 인식도 지니지 않고, 그 인식을 추구한다. 나는 임의의 '인식'이 아니라 내가 진정한 것으로 정당화할 수 있는 '진정한' 인식을 추구한다. 우리의 첫 번째 성찰이 말해주듯이, 이것이 뜻하는 것은 명증한 인식, 맨 위의 충전적인 명증한 인식, 또는 충전적 명증성을 통해 정당화될 수 있는 인식—이와 같은 인식이 가능해야 하는 한—일 뿐이다. 나는 이른바 그것에서 생각하기 시작하려는 것이 아니라 내가 생각하는 것(가장 넓은 의미에서는 판단하는 것)을 스스로 가짐(Selbsthabe)으로써, 스스로 파악함(Selbsterfassung)으로써 길어내려 하고, 또는 나의 의견이 그렇게 길어내지 않은 곳에서 그것에 상응하는 스스로 가짐을 추구하며, 단순히 생각된 것에서 바로 그것을 스스로 파악함으로 이행시키는 가운데 그것을 '확증한다.'

목적을 겨냥하고 목적을 달성하는 노력과 행위가 경과한다는 것과 단순한 자기성찰이 보여주듯이, 비록 불가피하게 출발을 형성하는 어떤 소박함에서라도 이렇게 목적을 달성하는 것이 행위 하는 자에게 또 행위 자체 속에 확실하게 실현되는 것과 그 목적을 스스로 지니는 것으로 의식되는 것은 완전히 명백하지 않은가? 인식하는 행위 속에 실천적 지향이 단순히 존재를 생각함으로써 생각된 존재를 스스로 갖게 노력한다는 것[23], 충전함[일치]의 극한—인식하는 노력

---

23) 후설은 '술어로 인식하는 작업수행은 그 자체로 행동(Handeln)' '묻는 작용(Fragen)은 판단을 내리려고 노력하는 실천적 행동으로서 의지의 영역', '인식이성은 실천이성의 기능이며, 지성은 의지의 하인', '이론적인 이성적 인식작용은 실천적 이성에서 나온 행동', '이론적이지 않은 모든 작용은 태도변

에 만족하는 그에 상응하는 정도에 대한 전제로서 —— 으로까지 서로 다른 단계의 명증성인 명증성 같은 것이 사실상 그때그때 존재하거나 존재할 수 있다는 것은 명백하지 않은가? 어쨌든 어떤 사물을 지각하는 내가 이렇게 거기에 존재하는 **그것 자체**(es selbst)를 그것 자체로서(als) 파악하는 것, 또한 내가 (충전한 어떤 경우를 받아들이기 위해) '2는 3보다 적다'를 '통찰하면서' 내가 거기에서 생각한 사태를 그 사태 자체로서 지니고 파악한다는 것, 그렇게 파악하면서 내가 인식하려고 노력해 실제로 그 배후에 더 이상 추구할 것이 없는 충전한 목적 그 자체 속에 있다는 것보다 더 분명한 것은 없다. '통찰된 것'은 명백히 그렇게 해서 생각된 것과 스스로 갖게 된 것이 동시에 스스로 파악된 것인 생각된 것과 관련된 '그것 자체'일 뿐이다.

여기에서 충전적 명증성의 특징 한 가지를 더 언급해야 한다. 그것은 부정이나 회의의 통로를 통한 시험 속에 뚜렷이 드러난다. 내가 충전적 명증성을 부정하거나 의심스러운 것으로 여기려고 하면, 절대적인 스스로 부여함에 입각해 파악된 것이 존재하지 않거나 의심스럽다는 것이 불가능하다는 명증적인 것이 충전적 명증성 속에 다시 돌출된다. 충전적 명증성의 이러한 특성을 그 **필증성**으로 나타낼 수도 있다. 거꾸로 명백히 **모든 필증적 명증성은 충전적이다**. 그러므로 이 두 표현을 동의어로 사용할 수 있고, 곧 충전함이나 필증성을 특별히 중요하게 여기느냐에 따라 각기 다른 것을 우선시할 수 있다.

경을 통해 이론적 작용으로 변화될 수 있다'고 한다. 즉 실천적 관심은 이론적 인식을 주도하고 이론적 인식의 성과는 실천적 행위가 나아갈 방향을 제시함으로써 이 둘은 부단히 긴밀하게 상호작용하며 전개되는 개방된 순환구조를 형성한다. 그래서 반성적인 이론적 태도와 자연적인 실천적 태도를 제3의 형식으로 종합하는 보편적 태도가 '이론적 실천'이며, '모든 이성은 실천적 이성인 동시에 이론(논리)적 이성'이다.

그래서 결국 이러한 성찰은 데카르트가 자신의 성찰을 시작하면서 완전한 정당화의 원리로 사용한 의심할 여지 없는 데카르트적 원칙 (Maxime)의 원리적 의미로 이끈다. 이것은 인식을 절대적으로 정초 하려는 자신의 목적을 위해 어떤 의심이라도 일으킬 만한 최소한의 계기를 줄 수 있을 모든 것을 정당화되지 않은 것으로 물리치는 그의 잘 알려진 방법의 형식으로 일어난다.

32 가능한 출발점인 '나는 존재한다'와 '출발하는 철학자인 나'; '나는 존재한다'—'이 세계는 존재한다'

지난 강의에서는 충전적 명증성과 그래서 또한 필증적 명증성의 주도적 원리를 표명했고 우리의 것으로 만들었다. 그것은 인식의 정 당화에 형식적이며 사실상 넘어설 수 없는 이상(理想)을 나타낸다. 어떤 판단에서 완전한 정당화는 실로 '우리가 그것을 생각하는 것과 마찬가지로 정확하게 우리가 판단하면서 생각하는 것이 그 자체로 우리에게 포착되고 이른바 생생하게 그 자체로 직시되고 파악된다 는 것, 우리가 일반적으로 명백하게 할 뿐 아니라 확신한다는 것', 게 다가 '우리가 충전함[일치]의 시험으로서 그렇게 직시된 것에 대해 존재하지 않음이나 의심할 수 있음의 모든 싹이 절대적 명증성 속에 폐기될 것이라고 확신하는 것' 이외에는 달리 생각할 수 없다. 어쩌 면 이러한 원리를 적용해 미리 주어진 명증성을 절대적으로 정당화 할 수 있는 것에서 그 내용으로 제한하고 그래서 충전적이지 않은 명 증성에서 충전적이지만 제한된 명증성을 수립할 가능성이 생긴다.

따라서 우리에게는 무리한 요구이지만, 충전함의 이러한 절대적 이상을 관철해가자. 어디까지 갈 수 있는지 시험해보자.

성찰을 계속 진행해가는 가운데 그 자체로 또 곧바로 충전적 명증성의 성격을 띠지 않는 여러 가지 독특한 정당화의 형태를 구별해야 할 것이다. 그런 다음 어쨌든 그 모든 형태에서 충전적 명증성이 궁극적 정당화의 원천으로 기능해야 한다. 그래서 그 정당화가 실제적이며 진정한 정당화로 간주될 수 있다는 사실을 나타낼 수 있을 것이다. 하지만 우선 우리는 여전히 그와 같은 것을 전혀 모르며, 어쨌든 우리에게는 출발의 주도적 원리로서 정당화의 절대적 이상이 미리 지시되어 있다.

그런데 우리에게 필요한 바로 다음 성찰은 출발 자체를 겨냥한다. 즉 그 성찰은 우리가 첫 번째 명증성으로 삼은 그 충전적 명증성에 관한 문제와 관련된다. 따라서 철학의 구축 전체를 지지하는 데 규정된 정당화된 인식의 근본영역에 관련된다. 어떻게 진행해가야 그 영역을 획득하게 되는가? 출발하는 철학자인 우리에게 총체적 학문들은 그 타당성을 배제해야 한다. 그 학문들은 남김 없이 의문시되어야 한다. 그래서 그 학문들을 충전적 명증성에 따라 샅샅이 검색하거나 그것들에 의해 충전적 명증성으로 변화되는 그 학문들의 명증성을 철저히 조사해야 하는가? 그 학문들이 학문으로서 간접적 인식의 구조체계이기 때문에, 또 간접적 인식의 정당화는 직접적 인식인 근본적 인식의 정당화로 이끌기 때문에, 학문의 모든 근본적 인식에서 명증성을 비판해야 하는가?

그럼에도 인식의 보편적 정당화는 간접적인 길로 진행하는 것을 추구해야 한다. 그래서 사실적으로 앞에 놓여 있는 학문에 대한 비판이 필요할 뿐 아니라 언제나 이해할 수 있는 각기 모든 인식에 대한 보편적 비판이 필요하다. 우선 직접적인 인식에 대한 보편적 비판이 요구된다는 생각이 아무리 좋고 또 아무리 쉽게 완전히 명백하게 될 수 있더라도, 어쨌든 문제가 되는 절차에 관해서 우리의 예비성찰을 기억해 소환하고 그 동기부여를 다시 작동시키자마자 즉시 의심해야 한다. 그렇다면 우리가 계획한 것이 전통적 학문에서 방법상의 방식(Art)에 관한 학문이고, 순수한 완전함에서 하려는 것은 이 학문들 자체가 단지 불완전하지만 적어도 개선할 수 있는 방식으로 이미 하는 것일 뿐인가? 만약 그렇다면, 학문들 또는 ─ 이 학문들을 보편적으로 내포하고 그 자신으로부터 체계적으로 전개하는 ─ 철학을 근본적으로 새롭게 구축할 필요가 없을 것이다. 그렇다면 학문들을 실제로 번복시킬 필요가 없을 것이고, 우리에게는 그 가치를 평가하는 비판의 일반적인 의문시 함(In-Frage-stellen) ─ 이에 상응하는 보편적 재확인과 적절한 개선과 더불어 ─ 으로 충분할 것이다. 완전한 명증성 속에 확증된 인식은 소중하게 여겨 다시 받아들일 것이고, 그렇지 않은 것은 개선된 인식이나 새로운 인식을 통해 대체된다.

그러나 이것은 별로 가망이 없는 기획일 것이다. 어쨌든 모든 학자는 이러한 방식으로 비판하며, 모든 학자는 자신의 작업에서 끊임없이 또 최선의 능력을 기울여 그렇게 비판한다. 이렇게 비판하는 가운데 실증적 학문 자체는 완전함의 낮은 단계에서 높은 단계로 상승한다. 게다가 그와 같은 비판에 대한 요구로 오래 전에 이미 보편적인 학문비판을 고찰했는데, 이 고찰은 개별학문들의 작업에서 방법상 특수한 것에서 벗어나 학문 그 자체의 방법상 보편적인 것을 겨냥했다. 오래 전에 이미 논리학 ─ 보편적 학문이론으로서 ─ 이 현존했고, 모든 학문 그 자체를 비판하는 보편적 학문이 되려는 바로 이러한 기능으로 명백하게 규정되었다.

그렇지만 우리가 겨냥해 계획하는 것은 이러한 보편적 논리학일 수도 없고, 가령 이 논리학의 도움을 받아 수립될 수 있는 ─ 아무리 완전하더라도 우리가 이미 갖고 있는 종류의 ─ 학문의 체계일 수는 없다. 왜냐하면 이미 역사적-비판적 성찰[24]에서 살펴보았듯이, 이러한 종류에는 원리적 불완전함, 즉 그것을 극복하는 것이 우리가 철학으로서 얻고자 노력하는 것의 근본적 의미를 규정하는 선험적 소박함이 부착되어 있기 때문이다. 모든 인식이 인식하는 주관성의 작업수행(Leistung)[25]이라는 사실은 자명하다. 어쨌든 그 작업수행은 모든 선험적 혼란과 모든 이치에 어긋난 형이상학의 근원을 나타낸다.

여전히 매우 완전하게 형성된 실증적 학문의 명증성은 회의론과 신비주의가 발동할 수 있는 선험적이고 형이상학적인 안개에 둘러싸여 있다. 진정한 인식인 한 모든 실증적 인식은 하나의 명증성이지만, 어쨌든 그것은 동시에 하나의 수수께끼다. 그래서 실증적 인식은 선험적으로 규명해야 한다. 왜냐하면 이러한 사실이 모든 인식 그 자체에 해당되기 때문이다. 그래서 여기에서 보편적 과제가 생긴다. 그 과제는 인식하는 주관성 일반을 인식을 수행하는 주관성으로서 또 이와 같은 작업수행의 모든 종류와 형태에 따라 체계적으로 탐구하는 것이다. 바로 이것이 예비성찰을 통해 우리 것이 되었던 거부할 수 없는 과제다.

그런데 이 과제가 어떻게 다루어질 수 있고 충족될 수 있는가? 이러한 과제의 순수한 본래 의미가 비로소 파악될 수 있는 그 방법 — 모든 종류의 형식의 인식작용이라는 선험적 작업수행을 학문적으로 탐구할 수 있는 방법 — 을 어떻게 형성할 수 있는가? 주관성은 어떻게 주관성이 모든 진리와 학문을 주관성 자체 속에 형성되는 형성물로서 철두철미하게 이해할 수 있는가? 여기에서부터 궁극적으로 타

---

24) 이것은 『제일철학』 제1권에서 고찰한 것을 뜻한다.

25) 의식의 '산출, 수행, 수행된 결과, 기능, 성취' 등을 뜻하는 이 용어는 일상적으로 은폐된 의식을 현상학적 환원을 통해 해명하는 선험적 주관성의 다양한 지향적 능동성을 지칭한다. 즉 의식이 경험한 내용이 축적되고, 이것이 다시 기억되거나 새로운 경험을 형성하는 복잡한 발생적 역사성을 함축한다. 따라서 의식의 심층구조와 역사성을 강조하고 또 의식의 단순한 '작용'(Akt)과 구별하기 위해, '작업수행'으로 옮긴다.

당한 자기인식의 의미를 어떻게 이론적으로 확정할 수 있는가? 이렇게 이해할 수 있는 명석함을 어떻게 획득할 수 있으며, 이때 선험적 자기인식은 우리가 첨단(尖端)에 세워야 할 그 원리 —충전적 명증성의 원리 —를 어떻게 만족시킬 수 있는가?

게다가 다음과 같이 물을 수도 있다. 결국 선험적 인식을 탐구하는 요구 자체는 계속해가면 모든 인식을 궁극적으로 충족시키려는 요구, 즉 모든 인식을 생각해낼 수 있게끔 최고로 충전하게 하려는 요구가 아닌가?

절대적 인식에 그런 다음 보편적 인식에 요구해야 할 두 가지 완전함은 그 자체로 매우 밀접하게 연관되어 있다. 아마 인식을 겨냥한 모든 지향을 충족시키는 이상(理想), 따라서 궁극적으로 인식을 만족시키는 이상을 철저하게 수행하는 극단적 요구는 저절로(von selbst) 선험적 문제제기로 이행할 것을 강요하며, 그래서 궁극적 명증성에 적합하게 절대적으로 정당화된 학문은 '당연히'(eo ipso) 선험철학일 것이다.

예비성찰에서부터 이미 여기에 중대한 어려움을 알고 있다. 무엇보다 중요한 것은 자기인식(Selbsterkenntnis)이지만 인간의 자연적-소박한 자기인식과는 완전히 다르다. 또한 심리학적 내면경험(Innenerfahrung)이라는 명칭으로 그와 같은 자기인식에서 길어낸 심리학과도 완전히 다른 것이라는 사실을 알고 있다. 그러나 예비성찰에서 아무리 잘 알았더라도 여기에서 가장 엄밀한 체계론을 구축해야 하는데 직시하는 눈과 새롭게 수행한 확정을 통괄할 동기가 아닌 한, 그것에 관해 아무것도 전제하면 안 된다. 실제의 출발에, 절대적으로 근거지어진 철학의 출발에 이르려면, 우리 자신이 근원적으로 획득한 것만 가져야 한다.

그래서 지금 우리의 과제는 모든 선험적 문제제기의 토대인 선험적 토대를 이렇게 근원적인 방식으로 새롭게 드러내 밝히는 것, 따라서 '나는 존재한다'(Ich-bin)의 정립을 이것의 고유하고 전적으로 필연적인 의미와 더불어 선험적 자기정립으로 우리를 강제하는 것이다. 더 나아가 자연적-소박한, 객관적-논리적 인식비판에 대립해 완전히 다르게 기초지어진 선험적 인식비판을 보편적으로 수행해야 할 과제가 생긴다. 그러나 이 과제, 즉 나중에 생기는 실증적 학문의 모든 작업수행과 그 보편적 비판은 선험적 테두리와 선험적 비판이 포괄하고 있다. 하지만 그런 다음에는 궁극적 타당성의 정신 속에 수행된다는 사실을 밝혀야 한다.

이제 **출발 자체를 만들어내야** 하는데 다음과 같은 성찰에서 상이한 방식으로 진행해나갈 수 있다. 한편으로 우리에게 미리 직관된 것으로 이미 잘 알려져 있는 그 목표로 곧장 전념해나갈 수 있다. 따라서 아주 직접적으로 '나는 존재한다'라는 인식과 더불어 시작할 수 있고, 그 인식의 충전적 명증성은 사정이 어떠한지 주시할 수 있다. '나는 존재한다'의 자연적인 첫 번째 명증성이 완전한 명증성이 아니라는 점이 밝혀지면 이 명증성을 충전적이며 그래서 필증적인 명증성으로 변화시키려는 시도를 할 수 있다. 이렇게 방법적으로 원리상 충전적으로 주어지지 않는 모든 것을 순화해 배제해가는 가운데 순수한 주관성 또는 선험적 주관성에 이를 것이다. 그러므로 그 인식은 순수한 충전함[일치] 속에 그 자체에 접근할 수 있는 주관성의 내용일 것이다.

두 번째로 예비성찰에서 이끈 모든 것을 거절하면서 절대적 정당화에 입각해 건설할 수 있는 보편적 학문의 이념을 우리에게 주는 것을 단순히 사용할 수 있다. 이때 '나'는 '출발하는 철학자인 나'라고 말해야 할 것이다. 물론 출발에서는 직접적 인식이 있을 것이다. 어쩌면 직접적 인식을 통해 함께 알려진 — 직접 접근할 수 있고 따라서 그 자체로 직접적인 ─ 인식의 장(場)이 있을 것이다. 또한 이 직접성은 필증적 방식으로 확실할 것이다. 그런데 이제 나는 모든 학문에 타당성을 배제시켰지만, 어쨌든 내가 나 자신과 내가 살아가는 그 세계를 끊임없이 확인하는 나의 삶과 나의 직접적 경험의 흐름은 계속 진행된다. 당연히 이것 역시 인식이며, 내가 보편적인 절대적 정당화를 요구할 경우 전복되는 것에 함께 관련되어야 할 것이다. 그러나 나는 이 인식을 바로 즉시 소생시킬 수 있다. 어쨌든 여기에서 나는 거절할 수 없는, 의심할 수 없는 명증성을 지니게 된다.

'나는 존재한다'·'이 세계는 존재한다' ─ 내가 어떻게 이것을 의심할 수 있는가? 물론 나는 이것을 충전함의 실제적 존립요소에 입각해 그 실제적 필증성에서 더 정확하게 검토해야 한다. 이때 그 검토는 필증적 직접성에서, 절대적으로 의심할 수 없게 경험에 주어진 것에서 유일한 존립요소인 선험적 주관성으로 이끈다. 그래서 첫 번째 길에서 생긴 동일한 것, 즉 거꾸로도 마찬가지로 첫 번째 길에서 요구된 비판에서 세계가 존재한다는 추정적인 의심을 할 수 없음을 비판하는 것이 불가피하며 그 결과 두 길은 실제로 수행하는 가운데 즉시 합치되어야 한다는 사실로 이끈다.

따라서 체계적 근거에 입각해 두 번째 길을 우선시했다면, 어쩌면 모든 학문에 앞서 놓여 있는 직접적 명증성에 관한, 그런 다음 일관된 방식으로 이 직접적 명증성에 앞서 놓여 있는 경험에 관한 주도적 물음은 의심할 여지 없는 존재로서 경험의 세계로 이끄는 것 같다. 우리 자신은 이 세계 속에 포함된, 종속된 개별자로서 우리를 이해한다. 그래서 우리 자신을 우선적으로 부각시키고 '나는 존재한다'라는 우리 자신의 명제를 표명할 계기가 없는 것 같다. 그 세계는 끊임없는 경험 속에 현존해 있고, 인식을 위한 노력, 걱정과 염려, 행위 ─ 아무것도 이 세계보다 확실하지 않다 ─ 는 언제나 이 세계에, 이 세계 속에 개별적으로 경험된 사건과 관련된다. 물론 개별적으로는 경험이 우리를 속일 수 있고, 처음에 경험된 현존재로서 생생하게 우리 눈앞에 있는 것이 전혀 존재하지 않거나 우리가 본 것과 다른 것일 수 있다. 이때 우리는 환영, 감각의 착각, 가상에 대해 이야기한다. 그렇지만 감성적 경험을 어떤 개별적 경우에 즉시 의심할 수 없다 하더라도 그 세계의 현존재를 결코 의심하지는 않는다.

결국 경험은 피상적이며 조심하지 않고 완벽하지 않은 대신 곧바로 신중하게 수행될 수 있다. 명증성을 겨냥하고 그런 다음 필수불가결한 완전함에서 수행될 수도 있다. 바로 이 때문에 경험은 이성적 학문에 정당한 근본적 인식을 제공한다. '세계가 존재한다'는 보편적 명칭은──이에 속한 계획적이며 정확하게 관찰하는 경험의 우주를 포함해──모든 인식의 궁극적 원리들, 즉 직접적 원리들의 우주(Universum), 또는 하나의 보편적 학문에 필요한 모든 경험의 우주를 자체 속에 포함하는 것 같다. 나는 나의 현존재와 나를 직접 파악하는 경험과 더불어 이러한 우주 속에 자명하게 함께-포함되어 존재한다. 세계를 부정하거나 실제로 무효화함으로써 나는 스스로 부정되고 무효화될 것이다.

이렇게 사실상 매우 자연스런 고찰이 아무리 명백하게 보이더라도, 또 '나는 존재한다'가 세계의 존재를 경험하는 우연적이며 결코 우선시되지 않은 특수한 경우로서 제공되더라도, 어쨌든 '오히려 '나는 존재한다'라는 명제는 모든 원리 가운데 참된 원리이며 모든 참된 철학의 첫 번째 명제임에 틀림없다'는 견해를 주장할 수 있다. 어쩌면 상당히 더 충분한 근거에서 주장할 수도 있다. 사실상 '세계의 존재를 의심할 수 없는 것과 관계된 또는 세계에 대한 경험의 권리와 관계된 상론 전체가 진정한 필증성의 시험을 거치지 않았다'는 점, '그래서 절대적으로 정초될 수 있는 하나의 철학에 대해 세계 전체는—그 완전한 전체성에서 보면—타당성에서 배제되어야 한다'는 점, 즉 '세계에 대한 총체적인 학문과 학문 일반의 명제와 정확히 똑같이 당분간 절대적 정초가 없는 것으로 의문시되어야 한다'는 점을 보여줄 수 있다.

사실상 우리는 공간사물에 대한 모든 지각이 충전적이지 않다는 점을 쉽게 확신한다. 지각은 우리에게 사물의 단지 한 측면만 부여하며, 그 규정에 몇 가지만, 부분적으로 볼 수 있게 된 형태에 포함되는 부분적 성질만 부여한다. 우리는 사물 그 자체가 존재하는 것에 대한 의식을 지녔지만, 지각에서 다른 지각으로 연속적이며 여전히 매우 주의 깊게 관찰해 이행하고 지각의 연관 전체를 하나의 지각으로 간주한다면, 지각은 이렇게 완벽하지 않기 때문에 아무것도 변경되지 않는다. 그와 같은 지각의 연관에 모든 국면은 단지 그 **국면**의 존립요소만 실제로 보았다는 점. 이전에 실제로 보인 것의 새로운 국면에는 불가피하게 많은 것과 언제나 새로운 것이 상실되어 간다는 점을 제외하고, 관찰하는 지각작용은 어쨌든 결코 끝나지 않는다. 그러나 지각하는 자는 실제로 지각된 것을 넘어서 도달하는 다양하게 경험할 수 있는 지평을 아주 잘 알고 있다는 것, 이것은 경험 자체의 고유한 의미 속에 놓여 있다.

제2장 세속적 경험에 대한 비판. 선험적 환원으로의 첫 번째 길

1절 세계에 대한 지각과 세계에 대한 신념

33 '세계가 존재한다'는 명제의 폐기할 수 없는 우연성

지난 강의에서는 연속적인 세속적 경험에 의해 세계의 존재를 의심할 수 없음을 필증적으로 비판했다. 즉 이 의심할 수 없음이 실제로 필증적인 것인지, 따라서 외적 경험(여전히 매우 신중하더라도 관찰하고 실험하는 경험)은 각기 충전적 지각일 수 있는지 연구했다. 그런데 여기에서 우선 개별적 공간사물에 대한 지각에서 전적으로 불가피하게 충전하지 않았다는 사실이 밝혀진다. 지각하는 자는 그때그때 공간의 사물적인 것을 생생한 그 자체성(Selbstheit)에서 파악한다는 점을 잘 알지만, 그가 그것을 완전히 전부, 모든 규정의 내용에 따라 이렇게 생생하게 파악하지 못한다는 점도 잘 안다.

따라서 이러한 점은 단순히 외부에서부터 확인할 수 있는 어떤 사실이 아니다. 그 자체에서 경험되는 의견과 마찬가지로 각각의 모든 지각은 한편으로 지각 속에 본래 그리고 실제로 스스로 파악된 것으로 의식되는 규정에서 어떤 내용 ― 예를 들어 성질화

(Qualifizierung)를 포함해 본래 보인 사물의 내용에 한 부분——을 지닌다. 다른 한편으로 계속된 지각작용과 어쩌면 자유롭게 작동될 수 있는 지각작용이 진행되면서 비로소 생생하게 스스로 주어지게 될 그것으로만 의식되는 공허한 '함께 생각함'(Mitmeinung)과 '앞서 생각함'(Vormeinung)의 내용도 지닌다.

방금 상세하게 진술한 것은 명백히 엄밀한 필연성과 보편성에서 적용된다. 따라서 모든 공간사물의 지각은 불가피하게 본래 '스스로를 부여함'(Selbstgebung)과 그와 같은 '함께 생각함'의 혼합물이다.[1] 그리고 우리가 지각할 때, 우리에게 불가피하게 적용된다. 이 '함께 생각함'은 관찰하고 실험하는 모든 지향에 그 실천적 의미를 부여하고 그 지향에 열린 지평을 제공한다. 이 지평은 아직 파악되지 않았고 아직 주목되지 않았거나 불완전하게 알려진 것을 제공한다. 동시에 단순히 함께 생각된 것, 단순한 예견(Vorgriff) 속에 의식된 것이 생생하게 스스로 포착된 것, 본래 지각된 것으로 될 자유롭게 작동할 수 있는 지각의 계열을 가리킨다. 공간사물에 대한 지각이 확장되더라도, 그 지각이 그 사물의 언제나 새로운 부분과 측면을 밝혀내는 스스로를 파악함(Selbsterfasssung)으로 전개되더라도, 어쨌든 지각의 보편적 본질에 속하는 이러한 구조는 폐기할 수 없게 남아 있다. 그

---

1) '유형적으로 미리 알려져 있음'(typische Vorbekanntheit)이라는 선술어적 경험의 지향적 지평구조 속에서만 주어지는 모든 경험은, 스스로 거기에 주어진 자신의 핵심을 넘어서 처음에는 주시하지 않았기 때문에 명확하게 규정되지 않은 국면을 점차 드러내 밝혀줄 가능성(Möglichkeit)을 미리 지시하는 생생한 지평을 본질적으로 지닌다. 이것은 자아의 관점에서 보면 '능력'(Vermöglichkeit)이다. 즉 의식은 '이미 알고 있는 것'(Bekanntheit)을 통해 아직 알려지지 않은 것(Unbekanntheit)을 귀납적으로(induktiv) 예측해나간다. "경험은 그 사물에 관한 앎과 부수적인 앎을 당연히 또 필연적으로 지니기"(『경험과 판단』, 27쪽) 때문이다.

것은 충전적이지 않은 지각으로 남아 있다. 지각을 예견이 없는, 함께 생각함의 지평이 없는 완전히 본래의 지각이라는 형식으로 종결짓는 것은 생각할 수조차 없는 일이다.

그러나 공간사물로 경험된 것이 다르게 존재하거나 심지어 존재하지 않을 열린 가능성이 바로 이것과 불가피하게 연관된다. 모든 공간사물의 지각(이것을 통상 '외적' 지각이라 한다)은, 그 자신의 의미에 따라 직접 스스로를 파악하는 것의 지각이더라도, 우리를 속이는 지각일 수 있다. 그 지각은 곧 그 자신의 의미에 따라 예견하는 것 ── 예견은 함께 생각된 것과 관련된다 ── 이 아니며, 심지어 주어진 지각의 계기 ── 더 정확하게 살펴보면, 예견의 계기 ── 속에 스스로 파악된 것의 내용에 놓여 있을 만큼 근본적이다. 요컨대 지각된 것에 아무것도 순수하고 충전적으로 지각된 것은 없다. 우리는 항상 계속되는 지각의 확증에 의지하고 있다. 예를 들어 우리는 균등하게 빨갛게 색칠된 평평한 조각을 실제로 보고 있다. 하지만 계속 지각하면서 가까이 다가가면 색채가 균등하지 않음을 발견할 수 있다. 그러나 균등함이 확증되는 것도 처음에는 마찬가지로 열린 가능성이다. 그렇다면 또한 심지어 확증되는 것 자체가 충실하게 남아 있더라도 모든 순간에 그 상황은 동일하다. 즉 계속 확증되지 않을 가능성이 열려 있다. 그래서 경험이 우리를 속인다는 것, 더구나 경험은 항상 잠정적으로만 정당화하더라도 경험을 통해 정당화된다는 것은 결코 놀랄 일이 아니다.

개별적 사물에 관련된 지각 대신 모든 개별적 지각이 정돈되고 단순한 계기로 깊이 파묻힌 지각 전체를 고찰할 때 동일한 것이 명백하게 타당하다. 이러한 보편적 지각과 그 보편성에서 연속적으로 진행해가는 지각에 힘입어 우리는 하나의 무한한 시간을 지속하고 개별적으로 변경되는 변화 속에 변치 않으며 하나의 공간을 관통해 펼

쳐지는 하나의 통일적 세계를 끊임없이 의식해간다. 따라서 이 세계는 끊임없이 지각에 적합하게 경험되지만, 어쨌든 예견하는 생각— 다르게 존재하거나 심지어 전혀 존재하지 않을 열린 가능성을 포함해—의 방식으로만 경험된다.

이러한 점을 더 자세하게 숙고해보자.

우리의 외적 지각작용의 연속적 흐름은, 우연히 또 언제나 새롭게 위협해오는 기만함과 더불어, 사실상 일관되는 수정(Korrektur)의 형식으로 경과한다. 즉 확증되지 않는, 예견하는 모든 파악은 항상 대체될 수 있다. 또한 혼란된 일치함을 다시 수립하고 적어도 당분간 지속적 타당성 속에 계속된 경험에서 확증되는 변화된 파악을 통해 항상 저절로 대체된다. 지각은 지각작용이 계속되는 가운데 뚜렷이 드러나는 불일치를 통해 폐기되는 점에서 기만으로 밝혀진다. 그러나 이렇게 폐기하는 것은 의견을 변경하는 것, 지각의 의미를 변경하는 것—예를 들어 안개 속의 인간 대신 안개 속의 나무 그루터기가 보이며 이것으로써 일치함이 다시 수립되는 바꾸어 해석하는 나타남의 변경—과 제휴해간다. 지각작용이 언제나 그와 같은 양식으로 진행하고 진행할 수 있다는 것은 매우 주목할 만한 사실이지만, 필증적 필연성일 뿐이다.

외적 지각작용의 무한한 흐름은 깨어 있는 나의 삶을 관통해간다. 그 흐름은 그러한 종류의 생성구조를 언제나 유지하며, 조화를 이루지 못한 모든 것을 그러한 종류로 조화롭게 해소시키는 변화를 유지한다. 그래서 언제나 하나의 동일한 세계를 지각에 적합하게 현존하는 것으로 의식할 수 있다. 우리는 항상 '그' 세계를 말한다. 또한 생생하고 스스로 파악된 것으로서 하나의 동일한 세계를 경험한다. 그 것은 비록 이 스스로를 파악한 것이 그 자체로서 철두철미하게 확증하는 새로운 경험을 겨냥한 완전히 단순한 예견(Antizipation)이더라도 그렇게 경험한다. 비록 이 예견이 때에 따라 개별적으로 일치하게 계속되면서 확증되거나 일치함이 깨져 의심스러운 그래서 동요하든지 곧바로 무효화되는 가상으로 해소되더라도 그렇게 경험한다. 그렇지만 수정은 줄곧 일어나며, 어쨌든 가능하다. 의심은 해소될 수 있고, 의식에 적합하게 무효화된 것에 정당함을 깔아놓을 수도 있다. 그래서 깨지지 않고 계속 타당한 신념의 통일성은 살아 있는 시종일관 확증되는 경험의 통일성인 새로운 일치함을 회복할 수 있다.

이와 상관적으로 그때그때 수정한 것에 따라 경험된 세계는 참된 세계로 간주된다. 이러한 진리는 존재하고, 영원히 행군 중이다. 이러한 진리 역시 유보적이며, 어쩌면 다시 극복되어야 하지만, 이러한 일을 새롭게 수정하고 새롭게 그 자체에서 일치해 경험되는 세계의 형식으로 (그래서 이제까지 항상 그렇듯이) 이루어질 수 있다. 이 경우 이전에 스스로 파악한 것으로서 이전의 진리 실제로 거기에 있는 것으로 추정된 세계는, 이미 '수정'이라는 우리의 표현이 시사하듯이, 결코 완전히 포기된 것으로 보이지 않는다. 세계는 줄곧 상대적 진리 속에 현존하지만, 어쨌든 상대적 진리 속에서 인식될 수 있다.

외적 경험의 흐름 속에 또 끊임없이 스스로를 수정하는 이렇게 주목할 만한 경과의 조화에 의해 실제적이며 궁극적으로 타당한 참된 세계 ― 즉 이러한 하나의 동일한 세계 ― 의 이념이 생긴다. 하지만 그것은 궁극적으로 타당하고 '관념적으로' 수립될 수 있는 일치함에서 경험될 것으로서 생기는 것이며, 따라서 어떠한 수정도 더 이상 필요하지 않을 것으로서 생긴다. "가상의 수만큼 존재를 지시하는 수가 있다"는 헤르바르트(J.F. Herbart)[2]의 명제는 우리의 보편적 경

---

2) 헤르바르트(1776~1841)는 헤겔의 관념론에 반대하고 칸트의 실재론에 입각해 철학을 경험에서 발생한 개념을 명석하고 판명하게 다듬는 방법으로 파악한다. 이 방법론을 통해 논리학을 형이상학·인식론·심리학·윤리학·미학 등

험의 사실적 구조에 대한 표현일 뿐이다. 우리에게 현존하는 실제성으로 간주되었던 것이 가상으로 입증될 가능성이 항상 존재하더라도, 그것은 가상으로 만족하지 않고 연속적으로 진행해가는 경험은 수정해가는 가운데 원리적으로 궁극적인 타당성을 요구할 수 없는 상대적 진리를 명백하게 제시한다. 왜냐하면 그 경험에는 원리적으로 계속 수정할 수 있는 열린 가능성이 포함되어 있기 때문이다. 그러나 상대적 진리로서 그것은 일련의 상대적 진리들의 단계로 세워질 수 있고, 접근함(Approximation)으로서 또 궁극적으로 타당한—하지만 그 자체로 도달할 수 없는—진리에 항상 더 잘 접근하는 것으로 간주할 수 있다.

그런데 접근하는 것의 그와 같은 진보는 적어도 계획적 관찰, 실험하는 경험, 경험의 성과를 체계적으로 고수하며 서로 측정하는 경험의 형식으로 풍부하게 실현될 것이라고 우리는 생각한다. 궁극적으로 타당한 진리, 궁극적으로 타당하게 참된 세계로서 세계는 하나의 이념일 것이다. 그러나 이것은 한편으로 충전적으로 지각할 수 있는 것으로 전혀 생각할 수조차 없다는 점, 하지만 다른 한편으로 하나의 허구(虛構)나 자의적인 이상(Ideal)이 결코 아니라는 점을 뜻한다. 오히려 그것은 경험이 보편적으로 경과하는 형태 속에 동기지어지고—이러한 형태가 주어지는 한—필연적으로 정립될 수 있으며 결코 거부될 수 없는 이상이다. 그것은 이끌어내 직관할 수 있고 그 신념의 타당성에 의해 근원적으로 포화상태가 되지 않는 극(極), 경험적 진리의 모든 상대성이 타당하게 관련되는 극이다. 물론 이것

에 적용했다. 또한 페스탈로치(J.H. Pestalozzi)의 실천적 교육 사상도 이론적으로 심화시켜 근대 교육학의 기초를 세웠다. 저서로 『일반 교육학』(1806), 『일반적 실천철학』(1808), 『과학으로서 심리학』(1824~1825), 『일반 형이상학』(1828~1829) 등이 있다.

은 〔제시하는〕 설명이지만, 어쨌든 연속적으로 경과하는 지각 ── 이 속에서 세계는 우리에게 끊임없이 실제로 현존하는 것으로 주어지지만, 필연적으로 불완전한 것으로 주어진다 ── 의 특징을 밝혀준다. 지각이 주어지는 것은 부단히 완전하게 할 수 있는 이념, 부단히 수정할 수 있는 이념 아래 놓여 있다.

그러나 이것이 세계에 대한 보편적 경험이 조화롭게 통일되는 구조라면, 이제 필증적 필연성을 심문해야 하지 않는가? 이러한 통일의 구조(그 자체로 단지 경험적 추정일 뿐이지만)가 해체되는 것, 경험을 계속 수정해가며 연속해 모두 함께 적합하게 수정하는 방식으로 더 이상 경과하지 않는 것은 열린 가능성, 즉 끊임없이 열린 가능성이 아닌가? 그 통일의 구조가 이와 같이 경과해야 한다는 것은, 우리가 이미 그 구조가 이제까지 그렇게 경과했다는 사실을 필증적으로 확신하더라도, 필증적 확실성이 결코 아니다.

칸트처럼 이야기하면, "함께 적합한 나타남의 연속성이 나타남의 단순한 '혼란'으로 해소된다는 것을 생각해볼 수 있다"[3]고 말해야 할 것이다. 물론 이때 개별적 지각들은 예견하는 자신의 믿음을 상실할 것이고, 예견하는 자신의 체계적 구조 전체를 변경할 것이다. 통상적인 외적 지각으로 이 구조에 속한 개별적 지각들의 '앞서 생각함'과 '함께 생각함' ── 이것들은 통상적인 지각의 경과 속에 미리 예상하는 성격을 받아들인다 ── 은 자신들이 버틸 지주(支柱)와 힘, 믿음의 확실성을 잃어버릴 것이다. 예상이 계속 거듭해 실망시키면, 바로 이때 아무것도 예상되지 않으며, 예견은 없어진다.

그렇지만 이것은 외적 지각이 끝났다는 점, 지각의 경과가 사물을 지각하는 경과로서 자신의 성격을 잃어버렸다는 점을 뜻할 것이다.

---

3) 『순수이성비판』, A 111을 참조할 것.

사물과 세계는, 현실적으로 경험된 것으로도 또한 경험될 준비가 되어 있는 것—자유롭게 활동하는 지각작용을 통해 항상 접근할 수 있는 것—으로도, 경험하는 자에게 지각에 적합하게 더 이상 현존하지 않을 것이다. 기껏해야 남아 있는 것은 때때로 완전히 일치하는 이전의 경험 속에 나타나고 확실하게 믿은 세계—하지만 이제 이 세계의 지속적 타당성은 모든 경험의 동기를 상실했을 것이다—에 대한 기억일 것이다. 만약 모든 현실적인 외적 지각이 없다면, 더구나 보고 듣는 등 '나는 할 수 있다'(Ich kann)는 확신으로 공간의 사물적인 것을 추구하고 발견하는 현실적으로 지각할 준비가 되어 있지 않다면, 이전에 세계에 대한 믿음은 완전히 뿌리째 뽑힐 것이다. 세계에 대한 모든 표상은 자의적인 허구의 성격을 띨 것이고, 그 각각은 그와 같은 허구로서 서로 동등할 것이다.

이것으로써 인식하는 자가 세계의 존재를 정립하는 데 자신의 근원적 권리를 길어내는 외적 지각의 추정적 성격 역시 그 세계가, 아무리 경험되는 것으로 지금 주어지더라도, 아마 전혀 존재하지 않을 끊임없는 가능성이 인식하는 자에게 열어 놓았다는 사실을 이미 나타내지 않는가? 하지만 경험하는 자인 내가 경험하는 동안이나 경험 자체와 상관없이 경험된 것이 존재하지 않을 가능성을 명증한 명석함으로 이끌 수 있다면, 경험된 것이 존재한다는 필증적 필연성에 관한 논의는 있을 수 없다. 따라서 가령 경험된 세계의 그렇게 존재함(Sosein)과 존재(Sein) 자체를 구별할 수 있다고 믿으면 안 되고 적어도 그 존재(Existenz)에 대해 필증적인 절대적으로 의심할 수 없음을 구해낼 수 있다고 믿으면 안 된다. 필증적 인식은 인식된 것이 존재하지 않을 가능성을 전적으로 배제한다. 외적 경험이 그렇게 존재함에 관한, 외적 경험이 규정한 내용에 관한 아무것도, 전적으로 아무것도 충전적으로 주어질 수 없다는 점도 실로 이해할 수 있다. 거기에는 더 이상 단순한 존재의 필증성에 대해 어떠한 공간도 남아 있지 않다.

다음과 같은 점에 주목하자. 즉 모든 사실(Faktum), 따라서 세계의 사실은 일반적으로 인정되듯이, 사실로서 우연적이다. 여기에는 '만약 그것이 일반적으로 존재하면, 어쨌든 달리 존재할 수 있고 어쩌면 존재하지 않을 수도 있다.'는 것을 함축한다. 이것이 실제로 모든 사실에 적용되는지 어디까지 적용되는지는 우리와 전혀 상관없다. 그러나 세계의 존재에 대해 여기에서 완전히 다른 종류의 우연성이 문제가 된다는 것에 주목해야 한다. 내가 세계를 지각하고 일반적으로 경험하며 여전히 매우 상당한 완전함에서 지각하는 동안, 따라서 그 세계가 나에 대해 깨지지 않은 확실성에서 내가 그 존재에 대해 전적으로 의심할 수 없는 스스로 주어진 것으로 의식되는 동안, 어쨌든 그 세계는 끊임없는 인식의 우연성을 지닌다. 게다가 이렇게 생생하게 스스로 주어진 것이 그것이 존재하지 않음을 원리적으로 결코 배제하지 않는다는 의미에서 인식의 우연성을 지닌다.

또한 이중의 의심할 수 없음이 여기에서 부각된다. 내가 깨지지 않은 일치함에서 지각하는 곳에서 나는 믿으며, 나는 자의로〔내 마음대로〕이 믿음을 믿지 않음으로 변경할 수 없다. 경험된 현존재에 반대해 아무것도 이야기하지 않는 한, 나는 의심하지 않으며 더구나 의심할 수 없다. 의심의 본질에는 '어떤 것이 그것에 반대해 이야기한다'는 점이 포함되어 있다. 그렇지만 필증적으로 의심할 수 없음은 이와 다른 것, 아주 상당히 다른 것을 뜻한다. 그것은 내가 보고 있듯이 내가 그렇게 본다는 것을 고수하면서 내가 보는 곳에서, 그곳에서 나는 보인 것이 존재하지 않거나 다르게 존재할 가능성을 생각조차 할 수 없으며, 그래서 가령 보인 것이 존재하지 않는다는 것이 그 후에 밝혀질 가능성도 생각조차 할 수 없다. 나는 그와 같은 것을 생각해

볼 수 있고, 내가 보지 않거나 이렇게 필증적 방식으로 보지 않는다는 것을 생각해볼 때, 나는 그것을 가능성으로서 단지 통찰하면서 간취할 수 있다. 외적 경험을 보는 것의 경우 사정은 이와 다르다. 따라서 여기에는 '세계가 존재한다'는 명제의 폐기할 수 없는 우연성이 존재한다.

34 선험적 가상과 경험적 가상. '터무니없는 착상에 대한 반론'

우리는 세계에 대한 폐기할 수 없는 인식의 우연성을 확인했다. 이 우연성은 근본상 본질적으로 어떤 세계가 우리에 대해 거기에 존재하지 않을 수 있다는 —따라서 그 밖의 방식으로 우리에게 인식되지 않을 수 있다는 — 것과 상관없이 앞에서 언급한 세계를 지각하는 구조에 연결되어 있다. 이러한 우연성의 본성을, 또는 이것에 대해 책임 있는 우연성인 세계를 경험하는 구조에 우연성의 본성을 더 자세하게 살펴보자.

이때 중요한 문제는 개별적 지각과 지각작용의 그때그때 순간 속에 모두를 통일하는 지각 전체의 구조뿐 아니라, 동시에 계속 경과하는 지각의 **보편적** 구조다. 모든 지각은 사물에 대한 지각으로서 완전히 예견이다. 이것은 세계에 대한 보편적 지각에도 타당하고, 그래서 그 지각은 모든 순간 의식에 적합하게 미리 일치하거나 어쩌면 수정한 뒤 일치하게 될 경과의 예견을 그 자체 속에 지닌다. 지각하는 자는 그가 현실적으로 미래를 겨냥했던 예상을 확인할 것을 끊임없이 생각한다. 게다가 지각의 경과가 많은 다른 차원으로 자유롭게 이끌며 예상하는 열린 지평이 다른 계열로 경과하는 가운데 다른 '함께 생각함'이 본래 스스로를 부여하는 직관으로 변화될 수 있다는 점을 잘 안다. 더 나아가 그는 그의 예견이 확인되지 않을 가능성뿐 아니라 그때그때 실천적으로 수정될 가능성, 그래서 결국 지각 전체 안에서 예외 없이 스스로를 확인하는 일치함을 회복할 가능성도 잘 안다. 그가 언제나 존재하는 세계를 들여다보는 것, 깨지지 않는 믿음 전체 속에서 그에게 생생하게 현존하는 하나의 동일한 세계를 들여다보는 것은 그것에 대한 단순한 상관자일 뿐이다.

그 세계는 지금(Jetzt) 속에 현존할 뿐 아니라, 동시에 과거에서부터 열려서 다가오는 미래로 형성되는 세계다. 그리고 이 세계는 바로 이러한 구조에 의해 끊임없이 존재와 진리의 이중 의미를 지닌다. 모든 경험이 수정될 가능성을 지니고 이때 일어나는 수정이 다시 새롭게 수정될 가능성을 지니며 이렇게 '무한히'(in infinitum) 이루어지듯이, 이와 관계해 그때그때 실제로 지각된 세계는 '단순한 나타남(Erscheinung)의 세계', 즉 그것이 그때그때 다양하게 감성적으로 직관할 수 있는 징표와 더불어 실제로 지각에 적합하게 주어진 것으로 그 자체로 존재하는 세계의 단순한 나타남이다.

여기에는 나타나는 세계와 세계 그 자체, 그리고 나타나는 사물과 사물 그 자체(selbst und an sich) 사이의 끊임없는 상관관계에 대한 결코 형이상학적이거나 신비적인 의미가 아니라 세속적 지각의 의미구조에 입각해 직접 읽어낼 수 있는 단순하고 참된 의미가 놓여 있다. 그러나 이 '그 자체'(an sich)는, 사실적으로 성취된 모든 수정이 계속 수정할 가능성을 원리적으로 열어놓는다. 따라서 결코 성취할 수 없더라도, 우리가 자발적으로 경험하는 주체로서 계속해서 점점 더 완전하게 수정하는 가운데 다가갈 수 있는 이상(Ideal)인 접근의 이상이 수정할 수 있는 열린 변화 속에 놓여 있다는 것을 뜻한다.

물론 세계에 대한 지각의 구조 전체는, 어떤 관계에서 말하면, 이미 우리가 이제까지 분석해 그 의미를 뚜렷이 나타나게 한 절대적 필연성을 지닌다. 즉 지각하는 자와 자각하는 삶이 이러한 양식으로 경과하는 한, 그는 그에게 끊임없이 현존하며 하나의 이 동일한 세계로서 생생하게 눈앞에 있는 세계, 하나의 현존하는 세계로서 가능하거나 빈번히 일어나는 착각과 수정에 영향을 받지 않는 세계를 깨달으면서 살아간다. 하지만 거꾸로도 명백하게 마찬가지다. 지각하는 자가 하나의 이 세계에 대한 믿음 속에 남아 있어야 하면, 일반적으로 그가 세계를 경험하고 경험할 수 있으려면, 이러한 양식이 우리에게 무한히 남아 있어야 한다. 무한한 미래의 지평으로 성장하지 않고 경험하는 주체가 이렇게 무한하게 경험할 수 없다면 세계는 존재할 수 없다. 내가 지금 감성적으로 나타남에 적합하게 지각하는 세계의 참된 존재에 상관자는 결코 중단되지 않고 모든 미래에도 남아 있는 내 지각들이 경과하는 조화로운 구조다.

그런데 아무리 이 상관관계를 필연적인 것으로 통찰하고 그래서 지각의 변치 않는 경과의 형식에 관해서 기술한 세속적 지각의 구조에 본질필연성 ─우리에게 참으로 존재하는 세계는 존재하며 경험할 수 있어야 한다는 전제 아래 지각의 구조에 필연성 ─도 통찰하더라도, 이것은 바로 상대적인 필연성이다. 그러나 전적으로 말하면, 세속적 지각의 이러한 보편적 구조는 우연적인 것이다. 즉 다르게 존재할 수도 있을 단순한 사실이다.

물론 우리는 지금 생생하게 현존하는 세계를 부여했다. 기억이 말해주듯이, 이제까지 모든 지각을 확증할 일치함을 보존하거나 언제나 다시 수립하는 경험의 조화 속에 살아가며 살아왔다. 세속적 경험 전체가 이렇게 지나가며 여전히 계속되는 양식은 그 자체에서 그것이 계속 그렇게 남아 있을 것이라는 앞선 믿음을 필연적으로 동기 짓는다. 이 때문에 우리는 그렇게 믿고 또 믿어야 한다. 그 믿음은 흐르고 있는 세계에 대한 지각의 보편적 구조에 끊임없이 함께 속한다. 다른 한편 어쨌든 그것은 경험적 믿음, 실로 방금 전에 밝혔듯이, 그 믿음이 확증되지 않을 가능성과 믿음에 대한 수정이 일관되게 경과할 구조가 해소될 가능성이 항상 열려 있는 단순한 예견이다.

따라서 우리가 여전히 세속적 경험과 일치해 확증되는 경험의 믿음 속에 살아가고 이 믿음을 확인하면서 바라보는 동안, 어쨌든 우리는 이렇게 생생하게 지각된 세계가 단순한 가상일 수도 있을 가능성, 그것이 자명하듯이, 언제나 세계 속에 이념으로 은폐된 그 자체로 참된 세계의 단순한 나타남이 아닐 가능성을 통찰할 수 있다. 물론 여기에서 문제가 되는 것은 보통의 의미에서 가상인 **경험적 가상**과 잘 구별된 특별한 종류의 가상인 **선험적 가상**이다. 우리가 경험적인 세계에 대한 믿음의 토대 위에 서 있고 따라서 정상적으로 경험하면서 세계를 부여하는 동안, 그것에 대한 설명을 그리고 그것에 항상 근거에 놓여 있는데 단지 은폐되었을 뿐인 참된 것을 심문할 수 있는 가상인 경험적 가상이 여기저기에서 우리에게 일어난다. 이때 이러한 심문이 어떤 의미를 지닌다는 것, 그것이 **결정할 수 있는** 심문이라는 것은 우리에게 미리 확실하다.

그렇지만 이것은 선험적 가상의 경우 완전히 다르다. 방금 전에 생생하게 주어진 세계가 어쨌든 참으로 존재하지 않을 수도 있다. 이렇게 생생하게 주어진 것이 하나의 가상인 선험적 가상일 수 있다는 것은 끊임없이 열린 가능성이다. 그러나 여기에서 그에 상응하는 진리를 통해 수정을 추구하는 것 또는 이렇게 존재하지 않는 세계 대신, 그 대신에 정립될 수 있는 참된 의미를 심문하는 것이 완전히 무의미하다는 것은 우리가 선험적이라 부른 가상에 속한다. 이것은 우리가 방금 전에 자유롭게 꾸며낸 인어(人魚)요정 대신 무엇이 참된 사물로 존재하는지 심문하는 것보다 크게 다르지 않다면, 그것이 우리에게 거짓으로 인어요정으로 나타나는 참된 것이 되는 이 존재하지 않음(Nichts)을 어떻게 바꾸어 정정할 수 있는가.

당연히 우리의 성과에는, 마치 우리가 가령 우리가 경험하는 세계는 '아마'─결코 '추측으로'가 아니라 '매우 충분히 가능한'이라는 통상적 의미에서 '아마'─존재하지 않게 된다고 말했던 것처럼, 또는 마치 세계가 끝날 수 있다고, 청명한 하늘이 먹구름으로 '뒤덮일 수' 있다는 등 세계의 몰락이 충분히 가능하다고 각오해야 하는 것처럼, 잘못된 의미가 결코 끼어들면 안 된다. 오히려 우리는 '세계의 존재는 완전히 의심할 여지가 없으며, 이렇게 의심할 여지가 없는 것은 우리가 연속적으로 살아가고 심지어 포함된 세계에 대한 지각 속에 놓여 있다'고 말한다. 회의적 논증에 혼란을 느껴 세계가 참으로 존재하지 않는다고 판단하고 믿는 자, 또는 세계가 참으로 존재하지 않는다는 것을 끊임없이 각오해야 한다고만 판단하는 자도 이론적─이때 언어로 잘 이해된─논증의 동기부여를 따른다.

세계에 대한 경험의 의미내용과 그와 같은 모든 논증에도 그 경험 속에 놓여 있는 깨지지 않는 세계에 대한 믿음, 즉 그 세계가 다르게 존재할 최소한의 추측이나 실재적 가능성을 그 밖이나 자체에서 허용하지 않는 믿음을 주목하지 않는다. 세계가 존재하지 않는다는 것은 아무도 지지하지 않고, 세계가 존재한다는 것은 누구나 지지한다. 그 흐름이 언제나 존재했듯이, 우리는 실제로 경험하며, 경험작용은 일치하는 확증의 흐름이다. 그러나 중요한 것은 이렇게 경험적으로 의심할 여지가 없는 이 완전한 경험적 확실성이 어쨌든 경험적인 것으로서 세계가 존재하지 않을 가능성을 열어놓고 있다는 사실, 비록 그 가능성이 실현된다는 것을 절대적으로 아무도 지지하지 않더라도 그럼에도 그 가능성은 통찰할 수 있게 존재하는 사실이다.

이 주목할 만한 성과는 우리에게 중요해진다. 즉 '이 세계는 순수한 무(無), 단순한 선험적 가상이다'라는 명제는 세계의 존재에 대한 경험적으로 의심할 여지 없는 우리 지각의 확실성과 양립한다. 그 결과 내가 의심할 여지 없는 경험적 확실성에서 경험하는 세계가 존재하지 않는다고 가정한 추정은 가령 '1은 2 이상이다' 또는 '사각형은 둥글다'와 똑같이 임의로 가정한 명제가 아니다. 나는 가정적 추정에서 이치에 어긋난 모든 명제를 만들어낼 수 있지만, 이때 그것은 곧 이치에 어긋난 추정이다. 그렇지만 여기 이 경우 중요한 것은 **명증**하게 가능한, 즉 이치에 어긋나지 않게 통찰할 수 있는 추정이다. 그 추정이 내가 경험하는(그것이 생생하게, 의심할 여지 없이 주어져 경험되는 동안) 세계 전체에 관련된다는 것은 출발하는 철학자인 우리에게 중대한 관심사다.

어쨌든 당연하다고 생각되는 반론을 아직 고려하지 않았을 때, 이 것을 확고한 성과로 요구하면 안 된다. 그 어떤 주체의 지각은 회복하는 교정이 일치하는 가운데 무엇보다 우선 생생하게 현존하며 항상 더 좋게 인식할 수 있게 되는 세계를 하나의 유일하게 참된 세계로 의식하는 것을 가능케 하는 보편적 조화의 형식으로 경과한다고 확실히 말할 수 있을 것이다. 그리고 어떤 인간의 조화로운 지각의 흐름이 무의미한 혼란, 나타남의 혼잡으로 변화될 수 있는 가능성은 확실히 열려 있다. 그러나 어떤 인간이 결국 **미칠** 수 있는 한, 이것은 다른 것을 뜻하는가? 어쨌든 모든 인간이 미칠 가능성은 세계가 존재하지 않을 가능성에 대해서 아무것도 의미하지 않는다. 반대로 우리가 세계의 고유한, 절대적인 필연적 존재를 고수해야 한다는 점을 보게 되는 것은 바로 여기다. 도대체 미칠 가능성은 세계의 존재를 이미 전제하지 않는가?

그런데 이것은 물론 매우 강력한 반박은 아닐 것이다. 하지만 그 반박의 비판은 해명하는 데 우리를 도와줄 수 있을 것이다.

무엇보다 그 반론은 의사소통을 하는 복수(複數) 가운데 우선 아주 자연적이지만 허용되지 않는 우리의 표현방식을 필연적으로 개선할 동기를 부여하는 데 이바지한다. 성찰하는 자인 나는 어쨌든 '내가 실로 타당성을 정지시켰던 모든 학문에 앞서 세계는 근원적 경험에서, 나의 외적 지각에서 나에게 주어진다'고 스스로 말해야 한다. 사물, 세계 일반에 대한 스스로를 파악함, 생생하게 파악함은 '외적 지각'을 수행할 뿐이다. 그런데 내가 이렇게 경험하는 자인 나에게 우리가 공통적으로 자연적인 우리-태도(Wir-Einstellung)에서 몰두한 일련의 성찰을 하면, 나 자신의 고유한 내면 삶에 속하는 세계에 대한 나 자신의 지각에서 그 성찰을 하면, 나에게 그 결과로 생기는 것은 '내가 나 자신이 경험하는 세계의 현존재에 대해 어떠한 필증성도 인정할 수 없다'는 점이다. 동시에 나는 나의 지각의 경과가 조화될 수 없는 가능성, 그래서 이전에 내가 경험한 세계가 무(無)로 해소되는 가능성을 나 자신에게 확인한다.

그렇지만 내가 '경험의 경과가 나 자신이 경험한 것의 경과가 무의미하게 조화되지 못한 것에 개의치 않고 정상적으로 일치해 경과할 수도 있을 경험하는 다른 주체의 경우 사정은 어떠한가?'하고 나 자신에게 묻는다면, 나는 '인간은 어떤 나의 외적 지각에 근거해서만, 즉 내가 일치하게 경험하는 사물세계에서 사물로서 신체(Leib)로 부각된 ── 게다가 그 속에서 '영혼 삶', 감각함, 표상함, 느낌, 욕구함 등 '영혼 삶'(Seelenleben)이 구체화(verleiblichen)된다는 점에서 부각된 ──어떤 사물이 나에게 주어진다는 사실로만 근원적으로 나에게 주어진다'고 쉽게 답할 수 있을 것이다. 우선 나는 내가 나의 신체라고 부른 **바로** 그 신체에서 이렇게 구체화되는 것을 가장 근원적인 방식으로 경험함으로써, 나 자신을 인간으로 발견한다. 이때 내가 동일한 공간사물의 유형(Typus)의 다른 것을 내 신체를 소유한 것과 동일한 유형성(Typik)에서 발견한다면, 나는 다른 주체를 드러내는 것(Bekundung)인 감정이입(Einfühlung)[4)]의 방식으로 그것을 경험하며, 그래서 나 자신이 하나의 인간인 것과 같은 다른 인간을 경험한다.

따라서 여기에는 공간사물의 경험인 내 경험은 일반적으로 나에게 공간세계가 현존해 있는 일치하면서 경험하는 삶의 형태로 진행된다는 점이 미리 전제되어 있다. 나는 명증하게 통찰하고 언제나 다시 통찰할 수 있다. 내 경험의 흐름이 앞에서 서술했듯이 연속적으로 확증되는 경험에 대한 믿음과 경험의 의미를 상실할 수 있다. 그래서 경험되거나 (자유롭게 작동할 수 있는 지각으로) 경험할 수 있는 '현존하는' 사물 일반의 이러한 세계가 더 이상 논의될 수 없는 방식으로 변화될 가능성이 존재할 수 있다.

이때 나의 신체, 동물과 인간, 따라서 실제적 세계를 구성하는 그의 일치하는 경험의 경과를 내가 나에게 증인으로 내세울 그 인간에 대한 논의도 더 이상 없다. 나는 개방되었지만 어쨌든 여전히 타당한 내 경험의 테두리 속에 경험되지 않았더라도 아무튼 적어도 경험할 수 있는—내가 지각의 현실적 계열을 자유롭게 작동시키고 관통해갈 때 자유롭게 다가갈 수 있는 경험의 지평형식인 공간 속에 발견할 수 있는—다른 사람만 나에게 증인으로 내세울 수 있다. 그렇지만 내가 어떠한 믿음의 지평도 더 이상 지니지 않고 기껏해야 허구적 지평에 의한 허구적 세계만 지닌다면, '세계'는 무한히 많은데 총체적으로 **공허한** 상상(Phantasie)의 가능성에 대한 명칭을 뜻하게 된다.

---

4) 타자의 몸(물체)은 원본적으로 주어지지만, 그 신체(심리)는 '감정이입', 즉 유비적으로 인식하게 하는 통각의 의미전이(意味轉移)를 통해, 직접적 제시(Präsentation)가 아닌 간접적 제시(Appräsentation) 또는 함께 파악함(comprehensio)으로 주어진다. 따라서 '감정이입'은 상호주관적으로 경험할 수 있는 신체를 전제한다. 후설은 이 용어를 의식경험을 심리학주의로 기술했던 립스(Th. Lipps)에게서 받아들였지만. 오히려 심리학주의를 비판하고 타자에 대한 경험의 구성을 해명하는 선험적 분석에 적용했다.

그 결과 다른 사람들 역시 나에게는 각자 다른 사람과 동일하게 간주되고 마찬가지로 하나의 '무'(Nichts)로 간주되는 공허한 가능성이다. 이러한 공허한 가능성의 본성을 잊지 말아야 한다!

시리우스(Sirius) 별에 인간이 산다는 것은 현존하는 공간세계를 내 경험의 깨지지 않는 통일성 속에 부여했던 자인 나에게는—내 경험에서 아무것도 지지하지 않는 한—마찬가지로 '공허한' 가능성이다. 그러나 내가 실제로 경험의 길을 선택해가고 그러한 인간이 존재하든지 존재하지 않든지 결국 결정되어야 할 지식을 획득할 수 있는 한, 그것은 완전히 공허한 가능성이 결코 아니다. 어떠한 경험의 길도, 내가 경험의 지식을 획득하고 결정할 수 있는 '나는 할 수 있다'(Ich kann)를 주시하는 어떠한 길도 세계의 공간 속에 새겨 넣지 않고 그 '실제적' 가능성의 지평에서 살지 않으며 따라서 여전히 경험(또는 동일한 말이지만, 실제의 보편적 지각)의 일치하는 힘에 전혀 관여하지 않는 이른바 절대적 허구의 영역으로 이끌지 않는다.

나에게 지금 분명해지는 것은 '출발에 관해 성찰하는 철학자인 내가 세속적 경험을 비판하려 한다면, 따라서 나는 내가 실제로 또는 단지 실재로 가능하게만(즉 통상적인 경험적 의미에서 가능한) 인간의 현존재를 전제하는 의사소통의 태도에서 그렇게 비판하지 않아야 한다'는 점이다. 왜냐하면 나는 그렇게 함으로써 이미 그 자체가 문제가 되는 것, 비판의 보편적 의미에 적합하게 그 자체가 함께 비판되어야 할 것을 전제했기 때문이다. 더 정확하게 말하면, 다른 사람이 나에게 현존하게 되는 것이 내 경험이듯이, 내 경험에 경험된 것으로서만—그렇지만 단순히 '함께 생각함'의 방식으로 은폐된 것으로—나에게 현존하는 것 역시 다른 사람의 경험이다. 다른 사람에 대한 나의 지각작용은 직접적으로 다른 사람의 물체적 신체에 대한 지각작용일 뿐이다. 함께 생각된 다른 사람의 영혼 삶과 특히 다른 사람의 함께 정립된 지각작용은 나의 지각작용으로서 나 자신의 것이 결코 될 수 없다. 따라서 나에게는 다른 사람의 심리적 주체와 그의 지각은 필연적으로 — 내가 본 신체를 내가 이해하는 표현인 — 나의 지각 속에 간접적으로 함께 생각된 것일 뿐이다.

그러므로 나의 경험에 대한 보편적 비판은 그것을 수행하는 것이 내 의무이고 언젠가 내 의무일 수 있는 **바로 그 보편적 경험비판 일반**이다. 내가 경험으로서 다른 사람의 경험을 비판할 근거와 계기를 갖는 한, 이러한 비판은 내 경험의 간접성에 관련된 비판이다. 곧 나의 어떤 경험에 함께 경험된 것을 이러저러하게 기초 짓는 경험에 대한 비판으로서 의미를 지닐 수 있을 뿐이다.

내가 경험에 대한 비판에서 다시 그 비판의 고유한 의미가 되는 특수하게 인식에 대한 비판의 순환론을 피하는 것을 배웠다면, 이제 나는 내가 앞에서 숙고했고 욕구했으며 실제로 수행했던 것을 나 자신에게 더 적합하게 시도할 것이다.

2절 '터무니없는 착상에 대한 반론'을 본받은 보충과 해명

35 '감정이입'의 이론

지난 강의에서는 우리가 방금 종결지은 가능성의 해명, 즉 경험된 세계가 — 비록 그것이 경험되었고 경험적으로 의심할 여지 없이 경험되는 동안이라도 — 존재하지 않을 가능성의 해명에 대한 반론을 숙고했다. 그 가능성은 경험적 예견들이 무한히 엮인 망(網)이 하나의 동일한 세계가 연속적으로 계속 흘러가는 지각 전체로 만들고 이 세계의 의심할 여지 없이 스스로를 입증하게 만드는 조화로운 일치의 양식이 해소될 수도 있다는 가능성을 소급해 관련시키는 가운데 우리에게 명증하게 될 것이다. 그런데 그 반론은 '이 가능성은 관련된 경험하는 주체들 가운데 정신이상이 ─다른 주체가 실성하지 않을 가능성을 어쨌든 배제하지 않는 무의미한 혼잡 속에 체험들의 경과로서 ─ 등장한다는 것을 단지 뜻할 뿐이다'라고 주장한다. 이러한 반론은 출발하는 철학자가 수행해야 할 자기성찰은 자연적인 의사소통의 태도가 아니라 이른바 독아론의 태도에서 수행되어야 한다는 사실을 증명하는 데 우리에게 이바지할 것이다. 이것이 의미하고 요구하는 것을 곧바로 전개시켜보자. 그래서 이제 우리 각자는 '내가 논의하는'(Ich-Rede) 태도로 들어가자.

세계가 존재하는 명증성에 관해 철학의 가능한 원리적 출발로서 성찰하는 자인 나는 '내가 나와 똑같이 노력하는 사람들의 집단 안에서 ─심지어 그들과 공동으로 ─고찰한다'는 사실, 그럼에도 나는 이 집단 속에서 의사소통하는 복수(複數)로 아무것도 생각하지 않고 말하지 않았다는 사실을 자연적-소박한 방식으로 의식해 알게 된다. 그러나 어쨌든 나는 이러한 '우리 전체'가 나의 세속적 '지각 전체'의 경험내용에 속한다는 점에도 주의해야 한다. 그 속에 모든 인간을 포함하는 완전한 의미에서 세계 전체는 근원적으로, 즉 내가 타당성을 정지시킨 모든 학문에 앞서 나의 보편적 지각에 입각해, 나의 지각하는 삶을 형성하는 특수한 지각들을 통일시키는 다양성에 입각해 나에게 주어진다.

참으로 내가 의사소통으로 말할 때조차 나는 나의 현실적인 외적 지각에서 또 공간사물의 물리적 지각을 우선시해 나의 고찰 전체를 수행한다. 이 경우 내가 나의 동료들이, 그들 각자가, 내가 그들을 발견한 것과 똑같이 그것을 발견할 것이라고 머리에 떠올렸을 때, 나는 나의 동료들을 본질에 속하지 않는 방식으로만 끌어들였다. 그렇지만 이제 나는 모든 소박함의 잔여〔흔적〕를 제거해야 하며, 어떻게 나에게 나의 동료들이, 어떻게 인간 일반이 나에게 지각에 적합하게 주어지는지 스스로 숙고해야 한다.

왜냐하면 나 역시 그들로부터 '내가 그들이 나에게 근원적으로 현존하는 것으로 주어질 경험을 갖거나 경험을 획득할 수 있다'는 것에 의해 지식을 가질 수 있기 때문이다. 그런데 내가 인간과 동물이 나에게 스스로 주어지게 되는 경험과 이 경험이 완전히 세속적인 경험으로 융합되는 방식을 더 자세하게 고찰함으로써 나는 내가 이전에 '우리가 논의하는'(Wir-Rede)으로 표현하고 통찰한 것을 단지 확인하는 동시에 보충하는 것만 획득하지는 않는다. 내가 말한 보충은 내가 세속적 경험 전체 속에 포함된 새로운 종류의 경험의 이렇게 중요하고 고유한 존립요소를, 동물과 인간의 경험을 고려하지 않았던 한에서다. 다른 한편 확인은 사물에 대한 지각에서만 획득된 결과가 이렇게 확장되는 가운데 확인되는 한에서다. 그러나 이것뿐이 아니다. 성과 전체는 이러한 방식으로 정화된다. 즉 나에게 근원적으로 지각에 적합하게 주어질 수 있는 모든 것, 따라서 내가 그것에 대한 간접적 지식을 나중에 획득할 수 있는 모든 것이 주어진 세계에 대한 나자신의 지각의 보편적 흐름으로 필연적으로 환원된다.

더 상세하게 논의하는 것은 쉽다. 동물과 인간은 오직 내가 지닌 지각들 가운데 나에게 사물——단순한 사물이 아니라 신체——이 주어지는 그러한 것이 있다는 사실 때문에, 또는 어쨌든 마찬가지인데 나는 나의 현상적 공간사물의 환경세계에서 신체로서 부각된 사물을 발견한다는 사실 때문에, 명백하게 나에게 지각에 적합하게 현존한다. 그것이 신체로서 부각되는 것은 그 속에 감각함, 지각함, 사유함, 느낌, 욕구함 등 '영혼 삶'이 '표현되거나' 이른바 구체화되는 데 있다. 내가 그 사물을 단순히 지각할 때 바로 단순한 사물이 나에게 그 자체로 현존하는 경우처럼 존재하는 것이 아니라 보이고 파악된 것으로 부각된다. 그리고 경험이 계속 진행되는 가운데 일치하게 확인되는 것인 바로 신체로서 존재하는 경험의 방식으로 그 사물을 경험하는 한, 그 사물은 나에게 당연히 이렇게 부각된다. 이때 어떤 신체가 나에게 주목할 만한 방식으로 우선시되며, 그래서 어떤 동물 존재, 특히 다른 모든 것에 앞서 어떤 인간이 우선시된다. 그것은 나의 신체이며, 따라서 나는 모든 경험의 대상에 앞서 나 자신에게 부각된다. 이것이 통상 경험적 단어의미로 '나', 즉 이러한 신체인 나의 신체가 속하는 이러한 인간으로서 '나'다. 나의 신체는 내가 절대적인 직접적 방식으로 나 자신의 삶인 또는 신체의 형태로, 변화하는 신체-사물의 사건으로 '표현되는' 영혼 삶(즉 감각함, 표상함, 느낌 등)의 구체화(Verleiblichung)를 ─ 내가 사물인 신체와 이것의 사물과 같은 행동을 하나로 지각할 뿐 아니라 동시에 나의 심리적 삶과 결국 이 둘을 바로 하나로 지각하는(후자가 구체화되는 것은 전자 속에, 어떤 것이 표현되는 것은 다른 것 속에 있다) 정도로 ─ 경험하는 유일한 것이다.

따라서 예를 들어 내가 내 손 운동, 걸어가는 다리 운동 등과 같은 것을 지각하는 나의 모든 신체적 운동은 일치해 사물의 이른바 역학적 운동(역학이 오직 그와 같은 것만 이야기하는 한)이며, 동시에 내면적으로 고찰해보면, 마치 사물의-역학적으로 운동된 것에 생기를 불어넣는 주관적 '나는 움직인다.'(Ich bewege)이다. 나에게 나타나는 신체뿐 아니라 이 신체가 나타나는 방식의 변화도 이러저러한 심리적인 것을 내포하는 것으로, 여기에서 그 속에 '표현된' 내면을 여전히 '원본적으로'(originaliter) 그 자체에서 지닌 외면으로 번갈아 주어진다. 이 둘은 분리되지 않은 채 합치해 주어진다. 그래서 하나의 경험하는 시선에 손이 주어지고, 이 손이 운동하는 가운데 이중의 측면에서 심리물리적 운동, 특히 신체의 운동이 주어진다.

그러므로 그 사물은 특수한 신체의 지각에서 나에게 현존하고, 근원적으로 이렇게 두 가지 층으로, 여기에서 외면뿐 아니라 내면과 이것들의 일치됨 자체인 두 가지 층이 아주 근원적으로 경험될 만큼, 즉 하나로 지각될 만큼, 경험된다. 생기를 불어 넣음에서 나의 신체에 지각에 적합하게 속하는 모든 것도 그러하다. 그러나 이것은 오직 나의 신체에만 적용된다. 내가 '타인의 신체 자체와 따라서 동물과 다른 인간 자체는 세계에 대한 나의 지각의 보편적 테두리 안에 어떻게 경험되고 경험될 수 있는가?' 하고 묻는다면, 그 답변은 다음과 같다.

나의 신체는 이러한 테두리 안에서 움직이며, 따라서 근원적 경험에 대한 인식이라는 관점에서 **근원적 신체**(Urleib)의 역할을 한다. 다른 모든 신체의 경험은 이 근원적 신체에서 이끌어내며, 그래서 나는 나 자신과 나의 경험작용에 대해 끊임없이 **근원적 인간**(Urmensch)이다. 다른 모든 인간의 경험작용은 그 의미와 지각의 가능성을 이 근원적 인간에서 이끌어낸다. 즉 실로 나의 지각의 장(場) 속에 나의 신체는 언제나 신체로서 현존하며, 근원적으로 지각에 적합하게 심리물리적으로 ─ 따라서 이중의 층으로 ─ 주어짐 속에 이제 다른 사람의 신체도 신체로서 나에게 현존할 수 있고 어떤 방식으로는 지각된 것으로 간주될 수 있다는 사실을 통해서만 그 의미와 지각의 가능성을 근원적 인간에서 이끌어낸다. 나의 신체적 주변의 사물이 나의 신체를 닮고 그 신체에서 그 물리적 행동에 생기를 불어 넣는 표현의 지위를 부여하는 모든 것을 닮는 한에서, 그렇다면 그것은 신체로서 파악되고 경험될 수 있으며 그렇게 파악되고 경험되어야 한다.

그러나 내가 이렇게 말하는 것은 내가 여기에서 아무것도 몰라도 좋은 그 어떤 객관적─심리학적 이론에 근거한 것이 아니라, 나의 지각 자체와 나 자신과 타인의 지각으로서 그 지각에 고유한 구조를 고찰한 것에 입각한 것이다. 타인의 신체에 대한 지각은, 내가 곧 이 신체의 현존재를 직접 그 자체가 거기에 있는 것으로 파악하는 한, 지각이다. 마찬가지로 다른 인간은 인간으로서 나에게 지각에 적합하게 현존한다. 나는 지각에 적합한 직접성을 바로 '여기에 어떤 인간이 생생하게 내 앞에 현존한다'라고 말함으로써 실로 가장 날카롭게 강조해 표현한다. 그것은 타인의 신체성과 동료 인간을 정립하게 이끄는 그 어떤 간접적으로 사유하는 추론이 아니다. 그것은 실로 타인이 더 넓은 의미에서 단지 '거기에', 나의 환경세계 그 어디에 발견할 수 있고 나에게 경험될 수 있는 '거기에' 있다는 것을 뜻할 것이다. 그런데 그는 실제로 경험되고 아주 직접적으로 그의 공간위치에서 거기에 있으며, 내가 그를 여전히 직접적으로 경험할 수 있다는 것은 전혀 생각할 수조차 없다. 그래서 나는 '나는 그를 생생하게 지각한다.'고 정당하게 말한다.

어쨌든 이러한 지각의 의미에는 그 지각을 나 자신의 신체에 대한 지각과 본질적으로 구별하는 어떤 간접성이 포함되어 있다. 나 자신의 신체의 경우 우리는 사물의 신체를 보았지만, 그것 역시 거기에서 구체화되고 이렇게 구체화되는 것과 같은 근원적 방식으로 지각된 심리적인 것이다. 심리적인 것은 실로 나 자신의 것이다. 이에 반해 타인의 신체물체(Leibkörper)는 나의 공간적 환경세계 속에 나 자신의 신체물체처럼 아주 근원적으로 지각된다. 그렇지만 이 신체물체 속에 구체화된 심리적인 것은 그렇지 않다. 그것은 실제로 또한 본래 스스로 주어진 것이 아니라, 단지 간접적 제시로(appräsentativ) 함께 생각된 것일 뿐이다. 이러한 관점에서 스스로 함께 거기에 생각된 것인 함께 지각된 것이 모든 외적 지각에 ―가령 보인 어떤 사물의 보이지 않는 뒷면처럼― 포함되는 예견과 유사함이 있다.

그러나 비유(Analogie)는 완전한 것이 아니다. 그것은 지시(Indikation)이지만, 스스로를 포착하게 될 수 있는 예견(Vorgriff)이 아니다. 이렇게 지시하는 지향을 요구하고 가능케 하는 것은 미리 지시하는 모든 순간에 공간사물의 지각 안에서 일어나는 경우처럼 돌려받는 지각이 아니다. 오히려 우리는 타인의 신체에 대한 지각은 그 고유한 본질상 근원적 해석을 통한 지각이라 말해야 할 것이다. 이러한 근원성은 내가 사물로 나타나는 것 속에 주관적인 것(Subjektives)을 통합하는 근원적 체험을 하게 되는 그 지각의 본질적이며 그 지각과 분리될 수 없는 나 자신의 근원적 신체성(Urleiblichkeit)에 소급해 관련시키는 데 근거한다. 내가 그 행동 전체에서 나의 신체를 닮은 현존하는 이 사물을 지각할 때, 나는 그것을 주관적인 것이 ― 내가 손을 움직이고 머리를 흔들며 더듬어 감각하는 등 그때그때 일정하게 지시된 방식으로 ― 구체[신체]화된 것으로 파악하지 않을 수 없다. 이 사물을 우선 그 속에서 직접 구체[신체]화된 것에 따라 포착함으로써 나는 그 사물을 저절로 다소 간에 규정되지 않고 남아 있는 구체적으로 완전한 주관성 ― '나는 존재한다.' 속에 체험될 수밖에 없지만 그것이 나 자신은 아닌 주관성 ― 이 속하는 신체로서 포착한다.

이렇게 타인의 신체성을 포착하는 가운데 결부된 공간사물을 보는 것(Sehen)과 근원적으로 해석하는 주시함(Ansehen) ― 표현으로 이해함 ― 은 단순한 외적 지각과 이미 기초지어진 자신의 신체적 지각에 대립해 자연스럽게 여전히 지각으로 부를 수 있는[5] 경험의 고유한 근본형식이다. 경험의 모든 형식처럼 그 근본형식에는 확인하는 자신의 고유한 방식이 있다. 해석하는 지각의 자기 확인은 다시 해석을 통해 수행된다. 하지만 여기에는 그와 같이 확인하는 더 자세한 방

---

5) 얼마 지나지 않아 해석을 통한 이 경험은 요즘 통상적으로 '감정이입'이라 한다. ― 후설의 주.

식이 다루어지지 않는다. 해석하는 지각은, 이 지각이 그 자신의 의미 속에 자신의 신체에 대한 지각을 전제하고 이 지각에서 끊임없이 그 근거를 두는 한, 지각의 2차적 형태로 특징지어진다. 바로 이 때문에 나는 다른 사람에 대한 지각에서 특별한 방식으로 관여된다. 내가 다른 사람을 신체적으로 해석하면서 이해하는 동안 나는 동시에 이해하면서 포착된 것과 마치 합치하게 된다. 그리고 이것은 내가 다른 사람을 해석하면서 그의 내면을 점점 더 침투해 들어가면서 가까이 다가서는 명석함이 더 완전하면 할수록 그만큼 더 명석해지며 그렇게 생생하게 의식된다.

36 선험적 독아론. 세속적 경험에 대한 비판의 부정적 결과

이렇게 보충하고 해명한 다음 지금 나의 세속적 경험 전체를 개관해 보면, 다른 모든 세속적 경험을 지닌 공간사물의 경험이 지닌 층(層)이 그 경험 전체를 관통해간다. 내가 인간에게 지닐 수 있는 가능한 모든 경험은 공간사물의 경험을 전제한다. 나는 순수하게 공간사물에 대한 경험의 흐름을 추적할 수 있다. 여기에서 순수하게 그것이 일치함, 불일치함, 수정함을 바라보면서 이전에 실행한 고찰을 할 수도 있다. 이때 그것이 모든 믿음의 일치가 해소되는 나타남들의 단순한 '혼잡'으로 변화될 가능성을 인식하고 이때 나는 '현존하는' 사물들과 함께 경험적으로 의심할 여지 없이 '현존하는' 세계에 대해 더 이상 논의할 수 없다는 것을 인식할 수 있는데 그렇다면 여기에는 내가 현존하는 동물과 인간에 대해서도 이제는 더 이상 논의할 수 없다는 것이 필연적 귀결로서 포함되어 있다.

따라서 나에게는 사실상 공간사물의 세계, 순수한 물리적 자연이 내가 이것을 경험적으로 의심할 여지 없이 지각하는 동안 존재하지 않을 명증한 가능성뿐 아니라, 동시에 심지어 그 결과 나에게 신체로 표현되는 그의 모든 영혼 삶(Seelenleben)과 더불어 어떠한 인간도 존재하지 않을 가능성도 있다. 물론—나는 이전에 이미 나의 것이 된 것을 상기시킨다—나의 경험에 그 모든 인간과 더불어 세계가 절대적으로 존재하지 않을 가능성은 나에게 존재하고 존재하는 것으로 정립된 세계가 기반으로서 지닌 그 어떤 실재적 가능성과 혼동될 수 없다. 왜냐하면 예를 들어 지금 어떤 가장행렬이 카이저거리(Kaiserstraße)[6]를 지나갈 가능성은 생각해볼 수는 있지만 그렇지 않으면 공허하며, 그 가능성은 경험의 보편적 근거에서 수립되고 경험의 테두리 안에 객관적으로 진리가 아닌 것으로 결정될 수 있기 때문이다. 하지만 여기에서 중요한 것은 경험 일반의 모든 전체가 모든 조화를 잃어버리고 그래서 실재적 가능성에 대한 정립을 포함해 그 어떤 정립 일반의 타당한 토대도 존재할 수 없을 가능성이다.

그러므로 이 비판이 가령 역사적 비판이나 증인의 진술에 대한 비판처럼 통상의 경험적 비판인 한에서만, 경험에 대한 비판에서 타인 주체의 실재적 실제성과 가능성을 다루어야 한다. 그래서 인간이 터무니없이 미치게 될 가능성도 다루어야 한다. 그것은 이미 세계의 존재를 전제하는 실재적 가능성의 형식이다. 그렇지만 세계의 존재가 그 자체로 또 보편적으로 문제가 되고 세계의 존재를 근원적으로 부여하고 증명하는 세계의 경험을 보편적으로 비판해야 한다. 이때 이 비판은 다른 인간이 존재한다는 전제 아래 또는 다른 인간이 비판하는 자인 나와 함께 존재한다는 전제 아래 수행될 수 없다. 바로 이렇게 함으로써 그 자체로 문제가 되는 것, 비판의 보편적 주제 속에 '함축적으로' 포함된 것, 그래서 그 자체가 비판되는 것이 실로 전제되

---

6) 이것은 프라이부르크 도심에 있는 보행자 전용의 길을 가리킨다.

었을 것이다. 따라서 내가 세속적 경험이 무의미하고 혼잡하게 나타나는 가운데 더욱더 혼잡해지고 명증하게 될 수 있게 가정한다면, 이러한 혼잡의 주체인 나에게는 내가 나 자신을 증인으로 내세우고 나에게 어떤 것을 가르칠 수 있을―미쳤거나 정상적이거나―다른 인간이 될 가능성은 더 이상 없다. 나의 지각하는 삶이 혼잡이라고 가정하는 발단 속에 나 자신을 집어넣어 생각하는 것과 게다가 이러한 가정 안에서 '내가 인간을 실재적으로 가능하다고 간주한다'고 나 자신에게 기대하는 것은 양립할 수 없는 일이다. 왜냐하면 혼잡의 바로 그 형식이 그와 같은 실재적 가능성에 대한 믿음에 모든 동기부여를 배제하기 때문이다. 그러나 함께 생각된 다른 인간이 단지 함께 생각된 공허한 허구라면, 이때 일치하거나 일치하지 않는 이러한 인간에 대한 지각들이 경과하는 것도 단순히 허구다. 따라서 아무것도 의미하지 않는다.

그래서 나는 그와 같은 고찰에서 출발하는 철학자인 나의 의무이거나 언젠가 의무일 수 있는 경험 일반에 대한 보편적 비판은 좋은 의미에서 독아론적 비판일 수 있다는 사실을 인식한다. 그 비판은 나의 경험에 대한 비판으로서만 가능하며 다른 주체들과 그들의 경험은 나의 경험에 경험된 것으로서만 가능하다. 즉 존재하는 것으로 전제하는 것이 아니라 비판적으로 문제가 되는 것이다. 내가 나중에 언젠가 타인의 경험을 철학적으로 비판할 이유와 기회를 지니는 한, 이것은 내가 나의 보편적 경험의 간접성 속에 최초로 파고들어 가는 비판을 이미 수행한 다음에야 그 의미를 지닐 수 있다. 타인의 경험작용이 해석상의 간접성을 통해 지시되는 경험작용으로 현존하고 내가 직접 경험한 것에서 지시되는 것으로서만 나에게 현존한다면, 어쨌든 모든 비판의 근원적 근본은 나의 의식 자체 속에 경험된다. 이는 추적할 수 있는 이러한 간접성에 대한 연구임에 틀림없다. 이 모든 것 이외에 터무니없이 미칠 가능성에 대한 반론을 우리가 오랫동안 숙고한 것은 결단코 특수한 인식론적 순환의 위험에 주목하는 성과도 거두었다. 그 순환은 사람들이 논증하면서 비판적 주제의 보편성에서 문제가 되는 것을 주목하지 않은 채 특수한 형태로 사용하는 데 있다.

세속적 경험과 이렇게 경험하는 동안 세계가 존재하지 않을 가능성에 관한 이러한 성찰이 종결되면 나는 개선되고 정화된 그 성과를 나의 철학적 계획에 적용할 수 있다. 세계는 나의 일치하는 지각 덕분에 나에게 의심할 여지 없이 현존한다. 세계는 무한한 계열로 일깨워질 수 있는 나의 기억, 나의 이전 지각들의 흐름에 대한 기억 덕분에 무한한 과거를 통해 연장된다. 그리고 내가 이제까지와 같이 일치함의 동일한 양식으로 계속 진행해가는 지각들의 흐름을 미리 보는 한, 나의 경험에 대한 믿음은 열린 무한한 미래로 연장된다. 이렇게 의심할 여지 없는 경험이 지닌 확실성의 모든 국면에는 '그때그때 개별적이거나 순간적 지각 전체의 보편성에서 본래 지각되었던 것에는 의심할 여지 없이 지각할 수 있는 것의 다양한 지평이 포함된다. 또는 이와 상관적으로 말하면, 실제의 모든 지각작용에는 여러 가지 가능한 지각작용이 의심할 여지 없이 자유롭게 작동될 수 있는 일련의 지각들을 통해 나에게 자유롭게 다가설 수 있는 영역이 포함된다.' 일반적으로 말하면 또한 이것에서 나는 이렇게 주관적으로 작동할 수 있는 것에 관해서도 열려 있는 모든 가능한 실망을 넘어 도달하는 의심할 여지 없는 확실성을 지닌다. 실제로 경과하는 경험이 조화를 이루고 이러한 나의 세계인 세계의 통일성이 확고한 믿음 속에 관철되도록 허용하는 것은 어떻게든 항상 보게 될 것이다.

그러나 나의 상세한 고찰이 밝혀주듯이, 이 모든 것이 경험 자체속에 형성되고 언제나 새롭게 규정되는 그 의미를 만들어내는 그 대상적 내용 전체를 포함해 세계에 대한 믿음이 완전히 추정적 믿음이라는 사실을 결코 변경시키지 않는다. 이 믿음은 지금 실제로 경과하는 지각의 일치하는 양식이 의심에서 벗어난 모든 가능성에도 불구하고 무의미한 혼잡으로 이끌 가능성을 끊임없이 열어두고 있다. 하지만 간과하지 말아야 할 것은 그 믿음 역시 그 믿음이 과거에 실제로 경과했고 지금도 여전히 그 일치함으로 경과하고 있지만 결코 지각될 수 없을 지각할 수 있는 것의 지평조차 끊임없이 또 의심할 여지 없이 추정된 것을 충족시킬 수 있는 능력이 없을 가능성을 열어두고 있다는 점이다. 이와 상관적으로 이것은 '세계가 존재할 필요가 없다. 결코 존재했을 필요가 없다. 심지어 세계가 존재했고 존재하더라도 앞으로도 존재할 필요가 없다'는 것을 뜻한다. 내가 지금 의심할 여지 없이 연속으로 확증하는 지각에 대한 믿음 속에 현재의 세계로서 경험하고 의심할 여지 없는 경험적 기억에 대한 믿음 속에 일치하는 과거의 경험에 입각해 과거의 세계로서 경험하는 이 세계는 더 이상 선험적 가상으로 존재할 필요가 없다.

세계가 그러한 것이라는 사실은 경험적 지식(Empirie)의 일치하는 완전한 힘을 포함해 경험적 지식 전체가 반대하고 전혀 아무것도 지지하지 않는 절대적으로 공허한 가능성이다. 이 가능성이, 즉 그 가능성을 포괄하는 무한히 많은 법칙 없는 그 어떤 특수한 가능성이 진리라는 것을 나—세계에 대한 경험의 힘〔효력〕속에 살아가고 이 효력을 내 뜻대로 무효화할 수 없는 나—는 믿을 수 없다. 따라서 나는 '이 가능성은 의심할 여지 없이 무효한 것, 즉 바로 그 실제성에 관해서 무효한 것으로 숙고될 수 있는 것이다'라고 충분히 말할 수 있다. 어쨌든 그것은 그것이 그럼에도 그렇게 존재할 수 있다는 가능성이다. 또는 여기에서는 동일한 말인데, 어쨌든 그것은 내가 확실하게 또 아주 의심할 여지 없이 이 세계를 경험하는 동안 참으로 실재적인 것(Reales), 세계 어떤 것도 언젠가 존재할 수 없고, 이전에 존재하지도 않았고 여전히 지금도 존재하지 않는다.

이러한 통찰을 그것을 밝혀내는 동기였던 철학의 올바른 출발이라는 우리의 문제와 관련시켜보자. 앞에서 말했듯이, 모든 학문을 보편적으로 '전복시킨' 다음 출발하는 철학자에게는 지극히 당연한 출발로서 '나는 존재한다'(Ich bin)는 인식이 제공된다. 하지만 '세계는 존재한다'(Die Welt ist)는 인식도 제공되는데, 이때 후자가 전자를 포함하기 때문에 우선 후자가 우선권을 지닌 것처럼 보인다. 게다가 최초의 방법적 성찰은 출발에 지극히 당연한 요구를 제기한다. 즉 절대적으로 정당화된 인식으로 간주해야 할 것은 충전적이며 그래서 필증적인 인식이어야 한다는 것이다. 그와 같은 인식의 경우 모든 가능한 부정, 모든 가능한 의심은 배제되며, 더구나 이렇게 배제되는 것 자체가 충전적으로 포착될 수 있는 방식으로 배제된다. 단지 그 상관적 표현은, 충전적으로 주어진 것이 존재하지 않을 가능성이 바로 그것이 주어지는 이러한 방식을 통해 절대적 명증성 속에 배제된다.

세계의 존재는 근원적으로 완전히 충전적이지 않은, 본질(Essenz)에서도 존재(Existenz)에서도 원리상 충전적 경험으로 변화될 수 없는, 따라서 세계가 존재하지 않음이 끊임없이 열려 있는 경험 속에 주어진다. 따라서 '세계가 존재한다'(Die Welt existiert)는 명제와 여기에서 각기 제기될 수 있을 특수한 경험명제들의 우주는 그렇게 방향이 정해진다. 세계의 현존재와 이 세계를 포괄하는 모든 것은 보편적으로 전복시키는 데 포함되어야 한다.

세계에 대한 어떤 종류의 경험이, 그런 다음 세계에 대한 어떤 종류의 학문이 언젠가 철학적으로 다시 타당하게 정립되거나 원기를 다시 회복할 수 있는지 나는 지금 모른다. 그럼에도 나는 그와 같은 것이 언제까지나 배제되어야 한다는 것을 안다. 또는 경험적으로 기초지어진 인식의 정당화는 만약 그 인식이 그 단순한 의미─이 의미에 의해 그 인식은 경험적 확실성이다─에 따라 필증성이라는 인식의 규범을 만족시켜야 한다고 요구된다면, 언제까지나 불가능하게 남아 있다는 것을 안다. 그와 같은 것은 명증하게 이치에 어긋난 요구일 것이다. 이것은 지금 내가 다소 신경 쓰게 할 수도 있고, '내가 미래에 필증적 정당화라는 나의 근본적 요구를 다소 변경시켜야 하지 않은지' 하는 문제를 일으킬 수도 있다. 또는 그렇지만 '비록 어떤 의미가 변양되더라도 경험은 어쨌든 필증적으로 정당화될 수 있는 인식의 원천이라는 사실이 발견되지 않을 수도 있는지' 하는 문제, 따라서 '경험에 대한 완전히 정당화된 학문은 자신의 권리, 자신의 참되고 진정한 권리를 사실상 필증적으로 명증한 원리에 입각해 길어내고 오직 그와 같은 원리에 입각해서만 길어낼 수 있다는 것이 발견될 수 있는지' 하는 문제를 제기할 수도 있다.

그러나 출발하는 자〔초심자〕로서 나는 그와 같은 문제에 아직 덤벼들 수 없다. 나는 여전히 내가 절대적으로 확고하게 의지하는 아르키메데스의 점을 추구하는데, 이것은 내가 최초의─이른바 절대적인─연구를 착수할 수 있는 인식의 토대다. 나는 필증적 정당화라는 근본적 요구를 굳게 고수하며 내가 보편적인 경험적 인식에 대해 필증적으로 비판한 부정적 성과와 이러한 비판 자체의 경과를 내 속에 일깨우는 사상을 따른다.

3절 선험적 경험의 장(場)을 열어 제시함. 선험적 환원, 현상학적 환원과 필증적 환원

37 세계가 존재하지 않을 수 있는 필증적 확실성과 주관성이 선험적 삶을 드러냄

내가 공간이 지닐 수도 있는 모든 것을 포함해 완전히 무한한 공간의 세계 전체가 존재하지 않을 수 있다는 명증하게 가능한 가정을 한다면, 어쨌든 나는 '이때 영향을 받지 않고 아마 필증적으로 존재하는 무엇이 남아 있는가?' 하고 물을 수 있다. 그러나 '세계 전체'는 '존재자의 전체'만큼을 뜻하지 않는가? 따라서 나의 질문은 불합리하지 않은 방식으로 '아무것도 전혀 존재하지 않는다면, 그것이 어떻게 존재할 것인가?'라는 질문이 된다. 그럼에도 더 정확하게 숙고해 보면 내가 내 것으로 만든 이 비판적 통찰이 관련되는 것은 가장 넓은 의미에서 존재자의 전체가 아니다. 바로 세속적 경험의 존재자 전체, 객관적 존재자의 전체다. 경험 자체와—세속적 경험작용이 그 구체적 흐름에 함께 속하는 나의 삶을 포함해—경험하는 자인 나 자신을 나는 어쨌든 끊임없이 존재하는 것으로 정립하고 전제한다. 내가 숙고한 것은 전적으로 나의 실제적 경험 삶의 형식과 명증하게 생각해볼 수 있는 그 변화의 형식이었다. 그 가운데는 그 형식을 통해 어떠한 세속적 대상성도 나에게 경험되거나 경험될 수 있는 대상성도 아니며 어떠한 '세속〔세계〕'(mundus)도 결코 존재하지 않을 것이다.

물론 이 경우 나는 나의 존재와 내 경험이 경과하는 존재를 가정하는 방식으로 전제하지 않는다. 오히려 나는 내가 경험된 세계를 비판적으로 의문시하는 동안 나는 살아온 삶, 흘러가는 지각작용, 기억해냄, 예견함 등을 주시했다. 내가 그것을 발견했던 것처럼, 내가 그것을 지각했던 것처럼 그 체험에 적합한 자기성(Selbstheit)에서 그것을 받아들였다. 그렇다면 이것으로써 나는 인식론적 순환을 저지르지 않았는가? 성찰 전체에서 나는 자기인식을 수행했고, 나의 세속적 경험 작용에 관해서, 즉 내가 그 경험작용을 나 자신의 삶의 존립요소로서 발견하고 그 양식으로 기술하며 그 변화의 가능성에 따라 숙고하듯이 자기인식을 수행했다. 내가 어쨌든 세계에 함께 속하기 때문에, 따라서 세계에 대한 인식을 필증적으로 비판하면서 자기인식에 대한 비판도 함께 수반되어야하기 때문에, 나는 어떻게 자기인식을 수행할 수가 있는가?

여기에서 나는 매우 주목할 만한 상태에 직면해 있다. 한편으로 내가 세속적 경험에 대한 인식을 비판하면서 나 자신과 나의 경험하는 삶을 전제했다는 것은 부정할 수 없는 일이다. 비판적으로 성찰하는 동안 그것은 나에게 고찰의 중심 속에, 지각에 적합하게 현존했으며, 내가 '바로 이렇게 나에게 현존하는 것 자체를 필증적으로 비판하는 일, 나 자신이 잘 아는 것과 나의 세속적 경험작용이 잘 아는 것, 끊임없이 주시하는 것, 그것을 관찰하는 것, 그것에 관해 숙고하는 것, 이러한 경과 전체를 작동시키는 자기인식 —이 자기인식을 통해 그것은 바로 나에게 현존하며 내가 숙고하는 주제였다—을 비판하는 일'을 생각해보지 않은 채, 이렇게 현존함(Dasein) 속에 받아들였다. 나는 그 속에 어떤 소박함이 놓여 있다고 인정해야 한다. 나는 나의 세속적 경험과 자기경험에 대한 보편적인 필증적 비판을 했다. 즉 나의 세속적 경험에 대한 경험, 더구나 나의 세속적 경험을 숙고하는 자기숙고 —어쨌든 이러한 비판 전체는 본래 여기에 있다—를 나는 다시 비판하지 않았다.

그와 같은 비판, 즉 무엇보다 세속적 비판에 그 토대를 부여하는 스스로를 잘 아는 것 그리고 스스로를 지각하는 것에 대한 비판 역시 필요할 것이다. 나는 그 비판이 매우 중요할 것이라고 예감한다.

그러나 여기에서 우선 의문시되는 것은 '그와 같이 중지〔비판〕함(Unterlassen)으로써 나는 실제로 인식론적 순환을 저질렀는가?' 하는 점이다. 오히려 여기에서 자아에 대한 두 가지 의미와 더 나아가 '자기경험'(Selbsterfahrung)과 '자기인식'(Selbsterkenntnis)이라는 '나의 심리적 삶'의 두 가지 의미가 부각되기 시작한다는 것이 더 분명하지 않은가?

나는, 내가 통상 '내가 논의하는'(Ich-Rede)에 따라 나는 인간-자아(Mensch-Ich)를 뜻한다. 구체적으로 완전히 살펴보면, 나는 생기를 불어넣은 신체, 실재성(Realität)의 전체인 세계에 속하는 심리물리적 실재성이다. 나는 나의 세속적 경험에 다른 것들 가운데 하나의 객체(Objekt)다. 하지만 나는 여기에서 경험의 주체인 나와 자아객체에 대한 자아주체를 구별해야 하지 않는가? 더 상세하게 숙고해보자. 내가 연속적으로 세계를 경험하면서 살아나가는 나는 이렇게 다양한 통일적 세계를 발견하며, 그래서 모든 것을 발견하는 주체로서 곧 모든 객체에 대한 주체이자 세계 전체에 대한 주체다. 그런데 이 모든 것에 정돈된 것으로서 나는 나 자신을, 즉 객체로서 나 자신을 발견한다. 내가 나의 것이라 부른 이 물리적 신체에 심리물리적으로 속한 그 모든 '영혼 삶'을 포함해 이러한 인간적 나는 그 속에 객관적으로 구체〔신체〕화되어 있다. 그리고 이 심리물리적 실재성 전체는 인과성의 다양한 연쇄에 짜여 엮인 세계의 공간 속에 존재한다. 이 연쇄를 통해 세계의 모든 실재성은 직접적이든 간접적이든 서로 함께 결부되고, 공간 속에 서로 잇달아 지시되며, 서로 인접해 인과적으로 결합되어 있다.

물론 여기에서 중요한 것은 우연적 애매함이 아니다. 고찰하는 시선을 자아-주체에서 자아-객체로 이행하는 가운데 또 거꾸로도 나는 필증적 명증성에서 경험의 주체인 자아가 인간 속에 객관적이 된 자아와 동일하다는 것을 인정해야 한다. 더 정확하게 말하면, 나는 다음과 같은 것을 절대적 명증성으로 인정해야 한다. 즉 나는 나의 신체 속에 삽입된 이러한 인간-자아와 영혼 삶으로서 나 자신의 객관적 자기경험에서 이러한 객관적 자기경험을 수행할 수 있다. 그래서 하나가 되어 그 밖의 주관적 삶을 그와 같은 반성을 통해 드러내 밝히는 주체로서 나 자신에 대한 반성으로 넘어갈 수도 있다. 이때 내가 주체-자아의 이러한 반성적 경험에서 인간-자아의 객관적-세속적 경험으로 다시 되돌아가면, 나는 주체-반성 속에 경험된 모든 것을 즉시 객관적으로 경험된 인간 또는 나의 신체인 나에게 신체화〔삽입〕해야 한다. 주체-자아와 인간-자아인 자아 자체가 동일함을 확인해야 한다. 다른 한편 인간인 자아 또는 그 인간-자아를 포함해 이러한 심리물리적 실재적인 것인 '인간'은 이렇게 반성하고 이러한 반성을 통해 자신의 은폐된 내면을 드러내 밝히는 자다.

인간으로서 자아가 경험의 객체가 되는 세속적 경험작용은, 내가 그러한 태도를 취하는 동안, 객관적 경험의 내용에서 눈에 보이지 않는다. 그것은 반성을 통해 비로소 나에게 포착된다. 그러나 그것은 그럼에도 — 명백한 방식으로 — 이러한 인간인 나의 경험작용이다. 내가 그것을 더 높은 단계의 반성에서 장악한다면, 그 반성은 다시 한 번 인간인 나의 반성인 것과 같다.

그러나 이 모든 것에도 불구하고 내가 더 자세하게 고찰하는 데 어떤 어려움이 발견되더라도, 나는 이 구별을 벗어날 수 없다. 사실상 내가 단순히 세계에 대한 경험 자체를 주시하고 내가 자유롭게 상상해 변형시켜 산출할 수 있는 그것이 변화할 수 있는 형태에 주시함으로써 세계에 대한 나의 보편적 경험을 비판한다면, 어쨌든 '그때 그때 사실적으로 경험된 세계는 전적으로 존재할 필요가 없다'는 필증적 통찰이 실제로 나에게 생긴다. 만약 내가 나의 세속적 지각작용을 주시하는 가운데 이 세속적 지각작용도 소박하게 실제로 경과하는 것으로 받아들인다 해도 그것은 필증적으로 확실하다. 어쨌든 가정하거나 보편적으로 표현한다 해도 세속적 지각작용이 일반적으로 그와 같은 통상적 양식으로 경과한다면 그 지각작용 속에 세계로서 지각된 것이 존재할 필요가 없다는 것은 확실하다.

그래서 이 세계가 존재하지 않으면, 따라서 나의 신체도 존재하지 않을 것이다. 또한 인간으로서 자아도 존재하지 않는다고 가정하면, 전제된 세계에 대한 지각작용 전체만 존재할 것이므로 아무것도 남아 있지 않을 것이다. 그리고 이러한 지각작용의 주체이자 세속적 지각작용이 경과하는 구체적인 심리적 삶 전체의 주체인 나 자신은 여전히 존재할 것이고, 이러한 삶 전체를 포함해 내가 존재하는 그대로 남아 있을 것이다. 나는 내가 존재하는 가운데 세계를 무효화하는 모든 것에 영향을 받지 않는 자로, 세계 전체뿐 아니라 나의 신체를 이른바 인식비판으로 무효화한다고 해도 결코 무효화되지 않는 자로 존재할 것이며 남아 있을 것이다.

물론 나는 '내가 나의 신체에서 떼어질 때 세계에서 벗어나더라도 나는 내가 존재하는 그대로 남아 있다'고 표현하면 안 된다. 왜냐하면 이것은 마치 여기에서 중요한 것은 죽음의 천사가 순수한 영혼으로서 나 자신을 이렇게 존재하고 변치 않는 세계에서 끌어올려줄 가능성인 것처럼 보일 것이기 때문이다. 차라리 '그와 같은 종교적 표상을 끌어들이더라도 그 표상이 보편적으로 인식을 전복시키는 것 속에 함께 포함되어 있기 때문에 출발하는 철학자에게 허용되지 않을 것이다'라고 말하는 것이 더 적절하다. 만약 창조된 세계와 객관적인 나의 경험이 무효화된다면, 그렇게 경험하는 순수한 자아인 나는 그 경험의 무효화 때문에 무효화되지 않고, 이러한 경험작용 자체가 무효화되지 않는다. 그렇지만 당연히 그 이상이다. 그밖에 생각해

볼 수 있는 경우 만약 신이 실제적 세계 대신 선험적 가상의 세계만 창조하고 그것을 경험하는 자인 나에게 의심할 여지 없는 실제성 — 어쨌든 이것은 무(無)다 — 으로 주는 것을 좋아한다면, 나는 나의 순수한 자기성(Selbstheit)에서 내가 존재하는 그대로 정확하게 남을 것이다. 그러나 선험적 가상에 따라 이러한 인간인 나는 참으로 신체가 없을 것이다. 그리고 나 자신이 선험적 가상의 신체를 잃어버리더라도, 나는 언제나 바로 — 이제 무의미한 혼잡으로 변화된 경험작용의 — 주체일 것이다.

그래서 이제 다시 우리의 순수한 성찰로 되돌아가자. 〔한편으로〕 세속적 자기경험 속에 나에게 근원적으로 지각에 적합하게 주어진 나의 인간적 현존재와 〔다른 한편으로〕 선험적 자기경험 속에, 순수한 반성의 자기지각 속에 나에게 근원적으로 주어진 나의 선험적 존재가 구별되어야 할 순환은 결코 없다. 게다가 출발하는 철학자인 내가 반드시 구별해야 할 순환도 없다. 세속적 자기경험에서 나는 감성적으로 경험된 신체에 실재적으로 속하며 이 신체에 심리물리적으로 결합된 것인 영혼의 자아를 지닌 영혼이다. 만약 어떠한 신체도 존재하지 않는다면, 신체는 선험적 가상이다. 자아와 자아가 지닌 삶의 내용이 물리적-신체적 사건과 실재적으로 연루되고 이 사건에 영혼, 영혼 삶으로서 객관적-실재적 특성을 부여할 수 있는 심리물리적 인과성은 없다. 영혼적인 것 또는 영혼으로서 자아(사람들이 자아와 영혼을 구별하려 하지 않는다면)는 세계와 더불어 사라질 것이다. 당연히 나뿐 아니라 다른 사람의 영혼적 자아와 다른 사람 자체도 사라질 것이다. 이것은, '영혼'(Seele)이라는 말이 그 상관자, 즉 영혼을 통해 생기를 불어넣은 신체 — 단순히 물리적으로 존재하는 것이 아니라 심리적으로 기능하면서 주관적으로 움직이고 주관성을 구체〔신체〕화한 신체 — 를 지시하는 한, 의심할 여지 없이 타당하다.

다른 한편 그래도 다음과 같이 말해야 한다. 즉 세계가 우리의 세속적 경험에 대한 지식 때문에 갖게 된 인식의 우연성과 이러한 우연성에서 생긴 모든 것은 그 순수함에서 나의 자아와 나의 자아 삶에 관련되지 않는다. 이러한 세계 전체를 무효인 것으로 정립하는 것 그리고 무효화하는 것은 나의 경험적 영혼, 영혼 그 자체도 사라지게 한다. 그러나 그 순수한 영혼적인 것(Seelisches), 생기를 불어넣은 것으로서 실재적으로 함께 존재함을 더 이상 지니지 않는—나의 세속적 지각에서 더 이상 존재적 의미를 지니지 않고 순수한 자기경험에서 나에 대한 자신의 존재를 지닌—순수한 자아적인 것(Ichliches)은 사라지지 않는다. 순수한 자기경험은 그 타당성에 따라 '세속적 경험이 타당성을 지니는지 지니지 않는지, 그 경험은 대체 어떤 종류의 타당성을 지니는지'에 전혀 관계되지 않는다.

사실상 만약 내가 그 객관적 타당성에 관해서—세계가 존재하지 않는다는 가정에 근거해 실행했듯이—세속적 경험 전체를 작동시키지 않고 이 가능성을 나에게 필증적으로 통찰할 수 있게 한다면, 이러한 세속적 경험 자체가 나에게 현존하고 나의 경험하는 체험작용으로 거기에 남아 있는 그 자기경험도 나에게 타당성을 떨쳐내지 않는다. 그리고 지금 세속적 경험이 그 완전한 보편성에서 타당성을 정지하는 동안, 나는 반성에서 시선을 곧바로 세계로 향해 이행하는 가운데 나의 주관성을 신체에 삽입하고 세계에 정돈할 가능성을 더 이상 지니지 않는다. 그것은 실로 더 이상 세속적인 것이 아니다. 다른 한편 나의 자아와 이 자아가 경험하는 삶은, 이미 말했듯이, 바로 정지될 뿐이다. 그 반대로 자기경험이 나의 고찰이 움직이는 토대—이 토대를 포기하면 나의 고찰은 절대적으로 무의미하고 불안정할 것이다—전제를 나에게 수립한다는 것은 나에게 끊임없이 많은 효력을 발휘하는 타당성을 지닌다.

38 선험적 비판의 주제인 선험적 경험의 장[7]

하지만 지금 중요한 문제는 내가 인식을 획득한 것을 올바른 방식으로 포착하고 사용하며 확장하는 것이다.

이제까지 계속 걸어온 길을 개관해보면, 필증적으로 근거지어진 철학의 출발을 염두에 둔 나에게 지극히 당연한 것으로 주어지는 것은 학문에 대한 데카르트의 전복(顚覆) 이후에도 여전히 효력을 발휘하는 가장 근원적인 자명함에 대한 필증적 비판에서 시작하는 것이다. 따라서 경험세계의 존재나 세속적 경험의 타당성 또는 나 자신의 자아 존재에 대한 비판이나 '나는 존재한다'의 명증성에 대한 비판에서 시작하는 것이다. 나는 그 보편성에서 틀림없이 후자의 비판을 내포하는 전자[경험세계의 존재]의 비판을 우선시했다. 왜냐하면 자아로서 나는 당연히 나를 인간으로 이해했기 때문이다. 그렇다면 나는 이러한 출발단계에서 어떻게 다른 것을 생각할 수 있는가?

이렇게 비판한 결과는 세속적 경험으로서 세계에 대한 인식과 경험에 대한 인식을 배제하는 것이었다. 그러한 비판은 원리적으로 필증적 비판일 수 없다. 그렇지만 내가 나중에 '나는 존재한다'로 소급해 이끌고 이 비판 이후에도 그러한 인식을 남겨 놓을 때, 이것에 의해 자연적인 '내가 논의하는'(Ich-Rede)의 자아는—마치 인간인 내가 인식비판으로 세계가 몰락한 것에서 나 자신을 구해낸 것처럼—더 이상 생각되지 않는다. 그 대신 남은 것은 선험적 자아다. 세계에 대한 인식 전체의 주체인 내가 인식된 세계에 속하는 것이 아니라 이 세계를 배제함으로써 나의 순수함 속에 나 자신을 깨닫기 때문에 이것은 곧 선험적 자아다. 바로 이로써 지극히 중요한 진보가 이루어졌

---

7) 후설은 이 항에서의 논의를 『데카르트적 성찰』 제2성찰('선험적 경험의 장을 보편적 구조에서 해명하는 일')에서 더 상세하게 분석하고 있다.

고, 많은 것을 약속하는 지평이 열렸다. 선험적 자기(Selbst)를 포함해 선험적 자기경험을 남겨 놓은 것이 여전히 그것을 세계에 대한 필증적 비판의 필증적 잔여(殘餘)로서 남겨 놓은 것을 결코 뜻하지 않는다. 세계에 대한 필증적 비판에서 실로 아무것도 남아 있지 않으며, 세계에 부여하는 경험의 타당성도 전혀 남아 있지 않다.

그러나 이러한 경험의 존재와 이 때문에 이러한 경험을 경험하는 주체인 자아의 존재는 이론적 관심을 전환함으로써 이제 볼 수 있게 되었다. 자기경험이 남아 있다는 것, 즉 세속적 경험에 관련되지 않은 채 남아 있다는 것, 내가 세계 전체의 타당성을 정지할 때 나 자신은 경험과 그 밖의 인식의 주제로서 언제나 나에게 준비되어 있다는 것을 볼 수 있게 되었다. 그렇게 선험적 경험8)과 선험적인 주관적 존재(Sein)와 삶(Leben)의 장(場)이 열림으로써 그것은 선험적 비판을 위한 주제로서도 열린다. 물론 나는 내가 출발에 대한 나의 철학적 원리에 일관되게 남아 있다면 출발로서 단지 필증적 명증성으로 간주해야 할 이 선험적 비판을 무엇보다 먼저 제공해야 한다.

그런데 여기에서 다음과 같은 것을 반성해 내 것으로 만드는 것은 나 자신의 방법에 대한 자기이해에 매우 중요하다. 명백히 세속적 경험에 대한 필증적 비판은——세계의 존재에 대한 자기이해가 필증적 자기이해의 의미를 지니고 그래서 필증적 인식의 토대를 제공할 수 있는지를 결정하는 그 근원적 기능을 제외하고——매우 성과가 풍부한 두 번째 기능을 나중에 여전히 받아들인다. 즉 그 성과에 의해 나에게 이전에는 은폐된 선험적 주관성과 그 선험적 삶을 간취할 수 있게 된다. 왜냐하면 이러한 수단을 통해서만 선험적 자아가 순수하게

---

8) 이것은 의식이 직접적으로 제시되는 대상의 핵심을 넘어서 함께 간접적으로 제시되는 것들을 통각으로 파악할 가능성과 과거에 건설한 습득성을 언제나 생생하게 복원할 수 있는 침전된 소유물에 대한 자기경험을 뜻한다.

그 자체에서 또 그 자체만으로 존재하는 주관성으로서 드러나기 때문이다. 또한 나의 경험의 범위 속에 ─ 세계 전체가 존재하지 않거나 그 세계의 존재에 대해 태도를 취하는 모든 것이 억제되어 있더라도 ─ 그 자체만으로 정립될 수 있는 존재영역으로서 명백히 드러나기 때문이다. 그렇게 해서만 선험적 자아는, 어느 정도 세계에서 순수하게 분리할 수 있는 존재영역으로서 나의 것이 될 수 있다. 이는 마치 분리된 채 존재하거나 단지 가능하게만 분리된 채 존재하는 존재영역과 어떤 의미에서든 서로의 외부에 있는 존재영역이 중요한 것처럼 결코 자연적인 의미에서 분리된 것은 아니다. 선험적 존재는 그 자체로 완전히 완결되어 있다. 어쨌든 세속적 경험의 고유한 의미에 따라, 그래서 선험적 자아 속에 실행된 작업수행에 따라 신체에 생기를 불어넣은 것으로 경험될 수 있다. 여기에는 '선험적 자아가 그 자체로 순수하다. 하지만 선험적 자아가 그 자체에서 자기객관화(Selbstobjektivation)를 수행하면, 그 자체에 '인간의 영혼'과 '객관적 실재성'이라는 의미의 형태를 부여한다'라는 점을 포함한다.

하지만 이제 나의 선험적 자아는 어떻게 이러한 자기은폐에서 벗어나는가? 나는 나 자신 속에 산출된 통각, 즉 습관적으로 언제든 효력을 발휘하며 나를 인간인 자아로서 언제나 나 자신에게 나타나게끔 하는 통각에서 어떻게 나 자신을 해방시키는가? 달리 말하면 나는 나를 끊임없이 깊은 믿음으로 세속적 경험 속으로 끌어들이고 나 자신을 항상 세계화하는 인간[으로서]–통각을 수행하면서 습관적으로 계속 영향을 미치는 동기부여의 힘을 어떻게 극복하는가? 나는 이처럼 세계 속에서 나 자신을 상실하고 나 자신이 세계의 의상 속에 있는 옷을 입게 되는 것을 어떻게 넘어서는가? 나의 선험적 순수함과 고유함에서 나 자신을 ─ 주체가 통각을 하는 체험작용(그 주체가 세속적 경험작용을 그 자체에서 형성하고 능동적으로 작동시키는 한)

속에 이러한 '이 세계가 현존한다'와 '나는 이 세계에서 인간이다'를 주관적 작업수행으로 만드는 주체로서 — 어떻게 깨닫게 되는가? 또는 나는 그 속에 또 그것을 통해 그 자체에 대해 객관적으로 경험에 적합한 모든 존재자가 존재하고 더구나 모든 종류와 형식의 의식된 존재자가 있게 되는 주체와 주체의 삶을 순수하게 그 자체에서 어떻게 보게 되는가?

그 답변은 분명하다. 바로 세계 전체가 존재한다는 타당성을 그렇게 방법적으로 정지시키는 수단을 통해 가능하다. 왜냐하면 이제 나는 내가 세계에 대한 모든 믿음을 차단하고 세계 전체를 명증하게 가능한 가정으로 무효라고 설명하는 가장 효과적인 형식으로 그 힘을 폐기할 것이다. 그리고 그 이후에 나 자신에게는 세계에 실재하는 것으로서, 인간으로서 나의 자기정립도 불가능하게 되었다는 사실을 실로 알기 때문이다. 하지만 다른 한편 나는 나의 자기경험이 수행될 수 있을 뿐 아니라 그 자기경험은 중단되지 않고 수행되며 끊임없는 타당성으로 남아 있다는 것도 안다. 인간으로서 나는 더 이상 존재하지 않을 것이다. 또는 나는 나의 인간〔으로서〕존재를 무효화할 수 있다. 그러나 어쨌든 나는 항상 존재하고, 나의 흘러가는 삶이며, 아무튼 이러한 연관 속에 최초의 시선이 집중된 것은 항상 세속적으로 경험하는 나의 삶과 나 자신을 '세계에서의 인간'으로 내가 파악하고 경험하는 것이다.

따라서 세계의 타당성을 정지시키는 것은 동시에 나 자신을 세계화하는 통각의 타당성을 정지시키는 것을 포함한다. 그래서 이것은 내가 내면적으로 나 자신에게 입어왔거나 아마 내가 언제든 나에게 — 소박하게 경험하며 살아가는 동안 주목되지 않은 채 남아 있는 — 습관적으로 통각을 하는 가운데 입을 준비가 된 경험적-객관적 의상을 벗겨내는 방법이다. 그러므로 그것은 바로 이러한 사실 자체를 내가 인식하게끔 이끈다. 그래서 일반적으로 '내가 궁극적이고 참된 나의 실제성에서 절대적으로 완결된 자신의 삶——끊임없이 객관화하는 작업수행 속의 삶, 세속적 경험을 형성하면서 그 자체에서 객관적 세계를 그것의 현상으로 형성하고 따라서 이러한 궁극적 주관성 속의 현상으로 형성하는 삶——을 살아간다는 것을 내가 인식하게 이끈다. 그 세계는 내가 선험적으로 형태를 만들어내는 것에 입각해 나에게 나타나고, 나에게 타당하며, 나 자신의 증명 속에 존재하는 세계다. 실제로 확증되는 세계로서 그것이 존재하는 그대로〔그것의 본질〕인 것이다.

나는 이미 나에게 나타나는 모든 객체성을, 즉 내가 실재적 세계를 넘어서 무엇이든 대상적으로 의식해 갖거나 언젠가 의식해 가질 수 있다면, 그와 같은 모든 대상적인 것(Gegenständlichkeit)[9]을 나타나는 것 속에 나타나는 것이나 나의 확증하는 작용 속에 확증된 것으로만 받아들여야 한다는 사실을, 나의 선험적 삶에 속하는 절대적으로 의식에 적합한 작업수행 속에 지향적으로 형태를 만들어내는 것의 현상으로만 받아들여야 한다는 사실을 이미 알아차렸다.

그렇지만 이렇게 미리 내다보는 것은 여전히 충분하게 생각할 거리를 나에게 줄 것이다. 잠정적으로 나는 이것을 내 방법의 자기해명으로 여긴다. 이 자기해명을 통해 나에게 경험적 자아에 대립된 선험적 자아는 경험적 영혼 삶과 경험적 자기지각에 대립해 선험적 삶과

---

9) 대상성 또는 대상적인 것(Gegenstandliches)은 좁은 의미의 실재적 대상(사물) 뿐 아니라, 의식에 직접 주어진 사태, 징표, 관계 등 어떤 상황을 형성하는 비자립적 또는 공의적(synkategorematisch) 형식까지 포괄해 가리킨다. 따라서 사태나 관계 등 범주적 대상성은 오성(Verstand)의 대상성이며, 본질직관은 감성적 직관에 그치지 않고, 이 대상성을 있는 그대로 파악하는 범주적 직관, 즉 이념화작용(Ideation)을 포함한다.

선험적 자기파악을 할 수 있게 된다.

　이러한 선험적 자아의 고찰에서는 우리가 선험적 주관성에 이르는 통로를 사실적으로 기술하는 방법에 의거할 뿐 아니라 그 통로를 발견해낼 이러한 방법 또는 이와 유사한 방법 일반이 절대로 필요하다는 사실도 분명해진다. 나는 여기에서 '발견해낸다'(entdecken)를 강조한다. 누구도 경험적으로 자연스러운 자신의 자아를 인간으로서 비로소 발견해낼 필요는 없다. 성숙하고 깨어 있는 모든 인간은 그 자신을 인간-자아와 인간의 영혼 삶을 포함해 인간으로 발견하고(vorfinden), 그가 아주 종종 수행하는 자연적 반성 속에 '나는 지각한다, 기억한다, 나는 이러저러한 것을 좋아한다, 나는 열망한다, 나는 욕구한다.' 등을 말할 때 자연적 자기경험을 한다.

　다른 한편 선험적 주관성은 무엇보다 발견되어야 한다. 누구나 그 자신만으로 선험적 주관성을 발견해내야 하고, 우선 그 자신의 선험적 주관성을 언젠가 발견해내야 한다. 그는 선험적 주관성을 자연적 삶이 동기부여를 억제시키는 데에서 그를 해방시키는 방법을 통해서만 선험적 주관성을 발견해낸다. 아무리 신중하게 관찰하고 분석하면서 여전히 나의 순수한 심리적인 것, 나의 순수한 영혼 내면의 존재를 향하더라도 단순한 반성은 그와 같은 방법 없이 자연적인 심리학적 반성으로 남아 있다. 아무리 불완전한 형태라도 그 반성이 이미 있었던 것, 즉 세속적 경험으로 남아 있다. 이 순수한 영혼적인 것은 곧바로 존재하며, 계속 타당한 외면의 내면인 영혼적인 것이 남아 있다. 나에게 세계가 소박한 타당성과 계속되는 타당성 속에 존재하는 실제성으로 현존하는 한, 어쨌든 이 순수한 영혼적인 것은 나에게 타당한 세계에서의 존재자를 포함해 경험에 적합하게 또 자명하게 속하는 나의 신체에 생기를 불어넣은 것(Beseelung)이다. 그리고 그것이 나에게 현존하는 세계인 한, 그 때문에 나는 이러한 인간이 되고 이러한 인간의 영혼 삶으로서 그 세계에 존재한다. 그렇다면 나는 내가 자연적으로 그럭저럭 살아가는 가운데 이 자연적 태도를 넘어설 어떤 계기를 지닐 수 있는가? 만약 그것이 일어난다면, 내가 세속적 경험을 소박하게 — 소박하게 작동하는 경험에 대한 믿음에서 — 함으로써 내가 소박한 경험에 부여한 타당성을 정지시키는 것이 명백하게 필요하다. 그러나 이것은 소박하게 경험하는 것으로 다시 떨어지는 모든 시도가 차단되는 효과적인 형식이어야 한다. 가장 엄밀한 의미에서 존재하는 실제성에서 더 이상 나에게 아무것도 '현존하지' 않을 때 비로소 나는 나 자신을 모든 실제성이 전제하는 이념성인 선험적 주체로 포착할 수 있다.

선험적 주관성이 무엇보다 역사적으로도 발견되어야 한다는 것은 당연한 일이다. 이 발견은 때로는 효과가 없었기 때문에 때로는 왜곡되어 영향을 미쳤기 때문에 성숙하지 못한 첫 번째 형식으로 데카르트의 '나는 생각한다'(ego cogito) — 여기에서 그밖에 필증적으로 의심할 여지 없음에 대한 요구도 동일하게 제기되었다 — 속에 그 발견이 나타난다. 그렇지만 선험적 주관성을 순수하게 실제로 제시하는 것은 모든 현상학자에게 잘 알려진 **현상학적 환원**의 방법에서 비로소 이루어졌다.

이것은 지난 강의에서 상세하게 기술한 방법일 뿐이다. 그것이 외견상 아주 사소한 것으로 보이는 데카르트의 『제일철학에 관한 성찰』 제1성찰에서 은폐된 — 데카르트 자신에게조차 은폐된 — 심층의 내용을 해명하면서 뚜렷하게 드러내는 것일 뿐인 한, 그것은 선험적 환원의 **데카르트적 방법**으로도 부를 만하다. 왜 우리의 방법을 현상학적 환원의 방법이라 부르는지, 마찬가지로 왜 선험적 주관성도 현상학적 주관성으로 부르는지는 나중에 가서야 비로소 이해될 것이다.

나는 데카르트에게 선험적 주관성, '나는 생각한다'는 즉시 의심할 여지 없는 존재로 생긴다고 말했다. 경험된 세계가 존재하지 않을 가능성과 대조해, 또는 데카르트가 선호한 표현으로는, 의심할 가능성과 대조 '나는 생각한다'는 나에게 절대적으로 의심할 수 없는 것으로 부각된다. 이에 반해 나는 심사숙고해 지금의 서술에서 선험적 환원의 방법을 선험적 자기인식의 필증적 타당성이라는 문제에서 떼어냈다. 나는 지금 이 **선험적 환원** 또는 현상학적 환원과 이것과 결부된 필증적 환원을 **구별**한다. 필증적 환원은 현상학적 환원을 통해 비로소 가능해진 과제를 나타낸다. 내가 필증적으로 비판하기 전에, 나는 이 비판의 장(場)—여기에서는 경험의 영역—을 가져야 하며, 선험적 자기경험의 장인 이 영역을 나는 현상학적 환원의 방법 덕분에 비로소 지니게 된다.

다른 한편 이러한 필증적 환원—즉시 끈질기게 달라붙는 출발—의 일부를 당장 함께 수행하고 바로 새롭게 등장하는 선험적 영역을 최초로 더 자세하게 고찰하는 연관 속에 그렇게 하는 것은 거의 불가피하고 어쨌든 유용하다. 현상학적 환원의 방법을 가능하게 **변화**시키는 문제도 선험적 주관성의 의미를 해명하는 데 함께 기여하는 것으로 즉시 끈질기게 달라붙는다.

단지 **제한된** 존립요소만 지닌 우리의 방법적 처리절차에서 처음 알아보는 방식으로만 우리가 볼 수 있게 된 선험적 주관성을 더 자세하게 주시하는 데서 시작하자. 그것은 세계를 자연적이고 소박하게 경험하는 자아인 자아, 즉 내가 마치 이 세계를 완전히 말소해가고 그런 다음 내가 세계에 대한 나의 **경험작용** 자체를 남겨 놓고 그래서—비록 자연적으로 나의 신체와 나의 인간성이 함께 말소되었더라도—경험하는 자아로서 나 자신을 남겨 놓는 방식으로 일어난다. 따라서 여기에는 '나는 존재한다. 그리고 이 세계에 대한 경험을 경험하면서 존재한다'는 것이 포함되어 있다.

이렇게 경험하는 삶은 존재한다. 나의 삶은 실재적인 것이 전혀 존재하지 않거나 존재하더라도 그리고 세계와 인간 등이 존재할 수 있거나 없더라도 존재한다. 그것은 내가 적어도 의심하지 않고 무엇보다 의심하거나 그 어떤 비판적 물음으로 이끌 계기가 전혀 없는 자아의 삶으로서 계속 흘러가는 존재다. 나는 그것을 실로 연속적으로, 아주 직접적으로 지각에 적합하게 경험한다. 이 지각이 선험적이고 보편적으로 세계를 배제하는 태도에서 수행되는 것을 제외한다면 그렇다는 것이다. 따라서 이러한 태도에는 자아-인간으로서 나의 경험적 자기경험의 작용도 포함된다. 여기에 제외되는 것은, 이러한 경험작용은 그 객관적 타당성에 관해서 소박하게 수행되는 것이 아니라 배제함으로써 ― 현상학적으로 말하면, 그 타당성을 괄호 침으로써 ― 단순한 주관적 사실로서, 나의 자아 삶에 맥박(Puls)으로서 받아들여진다는 점이다.

제3장 현상학적 환원의 현상학. 선험적 환원으로의 두 번째 길을 열어 제시함

1절 주관성의 선험적 삶의 흐름이 지닌 선험적 시간의 형식

39 보편적인 선험적 자기경험의 완전한 내용. 선험적 현재, 과거 그리고 미래

그러나 세속적 객관[객체]성을 경험하는 자인 자아는 아직 완전한 선험적 자아가 아니며, 보편적으로 펼쳐질 수 있는 선험적 자기경험의 완전한 내용도 아니다. 더 상세하게 살펴보면, 가령 그 어떤 객체적인 것에 대한 모든 지각에 관해서 세속적인 것에서 세계에 대한 자연적-소박한 모든 믿음을 일관되게 억제하는 것은 선험적으로 순수한 '내가 지각한다'인 포착함, 즉 그것의 순수한 선험적 포착함으로 이끈다. 뿐만 아니라 무엇보다도 다음과 같은 것이 뚜렷하게 눈에 띤다. 자연적인 태도에서 나 자신을 인간적 자아로 발견하고 내가 소속된 나의 환경세계에 줄곧 관련된 것으로 발견하면서 나는 나 자신을 지각하는 자로서 발견할 뿐 아니라, '나는 기억한다' '나는 예상한다' '나는 생각한다' '나는 의심한다' '나는 비교하고 구별한다'

'나는 좋아하거나 싫어한다' '나는 판단하고 추리한다' '나는 원하고 갈망하며 욕구하고 행동한다'고 반성하면서 '나는 지각한다'고 말한다.

그렇지만 자연적 반성 속에 경험적 자아의 작용으로 세속적으로 경험되는 이 모든 작용에는 선험적 자아의 **작용들이** 상응한다. 이 작용들은 선험적 환원을 통해 세계의 모든 존재에 독립적이고 그 자신의 순수한 특성에서 볼 수 있게 된 자아인 나 자신이 구체적으로 수행한 작용일 뿐이다. 이것들은 바로 그 객관적 작용이지만, 소박한 태도에서 객관화하는 모든 통각에서 벗어나 있다. 오히려 객관화작용(Objektivieren)은 모든 세속적 함께 믿음을 억제함으로써 그때그때 주체 속에 선험적으로 실행된 작업수행으로서 인식된다. 따라서 그 자체가 선험적 내용으로 받아들여진다.

만약 내가 예를 들어 '나는 아름다운 겨울날씨가 계속되기를 원한다'를 반성적으로 포착하면, 세계에 대한 모든 믿음을 억제하는 것은 내가 세계가 존재하든 존재하지 않든 그것이 존재하는 그대로인 내가 원하면서 행동하는 것으로 실제로 진행해가는 나의 선험적으로 순수한 '나는 이러저러한 것을 원한다'를 이제 간취할 수 있다는 사실로 이끈다. 그것은 두 번째 소망함, 즉 객관적 소망함 옆에 있는 선험적 소망함이 아니다. 오히려 거기에서 객관적인 것은 그 자체가 나에 의해 수행된 경험에 대한 믿음을 포함해 그 자체가 내 속에 수행되는 통각이다. 그리고 내가 경험에 대한 믿음, 즉 세속적 믿음을 '중지시키고' 그 믿음을 제지할 때 내가 보는 것은 바로 이것이다. 또는 현상학적 자아인 내가 반성하면서 자연적인 객관화작용 속에 또한 이와 관련된 자연적인 '나는 원한다' 속에 순수하게 주관적으로 원하는 삶과 행위로서 본래 또 실제로 앞에 놓여 있는 것을 깨닫고자 하면, 나는 세계에 대한 세속적 믿음을 제지해야 한다.

이때 나는 자연적 반성의 내용으로 간주되는 어떠한 세속적인 것도——자아의 측면에서도 나에게 소망된 것으로 의식된 것의 측면에서도——현상학적 환원에서 남겨놓으면 안 된다. 그래서 아름다운 날씨와 관련된 실제성의 정립은 당연히 함께 제지되어야 한다. 자연적인 객관적 통각이 항상 앞서 가기 때문에, 나는 객관적으로 제공되는 '나는 이러저러한 것을 행하거나 겪는다'는 모든 경우에 모든 위치에서 더듬어 검토하면서 환원해야 하며, 또는 그 객관적 믿음을 정지시키는 정신적 '괄호 침'(Einklammerung)을 방법적 보조수단으로서 환원해야 한다. 자아의 모든 작용과 자연적 반성으로 포착할 수 있는 자아의 모든 체험의 경우도 그러하다. 우리는 이러한 방법을 통해 자아의 모든 작용과 체험을 그것이 선험적 주관성 속에 있는 것으로, 참되고 순수한 삶에서 맥박으로 획득한다.

편리한 데카르트의 표현 '나는 생각한다'(ego cogito)를 환원에 의해 획득할 수 있는 선험적 자아의 모든 존립요소에 대한 보편적 명칭으로 사용할 수 있다. 그렇다면 '생각한다'는 말의 경우 특별한 단어의미에서 곧바로 사유함(Denken)에 대한 논의가 아니라 그 말은 그에 못지않게 모든 사랑함과 미워함, 소망함과 욕구함 등을 포괄한다. 그러나 명확하게 경험적-자연적 '나는 생각한다'(Ich-denke)에 대해 논의할 때마다 관련된 선험적 자아의 삶을 생각하고, 따라서 그 속에 모든 객체적인 것이 나타나고 정립되는 선험적 자아의 삶을 생각한다. 하지만 이 자아 자신의 선험적 존재는 객관적 존재를 전혀 유지하지 않는다.

어쨌든 그 방법을 더 깊게 규명하기 전에 여전히 보편성의 다른 관련에서 선험적 경험의 영역을 확실하게 보장하는 것, 즉 우리의 방법이 단지 현재의 선험적 삶——그래서 내가 지금 수행하는, 내가 반성하는 동안 지금 나에게 내가 현재 '나는 지각한다' '나는 생각한다' '나는 원하고 실행한다'로서 흐르면서 일어나는 그때그때의 '나는 생각한다' ——으로만 이끄는 것이 아니라는 사실을 분명하게 하는 것이 바람직할 것이다. 내가 자연적 태도에서 자아-인간으로서 나의 과거와 미래의 삶에 대해 되돌아보거나 앞을 내다보면서 알게 되듯이, 선험적 환원을 하는 나는 과거와 미래에서 나의 선험적 존재 또는 삶도 안다. 그리고 이것을 선험적 경험에 입각해서 안다. 경험은 무엇보다 지각이다. 그러나 기억과 ——어떤 방식으로는—— 예상도 경험이다. 우리는 과거의 것으로서 과거의 것에 대한, 미래의 것으로서 미래의 것에 대한 모든 지식을 근원적으로 이것들 덕분이다.

예를 들어 보자. 나는 어제 성벽(城壁)에서 산책한 것을 기억해낸다. 내가 여기에서 괄호 치는 방법을 실행하면, 내가 현재 지각하는 신체와 나의 세속적 지각의 현재 전체가 정지되고 성을 포함해 도시가 현재의 현존재로서 정지될 뿐 아니라, 어제 성벽에서 산책한 것 전체도 그 속에 객관적으로 정립된 모든 것에 따라 현상학적 환원에 영향을 받는다. 현상학적 환원은 과거에 도달하고, 나의 과거의 경험적 자아, 과거의 신체, 과거의 외적 지각의 존재내용들에 영향을 미친다. 이 존재내용들을 통해 도시, 관련된 거리는 내가 산책한 도시와 거리로, 성벽은 어제 올라간 성벽으로, 나에게 객관적 현존재의 사실로서 주어졌다——에 영향을 미친다.

어쨌든 여기에서 나는 기억이 나에게 이중의 방식으로 선험적인 것(Transzendentales)을 생기게 한다는 사실에 즉시 주목하게 된다. 한편으로 나는 '만약 내가 세계 전체를 정지시키면 또는 세계 전체가 관련되는 경험에 대한 믿음 전체를 억제하면, 이렇게 반성적으로 지각된 '나는 기억한다'는 나의 지금의 체험작용(Erleben)으로 나에게 남아 있다'는 사실을 기억해낸다. 다른 한편 이러한 지금의 체험작용에서 내가 과거의 성벽에서 산책한 것이 나에게 현전화된다.[1] 물론 인간으로서 내 인격의 행동으로 세계에서 심리물리적-실재적 사건이었던 과거의 사건에 대해 나는 어떠한 판단도 하면 안 된다. 나의 회상(Wiedererinnerung)이 이 실재적 과거에 대한 믿음인 한, 그 회상과 이러한 믿음은 내가 현상학적으로 배제함으로써 정지된다.

그러나 더 자세하게 살펴보면, 어쨌든 나의 '나는 기억해낸다' 속에 '내가 지각했었다'가 함께 포함되어 있고, 과거의 행위 속에 '내가 욕구하고 실행했었다'가 함께 포함되어 있다. 성벽, 나의 신체, 내가 걸었던 발 등은 과거의 존재로서 일어나지 않은 선험적 가상일 수도 있다. 그리고 그 존재와 더불어 어떻게 있더라도 그 길과 목적지가 나의 지각에 적합하게 실제성으로 타당했던 지각작용의 연속성 전체 그리고 그 지각작용과 하나가 되어 내가 행위 하는 체험작용이었던 노력함, 욕구함, 실행함은 세속적 존재에 관한 판단을 억제함으로써 폐기되지 않는다. 따라서 나는 현재의 선험적 체험으로서 '나는 기억해낸다'를 지금 부여했을 뿐 아니라 그 속에 나의 과거의 선험적 삶에 대한 기억을 포함시켰다.

이것은 명백히 모든 기억에 적용된다. 모든 기억은 명백하게 이중의 선험적 환원을 허용한다. 그 하나는 나의 선험적 현재의 체험으로서 기억나게 하는 반면, 다른 하나는 주목할 만한 방식으로 기억의 재생산적 내용 속에 들어가 포착하면서 내가 지니고 있던 과거의 선험적 삶에 일부분을 드러내 밝힌다. 만약 내가 그렇게 실행하면서 회

---

1) '현재화'(Gegenwärtigung)는 원본적 지각이 생생한 '지금' 속에 현재 존재하는 것으로 '직접 제시하는 것'(Präsentation)이며, '현전화'(Vergegenwärtigung)는 기억이나 상상처럼 시간적 공간적으로 지금 여기에 현존하지 않는 것을 의식에 다시 현존하게 하는 것, 즉 '직접 제시하는 것'과 함께 통각과 연상을 통해 예측으로 주어지는 '간접적으로 제시하는 것'(Appäsentation)까지 포함하는 작용이다.

상의 연쇄를 따라 가면, 나는 떠오르는 기억을 통해 마치 연속적으로 현실적 현재로 이끌리게 되고, 내가 연속적으로 일깨워지는 일련의 기억에서 선험적 환원을 하면, 이것으로써 나는 '지금'(Jetzt)까지 나의 연속적인 선험적 과거를 간취하게 된다. 하지만 단지 그 일부분에 관해서만 간취하게 된다. 왜냐하면 내가 거꾸로 항상 새롭게 기억에서 먼 것을 재생산적으로 일깨우면서 그 이전의 과거에 관해 심문하면, 현상학적 환원을 하는 나는 나의 선험적 삶이 연속적으로 무한한 과거로 되돌아가는 것을 보기 때문이다.

예상의 '미리 바라봄'(Voraussehen)은 실제의 봄(Sehen)이 아니고 현전화하는 기억의 방식으로 마치 '다시-그-앞에서-봄'(Wieder-vor-sich-sehen)과 정확하게 유사한 것이 아니라는 점에서 미래의 사정은 이와 다르다. 그렇지만 우리는 적어도 미리 예상된 것에서 현상학적 환원을 할 수 있고, 다시 선험적 환원을 통해 이중의 선험적인 것을 발견하게 된다. 그 하나는 현재의 선험적 체험으로서의 예상이며, 다른 하나는 그 속에 예상에 적합하게 포함된 것으로 예상된 내용이다. 그리고 항상 모든 현재가 예상의 미래지평을 연속적으로 수반하는 한, 선험적 과거의 무한한 지평과 유사하게 우리는 다시 선험적 미래의 무한히 열린 지평을 지니게 된다. 우리는 세계와 더불어 객관적 시간 ──이것은 존재하는 것으로 세속적 객체성들의 형식이다 ──이 정지된 것을 보게 된다. 그러나 다른 한편 선험적 자아인 나는 연속적인 선험적 경험에서 자신의 선험적 시간형식 속에 제시되는 선험적 삶을 살아가는데, 이 선험적 시간형식은 기억과 예상의 무한한 지평 ── 일단 드러나 밝혀지면 양 측면에서 무한한 선험적 삶의 흐름을 나타내는 지평 ──을 그 자체에 포함하는 현재 삶의 형식을 더 자세하게 기술할 수 있는 방식으로 지닌다.

126

40 자아의 분열로서 반성과 흐르고 있는 생생한 현재에서 자아의 동일성

그렇지만 내가 나의 선험적 삶에서 지닌 것과 그 속에서 판단에 적합하게 배제된 세속적 객체성이 지니고 있는 역할에 관해 더 깊게 파고들어 가는 성찰을 해야 한다. 그 객체성은 어쨌든 이렇게 배제함으로써 폐기되지 않고, 나에게 나타나는 것으로 존재한다. 내가 지각하는 집은, 내가 선험적 태도로 넘어가고 나의 '나는 지각한다'를 선험적 체험으로 파악할 때, 폐기되지 않으며 이러한 지각작용 속에 지각된 것으로 존재한다. 그 지각작용 속에 믿어진 것, 그 지각작용 속에 확실한 것, 거기에 있는 것, 이러한 빨간 지붕 등을 지닌 것으로 다양하게 존재한다.

그러나 나는 어떻게 그 집의 존재를 괄호 치지 않았고, 배제하지 않았으며, 그래서 소박한 지각에 대한 이러한 믿음을 '정지시키지' 않았는가? 내가 지각에서 그 믿음을 제거하면, 그것은 더 이상 지각이 아니다. '마치 분리할 수 있는 일부분인 것처럼 지각에서 지각에 대한 믿음을 단순히 제거할 수 없다'고 말하는 것은 전혀 도움이 되지 않는다. 하지만 그 때문에 여기에서 중요한 것은 실로 '작동시키지 않는 것, 정지시키는 것'이다. 바로 맞았다! 그런데 이것은 지각에 어떤 해를 입히는 것과 같은 것을 뜻하지 않는가? 어쨌든 현상학적 '괄호 침'을 통해 나의 근원적 체험작용은 변경된다. 그러나 이렇게 괄호를 침으로써 나는―아무튼 그렇게 부른―나의 '나는 지각한다'를 그것이 실제로 또한 수수하게 그 자체에서 있거나 있었던 것과 같은 체험으로 받아들인다. 나는 그 체험을 그것의 측면에서는 자아와 자아의 삶일 뿐이어야 할 나의 선험적 주관성의 존립요소의 일부분으로 받아들인다. 자아의 삶은 세계가 존재하든 않든 그 자체에서 또한 그 자체만으로 그 자체에서, 즉―깨어지지 않는 믿음의 특별한 삶으로서 —자신의 삶에서 세계를 경험하고, 이로써 무엇보다 세계를 존재하는 실제성으로 그 자체에서 의식해 갖는다.

그 방법이 지정하는 것을 따라가면, 나는 이 선험적 주관성과 선험적 주관성에 대해 말한 것, 사실상 내가 선험적 주관성을 간취한 것을 인정하게 된다. 그렇지만 방법에 관해 방금 전과 같은 방식으로 반성한다면, 나는 '그 방법이 적합한지, 선험적 주관성과 그 삶을 언젠가 드러내 밝힐 수 있는지' 의심하게 된다.

아무튼 여기에서 나는 막연한 것을 결코 허용하면 안 된다. 나는 내가 선험적-환원적 방법을 실행하고 실행해야 했던 방식, 내가 혼란에 빠지지 않기 위해 그 방법을 이해해야 했던 방식을 무엇보다 나 자신에게 더 상세하게 설명해야 한다. 나는 나의 성찰을 당연히 **자연적 자기성찰** 또는 **반성**으로서 시작한다. 집에 대한 지각은 내가 그 지각을 처음에 실행했던 예로서 다시 유용할 것이다. 주어진 출발은 내가 소박하게 몰두해 어떤 자기를 상실한 상태에서 지각한다는 점이다. 나는 그 집을 관찰하는 것에 완전히 빠져 있다.

그것은 몽롱한 잠에서 자기를 상실한 것이 아니다. 자아는 깨어 있으며, 현실적 자아, 즉 어떤 작용을 수행하는 자아다. 이것의 유일하고 구체적인 표현은 '나는 생각한다'(ego cogito)의 형식을 지니며, 그것의 완벽한 표현은 그때그때 내가 생각한 것인 '사유된 것' (cogitatum)의 명칭을 요구한다. 작용의 주체와 작용의 객체를 포함해 행사(Aktus)의 구조에 유일한 특징은 문법적 '주어-목적어-술어'로 표현된다. 행사에서 수행하는 자아는 행사 자체에서 의식된 객체를 향하고, 이 객체에 몰두한다. 우리의 경우 그것은 지각작용을 하는 것이다. 알아보고 관찰하면서 나는 그 집을 향해 있다. 그러나 내가 그렇게 향해 있다는 사실을 나는 전혀 모르며 —우리가 논의하는 자기를 상실함(Selbstverlorenheit)은 여기에 있다—, 이것은 내가 그것에 향해 있지 않음을 뜻한다. 이러한 일은 비로소 더 높은 단계의 지각인 반성의 형태에서 일어난다. 반성 속에 지각된 것은 그 집이 아니라 '내가 그 집을 지각한다'이며, 그래서 반성의 내용은 단순한 지각판단 속에 사실상 충실하게 표명된다.

그렇다면 이러한 반성에서 무엇이 일어나며 또 일어났는가? 이러한 자기지각에서 반성하는 자아로서 내가 '나는 지각한다'를 행사하는 것 —그 행사를 수행하는 데 빠져 내가 그 행사뿐 아니라 그 행사를 수행하는 주체로서 나 자신을 알아차리지 못하게 되는 행사—을 넘어선다는 것은 명백하다. 이렇게 새롭게 등장하고 반성하는 자아로서 나는 '나는 지각한다'를 행사하는 가운데—이 속에서 나는 자기를 망각한 자아와 이전에 지각되지 않았던 '나는 그 집을 지각한다'를 지각된 내용으로 만들며 포착하면서 나 자신을 그것에 향한다— 내가 등장함을 다시 한번 지닌다.

물론 내가 반성하기 시작하면, 자기를 망각한 자아의 소박한 지각작용은 이미 지나가버린다. 나는 이것을 포착하는데, 이른바 '과거지향'(Retention)[2] —원본적 체험작용에 직접 연결되는 나중의 기억(Nacherinnerung) —의 '여전히 의식해 가짐'으로 순식간에 되돌아가 포착할 때만 지금 반성하면서 포착한다. 이러한 방식으로 반성하며-되돌아가 포착하면서 나는 소박한 지각작용과 자기를 망

---

[2] 라틴어 'retentare'(굳게 보존한다)에서 유래한 용어로, 방금 전에 나타났다 점차 사라지는 것을 생생하게 유지하는 작용을 뜻한다. 그것의 변용인 미래지향(Protention)은 유형을 통해 이미 친숙하게 알려진 것에 근거해 직관적으로 예측하는 작용을 뜻한다. 과거지향은 방금 전에 지나가버린 것이 현재에 직접 제시되는 지각된 사태로서 1차적 기억(직관된 과거)인 반면, 회상(Wiedererinnerung)은 과거에 지각된 것을 현재에 다시 기억하는 것으로서 연상적 동기부여라는 매개를 통해 간접적으로 제시되기 때문에 그 지속적 대상성이 재생산된 2차적 기억(기억된 과거)이다.

각한 자아를 알아차릴 수 있다. 따라서 이것은 본래 나중의 알아차림(Nachgewahren)이지, 결코 본래 지각하는 포착작용이 아니다. 그렇지만 어쨌든 이것도 포착작용이다.

내가 반성하는 자아로서 나 자신을 이미 수립한 다음에는 지각, 우리 예에서는 그 집에 대한 지각으로 계속 이어갈 수 있다. 그렇다면 나는 이렇게 계속 진행해가는 지각에서 한편으로 그 집을 향한 자아가 시간적으로 따로 떨어지지(Auseinander) 않고, 다른 한편으로 이러한 자아와 '이 자아가-지각하면서-그 집을-향해 있음'을 향한 반성하는 자아가 따로 떨어지지 않는다. 이것은 자기를 망각한 지각작용이 되돌아가 포착해 나중에 알아차리는 시기에 대해서도 마찬가지다. 하지만 생생한 현재의 경우 나는 공존하는 가운데 이중의 자아와 이중의 자아의 행사를 지닌다. 따라서 지금 연속적으로 그 집을 관찰하는 자아와 '나는 내가 그 집을 연속적으로 관찰한다는 것을 깨닫고 있다'는 행사를 수행하며 어쩌면 '나는 그 집을 관찰한다'는 형식으로 표명되는 자아를 지닌다. 왜냐하면 이러한 단적인 문장은 물론 반성하는 자아의 진술이고, 그 속에 진술된 자아는 반성적으로 포착된 자아이기 때문이다.

더 나아가 반성하는 자아는 명백히 '자기를 망각한 자아'의 양상 속에 있고, 그 자신이 알아차리는 행사는 자기를 망각한 행사다. 그러나 만약 '우리는 어디에서 더 높은 단계의 이러한 자기망각을 알게 되는가?'라고 묻는다면, 그 대답은 명백하며 더 낮은 단계의 자기망각에 대해서처럼 동일하다. 즉 반성을 통해, 게다가 지금 두 번째 단계의 반성을 통해 그에 속한 반성하는 자아와 이 자아의 측면에서 다시 자기를 망각한 자아와 더불어 자신의 지각을 표명하면서 '나는 내가 그 집을 지각한다는 것을 깨닫고 있다'라고 말할 것이다. 여기에서 과거지향으로 되돌아가 포착하는 국면과 어쩌면 나중에 따라오는 국면 —— 자아의 분열(Ichspaltung) 속에 서로 잇달아 관련되는 자아주체들이 흐르고 있는 동일한 현재에 포함되는 국면 —— 이 구별되어야 한다는 것이 다시 분명해질 것이다. 내가 '더 높이 올라가는 모든 새로운 반성은 수행하는 자아로서 새로운 자아를 —— 예를 들어 세 번째 자아와 이 자아의 행사는 두 번째 자아와 이 자아의 행사에, 두 번째 자아와 그 행사는 첫 번째 자아와 그 행사에 관련되는 방식으로 —— 그렇게 등장시킨다'고 말할 필요는 거의 없다.

여전히 용어상 언급할 것이 있다. 자기망각에 대한 논의는 적절하지 않다. 왜냐하면 실로 망각에 대한 통상적 어법에 따라 의식해 깨닫는 것은 이미 의식해 깨달았던 것을 망각함으로써 따라가야 할 것에 선행해야하기 때문이다. 그러나 그 자체로 고찰해보면, 자기망각의 양상은 명백히 선행한다. 다른 한편 '그 자신에 의식되지 않은 자아'라는 표현도 의식이라는 어법이 애매하기에 적절하지 않다. 오히려 **잠재적**(latent) **자아**와 이에 대립된 **명시적**(patent) **자아**에 대해 논의할 수 있을 것이다. 따라서 '깨어 있는 자아, 행사를 수행하는 자아는 명시적이 되며, 행사 자체는 그것 —— 그 측면에서는 잠재적인 것 —— 에 대해 반성하는 자아가 등장함으로써만 명시적이 된다'고 말해야 할 것이다. 게다가 그러한 방식의 명시적이 되는 것은 모든 잠재적 자아에게 가능하며, 그래서 반성하는 모든 자아에게 가능하다. 그렇게 명시적이 되는 것은 반성하는 자아가 그 이전에 잠재적 자아를 행사의 객체로, 지향적 객체로 만드는 행사를 수행하는 자아라는 데 성립한다.

그렇다면 상이한 작용들이 겹쳐져 층을 이루는 것과 **모든 작용**이 이른바 자신의 **분리된** 작용의 극(Aktpol)으로서 **자신의 분리된 자아**를 지니는 것이 명백한데도 왜 우리는 자기 자신으로 소급해 관련되고 그 자신과 자신의 행사를 '자기지각'에서 알아차리는 **동일한 자아**

에 대해 이야기하는가? 더구나 우리는 이렇게 분리된 자아들이 자신의 태도를 취하는 데 서로 항상 일치할 필요가 없다는 사실을 즉시 인식하게 된다. 게다가 어떤 나무줄기가 분열되어 있음이 실로 완전히 분리되어 나란히 놓여 있는 부분들로 쪼개져 분열되어 있음을 뜻할 필요가 없는 것처럼, 우리는 어떤 통일적인 것이 ─ 어쩌면 어떤 통일성을 유지하는 가운데 ─ 분리됨을 지시하는 분열의 이미지를 어떻게 사용할 수 있게 되는가?

그 답변은 자아의 반성에서 실제의 그리고 항상 가능한 삶의 관점에서 생긴다. 어쨌든 여기에서 항상 나는 ─ 되돌아가 순식간에 포착함으로써 파악된 자아, 생생하게 행사하는 가운데 파악되고 동시에 반성적으로 고찰하는 자아를 개관하면서 ─ 더 높은 단계로 반성할 수 있다. 이때 계속해서 그 자체가 이미 명시적이 된 반성하는 자아 등을 보게 된다. 그렇지만 이때 나는 '많은' 작용 극이 그 자체에서 명백히 동일한 자아라는 사실, 또는 하나의 동일한 자아가 이 모든 작용 속에 등장하며 그와 같이 등장하는 모든 것에는 상이한 양상을 지닌다는 사실을 볼 수 있고 또한 봐야 한다.

나는 그것이 많은 작용과 작용의 주체로 분열되면서도 어쨌든 하나의 동일한 것이며 거기에서 분열되는 동일한 자아라는 사실을 본다. 나는 능동성에서 자아의 삶이 철저히 '항상─분열되어─활동하는─행동'일 뿐이라는 사실과 모든 것을 개관하는 자아는 언제든 다시 그 작용들과 작용의 주체들 모두를 동일하게 확인하는 그 자체를 수립할 수 있다는 사실을 본다. 또는 더 근원적으로 이해하면, 나는 나 자신을 더 높은 반성 속에 개관하는 자아로서 수립할 수 있다는 사실을 본다. 또한 나는 이 모든 작용 극의 자기다움과 그 양상에서 존재방식의 차이를 명백하게 종합적으로 동일하게 확인하는 가운데 나 자신을 깨달을 수 있다는 사실을 본다. 그래서 '나는 여기 어디에서나 동일한 사람이며, 반성하는 자인 나는 반성되지 않은 것으로서 나중에 포착해 파악되는——자기를 지각하는 자로서 예를 들어 집을 지각하는 자인 나를 바라보는 등——동일한 사람이다'라고 말한다.

일단 이렇게 주목할 만한 상태를 분명하게 설명하고 특히 모든 반성에서 수행하는 자아가 복제[증식]된 것을 확인했다면, 이제 우리는 다시 집을 지각하는 예와 결부시켜 다음과 같이 확정할 수 있다. 내가 소박하게 수행한 집에 대한 지각을 통상적으로 반성하는 경우 나는 단순히 '나는 이 집을 지각한다'를 주시하는 것이 아니다. 나는 가령 내가 집을 지각하는 자아와 이러한 자아의 지각작용을 단순히 관찰하는 자가 아니다. 오히려 나는 이러한 자아의 지각에 대한 믿음도 공유하며, 반성하는 자아인 나는 집을 지각하는 자아의 믿음도 함께 수행한다. 즉 내가 이 집을 보고 관찰하는 한, 바로 이 집과 내가 지금 이 집에서 확인하는 실제적으로 현존재하는 것이 나에게 존재하고 나의 지각에 대한 믿음 속에 나에게 타당하듯이, 반성하는 자로서 나에게 이 모든 것이 실제로 현존재하는 것으로 있다. 자기지각과 그 집을 지각하는 것에 대한 지각과 일체가 되어 나는 이것 역시 타당하다고 간주하며, 또한 나는 이러한 타당성을 수행하는 주체다.

그래서 나에게 통상적인 방식으로 '나는 이 객체를 본다'는 형식의 모든 진술은 동시에 '나는 이 객체가 실제로 존재한다는 것을 믿는다'를 함께 뜻하게 되고, 통상적 어법에서는 모든 사람에게도 그러하다. 그러나 이렇게 통상적인 것에는 이례적인 것이 대립해 있고, 이제 여러분은 '왜 내가 이러한 자기이해 전체를 실행해야 했는지' 즉시 이해하게 된다. 이와 대조해 그것이 통상적인 방식이듯이 항상 그렇게 존재할 필요는 없다는 사실, 요컨대 반성하는 자아인 나는 결코 항상 함께 믿는 자일 필요는 없다는 사실을 부각시켜야 한다. 그리고 현상학적 환원의 방법을 이해하는 데 우리에게 특히 중요한 것은 내가 반성하는 가운데 이러한 자연적인 함께 믿음을 나의 **자유로**(in meiner Freiheit) 거부할 수 있다는 사실이다. 나는 내가 지각된 집이 현존재(Dasein)하고 그렇게 존재함(Sosein)에서 세계 일반의 현존재에서 절대적으로 무관심한 방관자(Zuschauer)로서 순수하게 행동하는 방식으로 자연적인 함께 믿음을 거부할 수 있다.

2절 현상학자의 이론적 태도에 관한 이론. '판단중지'의 의미와 작업수행

41 반성과 이론적 관심, 태도를 취하는 자아의 분열

나는 이러한 무관심함(Uninteressiertheit)을 더 자세하고 명백하게 하기 전에, 어쩌면 자아분열과 제휴해가는 믿음 속에 또한 더 일반적으로는 태도를 취하는 행동 속에 갈등이라는 더 일반적인 현상을 우선 명백하게 해야 한다. 이 현상에 따르면 일상적인 경우와 다르게 반성하는 자아는 반성하는 가운데 향했던 낮은 자아가 태도를 취하는 데 참여하지 않는다(실로 어쩌면 태도를 취하는 것을 거부한다). 그러한 예는 회의론자가 제공한다. 회의론자는 자신의 지각작용이 일치함에 따라 자신의 외적 지각의 세계로 곧바로 시선을 향하고 지각에 대한 믿음을 수행하면서 살아간다. 일치하게 지각하는 자아로서 이러한 사물, 이러한 세계를 실제성으로 부여하지 않을 수 없다.

그러나 다양한 논쟁을 통해 동기지어진 철학적 회의론자로서 그가 세계를 부정하거나 세계를 의심하게 되고 이제 실제적 세계를 지각하는 자로서 자신에 대해 반성을 하는 경우, 태도를 취하는 것의 분열된 상태도 분열된 작용의 통일 속에서 뚜렷이 볼 수 있다. 세계를 지각하는 자로서 그는 믿고, 반성하는 회의론자로서 그는 이러한 믿

음을 신뢰하지 않는다. 그는 그 믿음에 참여하지 않고, 그 믿음을 의심하거나 거부한다.[3]

우리는 반성에 관해 고찰하면서 이제까지 오직 지각의 영역에서만 그 예를 기초에 놓았다. 따라서 지각작용과 지각된 것 그 자체에 대한 반성만 해명했다. 그러나 모든 반성이, 그와 함께 모든 종류의 자아분열이 동일한 구조를 지니는 것이 아니며, 그래서 기억(Erinnerung)에 대한 반성의 영역에서 예를 드는 것이 바람직할 것이다. 나는 회상(Wiedererinnerung)을 뜻한다. 아무 이유 없이 독일어가 회상을 재귀적(再歸的)으로 '나는 〔나 자신을〕 기억해낸다'(Ich erinnere mich)고 표현하지 않는다. 모든 기억에는, 내가 직접 〔나 자신을〕 회상한 것이 일반적으로 존재했던 것뿐 아니라 내가 지각해 존

---

3) 일치하게 경험된 세계에 대해 상이한 행동이 가능하다.

① 내가 그 세계를 확고한 확실성에서 믿으면서 경험하는 동안, 나는 그 세계가 존재하지 않는다는 것이 가능하다고 간주할 수 있다.

② 나는 회의적 논증에 자극을 받아 회의적이거나 부정주의적 이론을 받아들일 수 있고, 경험이 계속 진행되는 가운데 믿을 수 있지만, 이렇게 경험에 대한 믿음에 생각으로 회의하거나 부정하는 층(層)을 걸어놓을 수 있다.

나는 불가지론자(不可知論者)처럼 '이러한 경험의 확실성은 오직 주관적인 것, 주관적 이미지에만 관련된다. 나는 '그' 세계 '자체'를 모른다.' 또는 '나는 하나의 세계 그 자체가 존재하는지 결코 알 수 없다'고 말할 수 있다. 또는 나는 경험된 세계를 세계 자체라고 인정할 수 있지만, 그런데도 그것이 진리 그 자체인지 의심할 수 있다. 일치하게 통일을 구성하는 이러한 양식을 내가 이성적인 방식으로 당분간 실천적으로 신뢰할 수 있고 신뢰해야 하는 일시적인 양식으로 간주하는 방식으로 의심하는 것이다. 따라서 나는 더 강력한 개연성의 동기가 그것에 반대해 이야기하지 않는 한, 마치 하나의 세계가 참으로(궁극적으로 타당하게) 존재하는 것처럼, 즉 실천적으로 존재하는 것처럼 행동한다. 그러나 나는 그렇게 궁극적으로 타당한 진리가 존재하지 않거나 의심스러운 것은 아닌지 가정할 충분한 근거를 지닌다고 믿는다.

흄의 '주사위 놀이'(tricktrack)를 참조할 것[『인간 본성론』(*A Treatise of Human Nature*, 1739) 제1권].―후설의 주.

재했던 것으로 의식되는 한, 어떤 방식으로 자아의 분열이 포함되어 있다. 나는 내가 보았던 화재를 기억해내고, 내가 들었던 연주회를 기억해낸다. 간접성의 경우에 나는 화재 자체를 기억해내는 것이 아니라 내가 들었고 읽었던 화재를 기억해낸다. 물론 자아가 배가(倍加)되는 것은 현재 깨어 있는 내가 지닌 자아의 체험인 회상의 내용에 그때 그 사건을 들었거나 존재했던 자아인 나의 과거의 자아가 포함되는 사실에 있다. 내가 포착하는 나의 시선을 되돌아보면서 과거의 자아와 그 과거의 자아의 행사(Ichaktus)를 함께 향할 때, 체험은 일종의 명시적인 자아의 반성 속에 변화된다. 이때 지금 반성하는 자아인 나는 '나는 그 화재를 구경했다'고 진술한다. 그 화재에 대한 과거의 지각에는 과거의 지각에 대한 믿음이 명백하게 포함된다. 통상적 회상의 경우 현재의 자아인 나, 어쩌면 과거에 도달한 반성하는 자아로서 나는 지각에 대한 이러한 재생산적 믿음에 참여한다. 즉 나는 그 당시 내가 믿었던 것처럼, 여전히 믿는다. 그래서 통상적인 의미에서 '나는 그것이 그때 그러했다고 기억해낸다'라는 형식의 모든 진술은 '그것이 그때 그러했다'(Es war so)는 사실이 자명하게 포함되어 있다.

그런데 나는 나중에 의심할 수 있으며, 심지어 그것이 그렇지 않았다고 확신하게 될 수 있다. 회상은 여전히 동일한 것에 대한 회상이다. 과거의 지각작용이 지각에 대한 과거의 믿음과 더불어 여전히 나에게 현전화되는 동안, 나의 현재의 자아는 함께 믿음에서 벗어나 다른 종류의 태도를 취한다. 따라서 여기에서는 다시 회의론자의 경우와 같고, 실제로 반성하는 경우와 완전히 유사하다. 다만 회의론자는 개별적 경험을 착각으로 설명할 뿐 아니라 그의 회의가 세계에 대한 보편적 지각에 거꾸로 향할 따름이다.

하지만 우리가 지각과 회상에 대해 상론한 것은 그것이 직관하는 작용이든 아니든 우리가 어떤 방식으로 '믿으면서' 행동하는 모든 종류의 작용으로 쉽게 번역될 수 있다는 점을 충분히 언급해야 한다. 우리는 실로 모든 종류의 작용을 반성할 수 있다. 따라서 공허한 앞선 예상 또는 직관적으로 '그려진' 예상이나 묘사, 경험적으로 표시하는 작용, 술어로 사유하는 작용 등을 반성할 수 있다. 이 모든 작용은 확실성의 근원적 양상 속에 등장할 수 있거나 의심하는 작용, 추정하는 작용, 부정하는 작용으로 양상화될 수도 있다.

이 모든 경우에 그 작용은 일반적으로 우리가 오직 지각과 회상에서만 기술한 것처럼 경과한다. 즉 일반적으로 반성하는 자아의 견해는 그 자아가 믿는 태도를 취하는 가운데 반성적〔재귀적〕으로 파악된 자아와 분리되든 분리되지 않든, 어쨌든 그 대상의 존재에 ── 화재, 세계 등의 존재에 ──관심을 지니게 된다. 자아의 행동이 함께 믿는 것(반성하는 가운데 고찰되거나 주제로써 고찰된 자아가 태도를 취하는 것은 일반적으로 단순히 함께 수행되는 것이 아니더라도, 어쨌든 그것은 존재에 대해 특정 태도를 취하는 것이다. 즉 가장 넓은 의미에서 판단작용은, 모든 판단작용의 근원적 형식이자 통상의 형식이 변화된 것이더라도, 판단의 확실성이 변화된 것이다. 따라서 단순히 추정함, 가능하다고 간주함, 믿는 경향이 있음 또는 개연적으로 간주함, 의심함, 부정해 거부함, 마치 존재함, 추정적으로 있음, 개연적으로 있음 등을 말소하는 것과 같다.

이제 우리가 계속 설명하는 것처럼, 판단하는 자아의 그러한 모든 행사(Aktus)에는 ──작용(Akt)이라는 말도 시사하듯이 ──아마 단지 일시적으로 지나가버리는 것이더라도 행위(Tun)가 포함되어 있다. 나는 판단하는 행위 속에 내가 노력하는 목적으로서 그 존재(Sein) 와 그렇게 존재함(Sosein)에 향해 있다. 모든 추정함, 개연적으로 간주함 또는 의심함 등을 통해 지향(Intention)은 확실성을 통해 수립될 수 있는 존재로 나아가고 궁극적으로는 내가 바로 거기에서는 명증성이라 부르는 확실성의 형식으로만 '가질' 수 있는 존재자 '자체'로 나아간다. 부정적 확실성도 지향을 이끌어가거나 오히려 그 반대의 지향으로 돌변시킨다. 만약 지향된 것이 존재하지 않으면, 노력하는 지향은 그 대신에 존재하는 것, 따라서 긍정적 확실성을 향한다. 또한 만약 내가 이미 확실성을 지니고 심지어 존재자 자체에서 지각의 확실성에서처럼 확실성을 지닌다면, 지향하는 작용은 계속 대상을 더욱더 풍부하고 완전하게 알게 되는 방향으로 나아간다. 또한 스스로 주어지는 지각의 이러한 관점에서 새로운 지각을 통해 ─ 따라서 항상 새로운 측면이나 항상 새로운 개별적 순간에 따라 연속적으로 계속해가는 관찰작용을 통해 ─ 지각을 미리 포착하는 생각의 구성요소들을 충족시키는 방향으로 계속 나아간다.

그와 같이 어떤 작용에서 다른 작용으로 진행해가는 행위는 자유롭게 경과하게 된다. 이러한 모든 작용을 관통해 시종일관 동일하게 깨닫는 목적으로 향하는데 이런 노력하는 경향의 연속성을 통해 행위의 통일성에 종합적으로 결부된다. 그런데 그러한 노력을 자유롭게 작동시키는 것이 종종 상당히 막히거나 다른 관심이 나를 딴 데로 돌리고 내가 노력하는 다른 목적과 더불어 다른 작용으로 이행하는 경우에도 실로 어쩌면 첫 번째 착수한 다음에 이미 막힌다. 여기에서 중요한 것은 내가 모든 행사에서 목적을 겨냥한 사람이라는 점, 나는 깨닫는 목적의 통일성에 의해 중심이 된 다소 간에 멀리 도달하는 작용의 연속성 속에 살아간다는 점뿐이다. 특히 판단하는 자로서 나는 존재의 확실성과 존재를 소유함 그리고 이렇게 지니는 완전함을 겨냥한다. 이러한 의미에서 작용의 주체인 나는 존재에 관심을 두고 있다. 그래서 나는 일반적으로 여전히, 게다가 반성하는 자아로서 반성의 태도 속에 있다.

그에 반해 반성하는 자아인 내가 그때그때 자아의 행사를 고찰하는 동안 이렇게 행사하는 가운데 믿은 것과 존재의 목적으로 의식된 것에 완전히 무관심한 경우도 있을 수 있다. 자아의 분열에서 우리는 실로 첫 번째 지각을 행사하는 또는 기억을 행사하는 자아, 따라서 존재에 관심을 두는 자아를 지닌다. 이와 일치해 첫 번째 자아를 넘어서는 두 번째 자아인 반성의 자아를 지닌다.

이 자아는 예를 들어 '나는 그 집을 지각한다'를 고찰하며, 이때 통상적으로 동시에 그 아래에 있는 자아의 관심에 참여한다. 어쩌면 그 자아와 하나가 되어 함께 믿으며 함께 추정하고 함께 의심하는 등 관심을 쏟는 방식으로 참여한다. 반면 우리는 우리가 지금 관계하는〔관심을 두는〕것, 즉 이렇게 참여하는 것과 통일되는 것이 존재하지 않을 가능성을 지닌다. 반성을 하는 자아가 이 자아 아래에 있는 자아와 이 자아가 자신의 목적에 관심을 두고 있는 행사를 포착할 가능성을 지니며 이렇게 고찰하는 자아가 관심을 쏟는 것을 고찰하는데도 무관심할 가능성을 지닌다고 나는 반복해 말한다.

따라서 이런 경우 내가 '나는 이 집을 지각한다'를 반성하는 자인 나는 더 이상 그 집이 현존하는 실제성이 되는 자아가 아니며 아래에 있는 자아의 확실성은 내가 함께 수행한 것이 아니다. 물론 나는 이러한 믿음의 어떠한 양상 변화도 수행하지 않으며, 어떠한 추정함, 의심함, 부정함도 수행하지 않는다. 게다가 나는 '내가 그 집을 밝은 햇빛 아래에서 보며 결코 회의적 동기부여가 나를 혼란시키지 않는다'처럼 할 최소한의 이유도 지금은 사실상 없다. 그러나 그 예가 다르게 형성되고 그와 같은 동기가 나를 규정한다면, 나는 어쨌든 그 집의 존재에 관심을 두는 자일 것이다. 또는 같은 말이지만, 나는 집에 대한 인식을 향해 판단하는 이론적 태도 속에 있을 것이다. 하지만 이것은 바로 지금 내가 취하는 태도가 아니다. 그리고 이러한 태도에서 무관심하게 자기를 관찰하는 자이며 자기를 인식하는 자인 나는 내가 반성하는 시선 속에 있는 자아에서 벗어난다. 그와 같은 자아로서 나는 그 집의 존재와 그렇게 존재함 대신 아주 전적으로―지금 존재하는 작용이든 지나가버린 작용이든 미래의 작용이든 그것이 존재하는 또는 존재했거나 존재할 그대로―지각의 작용 그 자체인 지각이 수행하는 체험의 존재와 그렇게 존재함에 관심을 쏟는다.

반성하는 자아인 나는 모든 관점에 무관심하지 않다. 나는 실로 어떤 작용을 수행하고, 인식의 관심을 작동시킨다. 그러나 반성하면서 앎을 얻고 판단하고 이렇게 작동시키는 것은 나 자신과 그 순수한 자신의 존재에서 나의 지각작용에 향해 있다. 바로 내가 지각된 존재인 그 집의 존재에 함께 참여하는 방식으로써 모든 관심을 쏟는 것을 중지하고 따라서 이러한 방향에서 함께 믿는 어떤 것도 작동시키지 않음으로써 순수하게 주관적인 것 이외에 아무것도 나에게 현존하지 않게끔 하는 것이다. 나의 이론적 관심은 바로 이러한 순수하게 주관적인 것과 그 순수한 내재적 내용을 고찰하고 규정하는 데 작동한다. 지금 나의 순수한 주제인 지각을 이렇게 행사하는 것은 어떤 집이 내 앞에 현존한다는 믿음을 작동시키는 것이다. 그 믿음은 물론 그 순수한 내용에 함께 포함된다. 따라서 그 믿음은, 어쨌든 내가 이러한 믿음을 사실적 체험의 계기로 확인함으로써 그 집 자체의 존재에 관해 아무것도 믿지 않고 그 집의 존재에 관해 최소한의 것도 판단하지 않는 동안, 반성하는 나의 관심의 범위 속에 놓여 있다.[4]

---

4) 다른 한편 모든 실질적인 것 역시, 반성을 하는 자아가 높은 단계의 그 어떤 반성의 작용을 수행하면서 이제 주관적 삶과 특히 관련된 자아에 이전에 단도 직입적으로 주어진 사태에 속하는 모든 주관적인 것―그것에 관련된 태도를 취함, 모든 종류의 주어지는 양상―을 포착하지만 그 때문에 실질적인 것 (Sachliches)을 포기하지 않는 한, 반성을 하는 자아 속에 함께 유지되어 있다. 주

42 관심, '태도', '주제'라는 가장 일반적인 개념

내가 '참여하지 않는 방관자'가 된 다음 이론적 관찰자, 어쩌면 나 자신(내가 나 자신에서 또한 순수하게 나 자신으로 존재하며 나의 순수한 작용 속에 존재하는 자로서)의 탐구자가 되는 무관심함은 내가 평소에 실행하는 것 — 하물며 가령 내가 깨어 있을 때 실행하곤 하던 것을 잠을 잘 때 확실히 실행하지 않는 것 — 을 단순히 실행하지 않음을 뜻할 수 없고, 그런 것을 중지하는 것인 단순한 결여(Privation)를 뜻할 수도 없다. 그리고 '나는 그 집을 지각한다'는 소박한-잠재적 수행에서 반성으로 이행하면서 나는 내가 소박하게 작동시킨 존재에 대한 관심을 즉시 포기할 수 없다는 것도 명백하다.

그 관심은 내가 지금 존재하는 나에게 속하며, 내가 새로운 작용 속에 들어가더라도 그것을 포기하도록 규제하는 어떤 동기가 등장하지 않는 한, 나에게 남아 있다. 달리 표현하면 단순히 반성하면서 나는 나 자신과 공감할 수밖에 없고, 나 자신에 관해 반성하면서 나의 관심을 이어받을 수밖에 없다. 어떤 **특별한 동기부여**가 이러한 공감(Sympathie)에서 비로소 나를 해방시켜야 하며, 이것은 내가 나 자신을 순수하게 고찰하는 자가 되거나 나의 순수한 그 자신과 그때그때 순수하게 그 자체에서 또 그 자체만으로 파악된 작용을 고찰하는 자가 됨으로써 가능해진다. **판단을 억제하는**, 근원적으로 함께 지니는 관심을 의도적으로 벗겨내는 **자유로운 행위**를 통해서만 여기에서 참여하지 않고 고찰하는 그 태도가 실현될 수 있다. 이러한 태도에 의해 자신의 지각작용을 고찰하는 데 지각된 것이 그 존재의 장(場)에

관적인 것은 전혀 포함하지 않는 자신의 근원적인 주제의 의미에 이제 그것이 주어진 것이었던 주제가 되는 주관적 양상들이 여전히 획득되며, 어쩌면 그것이 그 어떤 그러한 주관적인 주어지는 방식에서만 생각해볼 수 있다는 사실을 인식함으로써 획득된다. — 후설의 주.

서 타당한 것 또는 경험할 수 있는 것으로서 나에게 전적으로 현존하는 것이 중지된다. 그렇다면 여기에서 그 동기는 무엇일 수 있는가?

어쨌든 여기에서 이미 끈질기게 달라붙는 이러한 문제를 추구하기 전에 그 문제에 완전하고 필수적인 범위를 부여해야 한다. 결국 관심을 두거나 무관심한 자기반성이라는 개념은 우리가 지성의 영역에서 작용인 '속견'(doxa)[5]의 작용에만 관련시키기 때문에 여전히 본질 외적인 방식으로 제한된다. 그렇지만 심정과 의지, 사랑과 미움, 희망과 두려움, 의지를 숙고함, 의지를 결단함 등의 작용을 고려하는 것과 이 작용들에 고유하고 사실상 새로운 종류의 반성을 해명하는 것도 중요하다. 이때 즉시 밝혀지는 사실은 반성하는 자아와 반성적[재귀적]으로 파악된 (그 아래의) 자아가 태도를 취하는 것도 일치할 수 있거나 일치하지 않을 수 있다는 것이다. 마치 자기 자신과 공감하거나 공감하지 않는, 오히려 자기 자신과의 모든 공감을 거부하는 '반성하는-자아'의 가장 넓은 개념을 구상할 가능성도 생긴다. 이렇게 구상함으로써 더 특별하지만 우리에게 중요한 이념이 생긴다. 이는 완전히 일반적으로 참여하지 않는 이론적으로 자기를 고찰하는 자(Selbstbetrachter)와 자기를 인식하는 자(Selbsterkenner)의 이념이다.

---

5) 플라톤은 '선분의 비유'(*Politeia*, 509d~511e)에서 감각의 대상들(ta aistheta)을 통해 그 상(像)을 상상하거나 믿는 '주관적 속견'은 '객관적 지식'(episteme)에 비해 원인에 대한 구명(aitias logismos)이 없어 논박에 대한 근거를 제시할 수 없기 때문에 낮은 단계의 인식으로 간주했다.

그러나 후설은 '주관적 속견'을 모든 실천적 삶과 객관적 학문이 의지하는 확인된 진리의 영역, 참된 이성의 예비형태 또는 최초형태로 파악하고, '객관적 지식'은 그 최종형태로 파악한다. 이때 객관적 지식은 '그 자체의 존재'를 인식하는 하나의 방법일 뿐이고 '주관적 속견'은 이것의 궁극적 근원의 영역이므로 더 높은 가치를 지닌다.

심정의 반성과 의지의 반성을 더 자세하게 고찰해가기 전에, 자아의 활동성 전체와 관련된 보편적 숙고를 먼저 출발시키고 그것으로써 기본적 개념인 관심의 개념과 관심의 작용에 대한 개념을, 하지만이와 일체가 되어 그 해명이 우리에게 어디에서나 중요한 몇 가지 다른 기본적 개념을 근거짓는 것이 바람직할 것이다.

위에서는 그 작용이 그 자체뿐 아니라 심정의 작용이나 일상적 의미에서 실천적 영역의 작용과 같은 다른 경우에서도 마찬가지로 기능할 수 있는 것을 자명한 일로 전제하면서, 지성적 작용 그 자체만 다루었다. 그렇지만 자아 삶의 모든 맥박에서 모든 영역의 작용이 항상 서로 연루되고, 자아가 일반적으로 그 작용에 '깨어 있고' 특히 자아로-활동하는 것은 아니지 않은가? 첫째는 이론적 태도 속에 있고 둘째는 느끼고-가치를 평가하는 태도 속에 있으며, 셋째는 실천적 태도 속에 객관적으로 그것을 실현하는 데 향해 있다.

이때 우리가 이해할 수 있는 방식으로 말할 수 있는 것은 그것에 어떤 의미를 부여하는가? 자아의 작용이 지닌 경향에 다양한 작용들에서 단순히 경험하는 작용이든 이론화하는 작용이든 지성적 작용의 통일성은 어떻게 그렇게 부각되며, 우리가 — 비록 종합적이더라도 — 하나의 작용, 예를 들어 경험작용, 증명작용, 순수한 지성의 작용에 대해 이야기하는 그러한 종류의 통일성을 어떻게 획득하는가? 하나의 **전체적** 작용으로서 그 작용은 아마 지성의 여러 가지 부분적 작용을 포괄하지만, 가치를 평가하는 작용은 — 비록 경험하는 자나 이론화하는 자와 함께 움직이더라도 — 포괄하지 않는다. 우리는 일상적으로 어떤 작용이라 부른 것조차 의문시되는 점과 이 논의를 사용하는 소박한 자기이해를 내적으로(현상학적으로) 이해시켜주는 자기이해를 해야 한다는 점을 알게 된다. 물론 이론적 영역에서는 일반적이지만 쉽게 확장될 수 있는 주제에 대한 논의가 포함된다. 우리가 특별한 방식으로 '향했고' '태도를 취했던' 것은 우리의 주제다. 어쩌면 우리 주제의 우주로서 함께 고려하고 습관적으로 함께 태도를 취하는 무한히 포괄하는 영역에 속한다. 관심의 방향과 관심 그 자체(Interessen-Selbst)에 대한 논의도 본질적으로 동일하다. 따라서 그러한 개념의 근원적 원천을 명백하게 하는 것이 매우 중요하기에 그 일을 우선적으로 하겠다.

우선 다음과 같은 것에서 먼저 출발하자. 반성하는 자아를 그 자신의 자아, 더 정확하게 말하면, 미리부터 소박하게 살아가는 반성되지 않은 그 자신의 자아로서 발견하는 작용은—이미 얼핏 보아도 가르쳐주듯이, 실로 정확하게 살펴보면—항상 대개 다소 간에 서로 뒤섞여 연루되고 결합되며 기초지어져 있다. 이러한 작용들의 많은 경우 즉시 떠오르는 것은 그 작용은 다른 작용을 통한 기초지음에서만 가능하다는 사실이다. 예를 들어 점토로 모형을 만들어내는 사람에게는 모형이 지각에 적합하게 자기 앞에 있어야 한다. 더구나 그는 실현시킬 형태를 비록 희미하더라도 이른바 단순한 '잠재성' (dynamis)으로서 목적이념이라는 방식으로 자각한다. 또한 모든 중간 형태를 다소 간에 성공하거나 실패해 실현시키는 것에 접근된 것으로서 자각해 있다. 그 속에는 명백히 〔작용에 대한〕 끊임없는 가치평가가 포함되어 있다. 실현시키는 활동의 모든 중간 단계는 그 자신의 방식으로 가치가 평가된다. 내가 목적으로서 얻고자 노력한 것은 나에게 가치로서 타당해야 한다.

그래서 그와 같이 행위 하는 작용의 소박한 주체로서 나는 부분적 작용들이지만 하나의 전체적 작용의 통일체에 합류되는 여러 가지 작용이 지향하는 주체와 하나가 된다. 이러한 부분적 작용들 가운데 이바지하는 기능을 하는 작용은 지배하는 행동을 하는 작용, 즉 작용의 주체와 통일적 작용이 이른바 얻으려 하는 것이 그 속에 포함된 작용과 구분된다. 다른 방식으로도 작용들은 **부수적인 행동**을 하거나 **주된 행동**을 할 수 있고, 이것은 결합되어 있지만 유일한 전체적 작용의 통일체에 통합되지는 않은 작용들에 관련된다. 그래서 내가 식물학자로서 어떤 꽃의 아름다움에 매료될 수 있지만, 이 매료됨은 내가 그 꽃을 관찰하면서 알려 하고 분류하면서 규정하려는 태도에 있을 때 주된 행동이 아니다. 일단 내가 관찰하고 분류할 준비가 되어 있다면, 거꾸로 이론화하는 행동 대신 이전에 이 행동과 나란히 경과하던 심미적 기쁨이 주된 행동이 될 수 있다. 이제 나는 오성{이해}의 태도인 이론적 태도 대신 심정의 태도인 심미적 태도에 있다. 이와 같은 변화의 다른 예는 어떤 예술작품을 심미적으로 감상하는 태도와 예술역사가가 이론적으로 고찰하는 태도에서 볼 수 있다. 여기에서 우리는 두 가지 작용이 하나의 전체적 작용의 부분으로서 기능한다고 말하지 않는다.

이에 반해 모든 작용이 뒤섞여 있는데도 통일적 하나의 전체적 작용이라는 개념을 실로 처음 정의하는 지배적 기능과 이바지하는 기능 사이의 관계를 더 자세하게 고찰해보자. 모형을 만들어내는 조형예술가가 생성되는 형성물을 보고 그 가치를 평가한다고 가정해보자. 그 예술가가 표면의 형태에 대해 긍정하거나 실망할 때 또는 선이나 돋을새김 그리고 오목새김에 아주 만족해 긍정하거나 때로는 실망해 던져버릴 때, 그가 실현시키면서 줄곧 심미적으로 만족하거나 가능한 한 만족하면서 노력할 때, 기쁘거나 슬픈, 그렇게 원하거나 다르게 원하는, 만족할 만한 아름다움을 찾는 등 심정의 작용들은 단순히 이바지하는 기능을 하는 것이다. 그러나 그 때문에 결코 부수적으로 수행되지 않는다. 왜냐하면 예술적으로 활동하는 자아는 그 작용들 속에 주된 기능을 수행하면서 살아가기 때문이다. 그러나 그 과정을 다스리는 기능인 지배하는 기능은 이바지하는 기능을 통과해간다. 즉 실현하는 행동 속에 또한 이 행동을 관통해 궁극적 형태를 겨냥하는 욕구로서 행위 하는 의지를 통과해간다. 이 경우 이바지하는 것은, 여기에서 볼 수 있듯이, 우리가 기초짓는 가치평가와 감성적 지각작용이나 행위에 이바지하는 중간 국면을 완성되지 않은 그 중간 형태와 함께 고려하는 것에 따라 서로 다른 의미를 지닌다. 비록 여기 어디에서나 필연적인 기초지음의 종류가 의문시되더라도 그렇다. 행동들이 그렇게 상이하게 연루되어 있는 것, 행동들이 서로 함께 또 서로 뒤섞여 있는 상이한 형식들은 상이하게 복합된 단계에서 지향적 객체에 몰두하는 자아에 속한다. 따라서 그 자체만으로 잠재적인 소박한 자아의 작용 삶(Aktleben)에 속하는 것이다.

여기에서 많은 종류의 작용에 상응해 여전히 그 작용들에 속한 지향적 객체의 많은 종류의 특성에 여전히 주의해야 한다. 그래서 인식작용 속에 자기를 상실한 인식하는 자아는, 확실성에서 믿거나 추정하거나 의심하거나 부정하는지에 따라, 이른바 자신 앞에, 즉 자신의 주제로 지향된 것 — 오직 자신의 시선 속에만 있는 것 — 으로서 상이한 것을 지닌다. 어떤 때는 전적으로 존재하는 것으로서, 다른 때는 가능하게 존재하거나 의심스럽게 존재하는 것 또는 존재하지 않는 것으로서 지닌다. 이 경우 '것'(etwas)이라는 한 마디는 그때그때 사태의 내용을 대변한다. 그러한 종류의 작용들과 상이하게 결합된 심정의 작용에서 소박하게 몰두하는 자아는 기분이 좋거나 나쁜, 사랑하거나 증오하는, 존중하거나 두려운, 아름다운, 유익한 등의 특성을 띤 자신의 지향적인 것을 자신 앞에 지닌다.

적확한 의미에서 관심의 작용은 이제 자아가 일반적으로 가령 어떤 방식으로든 부수적으로 깨닫고 있는 것을 의식의 시선 속에 지닐 뿐 아니라 적확한 의미에서 겨냥하는, 즉 애써 얻으려고 의도하는 어떤 객체를 지닌 작용이라고 부른다. 그런데도 여기에는 그 이상의 차이가 있다. 나를 '방해하는' 거리의 소음은 내가 마무리지으려 '의도하는' 나의 주제, 즉 이론적 생각에 속하지 않는다. 그러나 그 소음은 그 자체로 다른 생각의 의도에 수단일 수 있다. 결국 지금 나는 가령 수학자로서 어떤 특별한 수학적 문제 속에 살아가며, 수학적 영역의 통일성은 주제가 연결되어 있는 통일성을 나타낸다. 그래서 우리는 [한편으로] 순간적인 현실적(aktuell) 주제 및 이 주제 안에서 이것에 대해 '수단'(전제)인 것에 대립해 궁극적인 의도를 겨냥하는 다른 주제들 사이의 차이와 [다른 한편으로] '정신적 소유물' 속에 지속적인 관심으로 남아 있으며, 다시 현실화되면서 완성되는 주제로서 이미 목적을 달성한 성격을 지니게 되는 어쨌든 그 때문에 바로 언젠가 현실적으로 획득된 소유물의 방식으로 계속 관심을 쏟는 습득적(habituell) 주제의 영역을 구별해야 한다.

물론 주제가 연루된 것은 목적과 수단의 연관에 있을 뿐 아니라 우리가 실질적으로 함께 속해 있는 것이라고 부르는 모든 것은 어떤 관심에서 새로운 관심으로 일종의 내적으로 이행하는 것을 미리 알려준다. 이렇게 내적으로 이행하는 것은 즉시 내적으로 연루되며, 의도에서 다른 의도로 계속 진행해가는 가운데 줄곧 포괄하는 의도를 종합하는 통일성을 수립한다. 이 의도를 충족시키는 실현이 논리적 영역에서는 명백히 제시되는 논리적 연관이며 실천적 영역에서는 목적의 연관이다.

앞에서 예를 든 것처럼, 지배적 관심이 존재와 그렇게 존재함에 대한 관심, 가장 넓은 의미에서는 인식하는(기꺼이 말할 수 있듯이, 단순한 경험이 이미 여기에 속하더라도 이론적) 관심이면, 이때 주제는 인식의 주제고 어쩌면 본래의 의미에서 이론적 주제다. 여기에는 여러 가지 특별한 목적을 지녔더라도 목적의 통일성이 모든 작용을 관통해간다. 그것은 의도하는 인식작용이 하나의 동일한 객체, 객체들의 연관이 지니는 통일성에 관련된 것이다. 이 연관은 관련된 개별적 주제의 작용들이 지니는 종합적 통합 속에 어쩌면 비로소 명백하게 제시된다. 처음에는 그것의 측면에서 비로소 목적을 달성할 것으로 제시되고, 결국 그 주제제기는 그 영역을 포괄하는 것으로 계속 내몰아 간다.

마지막으로 이때 어디에서나 향한 관심은 관련된 '존재자'(존재하는 것으로 정립된 것)를 그 성질, 속성, 관계에 따라—한 마디로 말하면 그 진리에서—증명하면서 획득하려고 전력을 다 한다. 결정적으로 모든 특별한 관심을 통합하는 '하나의' 관심의 통일성은 각기 자신의 관심(여기에서 존재적으로 이해하면, 인식의 목적으로서)을 '지닌' 그렇게 연루된 다양한 작용들을 관통해간다. 학자의 습득성(Habitualität)[6]에서 우리는 지속하는 주제의 습관(Habitus)을 지닌다. 이것은 한편으로 자신의 획득된 습득적 소유물—획득된 인식—의 영역을 지니며, 다른 한편으로 미래의 주제제기의 무한히 열린 자신의 지평을 습득적으로 언제나 다시 방향을 바꾸고 언제나 다시 예전부터 친숙한 '직업의 태도'로서 보편적 학문의 영역과 관련해 계속 일한다. 이것은 개별적 학자에 의해 그에 상응하는 방식으로 모든 학자에게 구성된 전문가들의 공동체—사람들이 '함께 연

---

6) 이 용어는 그리스어 'echein'(갖는다)의 통일체인 'hexis'(가짐)에서 유래한다. 자아가 경험한 것이 축적된 것을 뜻하는 습득성이 선험적 자아가 지향적으로 구성하는 작업수행의 구체적 역사성을 드러내주기 때문에, 선험적 자아는 '습득성의 기체'다. 인격적 자아의 동일성도 바로 이 습득성으로 확보된다. 항상 어떤 태도를 취하는 경험적 자아의 모든 정립작용은, 의식의 흐름 속에서 부단히 생성되고 소멸하지만, 흔적도 없이 사라지는 것이 아니라 과거지향으로 변경되어 무의식 속에 침전된다. 이렇게 형성된 습득성은 그때그때 생생한 경험을 규정하고 일정한 방향으로 관심을 유도하는 순수자아의 지속적 소유물이다. 이것은 폐기되거나 수정되지 않는 한, 언제나 생생하게 복원될 수 있는 타당성과 동기부여의 연관으로 구체적 역사성을 지닌다.

구하며' 의논하는 등 ─ 로 옮겨진다.

그렇지만 관심은 심정의 관심, 가장 넓은 의미에서 가치를 평가하는 관심일 수도 있고, 그 지향은 가치를 주제로 삼는 지향일 수 있다. 또는 그 주체는 가치의 주제, 심정의 주제일 수도 있다. 자아는 이제 가치를 평가하면서 살아가려 한다. 가령 자아는 미리 느끼는 평가작용을 넘어서 처음에 일시적으로 본 예술작품에 미리 느끼는 기쁨을 충족된 가치나 더 풍부하게 충족되는 가치로 진행시키고 결국 기초짓는 가치평가를 완전히 충족시키는 가운데 그 가치 자체를 달성하려 한다. 그래서 자아는 그 자체에서, 완전히 순수한 예술을 감상하는(연속적으로 서로 뒤섞여 충족되는 가치의 지향들을 종합적으로 통합하는) 양상에서 심미적 객체를 이러한 구체적 가치로서, 이전에 단순한 '잠재성'(dynamis)의 '현실성'(energeia)으로서, 바로 순수하고 짙은 예술 감상일 뿐인 가치를 궁극적이며 실제로 스스로를 부여함(Selbstgabe)과 스스로를 가짐(Selbsthabe)으로서 그 자체에서 목적을 달성하려 한다. 따라서 이러한 일은 판단작용이 아니라 평가작용 속에 수행된다. 이때 지각이 본질적 역할을 하는 한, 지각은 그 속에 기초지어져 가치를 평가하는 느낌(Fühlung)과 감지함(Erfühlung)에 대한 전제, 기초로 정립함, 근거로 정립함으로서 단지 이바지하는 작용으로서만 기능한다.

그 가치의 진리(Wertwahrheit)에서 가치 자체는 지각되지 않는다. 가령 가치는 받아들여진다. 단순한 사물에 대해 지각(Wahrnehmung)이 수행하는 것은 가치에 대해 가치를 받아들임(Wertnehmung)을 수행한다. 그것은 가치를 평가하는 느낌을 충족시키는 양상이다. 심미적 감상자는 가치를 평가하는 관심 속에서 살아간다. 관심을 전환함으로써, 즉 관심을 변경해 태도를 변경함으로써 비로소 존재를 정립하는 경험작용과 예컨대 예술학자로서 이론적 고찰작용으로 이행한다. 그러나 이러한 일은 심미적 관심이 작동되고, 그 가치 ─ 이 가운데 심정의 목적(telos) ─ 가 그것을 향한 이론적 관심에, 즉 우선 심미적 형성물을 향한 지각과 가치의 객체에 대한 지각에 이미 가치가 평가된 것으로, 준비되었을 때, 이미 가치를 받아들이면서 스스로 가치가 평가된 것으로서 준비되었을 때 비로소 시작될 수 있다.

다음과 같은 것은 보편적으로 타당하다. 즉 내가 어느 정도까지 어떤 종류든 작용과 작용의 복합을 그것이 여전히 계속 경과하든 완벽하게 끝난 다음이든 소박하게 몰두해 실행한 뒤에, 나는 나의 행동이나 '방금-전에-실행한 것'을 깨닫고 반성할 수 있다. 예를 들어 내가 학문적으로 이론화하는 일, 심미적으로 고찰하는 일, 외적으로 계획을 세우는 일, 작업을 수행해 형성해내는 일에 종사하는 동안 그렇게 할 수 있다. 그러한 일이 일어나면, 그래서 내가 관련된 행동 속에 활동하는 자아로서 나 자신을 넘어 반성하는 자아로서 나 자신을 고양시키면, 반성하는 작용은 ─ 앞에서 지성적 작용의 영역에 대한 예를 분석하면서 즉시 전제했듯이 ─ 그 자체가 지성적 작용일 필요가 없다. 그래서 가령 단순히 '낮은' 작용과 그 지향적 내용에 대한 반성적〔재귀적〕지각작용이나 낮은 자아가 방금 전에 실행한 것 등 ─ 그런 다음 반성적〔재귀적〕사유작용, 이론화작용을 근거 지을 수 있는 것 ─ 에 반성적〔재귀적〕으로 '향해-있음'인 과거지향이나 회상의 방식으로 반성적〔재귀적〕으로 '소급해 전환함'일 필요가 없다. 오히려 특수한 **심정의 반성**도 있는데, 물론 이때 이것은 그 밖의 심정의 작용처럼 속견적 반성 ─ 하지만 변경된 의미에서 ─ 으로 주제가 전환될 수 있다.

반성하는 자아인 나는 실로 기쁨과 슬픔, 사랑과 미움, 노력함, 실천적으로 숙고함과 결심함, 실현하는 행동 속에 과거의 소박함 속에 수행된 그와 같은 심정의 작용들의 주체인 나 자신 속에 나의 지향적 객체를 지닐 수도 있다. 내가 사랑할 때 내가 사랑하는 사실과 내가 사랑하는 방식에 대해 반성하면서 기뻐하거나, 사랑하는 사실과 방식을 불쾌하게 여기면서 나 자신을 질책한다. 나는 그렇게 원했고 그렇게 행동했지만, 나중에 반성하면서 '내가 그렇게 했어야 했다'라고 후회한다. 양심은 자아가 자기 자신과 관련해 ─ 그런 다음 종종 자기 자신에 대한 판단작용, 즉 그 자신의 가치에 관한 판단작용으로 이행하는 ─ 심정의 태도를 취하는 것과 같은 부류의 반성적〔재귀적〕으로 되돌려 관렴됨에 대한 명칭이다.

이때 동시에 반성하는 자아도 거기에서 반성된 자아와 태도를 취하는 것에 관해서 이러한 반성적〔재귀적〕 심정의 작용 속에 때로는 일치할 수 있고 때로는 일치하지 않을 수 있다는 점은 명백하다. 일치하지 않을 수 있는 경우는 예를 들어 내가 이전에 드러냈던 미움을 지금 비난하거나 이전에 심미적으로 평가한 것을 후회하는 등 지금 대립된 심정의 태도에서 포기할 때와 심정 속에 비판하는 모든 경우에 그렇다. 작용이, 게다가 반성하는 자아의 지배적 작용이 반성된 자아의 지배적 작용과 다른 종류의 것이 생길 수도 있다. 그 대신 우리는 이전에 상론한 것을 지금 확장한 것으로서 어떤 자아와 다른 자아의 관심이 서로 다른 것일 수 있다고도 말할 수 있다.

43 현상학적 '판단중지'와 반성에서 주관적 존재에 대한 순수 관심의 가능성

지난 강의에서 관심의 가장 보편적인 개념을 획득한 다음에 우리는 반성하는 자아와 반성된 자아의 관심이 일반적으로 때로는 일치할 수 있고 때로는 차이가 있다는 것을 알았다. 이때 차이가 있는 경우는 그 관심이 그 근본적 방식에 따라 다를 수 있을 때만, 예를 들어 하나는 심정의 관심이고 다른 하나는 오성[지성]의 관심일 때만 가능하다는 사실을 알아차릴 수 있다. 그래서 우리가 특히 관계하는 것은 이론적으로 관심을 둔 관찰자인 반성하는 자아가 아무리 몰두하고 관심을 쏟더라도 그 측면에서는 심미적이거나 외적으로 일하는 반성된 자아, 또는 이러한 작용들을 향해 있을 수 있다. 이 작용들은 반성하는 자아에게는 존재하며 그렇게 존재하는 것으로서 주제, 따라서 이론적 주제다.

동시에 반성하는 자아는 자신의 이론적 관심을 순수하게 반성된 자아와 이 자아의 작용들에 제한할 수 있다. 지배적 작용이든 이바지하는 작용이든 이 작용들 속에 수행되는 태도를 취하는 모든 종류의 함께 실행하는 것(Mittun)을 단념할 수 있다. 예를 들어 만약 내가 심미적 즐거움을 소박하게 수행하는 태도에 입각해 어떤 예술작품에 소박하게 몰두해 있다가 이론적 반성의 태도로 이행한다면, 게다가 이러한 나의 심미적 심정의 작용을 직접 경험하는 관찰의 태도로 이행하면, 내가 지향적 객체 또는 반성된 자아의 이러한 작용에 주제를 함께 지니는 것, 따라서 객관적 존재뿐 아니라 가치의 존재 그리고 작품으로서 작품에 함께 관심을 두는 것은 **통상의 경우**다. 그래서 나는 지배받는 자아의 작용들을 함께 수행하는 사람이며, 이 자아를 통해 존재하는 사물 ─ 어떤 가치의 내용이 예술가가 일을 하며 구체화시킨 것으로서 어떤 가치의 내용이 주어진 사물 ─ 로서뿐 아니라 바로 하나의 예술작품으로서 나에게 현존한다.

그러나 내가 어떤 동기에서든 반성적으로 향해 있는 심정의 작용과 의지의 작용을 이렇게 함께 수행하는 것을 중단한다면, 내가 이 작용들의 순수한, **무관심한 방관자**와 **이론적 관찰자**가 되면, 기초지어진 작용이든 기초짓는 작용이든, 지배적 작용이든 이바지하는 작용이든 이 작용들 모두는 나에게 정지된다. 그래서 그 작용들에 속하는 모든 통일적 주제가 정지된다. 이때 반성하는 자아로서 나는 사물인 예술작품이 현존하는 것으로서 주관적 타당성을 획득하는 지각에 대한 믿음을 수행하는 그러한 자아가 아니다. 나는 그 가치를 받아들이는 행동 속에, 가치를 평가하는 지향들을 많은 형태로 달성하는 가운데 예술작품의 가치형태에 ─심정에 주어진─ 심정의 타당성을 획득하는 자아도 아니다. 마찬가지로 이때 나는 어쩌면 여전히 태도를 변경하는 가운데 이론적으로 경험하면서 예술작품을 알게 되면서 관찰하고 기술하며 예술사(藝術史)로 분류하는 자아가 아니다.

오히려 반성하는 이론적 자아로서 나는 ─여러분은 앞에서 제한된 작용의 영역 속에 참여하지 않는 방관자에 관해 말한 것이 얼마나 반복되었는지 알고 있다─ 지배받는 이론적 작용들을 이렇게 함께 수행하는 모든 것을 억제함으로써 이러한 체험으로서 순수하게 그 자체에만 관심을 둔다. 이 작용들 자체가 지각을 하면서 그 지각된 것에 실재적으로 현존하는 것의 타당성을 부여할 뿐 아니라 가치를 받아들이면서 그 가치를 받아들인 것, 즉 느끼면서 가치가 평가된 것에 아름다움의 타당성을 부여하며 감성적으로 나타나는 방식에 어떤 작품의 타당성 등을 부여하는 사실은 명백히 내가 그 작용들에서 분리시킬 수 없는 작용의 체험(Akterlebnis)으로서 그 작용들 자체를 본질적으로 특징짓는 것이다. 그렇지만 그러한 사실로만 그 작용들은 현존하는 것으로서 현존하는 것, 가치로 존재하는 것으로서 가치로 존재하는 것, 그것이 반성하는 자인 나의 관심에 속하는 다양한 타당성을 부여한다. 그것은 주관적 존재에 대한 순수한 관심이다. '지각된 존재와 그렇게 존재함, 내가 지각에 적합하게 믿은 것이 권리가 있는지 없는지, 마찬가지로 그 가치가 진정한 것인지 가상의 가치인지'에 관해 반성하는 무관심한 자아인 나는 어떠한 결정도 내리지 않는다. 왜냐하면 나는 단도직입적으로 수행된 작용의 관심방향에 전혀 '참여하지' 않고 바로 존재하기 때문이다.

또한 지금 가장 완전한 보편성에서 말해야 한다. 바로 이러한 과정을 통해 나는 이론적 주제로서 나의 순수한 주관적인 것(Subjektives)을 획득한다. 즉 이 주관적인 것 속에 또는 그때그때 자아의 작용 속에서 순수한 주관적인 것을 획득한다. 또한 타당한 것으로 정립된 추정된 모든 작용의 객체들이 참으로 존재하지 않더라도, 그것은 그것이 존재하는 그대로〔본질〕라는 의미에서 순수한 주관적인 것을 획득하기도 한다. 또는 그것이 존재하는 그대로〔본질〕는 객체에 대한 생각에 진리의 타당성 ─그 작용들이 그 자체에서 수행하는, 따라서 그 권리에 관한 모든 비판적 문제에 앞서 수행하는 타당성 ─은 사정이 어떠한지에 의존하지 않는다.

이미 여기에서 잠정적 의미 ─이것은, 곧 밝혀지듯이, 제한된 의미이지 결코 선험적 의미는 아니다 ─에서 말할 수 있듯이, 이런 방식을 통해 나는 내가 단도직입적으로 수행한 모든 작용과 관련해 '현상학적 판단중지(epoche)'를 할 수 있다.

나는 현상학적으로 순수한 작용의 체험에만 이론적으로 관심을 둔 방관자의 태도를 취할 수 있고, 그때그때 작용들의 모든 주제적 객체에 타당성의 관심을 거부하는 판단중지를 통해 그러한 방관자가 된다. 이것은 자명하게 현상학적으로 배제함을 뜻한다.

따라서 이러한 일은 모든 가능한 작용에 관계하며, 그래서 모든 가능한 객체에도 관계한다. 예를 들어 내가 수, 수학적 다양체와 같은 관념적 객체나 기하학적 이상(理想) ─그 밖의 (모든 의미에서) 이상을 포함해 ─을 존재하는 객체로서 지닌 작용들에서 참여하지 않는 반성의 방법을 따른다면, 예를 들어 '2는 3보다 작다'라는 명증성의 작용에서 그러한 방법을 실행하면, 이러한 작용에는 이러한 이념적 사태의 내용이 필증적 확실성 속에 주어진다. 나는 이러한 확실성에서 실제로 또한 절대적으로 의심할 여지 없이 그 사태의 내용을 달성하고 포착한다.

그렇지만 여기에서 내가 나 자신을 반성하는 자아로서, 순수하게 현상학적으로 관심을 둔 자아로서 수립한다면, 이것은 '내가 존재하는 것으로서 지향적 객체〔객관〕성에 대해 완전히 무관심함 속에 활동한다'는 것을 뜻한다. 심지어 '2는 3보다 작다'는 것 같은 절대적으로 명증하게 주어진 존재도 현상학적 자아인 나에게는 타당해선 안 된다. 그리고 이렇게 타당하지 않음은 '내가 이러한 산술적 사태가 존재하거나 존재하지 않음에 어떠한 태도를 취하는 것을 차단한다'는 것을 뜻한다.

만약 내가 수학자라면, 내가 수학적 존재에 대한 관심으로 움직인다면, 이렇게 주어진 것의 명증성은 나에게는 필연적으로 수행한 것일 수도 있다. 그러나 수학을 하는 자아인 나는 '내가 우선 수학을 하면서 내가 수학을 하는 것을 반성적〔재귀적〕으로 분리된 자아로서 주시하고 이렇게 수학을 하는 것이 ─그것에 객관적으로 타당한 것에 판단하면서 태도를 취하는 것 전혀 없이 ─그 자체에서 어떻게 보이는지에 순수하게 관심을 둘 때' 내가 존재하는 바로 그 현상학적 자아는 아니다. 그래서 여기에서는 회의적 태도, 회의적 판단중지에 대해 논의하지 않는다. 나는 회의론자가 의심하는 자로서 실행하는 판단중지는 수학적 존재에 관심을 둘 수도 있지만 그것이 그 자체에서 존재하는 바의 순수한 주관적 체험에는 관심을 두지 않는다고 반복할 필요가 없다.[7]

───────────

7) 존재론적 술어 ─모든 영역적 본질규정─은 현상학적 술어로서만, 영역적 인식대상(Noema)의 본질규정으로서만 현상학적 환원 속에 등장한다.
　　예를 들어 어떤 사물에 일치하는 경험의 그 어떤 구간을 생각해낸다면, 그것은 경험된 것으로서 모든 '선험적-심미적' 규정, 곧 '사물의 나타남'이라는 영

그러므로 인식을 논리적으로 규범화하는 데 명증성을 내세우는 것은 논리적 반성이지 현상학적 반성이 아니다. 현상학적 반성에서 명증성은 내가 그 구조를 주관적 사실로서 관심을 쏟는 체험의 형식이지만, 논리적 반성에서 나는 '내가 대상적인 것 자체를 간취한 것' '내가 그렇게 간취된 것을 의심할 수 없다는 것' '내가 명증하게 본 곳에서 나는 함께 믿어야 한다는 것'을 반성하면서 나 자신에게 말한다. 여기에서 나는 인식하려는 의지 속에 있고, 존재의 목적을 향한 지향적 방향 속에 있으며, 내가 실제로 존재자 자체에 다가서는 목적을 달성했다고 확인한다. 그러나 나는 존재의 타당성뿐 아니라 그때그때 지향적 객체의 모든 타당성에 대한 모든 관심을 곧바로 정지시키며, 내가 작용의 체험을 그 특성에서 획득하기 위해서 정지시켜야 한다.

순수한 작용의 체험은 경험 속에 정립될 수 있는 것이다. 만약 반성하는 자로서 내가 단도직입적으로 타당한 모든 것의 타당성을 정지시킨다면, 항상 정립할 수 있고 인식할 수 있는 것으로 정의된다고 곧바로 말할 수 있다. 또한 순수한 현상학적 관심은, 만약 내가 그 밖의 모든 관심, 즉 내가 단도직입적으로 작용을 수행하는 자아로서 지녔던 모든 관심을 배제한다면, 어디에서나 여전히 가능한 존재에 대한 관심이라고 말할 수 있다. 바로 이렇게 함으로써 반성하는 자아

역적 인식대상의 형식적인 것(Formales)을 지녀야 한다. 이것은 다음과 같은 것을 함축한다. 즉 공허한 지평이 드러나 밝혀지고 상세하게 규정될 수 있고 이에 근거해 비교하며 술어로 규정하고 측정하는 등 일치해 계속되는 가능한 경험의 구간을 내가 생각해내면, 나는 '기하학', 연대기(年代記) 등의 '진리'를 진술하고 있을 것이다.

그러나 이때 그 존재를 실제로 '무한히' 증명할 수 있는 참으로 존재하는 사물에 대한 논의는 아니다. 존재론적 진리는 종합적으로 일치하는 경험에 대해—이 경험이 아무리 멀리 도달해도 계속 실행할 수 있는 모든 범위에 대해—인식대상적 규칙을 지시한다.—후설의 주.

인 나는 실재적이든 이념적이든 어떠한 객체성도, 내가 이전에 전적으로 부여했던 존재나 가치, 실천에서 어떠한 객체성 —여기에 모든 인간의 인격(객관적 주관성)과 그 모든 심리적인 것, 그 '영혼 삶'도 포함해—도 부여하지 않았다.

그럼에도 나는 어떤 것을 지니고 있다. 그것은 주관적인 것, 이렇게 정지된 모든 객체성이 정립된 것, 경험된 것, 생각된 것, 가치가 평가된 것, 창조하면서 실현된 것 등으로 존재하는 순수한 작용의 체험이다. 이 경우 나는 어떠한 방식으로 이 객체성 자체, 즉 이러한 작용에 의해 '그렇게 정립된 것으로서'—하지만 곧 현상학적 자아에 의해 정립된 것은 아니다—이 객체성 자체를 여전히 지닌다.

이는 중요하기 때문에 매우 주의해야 한다. 우리는 그때그때 객체를 현상학적으로 배제함에 대한 논의, 그 객체를 정지시킴(이에 정당한 상관적 표현은 작용이나 관심을 정지시킴이다)에 대한 논의를 오해하는 것을 조심해야 한다. 현상학적 관찰자인 나는 통상의 의미에서 더 이상 '지니지' 않는 존재 그리고 가치와 목적을 어쨌든 변양된 다른 의미에서 끊임없이 지니고 있다. 나의 타당성과 타당성에 대한 나의 관심 일반에서 배제된 것은 그 때문에 나의 의식의 장(場)에서 사라지지 않는다. 단지 그것은 근본상 본질적으로 변경된 방식으로만 또한 내가 현상학자가 되는 그 방법 덕분에 (자연적으로 태도를 취한 관찰자, 인식하는 자, 평가하는 자, 일하는 연구자인 나에 대립된) 현상학자인 나에게 주어진다. 우리는 객체적인 것(Objektives)에서 괄호 치는 방법인 이 방법을 나타낸다. 우리는 객체에서 마치 배제하는 괄호를 붙인다. '여기에서 나는 함께 타당하다고 인정하는 것, 존재에 대한 관심, 가치에 대한 관심 등 모든 것을 억제하려 한다. 또한 그 객체를 그 객체에 타당성을 나누어주는 작용인 그 작용의 지향적 개체로서만 타당하게 인정하려 한다. 나는 오직 그 작용에만 그리고 이 작용 자체가 주제로서 그렇게 특징지은 객체인 그러한 객체로서 정립한 것에만 관심을 둔다'를 뜻하는 지표를 걸어 붙인다. 그것을 걸어붙이면, 나는 현상학적으로 순수한 주관적인 것(Subjektives)을 지니게 되며, 이 속에서 그 작용의 단순한 지향적 객체가 변양된 타당성의 형태에서 그 객체를 지니게 된다.

따라서 나는 자기최면(自己催眠)을 통해 (가령 내가 세계 전체를 배제하더라도 이 세계 전체에 대해 맹목적인) 객체에 대해 맹목적이 되지 않는다. 이 모든 것에 대해 보면서(sehend) 남아 있는다. 그러나 자아가 분열되는 가운데 나는 단적으로 보는 자(Sehender)와 동시에 순수하게 자기인식을 수행하는 자(Übender)로서 수립되며, 단적으로 보인 모든 것은 거기에서 괄호의 변양 속에 있다. 괄호 쳐진 것으로서 보이는 것이다.

이제 이 문제를 좀더 진척시켜보자. 과연 우리는 현상학적으로 괄호 치는 방법과 작업수행을 명료하게 할 수 있는 모든 종류의 작용을 이미 획득했는가?

거기에는 예를 들어 상(像)이 어떤 것의 모사(Abbild)로서 보이는 작용이 있다. 물론 이 작용은 모든 심미적인 감상과 '창조적'인 예술작품을 만들어내는 형태에서—이 예술작품이 상(Bild) 속에 다른 것을 제시하면서 그 어떤 것을 모사하는 것인 한—기초짓는 작용으로서 그 역할을 한다. 그러나 우리가 지금 관심을 두는 것은 그와 같은 경우 상 의식 속에 기초지어진 가치를 평가하는 심미적인 것이 아니다. 때로는 실제로 타당한 것으로서 때로는 단순한 구상으로서 단지 다른 것이 '상-속에-제시되는 것'이다. 사진이나 그 밖의 초상(肖像)에서 가령 어떤 사람이 나에게 실제성으로 제시되고, 다른 상에서는 '키클롭스(Cyclops)[8]의 싸움'이 상상으로서 제시된다.

어쨌든 그것은 제시된다. 내가 상을 보는 작용 속에 제시하는 것과 제시되는 것을 통해 제시된다. 즉 나타나는 상과—이것의 옆이 아니라 그 속에—제시되는 주제(sujet)를 지니는 한 그리고 이러한 사실을 통해서만 나에게 제시되는 것이다. 동일한 말이지만, 그것이 그 자신의 특성에 의해 상 의식의 소박한 작용 속에 나에 그렇게 타당하기 때문에 이렇게 서로 뒤섞여 있음(Ineinander)은 그 자신의 특성에서 나에게 현존한다.

그렇지만 이 경우 우리는 '상'이라는 명칭 아래 동시에 여전히 서로 다른 것을 지닌다. 책상 위에 여기에 있는 종이로 만든 사물인 사진의 '상'과, 다른 의미에서 '주제'의 '인물'이 제시되는 실재적으로 현존하는 사물일 뿐인 본래의 상으로서 감성적 직관에서 눈앞에 아른거리는 보라색 작은 상을 지닌다. 그래서 나는 각기 태도에 따라 때로는 이것을 때로는 저것을 그에 상응하는 방향의 작용을 수행하는 가운데 주시한다. 현상학자로서 나는 이러한 작용뿐 아니라 이 작용을 수행하는 가운데 놓여 있는 이러저러한 의미에서 상으로서의 타당성을 정지시킬 수 있으며, 그와 같은 작용에 분리될 수 없게 포함된 모든 것, 즉 순수한 주관적인 것을 포착하고 분석하며 기술하는 등을 할 수 있다.

---

8) 키클롭스는 그리스신화에 나오는 외눈박이 거인 신을 지칭하며, ① 헤시오도스(Hesiodos)의 『신들의 계보』(*Theogonia*)에 나오는 키클롭스 삼형제, ② 베르길리우스(P.M. Vergilius)의 『아이네이스』(*Aeneis*)에 나오는 대장장이 키클롭스들, ③ 호메로스(Homeros)의 『오디세이아』(*Odysseia*)에 나오는 키클롭스 폴리페모스와 그의 동료들의 유형이 있는데, 그 성격과 역할에서 부분적으로 서로 교차하기도 한다.

3절 자연적 자아 삶의 의식 활동성과 순수 주관성으로의 환원

44 정립적 작용과 유사—정립적 작용 그리고 그 환원; '판단중지'와 '유사—판단중지

 모사하는 작용의 환원에 속하는 독특한 특수함에 관해 이야기하기 전에, 다른 작용의 그룹을 끌어들여 이번에는 소박한 상상작용의 경우 그 작용 속에 ──때로는 의도하지 않게 생기며 때로는 자유로운 자기 뜻대로 형성되어── 눈앞에 아른거리는 상상의 형태를 포함해 재생산적 **상상**(Phantasie)의 작용을 고찰하자. 여기에서 아무리 상상의 '상'에 대해 이야기하더라도, 이 경우 모사하는 것과 모사된 것 또는 상과 '주제'(sujet)의 구별을 포함해 상으로 제시하는 것과 같은 것에 대해 결코 정당하게 논의할 수 없다. 물론 어느 경우나 다른 경우 현재에 없는 것이 현재의 체험 속에 의식된다.

 그러나 우리는 어느 경우에는 상으로서 공간사물의 가상을 지니고, 다른 경우에는 이른바 상으로서 가상만을 지닌다. 왜냐하면 가상은 생생하게 현재에 표상하는 것(Vorstelliges), 어쨌든 현존하는 것으로 믿어지는 것이 아니라 단지 마치 그것이 현존하는 것처럼 나타나는 것이기 때문이다. 그것은 하나의 허구(虛構)이지만, 재생산적 상상의 허구는 아니다. 상상은 그 자체로 현재하는(gegenwärtigend) 표상이 아니라, 현전화하는(v e r gegenwärtigend) 표상이다. 여기에서 상상은 기억과 비슷하다. 하지만 기억된 것에 대한 존재의 믿음은 기억에 속하는 반면, 허구로 날조된 것은 '마치' 그것이 존재했고 그렇게 존재했던 것이라는 성격 속에서만 의식된다. 동시에 내가 상상을 할 때 '마치'의 성격 속에 나에게 눈앞에 아른거리는 것은 가령 나에게 의식되지 않고 다른 것에 대해 제시하는 것으로 간주된다는 사실은 분명하다. 또한 여기에서는 다른 것이 모사되는 상일뿐인 과거에 표상하는 것으로 나에 지금 제공되는 기억과 유사하다. 물론 이에 대한 어떠한 반론도 '기억된 것 그 자체가, 다른 한편으로는 허구로 날조된 것 자체와 마찬가지로, 예를 들어 내가 신들〔정령들〕의 상으로 신성한 숲(Hain)을 허구로 날조해낼 때처럼 어떤 것에 대한 상이 존재할 수 있다는 가능성을 뜻하는 것이 결코 아니다.

그런데 상상과 실제성은 분리될 수 있지만 혼합될 수도 있다. 오히려 작용의 의식은 분리되거나 연루되어 등장할 수 있다. 이때 이 의식을 통해 실제성은 나에게 지각된 것, 기억된 것, 판단된 것, 평가된 것, 행위 하면서 형태가 만들어진 것으로 타당하다. 다른 한편 이 의식 속에 허구로 날조된 실제성은 허구로 날조된 생생한 현재, 허구로 날조된 과거, 허구로 날조된 판단, 가치의 정립, 행위가 의식되어, 그런 다음 '마치'(als ob)라는 변경된 방식으로 의식되어 나에게 현존한다. 혼합의 예는 나에게 지각에 적합하게 현재의 환경세계나 그 밖의 어떤 방식으로―내가 물의 요정들이 여기 우리 앞에서 춤추고 있다거나 열대원시림을 도보로 여행할 때 마주치는 모든 종류의 모험을 날조해 생각해낼 때처럼―믿음 속에 의식된 환경세계로 집어넣어 날조하는 모든 경우를 제공한다.

이에 반해 상상이 없는 순수한 실제성의식과 마찬가지로 함께 활동하는 실제성의식이 없는 순수한 상상이 명백히 존재할 수 있다. 함께 활동하는 실제성의식이 없는 순수한 상상에서 모든 실제성의식은 이른바 정지되어 있다. 나의 신체와 나에게 가장 가까운 지각에 적합한 환경세계가 한 번 더 고찰되는 호의를, 따라서 능동적으로 포착하고 현존하는 것으로 정립되는 경험의 호의를 받지 못한 자아상실성에서 나는 전적으로 '마치'의 세계 속에서 살아간다. 나의 지각작용, 표상작용, 사유작용, 느낌, 행위 모두는 그 자체가―예를 들어 내가 완전히 꿈에 빠져 내가 원시림에서 놀랄 만한 것을 보고 들은 모든 것이 나에게 무서운 일로 닥쳐오는 원시림의 모험 속에 살아갈 때처럼 — '마치' 속에서 활동하고 있는 것이다. 이때 상상은 순수한 상상이며, 나 자신은 나의 객체의 장(場)에 있는 상상 속의 자아일 뿐이다. 이에 반해 내가 실제성을 단지 허구로 날조해 변형시키고 어쩌면 이 경우 나 자신을 허구로 날조된 환경세계에 함께 활동하는 것으로 허구로 날조해내는 다른 경우에 나는 바로 혼합물을 지니며, 나 자신이 상상 속에 들어가 포함되는 한, 나 자신은 하나의 혼합물, 즉 실제성의 존립요소가 다루어지지 않고 남아 있는 바로 허구로 날조되어 변형된 자아다.

이제 현상학적 환원으로 넘어가보자. 상상의 형성물 — 사물, 인간, 그 어떤 방식으로 활동하는 자아인 나 자신 등 — 이 '마치' 속에 나타나는 작용은, 그 밖의 모든 작용과 마찬가지로, 근원적으로 소박하게 수행된다. 하지만 어쩌면 자아가 분열됨으로써 이렇게 수행한 다음이나 부분적으로 수행하는 동안에 반성하는 자아에 의해 포착되고, 서로 다른 방식으로 반성의 주제가 된다. 물론 나는 여기에서 나 자신을 순수하게 체험과 그 지향적 존립요소에 관심을 둔 자인 현상학적 관찰자로서 수립할 수 있다. 여기에서 기억의 경우와 유사하게 또한 우리가 동일하게 첨부할 수 있듯이, 작업을 수행할 수 있는 현상학적 환원에 주목할 만한 서로 뒤섞인 내포화(內包化)가 생긴다. 예를 들어 내가 켄타우로스(Kentauros)[9]가 노니는 풍경을 허구

---

9) 그리스 신화에 나오는 반인반마(半人半馬) 종족으로 전원(田園)을 상징하는 신이다. 상체는 인간이고 가슴 아래는 말이다. 매우 거칠고 호색적인 본성을 지녔는데, 테살리아의 왕 익시온(Ixion)과 구름의 요정 네펠레(Nephele)의 결합으로 태어났다고, 아폴론(Apollon)과 물의 요정 가운데 스틸베(Stilbe) 사이에서 태어났다고 한다. 별자리는 궁수(弓手)자리다.

로 날조해낸다면, 현상학적 환원은 나에게 나의 순수한 작용의 체험이 생기게 해줄 것이다. 이 작용의 체험에서 지향적 객체는 순수하게 그 자체로서 또한 그것이 거기에서 특징지어진 방식과 정확하게 똑같이 포착될 것이다. 즉 현상학자인 나는 본래 허구로 날조하지 않는다. 이러한 일은 현상학적으로 고찰된 반성된 자아가 한다.

나는 그와 같은 대상이 나에게 '마치' 속에 타당한 그 의식을 수행하지 않는다. 달리 표현하면, 나는 꿈꾸는 자아도 꿈꾸었던 것에 몰두하는 자아도 아니다. 꿈꾸는 것과 꿈꾸었던 것, 상상하는 것과 상상되었던 것 그 자체에 대한 관찰자다. 그래서 내가 실제로 수행된 작용의 방관자로서 이 작용 속에 실제로 나에게 타당한 존재객체, 가치객체, 작품형태 등에서 현존재, 가치의 존재, 행위의 존재, 작품의 존재를 괄호 치듯이, 나는 지금 '마치'의 객체에서 '마치'와 이러한 '마치' 가운데 변양되어 정립된 것을 괄호 친다. 이 '마치'는 지금, 말하자면 변양시키는 미리 지시함이다. 존재와 존재양상, 가치와 작품뿐 아니라 자아가 활동하는 모든 방식의 작용도 이 미리 지시함에 지배된다.

현상학적 '판단중지'에 지배될 수 있는 작용은 모든 작용 일반을 포괄하는 **보편적 분류**의 의미에서 두 가지 큰 **부류**로 나뉜다. 이 부류들은 서로 상응하고, 우리가 어떤 부류의 가능한 모든 작용에 다른 부류의 가능한 모든 작용을 거의 반복하는 복사(複寫)처럼 분류할 수 있는 것과 정확하게 똑같이 그 주변의 항(項)에 대한 항이다. 그럼에도 이것은 물론 결코 단순한 반복이 아니다. 그 하나는 바로 작용 그 자체, 자신의 주제에 '실제적' '실제적 대상' '실제적 가치' 등으로서 타당성을 부여하는 변양되지 않은 의미에서의 작용이다. 이와 반대된 측면에서는 그 작용에(이념적 가능성에 따라 말하면) 그와 평행하는 작용이 상응하는데, 이 작용은 동일한 내용에 '마치'의 타당성을, '상상 속에' 존재하는 대상——상상된 가치, 작품 등——의 타당성을 부여한다. 따라서 이에 상관적으로 객체가 [한편으로] 실제성으로 생각된 객체 그 자체와 [다른 한편으로] 단순히 허구로 생각된 '유사'-객체로 구분된다. 우리가 세계 그 자체에 대해 이야기한다면, 그것은 실제적 세계를 뜻한다.

그렇지만 상상의 세계에 대해서도 이야기할 수 있고, 이때 그것은 상상으로 행동하는 가운데 '마치'의 변양 속에 우리에게 주어진 세계를 뜻한다. 발전된 현상학은 이것을 전문용어로 전자를 정립적 작용, 후자를 '유사'-정립적(quasi-positional)[10] 작용이라 부른다. 이렇게 상상을 하는 행동은 전적인 타당성을 변양시키는 작업수행으로서 그 자체가 타당성의 양상이다. 우선 소박하게 상상하는 자아의 이러한 작업수행도 현상학적으로 순수한 상상의 체험에 존립요소를 획득하기 위해 괄호 쳐야 한다.

이때 이렇게 괄호 치는 것이 어떻게 상상된 내용 속에, 즉 상상의 지향적 내용 속에 들어가 영향을 미치는지는 지금 더 자세하게 고찰해야 한다. 예를 들어서 그 예에서 순수한 현상학적 내용을 우리의 것으로 삼으려고 한다면 즉시 '마치'의 지향성에 본질적으로 속한 어떤 함축이 즉시 뚜렷이 나타난다.

나는 가령 인간들, 켄타우로스들, 신화의 동물들이 날뛰며 싸우고 있는 다양한 나무에 둘러싸인 풍경을 상상한다. 어쩌면 나 자신도 이

---

10) '정립'(Position)이나 '정립적'(postional)은 '지향적 의식이 대상에 대해 일정한 견해를 유지하는, 즉 정립하는 작용'을 뜻한다. 이와 같은 뜻의 'Setzung'이나 'These'도, 후자는 전자의 특성을 가리키지만, 후설은 때때로 이것들을 구별하지 않고 사용한다. 그리고 '중립화'(Neutralisierung)는 어떠한 견해를 취하지 않는 것, 어떠한 정립도 하지 않는 것을 뜻한다. 그렇지만 이것도 여전히 그 무엇에 대한 의식, 즉 지향적 의식이다. 즉 '중립성 변양'은 신념의 확실성이나 추측의 개연성 등 정립의 특성을 판단중지하는 의식작용이다.

러한 상상의 세계에 속할지 모르며, 가령 그 싸움에 함께 참여하고 있을지도 모른다. 그렇지만 나는 그 싸움에 관여하지 않고 함께 고려되지 않을 수도 있다. 하지만 더 자세하게 살펴보면, 이때 나 자신은 어떤 방식으로 또한 필연적으로 함께 상상되어 있다. 그렇다면 나는 상상의 세계를 일정하게 방향을 정해 표상하지 않고 상상의 세계의 그와 같은 단면을 어떻게 일정하게 표상할 수 있는가? 상상의 나무들에서 어떤 것은 전경에 다른 것은 배경에 있으며, 어떤 것은 오른쪽에 다른 것은 왼쪽에 있다. 켄타우로스들 가운데 하나는 이쪽으로 달려오고, 어떤 용(龍)이 위에서 그 켄타우로스에 떨어진다. '오른쪽' '왼쪽' '앞에서' '뒤에서' '위에서' '아래에' 등 이 모든 말은 명백히 우연한 표현이며, 관찰하고 지각하는 자아와 본질적 관계를 지닌다. 이 자아는 세계의 그때그때 단편이 단지 방향이 정해진 방식으로만 나타날 수 있는 방향이 정해진 공간과 그 공간의 방향이 정해지는 모든 차원의 영점(零點)을 자체 속에 지닌다.

내가 방금 상론한 것을 나는 상상하면서 꿈에 빠진 자아, 켄타우로스들과 용들의 싸움을 따라가는 ─나 자신을 깨닫지 못하는─깨어 있는 자아로서 발견하지 않는다. 오히려 나는 나 자신을 상상하는 자로서, 상상의 내용을 상상의 내용으로서 참여하지 않는 이론적 관찰자의 반성적이며 현상학적인 태도에서 그것을 발견한다. 바로 이때 나는 지향성(Intentionalität)이 '마치 내가 상상하는 행사(Aktus)만 지닐 뿐이며 여기에서 켄타우로스들의 장면을 '마치'의 양상 속에 그것의 단적인 지향적 객체로서 지니듯이' 그렇게 간단한 것이 아니라는 사실을 발견한다. 오히려 나는 독특한 간접성에서 이 지향적 객체가 의식되는 것을 발견한다. 즉 우선 나의 지각작용의 지향적 객체로서 발견하는데, 이 지각작용은 나의 실제적 지각작용이 아니라, 내가 그 주체로서 그래서 필연적으로 함께 상상의 세계에 속하는 필연적으로 함께 상상된 나의 지각작용이다. 달리 말하면, '나는 켄타우로스들의 장면을 상상한다'는 행사는 내가 '마치'의 양상 속에 '나는 켄타우로스들의 장면을 지각한다'라는 행사를 수행하는 형태에서만 가능하다. 물론 단도직입적으로 상상하면서 나의 시선은 그 싸움에만 놓여 있다. 적확한 단어의 의미에서 이 싸움은, 특히 완전히 자기 뜻대로, 허구로 날조하는 경우에 허구(Fiktum)를 뜻할 뿐이다. 하지만 그것은 본래의 의미에서 나의 주제로서, 내가 오직 뜻하는 것으로서 내 시선 앞에 있으며, 이것은 내가 지금 상상하는 자아로서 자기를 상실했을 뿐 아니라 그 싸움을 지각한 필연적으로 함께 상상된 주체로서 '마치' 속에 자기를 상실한 자아라는 사실을 통해서만 가능하다.

소박한 지각작용 속에 들어가 상상하는 것은 자기망각이라는 상상의 양상이다. 상상하는 자아에 의해 지각된 그 객체가 오직 상상하는 자아의 시선 속에만 있듯이, 상상하는 자아에 의해 지각된 것—이것은 그 자아의 상상된 객체다—은 실제로 상상을 수행하는 주체의 시선 속에 직접적으로 있다. 상상 안에서 자아의 시선은 '마치'의 시선이며, 자아의 지각작용과 지각된 것은 '마치'의 변양을 지닌다. 그러나 이렇게 변양되는 타당성에서 모든 것은 지금 상상하는 실제적 자아에 현존한다. 자아가 소박하게 상상하는 한, 자아는 그 주제로서 상상된 행사의 객체만 발견한다. 하지만 상상하는 자아는 항상 태도변경을 수행할 수 있는데, 이 태도변경에서 자아는 켄타우로스의 싸움을 상상하는 가운데 켄타우로스가 방향이 정해져 주어지는 방식, 나타나는 방식 일반, 지각하는 자아와 그 행사 전체로 되돌아가며, 그래서 이에 상응하는 '마치' 속의 지각의 객체로 재귀적[반성적] 시선전환을 통해 이제 비로소 주제로 고찰할 준비가 된 '마치' 속의 지각작용을 입수한다.

그 처리절차 역시 다음과 같이 기술할 수 있다. 즉 소박하게 상상하면서 나는 싸우는 장면을 허구로서 지닌다. 이때 나는 지각의 주체로서 함께 상상되지만, 나는 자기를 상실한 채 신화에 나오는 싸움을 주시했고 따라서 나 자신에 대해 어떠한 반성도 하지 않은 방식으로 함께 상상된다. 나는 이제 내가 함께 허구로 날조된 자아를 자신을 반성하는 자아로 허구로 날조해 변형시키는 일을 처리해간다. 그러나 나는 이러한 일을 그 의미에서 상상의 실제성을 변양시키지 않고, 따라서 근원적 실제성에서 다른 상상의 실제성을 만들지 않고 현실적으로 상상하면서 수행한다. 오히려 나는 그러한 일을 상상하는 내가 수행할 수 있고 이전에 잠재적이던 작용이 드러나 밝혀질 수 있을 반성을 상상해 수립하는 가운데 수행한다.

여기에서 상론한 모든 것은 명백하게 그 자체로 처음에는 단도직입적으로 활동하는 상상작용 속에 실제로 체험된 것과 그 순수한 내용에 속하는 것을 현상학적으로 고찰하는 일부분이다. 또한 '예의 경우 유사-지각하는 상상의 자아는 이때 필연적으로 함께 있지만, 그것이 있는 경우에 대립해 상상의 실제성으로 간주되는 것이 아니다'가 뜻하는 것은 상상하는 작용의 작업수행의 독특한 의미에 속하는 것으로 뚜렷하게 밝혀져야 한다. 내가 나 자신을 함께 활동하는 자, 함께 싸우는 자 등으로 받아들일 때 이 경우 나는 이른바 명백하게 그 상(像)의 의미에 속하는 것으로 있다.

특별히 주의해야 할 것은 소박하게 활동하는 자아가 관심을 둔 모든 행동을 억제하는 것인 현상학적 '판단중지'가 지금의 실제적 자아와 상상하는 의식인 자아의식에서 수행될 뿐 아니라 상상의 세계 안에서 이 세계에 속한 함께 상상된 주관성과 그 소박함에서도 수행되는 그 방식(Art)이다. 오히려 '마치'의 부호 아래 '판단중지'를 통해서만 '판단중지'는 상상하는 자아의 행동에 실시된다. 자아 자체가 함께 상상된 자아로서 ─ 이 '실제성'이 그 작용이 '수행했고' '수행하는' '타당성'에 입각해 그것이 존재하는 그대로가 되는 주체로서 ─ 이 유사-실제성의 통일체에 속하지 않으면, 실로 아무것도 상상으로서, 유사-실제성으로서 내 눈앞에 아른거릴 수 없다. 그 예에서 볼 수 있게 된 것은 명백하게 보편적이며 필연적으로 타당하다. 상상작용은 마치 실제성을 지닌 것처럼, 마치 다양한 것을 지각하고 생각하며 가치를 평가하고 다양하게 행위 하는 것처럼 그렇게 스스로 태도를 취하는 것이다. 이것은 상상하는 것이 실재성이든 이념성이든, 이념성에 대해 상상하는 경우에는 실재성에 대해 함께 생각된 상상 없이, 생각해볼 수 있는지에 상관없이, 타당하다.

'마치'(als ob)의 태도를 취하는 것은 처음부터 허구로 날조하면서 스스로를 허구로 날조해 변경하는 것(umfingieren), 따라서 스스로를 허구로 지니는 것이다. 이때 그 지향적 내용인 함께 허구로 날조된 자아가 단지 허구로 날조될 수 있다. 그에 앞서 허구로 날조된 자아의 허구가 적확한 의미에서 허구로 포착될 수 있는 사실이 바로 허구로 날조되는 소박함에 본질적으로 함께 속한다는 점은 제외된다. 따라서 현상학적으로 순수한 것으로 되돌아가는 것은 처음부터 우선 지향적 객체성의 순수한 구조를 드러내 밝히는 것을 뜻할 뿐이다. 그 구조는 여기에 실제로 제시되어 있다. 그래서 지향적으로 채워진 주관성과 그 작용 및 그 객체로 되돌아가며, 이것들을 현상학적 순수함에서 '마치'의 부호 속에 파악한다. 현상학적으로 순수한 모든 정립적 작용과 이 작용의 순수한 현상학적 내용에는 이에 평행하는 현상학적으로 순수한 유사-정립적 작용이 상응한다. 그 순수함을 그자체에 지향적으로 포함하지만 현상학적으로 순수한 동일한 정립적 작용의 정확한 거울 상(Spiegelbild)을 그 모든 내용과 더불어 ─ 이때 바로 '마치'의 부호 아래 ─ 포함하는 방식으로만 상응한다.

환원은 앞에서 기술한 상상 '속에' 반성함으로써 또 이때 '마치'의 부호 아래 상상의 세계에 놓여 있는 작용에서 실행된 현상학적 '판단중지'를 통해 수행된다. 이때 이 작업수행은 그 자체가 상상의 세계 속에 들어가 반영하는 유사-작업수행, 즉 상상 속에 유사-'판단중지'를 함축한다. 즉 내가 실제로 내 눈앞에 아른거리는 상상으로서 나의 상상에서 또 상상하는 작용으로서 나의 상상작용에서 실시하는 모든 실제적 '판단중지'는 마치 상상된 자아인 내가 반성되고 현상학적으로 배제되듯이, 유사-'판단중지'를 자체 속에 지향적으로 포함한다. 다음과 같이 말할 수도 있다.

나는 실제적 환원을 착수하면서 잠시 현실적 현재를 잊어버린 채 상상의 세계의 토대 위에 나를 세울 수 있고 마치 상상의 세계가 실제적인 것처럼 그 상상의 세계를 곧바로 받아들일 수 있다. 이때 나는 그것에 속한 자아의 작용을 마치 그 작용이 실제의 정립인 것처럼, 그래서 마치 그 작용이 실제의 지향적 객체를 지닌 것처럼 받아들여야 한다. 이때 마치 그 객체가 바로 실제적 객체인 것처럼 객체 자체의 존재에 **속할 지도 모를** 것을 배제해야 한다. 내가 이러한 토대 위에서 정립적 객체 — 존재의 객체, 가치의 객체 등 — 에서 지녔던 모든 관심을 배제해야 하고, 이 작용 자체에 속하는 것을 그것이 존재하는 방식으로 획득하기 위해 또한 내가 이 토대 위에서 제기할 수 있을 정당성과 진리에 관한 모든 물음을 배제한 다음에도 그 작용에 남아 있는 것을 획득하기 위해 그 모든 관심을 배제해야 한다.

만약 내가 이렇게 한다면, 그래서 현상학적으로 순수한 작용과 작용의 객체를 획득하며, '내가 상상의 세계 일반에서 결코 다른 객체를 지니지 않고 함께 상상된 나의 자아의 작용의 객체만 지닐 수 있다'는 사실에 주의를 기울인다면, 나는 분명히 그러한 사실을 통해서만 나의 상상작용의 완전하고 순수한 지향적 객체성을 획득한다.

45 작용의 주체인 자아의 자연적인 세계 삶과 비자연적인 현상학적으로 순수한 자기성찰. 그 사유의 진행

지난 강의는 당연히 어려웠을 것이다. 이렇게 말하는 데는 근거가 있다. 내가 체계적 진행을 다소 중단하더라도 말하려는 것에는 원리 상 보편적 이유가 관련되어 있기 때문이다.

첫 번째 이론적 진입 —이른바 현상학적으로 순수한 주관성의 친 밀함으로 진입 —은 매우 어려울 수밖에 없다. 바로 그 자체에 대해 또한 그 자체에서 존재하는 현실적으로 살아가게 된 삶이 중요하기 때문이다. 자아의 삶은 의식에 적합하게 그 어떤 대상성에 관련된다. 또한 이 대상성 가운데 특수한 작용의 탁월한 방식으로 관련된다. 깨 어서 활동하는 자아로서 자아의 삶은 작용 속에 대상을 겨냥하고 있 고, 인식하며 가치를 평가하고 행위 하면서 대상에 몰두해 있다. 자 연적 삶 —나는 현상학적 태도로 이행할 것을 강제하는 동기가 효력 을 발휘하기 이전을 뜻한다 —에서 모든 사람은 자신의 자아 삶을 알지만, 자신의 자아가 실재적이거나 이념적인 자신의 다양한 대상 성에 관련된 것도 안다. 그는 자연적 반성에 입각해 이러한 것을 아 는 것이다. 그러나 **자연적 반성**은 순수 주관성에 관한 지식을 결코 산 출할 수 없다. 그러한 주관성을 전혀 예감할 수조차 없다. 왜냐하면 항상 객체성을 —과거의 그리고 **견지된** 객관적 지식을 통해 —지니 는 그 본성과 이제 이러한 객체성에 관련된 작용의 주체인 반성적으 로 포착된 자아, 게다가 자아 자체는 객관적인 인간적 자아로 파악되 고 정립되기 때문이다.

이러한 자연적 반성에서는 (이 반성이 오직 지배적 반성인 한) 객체 를 갖는(Haben) 모든 것과 그 객체가 자아에게 현존하는 경험과 사 유를 규정하는 모든 것이 이미 자아와 그 의식 삶의 작업수행이라 는 사실을 볼 수 없다. 언제나 자아는 그 자신의 본질적 삶과 행동에서 ─ 감성적으로 경험하고 사유하며 가치를 평가하고 일하면서 만들어낸 등의 자신의 작용에서 ─ 그 자체에서 또 그 자체만으로 객체의 나타남과 타당성을 성취한다는 사실을 볼 수 없다.

따라서 의식 자체, 즉 이 삶 속에 순수한 고유의 본질적 동기부여에 입각해 다양한 주관적 통각들이 이에 속한 주관적 타당성을 포함해 생기듯이 그 자체에서 살아가는 지향적 삶은 필연적으로 은폐되어 남아 있다. 그때그때 나의 세계 ─ 사물, 인간, 가치, 작업, 인간의 행위, 공동체 등 ─ 가 단번에 일어나듯이 나에게 현존하는 이러한 삶 전체는, 정확하게 살펴보면, 다른 사람들과의 의사소통에서만 나에게 현존할 뿐이다. 그 결과 우리는 여기에서 자아와 모든 자아의 공동체 또는 이렇게 상호주관적으로 구성하는 삶으로서 기능하는 자아의 상호주관적이며 통일된 삶을 지시하게 된다.[11]

이 순수한 삶은 새롭고 보편적인 고찰방식을 일으킨다. 자아가 자기 자신과 자신의 모든 세계를 자신이 활동하는 의식의 세계로서 반성하는 새로운 방식을 일으키는 현상학적 '판단중지'의 방법을 통해서만 고찰하는 시선과 이론적으로 경험하고 규정하는 작업에 열려질 수 있다. 이러한 방법을 통해야 비로소 순수한 자아와 그 자아의 순수한 삶, 그리고 순수 주관성의 영역 전체를 볼 수 있고 기술할 수 있게 된다. 따라서 사실상 중요한 것은 완전히 자연적이지 않은 태도와 완전히 자연적이지 않은 자기에 대한 고찰과 세계에 대한 고찰이다. 자연적인 삶은 처음에는 철저하게 필연적으로 세계에 몰두함, 세

---

11) 앞의 30항 끝부분 '사회적 주관성'에 관한 옮긴이 주에서도 밝혔듯이, 후설의 선험적 현상학을 절대적 관념론이나 독아론(Solipsismus)이라고 비난하는 것은 전혀 근거가 없다. 왜냐하면 주관성이 구체적 사회성을 지닌 상호주관적이 아니면 의사소통은 불가능하고, 따라서 객관적 정신을 이어받고 전달하는 생생한 전통과 습득성 없이는 주관성을 지닐 수 없기 때문이다.

계를 상실함인 근원적 삶으로서 수행된다. 자연적이지 않음이란 근본적이고 순수한 자기성찰의 자연적이지 않음이다. 순수한 '나는 존재한다', 순수한 자아 삶과 이러한 삶 속에 그 어떤 의미에서 객체적인 것이 주어지는 방식에 대한 자기성찰은 객체적인 것으로서 바로 이러한 의미와 타당성의 방식을 이러한 삶 자체의 내적이며 고유한 작업수행에 입각해 순수하게 획득한다.

그래서 순수한 주관성과 그 순수한 '너 자신을 알라!'(Erkenne dich selbst!)[12]를 순수하게 수행하는 영역—더욱 명백하게 밝혀지겠지만, 철학 전체는 이 영역에서 솟아나온다—으로 최초로 진입하는 어려움을 이해할 수 있다. 평소에는 아무리 어렵더라도 자연적 인식의 토대 위에 또한 자연적 삶의 태도 테두리 속에 여전히 매우 복잡한 활동을 지시하는 모든 것을 우리는 어쨌든 상대적으로 쉽게 만족할 수 있다. 왜냐하면 모든 개별적 단계에서 유형적으로 이미 알려진 것과 친숙한 것만 우리에게 주입되기 때문이다. 어린 시절부터—여기에는 실로 어린 시절 발달한 작업수행이 있다—우리는 모든 방향에 따라 자연적 세계의 유형적 특징을 알았다. 그러나 이 사실은 우리가 항상 모든 의식의 방식과 자아가 작용하는 모든 방식이 작동될 수 있다는 것을 뜻한다. 보편적 형식의 모든 구조에 따라 유형적으로 이미 알려져 있고 매우 친숙한 세계가 우리에게 형성될 수 있는 동기

---

12) 후설은 선험적 주관성을 해명하는 『데카르트적 성찰』의 결론에서 스스로 책임지는 모든 진정한 학문을 포괄하는 철학, 즉 선험적 현상학을 통해 "델포이 신전의 신탁(神託) "너 자신을 알라!"(gnothi sauton)는 말은 새로운 의미를 획득했다. 결국 실증적 학문은 세계를 상실한 학문일 뿐이다. 보편적 자기성찰을 통해 세계를 다시 획득하기 위해, 우선 판단중지를 통해 세계를 상실해야 한다"라고 하면서 "밖으로 나가지 말고, 너 자신으로 들어가라. 진리는 인간의 마음속에 깃들여 있다"(Noli foras ire, in te redi, in interiore homine habitat veritas)는 아우구스티누스의 말을 인용해 거듭 역설한다.

부여(Motivation) 속에 있다는 것을 뜻한다. 이 세계는 사물의 세계, 가치의 세계, 우리가 인류의 자손으로서, 세계 속에 들어가 행위 하고 이 세계에 종속적이며 기쁨이나 슬픔 속에 움직이는 인간으로서 우리 자신을 발견하는 세계다. 우리는 점차 경험하고 인식하면서 또한 학문적으로 인식하며 실천적으로 형태를 만들어가면서 그와 같이 주된 모든 방식의 객관적인 행동을 할 수 있게 된다. 그래서 이 모든 것은 적어도 그 유형상 우리에게 친숙하다. 우리는 당장 실행할 수 없는 것을 이해할 수 있는 방식으로 지시하는 모든 것을 따르면서 추구하고 배울 수 있다.

이에 반해 현상학이 지시하는 것은 개별적 삶의 경험 전체와 역사에서 기초적이고 유형적인 어떠한 친숙함에도 의지하지 않으며 어떠한 본보기도 지니지 않는다. 순수 주관성의 세계와 관련해, 하지만 모든 자연적인 존재와 타당성이 자신의 자명함을 지니게 되는 우리의 순수한 근원적 삶과 관련해 우리는 처음에 백내장(白內障) 때문에 맹인으로 태어난 사람이〔백내장 제거수술을 받은 후〕이제 본격적으로 어떻게 보는지 배우기 시작해야 할 상황과 유사하다. 수술에 성공해도 아직 볼 수 없다. 즉 즉시 볼 수 있게 된 사람은 우리에게 오랫동안 친숙한 공간적 형식과 시각적 징표로 공간세계를 아직 파악할 수 없다. 틀림없이 시각의 통각은 통각의 내적 동기부여의 연관 속에서 처음으로 형성되고 구축된다. 따라서 방법적인 현상학적 태도의 이념이 이미 포착되었더라도, 그 방법은 이제 다양한 측면에서 작동되고 실행되어야 한다. 자연적–객관적 방식으로 실재적 세계나 이념적 세계에 관련된 주관성에서 실행되어야 하며 또한 이것이 객관적으로 주어짐과 그 객관적–주관적 인간 삶의 보편적 유형의 특징에서 체계적으로 실행되어야 한다. 그래서 우리는 순수 주관성의 우주가 우선 적어도 그 보편적 유형의 특징에서 우리에게 친숙하고 고유한 세계로—가령 물리학의 초보자에게 물리적 세계가 어린 시절부터 이미 잘 알려진 공간사물의 경험의 영역인 것처럼—있을 만큼 순수 주관성의 우주를 볼 수 있어야 하고 또한 체계적으로 알 수 있게끔 배워야 한다.

그러므로 이렇게 현상학적 주관성에 대한 가능한 학문이 어쨌든 출발하기 전에 소박한 자연적 학문들이 지닐 수 없을 중대한 과제가 앞에 놓여 있다. 소박한 자연적 학문들이 학문에 앞서 이미 잘 알려진 완성된 경험의 세계를 마음대로 지니는 동안, 현상학은 현상학적 경험의 세계, 즉 현상학적 태도에서 자유롭게 개관할 수 있고 그 유형의 특징에서 친숙한 현상학적 주관성의 세계를 그 자신이 비로소 만들어내야 한다. 현상학자는 무엇보다 먼저 현상학적으로 보는 것을 배워야 한다. 현상학적 주관성 일반에 속하는 간취할 수 있는 형태의 유형 특징을 그 자신의 활동에 체계적으로 입수해야 한다.

따라서 여기에서는 자연적 세계의 자식이 필연적으로 앞서는 것에 의해 그 방법적 상황을 다음과 같이 기술할 수 있다. 즉 현상학자가 되려는 사람은 자연적 세계의 자식에서 자기 자신을 체계적으로 해방시켜야 한다. 세계의 어린이[자식]로서 경험하고 표상하며 사유하고 살아가는 것 일반의 모든 유형에서 또한 이와 상관적인 세계의- 자연적 현존재의 모든 유형에서 현상학적 환원을 해야 한다. 그래서 세계의 모든 것이 순수 주관성 속에 상승되고 선험적으로 정신화(精神化)되는 그 체계적 판단중지를 해야 한다. 이와 동시에 자연적인 어린이, 세계의 자식은 현상학적 어린이, 순수한 정신의 영역 속에 있는 어린이로 변화된다.

그럼에도 우리가 '그 모든 객체성의 형태가 나타나는 것과 그 형태가 띠는 타당성에 따라 형성되는 지향적 삶의 주체로서 이미 볼 수 있다 하더라도 순수 자아는 **지향적 함축**이 여전히 예감되지 않은 깊게 은폐된 간접성을 그 자체 속에 포함한다. 그것이 해명되지 않은 채 순수한 삶이 완전히 이해할 수 없게 남았다'는 사실에 의해 이러한 일반적 어려움은 출발하는 철학자에게 여전히 증가된다.

현상학적 '판단중지'와 환원의 필연성 그리고 그 의미를 처음 파악한 이후에도 우리는 주목하지 않았던 자연적 사유의 관습에 여전히 사로잡혀 있다. 그래서 새롭게 열린 현상학적 자료의 영역을 객관적 자료와 유사한 것으로 간주한다. 현상학적으로 주관적인 것이 우선 개별적인 시간적 존재자로서 자기 자신을 부여하기 때문에 우리는 그것을 객관적-시간적 현존재의 방식에 따른 존재자와 같이 포착한다. 지극히 당연한 방식으로 물리적-공간적 현존재의 유사한 것으로 포착한다. 그러나 이렇게 함으로써 오류에 빠진다.

우리가 겨냥하는 현상학적 분석은 객관적인 사물의 분석과 결코 유사하지 않다.[13] 현상학적 관찰자는 순수한 삶을 형태 전체에 '요소들'이 엮여 연루된 것과 같은 것으로 발견하지 않는다. 거꾸로 그는 단순히 공존하고 서로 계기하는 요소들로 해체되는 형태—이러저러하게 추상적으로 이끌어내 간취할 수 있는 통일의 형식으로 다른 요소들과 결합된 형태—를 발견하지 않는다. 오히려 우리가 어떤 지향성에 주목하더라도 그 구조에 더 깊게 진입하는 경우 '구체적인 지향은 지향적 작업수행과 그밖에 비자립적 작업수행이 서로 뒤섞임(Ineinander)—지향적 대상성들의 은폐된 서로 뒤섞임을 포함해—을 통해서만 가능하다'는 사실이 분명해진다. 그래서 우리는 그와 같은 지향적 분석을 통해 비로소 주관성은 나에게 생소한 대상성의 세계에서 그것을 닮은 것을 결코 지닐 수 없는 절대적으로 유일무이한 것

---

13) 이것은 고대의 자연에 대한 분석 대신 근대의 인과적 분석이나 기능의 분석을 취하든 상관없다.—후설의 주.

이라는 점을 곧바로 깨닫게 된다. 사실상 현상학적 분석은 방법뿐 아니라 실질적으로도 **자연**에 대한 자연적·객관적 분석과는 **총체적으로** 다른 의미를 지닌다는 인식으로 우리 자신을 고양시킨다.

우리는 단지 처음 볼 때는 매우 어렵다고 느끼는 지향적 함축에 대한 그 방식과 형식에서 전혀 예상하지 못했던 그와 같은 분석의 일부를 최근에 상상을 분석할 때 몰두해 살펴보았다. 그것을 반복하는 대신 나는 이미 앞서 실행한 것에 의해 더 쉽게 이해할 수 있을 더 간략하고 평행하는 분석을 앞서 수행함으로써 본질적인 것을 여러분의 시선에 제시할 기회를 찾을 것이다.

그럼에도 그 전에 나는 〔수업하는 단계에서〕 심화하고 성찰하는 올바른 교대(交代)와 올바른 속도(Tempo) ─ 이것이 없다면 학습자는 개별적 순간에 내면적으로 건설할 수 있는 정신적 형태의 통일성을 얻을 수 없고 자유로운 정신적 소유물로 지닐 수 없다 ─ 에 관한 헤르바르트의 현명한 교육학 학설을 기억해낸다. 개별적인, 특히 새롭고 어려운 계열의 사상 속에서 심화시키는 것에 전력을 다하는 곳에서 이 사상이 단지 기능하는 존립요소의 부분일 그 사상의 일반적 계획과 연관을 의식에서 잃어버리지 않기 위해서는 이중으로 성찰해야 한다. 그래서 나는 여하튼 오늘로서 엄밀한 체계적 진행에서 출발한 다음에는 회고하며 또 예견하면서 우리가 지금 관여하고 동시에 앞으로 처리할 절차에 대한 관심을 강화하는 데 이바지할 수 있는 사상의 진행에 관한 성찰을 계속하고 싶다.

맨 먼저 데카르트가 보편적이며 절대적으로 정당화된 학문을 출발하려는 가장 깊은 의미를 실현하려 했다. 그래서 데카르트의 『제일철학에 관한 성찰』 제1성찰 속에 단지 시사된 선험적 주관성에 이르는 순수하고 참으로 정초된 길을 구축하려 했다. 무엇보다 절대적 정당화라는 주도적 원리를 제공해주는 이 길은 다음과 같은 특성을 지닌다. 즉 내가 전적으로 부정할 수 없고 의심할 수 없는 것은 나에게 타당해야 한다는 것이다. 이 원리는 똑같이 필증적으로 의심할 여지 없는 원리로서 지극히 뚜렷하게 파악된다.

회고해 보면, 처음에는 자연적인 필증적으로 의심할 여지 없음으로 이렇게 날카롭게 만드는 일은 나중에야 비로소 소개될 수 있었다. 즉 자연적으로 모호한 원리에 이끌려 언제나 주어지고 의심할 여지 없이 주어진 세계의 존재를 자신의 것으로 만들려고—이것은 경험에 입각해 세계에 관한 학문을 정초하는 길로 이끄는 것처럼 보인다—시도할 수 있다. 그렇다면 〔한편으로〕경험적으로 의심할 여지 없음 또는 일치해 경험된 세계에 대한 믿음을 경험적으로 포기할 수 없음과 〔다른 한편으로〕새로운 의미에서 가능한 모든 의심을 배제하는 이와 다른 의심할 여지 없음, 즉 필증적으로 의심할 여지 없음 사이에 차이가 있다는 사실을 깨닫게 된다. 모든 감성적 경험작용은 계속되는 경험이 이전에 경험된 것의 존재와 완전히 확실한 것의 존재에서 의심할 동기를 부여한다는 점을 열어놓고 있다. 비록 경험적 근거가 없다고 하더라도 의심은 생각해볼 수 있다. 어쩌면 필증적 명증성의 원리가 이제야 비로소 철학의 주도원리로서 생기는 것이다.

그러나 인식비판에 관심을 둘 필요가 없는 다른 고찰방식에서도 세계 전체가, 비록 일치하는 경험의 확실성에서 경험된 것이고 경험되고 있더라도, 존재할 필요가 없다는 것을 나타낸다. 어쨌든 비록 근본적으로 순수하지 않더라도, 데카르트의 요지는 이러한 길을 따랐다. 경험의 세계 전체에 관해 가능한 '판단중지'는 인식하는 주체를 향한 반성 속에 심지어 세계가 존재하지 않더라도 남아 있는 순수 주관성을 볼 수 있게 했다. 이때 이 주관성은 현재를 넘어 과거와 미래로 확장될 것이고, 두 가지 측면에서 무한한 선험적 삶 속에 순수 주관〔주체〕으로 확장될 것이다.

46 현상학적 방법을 개조하고 심화함: 선험적 환원으로의 데카르트적 길과 심리학자의 길

그렇지만 이렇게 생긴 순수 주관성은 여전히 필증적으로 의심할 여지 없는 것으로 밝혀지지 않았다. 세계가 필증적으로 주어지지 않았다는 점에 근거해 세계를 배제하는 것은 새로운 경험의 방식인 선험적 직시(Schau) 속에 주어진 순수 주관성의 우주로 시선을 돌릴 뿐이다. 그러나 그 필증성은 비판되어야 하며, 잠시 보류했을 뿐이다. 따라서 그것은 우리의 첫 번째, 선험적 자아(ego)에 이르는 또한 여전히 수행해야 할 그 필증적 비판에 이르는 데카르트적 길이었다.

선험적 주관성을 그 개별적 형태나 그 선험적 삶의 형태의 유형에 따라 알게 될, 그래서 '나는 생각한다'(ego cogito)가 공허한 말로 남지 않을 바로 다음의 요구를 우리는 그것으로써 동시에 '나는 생각한다'에 이르는 새로운 길을 단계적으로 구축하는 방식으로 만족시켰다. 이 경우 주도하는 사상은 다음과 같다. 즉 우리가 경험의 세계가 존재하지 않는다는 가능한 가정 아래 심지어 그때에도 여전히 존재하는 경험의 세계를 우리는 우리에게 남아 있는 주관적 삶으로서 계속 견지한다. 이처럼 동일한 것을 우리는 우리가 반성하는 주체로서 경험 세계의 함께 정립하는 모든 것을 중지하고 그래서 일반적으로 그것의 존재함이나 존재하지 않음 또는 그밖에 존재의 양상에 태도를 취하는 모든 것을 억제하는 동안에도 유지한다. 요컨대 세계가 존재함에 관한 모든 관심을 제지한다. 그래서 우리의 시각 장 속에 선험적 주관성이 들어온다.

그러나 여기에는 선험적 주관성에 이르는 새롭고 외견상 더 간단한 길에 대한 다음과 같은 사상이 당연히 떠오른다. 즉 세계의 경험에 대한 그 지루한 비판과 더불어 시작하지 않고 또한 세계가 존재하지 않을 가능성을 명증하게 이끌지 않고 직접 개별적 작용에서 관심 없는 자기관찰자의 '판단중지'를 작동시키는 것에 만족하지 않는가? 기꺼해야 내가 어쨌든 나의 순수한 주관성을 획득하게 될 이러한 괄호 침을 나의 모든 작용에서 일체로 수행한다고 보충하는 데 만족하지 않는가?

어쨌든 우리는 이 새로운 사상의 길을 관철하려 했고, 따라서 그 처리절차는 다음과 같다. 우리는 이전에 진행시킨 사상 전체를 무시해버리자고 했다. 그 대신 어떤 작용을 수행하고 그래서 자연적인 방식으로 그 어떤 지향적 객체와 관련된 자연적인 소박한 자아에서 출발하자고 했다. 이때 처음에 선험적 주관성에서 생각하지 않고, 선험적 주관성에 대한 어떤 표상도 전혀 지니지 않고, 세계와 세계의 경험에 관련해 데카르트적 길로 수행한 것처럼 쉽게 이해할 수 있는 방식으로 모든 개별적 작용에서 유사한 '판단중지'를 할 수 있다.

우리는 어떤 작용을 소박하게 수행하는 자아와 이에 관해 제기되는 반성하는 자아를 단순히 구별했다. 자연적으로 반성하는 이 자아는 동시에 무관심한 자아가 될 가능성을 밝혔다. 이 경우 무엇보다 경험하는 관심과 일반적으로 인식하는 관심으로, 이때 심정의 관심과 의지의 관심으로도 규정되는 관심의 이념을 해명했다. 반성된 자아가 그때그때 관심에 관여하는 모든 것을 배제하는 것은 이러한 자아가 정립한 것, 이 자아에 의해 수행된 타당성을 이어받는 모든 것을 배제하는 것을 뜻한다. 뿐만 아니라 반성하는 자아의 모든 실천적 지향을 억제하는 것, 이러한 관점에서 비판하고 인식하면서 참된 존재를 겨냥해나가는 것을 뜻한다. 이제 반성하는 자아가 이론적으로 태도를 취한 것으로서 그와 같은 '판단중지'에서 발견하는 것은 현상학적으로 순수한 작용이다. 이 순수함은 현상학적 순수함이지만, 물론 단지 첫 번째 그리고 여전히 불완전한 의미에서 첫 번째이지 아직 선험적 의미에서 순수함은 아니다. 이것으로써 획득된 것은, 앞에서 미리 말했고 아래에서 비로소 실제로 해명되듯이, 경험적 심리학의 의미에서 현상학적 순수함일 뿐이다.

이러한 노선에서 계속 진행해왔다. 작용들의 주된 유형을 개별적으로 고찰하고 그와 같이 현상학적으로 순수한 존립요소들로 환원하면서, 이 존립요소들에서 놀랄 만큼 서로 뒤섞여 얽힌 **지향성**을 제시하고 그래서 동시에 주관적 존재와 주관적 작업수행의 고유한 특성을―이 특성이 그와 같은 작용의 모든 유형 속에 나타나듯이―처음으로 이해하는 데 몰두해왔다. 어쨌든 현상학적 방법을 통해 새로운 경험의 영역에 대립해 공통적 경험의 영역이 열린다는 사실이 밝혀져야 한다면, 그러한 분석은 필요할 것이다.

우리는 이러한 연구에 전념해왔다. 그런데 나는 미리 어떤 견해를 곧바로 계속 제시할 것이다. 그래서 여러분은 선험적 주관성을 획득하기 위해―심지어 세계 전체가 존재하지 않더라도, 따라서 나의 신체가 존재하지 않더라도, 그래서 일상적 의미에서 어떤 자아, 곧 어떤 인간의 자아에 대한 논의가 더 이상 문제되지 않더라도 남아 있을―그러한 자아를 경험할 수 있게 경험적-인간적 자아의 작용들에서 그와 같이 개별적으로 환원함으로써 결국 어떻게 길이 열리는지 이해하게 된다.

이러한 물음에 대한 답변은 다음과 같다. 즉 반성하는 자아로서 개별적 작용과 작용들의 연관에서 앞에서 기술한 환원을―이러한 작용들 각각이 개별적 작용으로서 타당한 것으로 정립하는 것의 방향에서―수행하는 대신, 나는 나 자신을 선험적-현상학적 자아로서 구성하고, 게다가 선험적-현상학적 환원을 하고 맨 처음 그 자신의 선험적 주관성을 자신의 현상학적 경험과 탐구 일반의 개방된 무한한 장(場)으로 만드는 주관[주체]의 형식으로 구성한다.

지금 숙고하는 것은 이것이 무엇을 뜻하는지다. 그 답변은 이렇다.

즉 나는 이러한 선험적 관찰자가 되며, 나의 '판단중지' 자체는 이전의 심리학적 환원이 아직 알지 못했던 의미에서 보편적으로 포괄적이다. 또한 근본적이라는 사실에 의해 **선험적** '판단중지'가 된다. 왜냐하면 내가 **개별적인** '나는 지각한다' '나는 기억해내고 상상하며 사유하고 욕구한다' 등을 그 순수한 주관적 존립요소(심리학적 존립요소)로 현상학적으로 환원해도, 어쨌든 나는 동시에 여전히 여러 가지를 지니고 있기 때문이다.

그래서 우리 앞에 여전히 놓인 것은 한편으로 실로 개별적 작용에서 작업을 수행할 수 있는 이러한 환원과 이 현상학적 순수함이 여전히 더 높고 새로운 순수함의 작업수행을 열어놓고 있다는 사실이다. '판단중지'의 일정한 확장은 모든 것을 포괄하는 '판단중지'로 이끌 뿐 아니라 모든 심리학적이 것을 이른바 흡수하는 선험적 환원으로의 '판단중지'도 반드시 이끈다는 사실을 입증해야 한다. 더구나 데카르트적 길에서 그 확장을 맨 처음 획득한 것보다 여전히 더 나아가게 되면, 그러한 사실을 인식할 것이다. 왜냐하면 현상학적으로 환원을 하는 주체인 나는 이러한 길에서 나 자신을 선험적 자아로서 획득할 뿐 아니라, 타자의 주관성도 이러한 방법에 포함시켜 선험적 **상호주관성** 또는 선험적으로 파악된 개별적 자아들의 선험적 공동체인 선험적 자아 전체(Ichall)도 획득하기 때문이다.

그러므로 지금 우리가 기억 속에서 되살린 중요한 것은 때때로 매우 어려운 분석에서 마치 생성되고 있는 철학의 통일적 사유과정에 중대한 특징을 놓쳐버린 것처럼 그 자체로 불가결한 현상학적 개별분석을 단순히 실행하는 것이 아니다. 오히려 우리는 엄밀한 체계적 진행에 전념하고 있으며, 게다가 이러한 분석에 필요한 현상학적 방법을 새롭게 형성하고 심화시키는 데 전념하고 있다. 이렇게 하는 것은 현상학적인 개별적 환원에서 곧 이해할 수 있고 멀리 떨어지지 않은 근본사상에서 더 높은 선험적-보편적 환원이 아치형으로 세워질 초석을 제공해준다.

따라서 우선 우리가 예전에 연구한 사상의 매듭을 다시 받아들여 요약하고 쉽게 이해할 수 있는 특징을 끝까지 이끌어가자.

이렇게 중단된 연구의 더 직접적인 목적은 현전화하는 것 ─ 회상하고 예상하며 모사하는 작용처럼 재생산적 상상의 작용 ─ 으로 주어진 작용들의 주된 유형에서 현상학적 분석을 통해 그 지향적 관계가, 그것이 언뜻 보기에 나타나고 또한 표현되곤 하는 것처럼, 단순한 관계가 아니라는 사실을 밝히는 것이었다. 외견상 기억에는 기억된 과거, 예상에는 예상된 미래, 모사에는 모사된 객체, 상상에는 지각에 지각된 것이 있는 것과 마찬가지로 단적으로 현전화된 허구가 있다. 그러나 이것은 그렇지는 않다.

우리는 기억과 예상에서 첫 번째 환원인 데카르트적 환원의 경우 이미 이러한 사실을 잠시 제시했다. 이때 주도면밀하지만 어려운 분석으로 우리는 상상의 경우 이러한 사실을 설명했다. 그래서 그와 같은 모든 현전화에서 〔한편으로〕 단도직입적 시선의 방향 ─ 또는 일차적 의미에서 현전화된 것을 뜻하는 것과 무엇보다 오직 볼 수 있게 된 것을 향한 시선의 방향 ─ 과 〔다른 한편〕 두 번째로 은폐된 작용과 그 자체로 함께 현전화된 작용과 작용의 시선 ─ 그 자아는 현전화된 객체의 필연적 상관자로서 현전화된 자아다 ─ 을 구별해야 한다는 사실이 밝혀진다. 어떤 풍경을 상상에 적합하게 의식해 갖는 것, 단도직입적으로 상상하면서 그 풍경에 빠져 있는 것, 이것은 풍경을 지각하는 것만큼 간단한 일이 아니다. 왜냐하면 상상된 풍경에 필연적으로 포함되는 것은 함께 상상된 자아이지, 지금 여기에 있는 내가 아니기 때문이다. 또한 내가 이러한 풍경 속에서 '유사하게' 존재하는, 그 풍경을 지각하면서 향해 있는, 다양한 나타남의 방식으로 그 풍경을 의식하는 나인 나의 자아의 상상의 변양이기 때문이다.

이렇게 상상된 자아와 상상된 봄(Sehen)의 작용은 풍경을 상상하는 데 필수적인 존립요소에 속한다. 따라서 이것은 실제로 지각된 것처럼 단순한 지향성 속에 의식되지 않는다. 마찬가지로 외견상 어제 산책한 것에 대한 기억은 마치 내가 어기에서 현재의 자아와 산책한 것에 대한 기억의 상(像)—이것은 지각에 적합하게 주어지고 경과하는 산책에 대립해 주관적으로 변경된 방식으로만 의식되지만 그밖에는 똑같이 단순하게 의식된다—이외에 아무것도 지니지 않는 것처럼 단순한 것이다.

그러나 더 자세하게 고찰해보면, 기억된 것으로서 과거의 것은 그것이 나에 의해 지각되었던 것으로 나에 의식된다는 점을 통해서만, 따라서 나는 재생산된 과거 속에 재생산된 자아로서 거기에 함께 존재하지, 지금 존재하는 나로서가 아니라 존재했고 다양하게 체험하면서 거기에 존재했던 나로서 거기에 함께 존재한다는 점을 통해서만 의식될 수 있다는 사실을 다시 나타낸다. 예상된 사건과 필연적으로 함께 정립된 자아와 자의 작용—이 속에서 다가올 것은 지각에 적합한 현재가 되거나 될 것이다—에 관해서 예상의 관계도 마찬가지다.

제4장 현상학적 심리학, 선험적 현상학 그리고 현상학적 철학

1절 현상학적-심리학적 환원의 작업수행과 문제제기

47 지향적 함축과 반복

이러한 방식으로 기억되거나 예상된 사건이 그것이 기억에 적합한 과거 속에 지각된 것 또는 예상에 적합한 미래 속에 지각될 수 있는 것으로 의식된다는 점을 통해서만 나에 그 자체로서 의식될 수 있다. 그렇다면, 그와 같은 모든 지향적 내용 속에는 순수한 주관적 내용, 즉 이렇게 함축된 과거의 지각이나 미래의 지각에 순수한 주관적인 것(Subjektives)이 포함되어 있다는 사실을 어디에서나 동일한 방식으로 해명해야 한다.

따라서 기억이나 예상에서 현상학적 환원은 내가 이 환원을 기억에 적합한 과거나 예상된 미래로 가져갈 것을 요구한다. 달리 말하면, 현상학적 환원은 소박하게 과거로 옮겨진 내가—과거의 자아와 이 자아의 과거의 작용 및 일반적으로 기억에 적합한 과거의 자아로서 실행했어야 한다고 의식된 모든 작용에서—반성적 파악작용을 실시하고 이론적 관찰에서 관련된 작용의 순수한 주관적 내용이 과거의 자아의 작용으로서 생기는 그 무관심함을 작동시킬 것을 요구한다.

미래의 자아와 그 작용들에 대해서도, 이것들이 그때그때 예상작용 속에 지향적으로 포함되어 있는 한, 마찬가지다. 물론 이러한 현전화 ─ 현재의 자아로서 이러한 작용을 실제로 실행하는 자아에 대립해 ─ 와 같은 방식으로 여전히 그 지향성 속에 함축된 자아가 함축된 작용들을 포함해 그 자체 속에 지니는 모든 작용의 경우에도 마찬가지다. 상상하는 작용의 경우 그와 같은 자아는 '마치'(als ob)의 양상 속에, 그때그때 상상의 세계 속에 작용들을 실행하는 함께 상상된 자아로서, 지향적으로 함축되어 있다. 당연히 여기에서 상상된 작용인 함축된 작용에서 획득된 순수한 현상학적인 것은 그 자체로 단순히 상상된 것이다.

그럼에도 현상학적 환원은 여기에서 필연적 방식으로 작업이 수행되어야 할 것을 실행한다. 그 환원은 모든 상상이 상상하는 자아, 따라서 실제적 자아가 지니는 현재의 내실적 작용으로서 어떻게 그 상상의 대상성을 의식해 가졌는지 밝힌다. 이때 허구로 날조된 모든 객체적인 것(Objektives)에 허구로 날조된 순수한 주관적인 것 ─ 오직 이것을 통해서만 객체적인 것도 상상 속에 주체에 대해 나타날 수 있고 타당할 수 있는 것으로서 ─ 이 어떻게 상응하는지를 밝혀준다.

여기에서 고찰해야 할 지향적 함축은 여전히 단순한 현전화와 상상이다. (예를 들어 표지를 통해) 이미 다소 복잡한 모사와 표시와 같이 서로 잇달아 단계지어 되풀이되는, 즉 반복(Iteration)의 가능성을 수반한다는 사실을 통해 복제된다. 단적인 회상 대신 우리는 어떤 회상에서 다시 회상을 지닐 수도 있다. 그리고 이것을 넘어서서 우리는 어떤 회상에서 다시 회상을 지녔던 것 등에 대해 기억해낼 수 있다. 모사는 그 자체가 다시 모사가 될 수 있는 등 어떤 모사된 것의 모사일 수 있다. 어떤 재생산, 가령 어떤 조각상의 스케치가 앞에 놓여 있고, 그런 다음 나중에 이 스케치 자체의 재생산이 있을 수 있다. 또한 어떤 상상은 단적인 상상 대신, 내가 상상의 세계 속에 들어가 꿈을 꾸고 내가 상상의 세계 자체에서 상상을 하는 것에 빠져들고 이것을 관념적으로 되풀이될 수 있을 때처럼, 어떤 상상에 대한 상상일 수 있다.

다른 한편 우리는 작용들이 지향적으로 얽혀 있는 것에 관해서 하나의 동일한 작용의 방식으로 반복할 뿐 아니라 상이하게 지향적으로 변양하는 작용의 방식을—예를 들어 예상에서 기억으로, 기억에서 예상으로, 기억에서 상상으로—지향적으로 서로 파급시킬 수 있다. 그래서 어느 한 변양의 모든 반복은 다른 모든 변양의 지향성으로 이행할 수도 있다.

몇 마디 말로 간단히 상상(Phantasie)에 대해 더 자세하게 설명해보자. 이미 앞에서 언급했듯이 상상은 정립적 작용으로서 상상하지 않는 모든 작용에 대립하고 있는 보편적 변양에 대한 명칭이다. 실제적인 모든 정립적 작용에 우리는 그에 상응하는 상상의 작용을 관념적으로 대립시킬 수 있다. 그러나 이것은 우리가 환원을 통해 정립적 작용에서 획득한—단적이거나 반복된 기억, 예상 등—현상학적 성과의 모든 방식은 그것이 거기에서 '마치'의 변양을 받아들인다는 점 이외에 즉시 상상으로 옮겨진다는 것을 뜻한다. 그래서 상상이 상상으로서 성취하고 정립적 작용의 근본방식과 그 작용을 반복하는 유형의 특징에서 체계적 환원을 실행하는 고유한 특수성을 보편적 현상학으로 밝혀내야 할 뿐이다.

우리가 이제까지 고려했고 여기에서 다루었던 작용은 지향적 함축이 형태로 다시 작용 자체 속에 은폐되어 있지만, 동일한 자아의 작용이다. 만약 내가 기억해낸다면, 기억하는 자아인 나는 작용의 주체로서 당연히 작용의 지향적 내용 속에 있지 않다. 그렇지만 나의 주관적 기억의 과거 속에 변양되어 있는 나는 어쨌든 그 지향적 내용에 일부다. 모든 적합한 반성은 나에게 '내가 지금 기억해내는 동일한 자인 나는 기억된 것에 그때 있었다'고 말한다. 그리고 이것은 이제까지 고찰한 작용들에서 어디에서나 유사하다.

그러나 이제 이른바 감정이입(Einfühlung)이라는 작용의 새롭고 매우 주목할 만한—그 지향적 작업수행에 현전화가 기여할—형식을 고찰해보자. 이 작용을 통해 '자아'(ego)로서 나는 지각의 방식으로 그 어떤 '다른 자아'(alter ego)들인 다른 주체들의 '생생한' 현존재에 대한 의식을 지닌다. 하지만 이것은 내가 어떤 사물, 이른바 '타자의 신체'를 이것에 속한, 함께 현존하는 영혼 삶에 〔감정이입으로〕 공감한다(einverstehen)는 사실을 통해 이루어진다.

신체는 영혼의 존재, 영혼 삶이 '표현되는' 사물이다. 내가 타자의 신체를 지각하면, 나는 이러한 표현도 경험하며, 이 타자의 신체를 통해 스스로를 표현하는 것으로서 타자의 영혼 삶은 함께 현재에 있는 방식으로 드러난다. 나는 타자의 신체를 잇달아 표현되는 그의 영혼적인 것—비록 내가 이 영혼적인 것 자체를 보지 못하고 심지어 본래 결코 지각할 수 없더라도—으로 간주한다. 우리가 알고 있듯이, 여기에 일종의 근원적 지시가 놓여 있다. 이것은 그 힘을 나의 영혼 삶과 연루된 나의 신체의 지각에 적합한 현재에서뿐 아니라 나의 신체와 타자의 신체—우선 물체적 존재로서—의 유형적 유사함에서도 길어낸다. 그와 같은 연관에서 이 유사함은 유사한 정신적인 것을 지시하는 현전화하는 기능을 근원적으로 동기짓는다. 그러나 유사한 정신적인 것은 함께 현전화된 자아주체들을 나 자신과 동일하게 확인하는 것—그것은 하나의 자아이지만 타인의 자아다—을 허용할 일종의 기억이나 예상으로 지시되지 않는다. 그 작업수행의 주요한 부분을 현전화를 통해 힘입고 있는 이러한 방식의 지각에 고유한 지향적 구조는 자아를 요구한다. 하지만 이것은 어쨌든 함축된 주체로서 나 자신은 아니다. 그 구조는 내가 '타인의 자아는 나에게 대립해 있고, 이것이 없으면 '타인의 자아'나 '동료 인간'이라는 말은 나에게 의미 없는 말이다'라는 의식을 지니게 한다.

여기에서 감정이입에 관해 지향직 함축을 해명하고 그 현상학적 존립요소를 환원적으로 부각시키면, 원리적으로 새롭고 주목할 만한 것에 직면하게 된다. 우리가 우리 자신의 작용——현재화의 작용, 지향적으로 함축된 작용, 실제적이거나 허구로 날조된 작용——에서 현상학적 환원을 할 수 있듯이, 감정이입을 통해 우리에게 알려지는 타자의 작용에서도 그와 같은 환원을 할 수 있다. 우리는 마치 타자의 작용 삶에 익숙해진 것처럼 우리 자신을 옮겨놓고 우리가 그들 자신인 것처럼 그 작용 삶 속에 반성과 현상학적 '판단중지'를 할 수 있다. 그래서 그 모든 작용, 지각, 기억, 예상, 상상 등에 대해 타인의 주관적인 것인 순수한 주관적인 것을 밝혀낼 수 있는 것이다. 이것은 우리가 우리의 과거 자아나 허구로 날조된 자아, 기억된 작용이나 허구로 날조된 작용 등에서 그렇게 할 수 있는 것과 같다.

물론 감정이입에 적합하게 주어진 타자의 작용에서는 사정이 더 복잡하다. 여기에서 중요한 것은 경험된 신체성(Leiblichkeit)에 의해서 독특하고 복잡한 지시를 통해 내 속에 더 근원적인 형식으로 주어진 것을 지향적으로 변양시키는 것이다. '타자'(alter)의 변양은 생각해볼 수 있는 모든 종류의 자신의 작용을 그 자신의 지향적 함축에 상응해 변양시키는 지향적 성격으로서 생긴다. 내가 어쩌면 나 자신에게 부각시킬 수 있을 모든 지향적 존립요소는 '타자'의 이러한 변양에서와 마찬가지로 나에게 일어날 수 있으며, 그래서 타자의 작용속에 지향적 존립요소로서 성격지어진다. 더구나 내가 나 자신의 것으로서 실제로 체험하고 나에게 상상할 수 있을 모든 유와 종의 체험이 나에 의해 '다른 자아'에 〔감정이입으로〕 공감될 수 있다는 것은 본질적인 일반성에서 타당하다. 이것은 감정이입 자체에도 적용되며, 감정이입은 타자의 신체성 속에 또는 타자의 신체성에 의해 표현될 수도 있다. 이에 따라 나는 타인을 그 자신이 다시 '다른' '타자'라는 양상으로 어떤 타인을 경험하고 이 '타자'는 다시 자신의 측면에서 네 번째 타자로서 그렇게 경험하는 등의 어떤 사람으로 경험할 수 있다. 이것은 사실상 지향적 함축의 아주 일상적인 사건이다. 여기에서 다시 중요한 것은 반복할 수 있는 변양이라는 점을 알게 된다는 것이다. 어떤 주관과 주관적 삶이 감정이입하는 작용의 지향적 객체로서 변양되어 주어지는 '타자'의 변양은 ─주관적인 것이 자기지각 속에 '원본적으로' 변양되지 않고 주어지는 방식과 대조적으로 ─ 되풀이하면서 단계지어질 수 있다. 어떤 감정이 이입된 것의 감정이 이입된 것으로 경험된 영혼적인 것은 이때 지향적 간접성을 그 자체로 지닌다.

이와 유사하게 우선 지각된 것에 대립해 회상된 것은 '지각되었다' 또는 '기억에 적합한 과거의 것'이라는 변양된 성격을 지닌다. 이때 어떤 회상에 대해 다시 회상하는 지향적 대상은 계속 현실적 현재와 과거의 현재라는 두 가지 현재를 지시하는 그에 상응하는 반복된 지향적 성격을 지닌다. 이 경우 동일한 것이 동시에 직접적 지향성과 간접적 지향성 속에 동일한 것으로서 확인할 수 있게 주어진다. 즉 나는 어떤 것을 기억해내는 동시에 내가 어제 기억해냈던 것으로서 그것을 기억해낸다. 마찬가지로 나는 어떤 것을 경험하는 동시에 나의 이웃 사람이 동일한 것을 경험하면서 향해 있다는 것, 제3의 인물이 이 이웃 사람이 동일한 것을 향해 있다는 것을 관찰하는 등을 경험한다.

타인이 그의 측면에서는 두 번째 사람을 경험하면서 파악하는 사람으로서 나에게 주어지는 감정이입하는 경험의 특별하고 아주 중요한 경우는 나 자신이 이 두 번째 사람으로서 함께 경험되고 이렇게 간접적으로 감정을 이입하는 경험이 나의 자기경험과 합치되는 데, 즉 내가 나에게 대립해 있는 사람을 그가 경험하면서 나 자신을 향해 있는 사람으로서 경험하는 데 있다. 그래서 '서로에 대해-상호-현존하는'(Füreinander-wechselseitig-dasein) 이러한 가장 근원적인 형식에 근거해 지극히 다양한 '나와-너의-작용'(Ich-du-Akt)과 '우리의-작용'(Wir-Akt), 그 자체가 다시 타인들 및 의사를 소통하는 다수가 통일체로서 감정을 이입할 수 있는 작용이 가능해진다. 따라서 지극히 많은 형태의 공동체 삶이 가능해진다. 그 주목할 만한 특성은 많은 주체가 일반적으로 살아갈 뿐 아니라 모든 타인이 지향성을 통해 감정을 이입하는 모든 경험에 그들의 타인으로서 주어지는 방식으로 살아간다는 점이다. 이들은 부분적으로는 근원적 경험의 형식으로, 부분적으로는 규정되거나 규정되지 않은 개방된 앎의 형식으로 함께 현존하는 것으로서 자신의 실존하는 장(場) 속에 있다.

그렇지만 이것으로는 여전히 충분치 않다. 직접적이든 간접적이든, 또는 부분적으로 실제성에 따르든 부분적으로 수립할 수 있는 실천적 가능성에 따르든, 그는 이 모든 타인과 더불어 **사회적 연관** 속에 있다. 이것은 의사소통하는 작용, 특수한 사회적 작용, '나와-너의-작용' '우리의-작용' 등에 힘입어 타인들과 '교류하거나' 가능한 방식으로 교류하면서 타인들에 의해 개인적 영향을 받거나 그와 같이 타인들에게 영향을 미치고 있다. 그러나 이 모든 것은 그 자신이 지니고 있는──모든 사람의──지향성의 테두리 속에 이루어진다. 그래서 '모든 사람'은 자신을 어떤 사람, 규정되지 않은 무한한 범위로 계속 연장되는 **개인적 영향의 공동체**──최후에는 인류──의 구성원으로 알게 된다.

여전히 어떤 부류의 작용이 이러한 고찰에 더 포함되어야 한다. 물론 우리는 임의로 반성하는 작용에서 현상학적 환원을 할 수 있다. 이 때문에 어쨌든 현상학적으로 환원하는 반성 자체의 작용에서 그 환원을 할 수는 없다. 달리 말하면, 내가 단적인 지각 속에 지각의 객체를 괄호치고 지각 자체를 반성하면서 지각의 객체를 현상학적으로 순수한 지각에서 지각된 것으로만 받아들일 수 있듯이, 현상학적으로 반성하는 작용의 대상을 괄호치고 이 작용의 현상학적으로 순수한 것을 획득하려 추구할 수도 있다. 내가 지각을 나의 순수한 체험으로 획득하는 현상학적 반성의 작용은 그 객체로서 바로 이 순수한 체험, 따라서 이러한 현상학적 자료를 지닌다. 이 현상학적 자료에 대한 나의 존재적 관심을 억제해 방해하는 것은 아무것도 없다. 예전처럼 그렇게 처리해가면, 지각에 관해서 방금 전에 수행된 현상학적 '판단중지'에서 현상학적으로 순수한 체험을 확정하는 데 대한 유일한 관심을 확인하게 될 것이다. 이러한 일은 명백히 두 번째 단계의 '판단중지'를 포함한 두 번째 단계의 반성 속에서 일어난다. 여기 지각의 예에서 일어난 것은 그 밖의 모든 작용에서 일어날 수 있으며, 그래서 우리는 임의로 반복하는 가운데 적어도 관념적으로는 무한하게 단계 지어진 현상학적 환원에 이른다.

현상학적 환원에 임의의 단적인 작용(그 자체는 아직 어떤 현상학적 작용을 환원하지 않은 작용)에서 진행되는 그와 같은 반복의 계열에 관해서 이 반복의 계열은 서로 뒤섞여서 근거지어진 것으로 현상학적으로 순수한 자료들이 지니는 일련의 단계를 명백히 제시한다고 분명하게 말할 수 있다. 하지만 가령 마치 높은 단계의 환원 성과가 낮은 단계의 환원 성과를 어떻게든 개선하거나 보충할 것처럼 명백히 제시하는 것은 아니다. 왜냐하면 내가 순수한 주관적인 것으로서 현상학적 경험 속에 명백하게 제시한 것은 내가 이제 다시 반성하면서 현상학적으로 명백하게 제시하는 것 자체가 다시 하나의 행사(Aktus)다. 따라서 내가 순수한 경험에서 순수한 행사로서 그 행사를 명백하게 제시하는 것에 관심을 두고 높은 단계의 작용인 그 행사에 다시 환원해야 한다는 점을 깨달음으로써 잃어버리거나 획득할 수 있는 것은 아무것도 없기 때문이다.

방법의 작용인 이러한 작용은 실로 처음부터 현존하지 않았고, 나에 의해 방법적으로 작동된다. 그 작용이 항상 새롭게 **반복적으로** 작동될 수 있다―이것은 모든 반복에 대해 타당하다―는 사실에 주목해야 한다. 만약 내가 오직 현상학적 의미에서만 순수하게 주관적인 것이 나타나게 될 고찰범위를 경계짓는 데 관심을 두어야 한다면, 이때 그와 같은 모든 단계의 반성에 현상학적으로 순수함은 동일한 방식으로 나의 고찰범위 안에 포함되어야 한다. 가령 내가 특별한 현상학적 자료를 끌어내 확정하려는 모든 특수한 경우 나는―마치 더 높은 반성이 문제되는 자료를 먼저 완성해야 하듯이, 또한 마치 이 자료가 실로 현상학적으로 순수한 자료가 아니고 그 자체로 완성된 자료이듯이―환원의 소급을 '무한히' 요구하지 않아야 한다는 점은 분명하다.

48 그때그때 작용의 심리학적 환원에서 보편적인 현상학적 '판단중지'와 환원으로 넘어가는 문제

그렇지만 이제 개별적 분석을 해야 하고 무엇보다 우리가 그 개별적 분석에서 현상학적으로 '더 이상의 것'(plus ultra)을 탐색할 수 있는지 하는 물음을 제기해야 한다. 그와 같은 것에 관해 우리는 환원을 향한 데카르트적 길에서부터 '선험적 주관성'이라는 명칭으로 알고 있다. 이러한 지식은 다만 우리를 지금 자연적 태도의 토대 위에 수행되는—이제까지 우리의 처리절차가 밟아왔던—그와 같은 개별적 환원의 작업수행에 대한 비판의 수단으로서, 이러한 처리절차의 불충분한 점을 극복할 수 있을 결정적인 생각을 일깨울 수단으로서 이바지할 것이다.

물론 이렇게 함으로써 우리는 새로운 방법을 구축해 보충하는 부분을 고안하게끔 하는 동기부여만 얻게 된다. 따라서 이 동기부여 자체는 실로 자명하게 그 자체 속에 근거지어져야 할 환원 자체의 새로운 방법에 포함되지 않는다. 선험적 주관성에 대한 지식과 일체가 되어 우리는 오랫동안 친숙한 다음과 같은 근본생각을 활용한다. 즉 나에게 언제나 현존하고 현존했으며 현존하게 될 모든 객체적인 것은 그 어떤 의미에서 나에게 언제나 존재하는 것으로 간주된다. 나 자신이 지니고 있는 의식의 어떤 작업수행에서만 의미, 나타남의 방식, 타당성을 길어낼 수 있었다. 이러한 생각에서 명백해지는 사실은 내가 이미 환원된 어떤 객체적인 것과 객체적으로 연루되어 여전히 환원되지 않고 남아 있는 어떤 잔여(殘餘)를—따라서 단적으로 정립된 객체적인 것에서의 어떤 존립요소를—어디에 지니더라도, 그래서 이러한 작용의 단순한 지향적 대상성으로서 단적으로 정립된 객체적인 것을 의식해 갖는 것으로 되돌아가는 가운데 정립되는 대신, 나는 실제적이고 완전한 순수한 주관적인 것을 아직 갖고 있지 않다.

이러한 보편적 관점에서 우리가 수행한 상이한 작용들의 현상학적 환원을 고찰해보고, 바로 이와 같은 방식으로 모든 종류의 작용 일반에서 단지 일반적으로 처리될 것을 생각해보자. 이 경우 출발부터 나는 자연적 태도에 있었고, 심리학자로서 나는 이제까지 삶에서 통상적으로 잘 알 수 있게 습득한 실재적 환경세계뿐 아니라 잘 알려진 세계에 있는 이러한 인간인 자아로서 시작한다. 이념적 '세계'

도 나에게 현존한다. 예를 들어 나는 수학을 배웠고, 수의 세계, 리만 (G.F.B. Riemann)[1]의 다양체(Mannigfaltigkeit)[2], 로바체프스키(N. Lobachevsky)[3]의 다양체 등과 같이 상이한 유형의 이념적인 수학적 다양체도 알고 있다. 아무도 심리학자인 나에게 '내가 이 모든 세계를, 내가 알게 되고 인식히게 된 이 모든 객체성을 단념하라'고 요구하지 않는다. 내가 그때그때 고찰된 개별적 작용에서 항상 새로운 개별적 작용으로 방법적으로 계속 환원해가는 것은 그 작용에서 그리고 그 작용의 지향적 대상성에서 항상 어떤 환원을 요구한다. 그리고 내가 거기에서 순수하게 주관적인 것도 파악했듯이, 내 것이었고 단적으로 내 것인 모든 객체성에 결단코 남김없이 타당성을 정지하라고 나에게 요구하는 것은 전혀 없다. 그때그때의 작용 속에 또는 그 작용에 관해 타당하게 정립된 것만 순수한 작용의 내용을 획득하기 위

---

1) 리만(1826~1866)은 하노버 왕국(오늘날 독일)에서 태어나 괴팅겐대학교와 베를린대학교에서 수학을 배웠고 저명한 수학자 가우스(C.F. Gauss)의 제자로 40세라는 비교적 짧은 생애임에도 불구하고 해석학, 미분기하학, 복소(複素)함수론, 위상수학 등에 혁신적 업적을 쌓아 '리만 적분' '리만 방정식' '리만 함수' '리만 다양체' '리만 가설' 등으로 남아 있다. 저서로『기하학의 기초를 이루는 가정에 관해』(1868) 등이 있다.

2) 이것은 리만(G.F.B. Riemann) 이래 현대의 기하학에서 일정한 공리의 연역적 체계를 지칭하는 용어로 일종의 유개념(집합)이다. 그런데 후설은 힐베르트 (D. Hilbert)의 완전성 공리와 결정가능성에 입각한 형식주의의 영향으로 이 개념을 학문의 경계를 올바로 설정해 학문을 학문으로 성립시킬 이론적 형식에 관한 학문이론, 즉 순수논리학을 정초할 영역적 존재론(regionale Ontologie)으로 발전시킨다.

3) 로바체프스키(1792~1856)는 러시아의 수학자로 카잔대학교 교수로 활동하면서 유클리드기하학의 기초 공리를 검토해 평행선 공준이 독립적이라는 사실을 밝혀 비유클리드기하학을 창시했다. 대수학에서는 함수의 미분가능성과 연속성을 구별해 대수방정식(로바체프스키 방정식)의 수치해법을 제시했다. 저서로『유한의 계산』(1834),『평행선이론의 기하학적 고찰』(1840),『무한급수의 수렴성』(1841) 등이 있다.

해 — 단지 일시적으로만 — 괄호처질 것이다.

만약 인간을 포함한 세계가 배경 속에 또한 획득된 습득적 소유물로서 타당하게 남아 있다면, 모든 작용, 예를 들어 내가 그때그때 순수한 주관적인 것으로 환원하는 나의 지각, 기억, 감정이입의 작용은 내가 고찰하는 시선을 다시 나의 신체로 향하자마자 즉시 이러한 인간인 나의 영혼의 작용으로 있게 된다. 내가 그 신체에 주목하지 않아도 내 신체는 내가 파악하는 지각의 어떠한 작용도 그 신체에 관련짓지 않아도, 나의 지각의 장(場) 속에 언제나 현존한다. 나의 신체가 이제 주목해 파악하든 파악하지 않든 이렇게 끊임없이 현존하는 것으로 나에게 타당하게 남아 있다. 따라서 나의 그밖에 신체 이외의 경험세계와 마찬가지로 나의 신체도 이 경험세계도 이른바 언제나 그렇게 함께 논의되어야 한다. 내가 통일적 내면, 순수한 영혼의 통일체를 겨냥할 때도 달라지는 것은 없다. 심리학자는 바로 '인간'이라는 객관적 통각의 토대 위에 서 있다. 그는 단순한 물리적 물체성의 한 구성요소를 순수하게 획득하는 추상적 태도를 취한다. 그런 다음 거꾸로 된 태도에서 '순수한 영혼'의 구성요소 — 하지만 곧 구성요소로서 — 를 획득한다. 달리 말하면, 내가 새로운 작용을 수행하면서 작동시킨 모든 새로운 타당성은 그 타당성에 속한 의미에 따라 단지 새롭게 활성화된 예전의 타당성과 얽힌다.

그래서 내가 환원을 하면서 획득한 모든 순수한 주관적인 것은 끊임없이 또한 이러한 환원에 상관없이 결코 억제되지 않은 객관적 타당성이 그렇게 얽히는 것에서 유래하는 객관적 타당성의 구성요소를 수반한다. 인간이 언제나 나의 타당성이 지니는 장 속에 있다면, 그의 신체와 이 신체에 생기를 불어넣는 작용은 함께 타당성의 통일체에 속한다. 내가 이러한 작용 — 나 자신의 작용이나 타자의 작용 — 의 순수한 주관적인 것을 현상학적으로 드러내 부각시킨다면, 이때 그것은 나에게 즉시 다양한 신체와 함께 현존하는 것인 바로 그 순수한 주관적인 것이다. 따라서 이것은 인간이 다양하게 지니고 있는 순수한 주관적인 것이며, 요컨대 인간의 순수한 영혼적인 것(Seelisches), 만약 내가 나 자신을 환원하면, 나 자신의 순수한 영혼적인 것이다.

그러므로 우리가 앞에서 미리 알린 것이 확증된다. 이제까지 상이한 유형의 개별적 작용에서 실행한 현상학적 처리절차는 영혼의 내면을 그 순수함에서 드러내 제시하고 이 속에 은폐된 지향적 함축을 명백하게 밝히는 것을 수행할 뿐이며 다른 것을 수행할 수는 없다.

이러한 작업수행은 결코 사소한 일이 아니다. 정말 우리는 지금 '이 현상학적 환원이 최초로 로크 이래 어떠한 방법적 기술(技術)도 없이 단순한 수용성(Rezeptivität)인 단적인 경험의 방식으로 실행할 수 있다고 생각한 것, 즉 이른바 내적 경험인 순수한 심리학적 경험을 실현시켰다'고 말할 수 있다. 곧바로 우리의 분석과 그 효력범위에 대한 해명을 통해 순수한 심리적인 것에 대한 경험과 실로 순수한 심리적 자기지각은 단순한 수용성일 뿐이라는 사실이 명백해지며 그 경험은 오히려 특수한 방법인 '판단중지'의 방법을 힘들게 작동시킬 것을 요구한다는 사실이 명백해진다.

그렇다면 심리학적으로 순수한 경험의 이러한 단순한 방법이 어떻게 선험적 주관성으로의 길을 열어야 하는가? 그 방법이 어떻게 인간의 영혼 삶을 이끌어내 직시함과 순수한 심리학적 분석을 넘어서서 선험적으로 순수한 삶을 간취함과 선험적 분석의 작업수행으로 이행할 수 있는가? 방법을 어떻게 변화시키고 상승시킬 것이 요구되는지, 절대적 보편성으로까지 '판단중지'를 어떻게 확장할지는 이미 상론한 것을 통해 미리 시사되었다.

지향적 체험의 단순히 심리학적으로 순한 내용으로 이끌고 자연적 보편성에서 수행되어 세계 전체의 순수한 영혼의 존립요소로 ─ 따라서 모든 인간과 동물의 순수한 영혼의 전체성으로 ─ 이끌 이제까지의 이러한 현상학적 환원이 처한 지금의 견해 전체를 숙고해보자.

자연적 태도에서 출발하는 가운데 또한 자연적 태도를 유지하면서 현상학적으로 활동하는 주체인 나에게는 이전에 타당하게 간주되었던 모든 것이 타당하게 간주된다. 내가 이 '판단중지'를 보편적 '판단중지'로서 실행했더라도, 즉 일반적 의지에 따라 나와 타인의 모든 작용을 '판단중지'에 떠맡겼더라도, 내가 실행한 '판단중지'는 변함없이 이 모든 작용의 자연적 존재타당성은 남아 있다. 예를 들어 지각이 나 자신의 작용이나 자연적 경험 속에 나에게 주어진 타자의 작용이라면, 그것은 확실하게 나의 '인간-자아'나 다른 인간 또는 동물이다. 내가 그때그때 지각된 대상의 실제적 존재에서 실행하고 마찬가지로 관련된 그 밖의 작용 속에 정립된 대상성에서 실행한 '판단중지'의 무관심함(Interesselosigkeit)은 결코 절대적이고 근본적으로 순수한 무관심함이 아니다. 단지 상대적인 무관심함이다. 즉 이 작용에 대해 만약 그때그때 지각하거나 그 밖의 방식으로 활동하는 자아가 착각을 한다면 그 작용 속에 존재하는 것으로 남아 있는 것과 어쨌든 ─ 그 작용 속에 정립된 대상이 존재하든 존재하지 않든 ─ 이러한 작용의 사실적 존재에 불가분하게 속한 것을 드러내 밝히려는 의도에서만 지닌 무관심함이다. 따라서 나는 그때그때 작용주체의 작용체험을 순수한 체험으로 또한 그 순수한 체험의 존립요소를 획득하려는 목적을 지닌다.

그러나 이는 결코 심리학자인 내가 이렇게 지각되는 것, 일반적으로 이렇게 정립된 사물, 가치 등을 믿는 나 자신의 태도를 단적으로 정지시키려 한다는 것을 결코 뜻하지 않는다. 오히려 나는 나의 목적과 관련해 이렇게 하고자 원했고, 이것을 단지 상대적으로만 실행했을 뿐이다. 그래서 나는 타인이 본 집을 실제성으로서 아주 잘 견지하고 또한 동시에 견지할 수 있었고, 타인의 순수한 지각체험을 '내가 그가 본 집의 존재의 실제성(Wirklichkeit)을 괄호 쳤다'는 사실을 통해 획득할 수 있었다. 왜냐하면 바로 이렇게 함으로써 나는 그의 지각에 속하는 것이 단순히 지향적 대상성, 즉 이러한 개별적 내용과 나타남의 방식 등을 지닌 집이라는 것을 확인하기 때문이다. 어쨌든 지각작용 자체의 계기로서 남아 있는 지각하면서 생각되고 정립된 집 그 자체는, 그 집이 참으로 존재하지 않는다는 것이 밝혀지더라도, 그것이 존재하는 그대로다. 따라서 나는 그때그때 작용의 지향적 대상의 실제적 존재에 대한 나의 태도를 단적으로 또한 절대적으로 억제하지 않았다. 더구나 그밖에 나의 존재정립, 실재적 세계가 나에게 끊임없이 현존하며 경험에 적합한 그 모든 실제성과 ─ 내가 예전의 삶에서 존재하는 것으로 인식했고 나의 인식소유물(습득적 확신)의 영역에서 변함없이 유지되어 남아 있는 ─ 많은 이념적 실제성을 포함해 타당성을 지니는 타당성의 습득성(Habitualität) 전체를 억제하지 않았다.

그렇지만 이제 우리는 새롭고 다른 것, 즉 이러한 자연적 태도에서 그 토대 전체를 빼앗고 바로 이 토대를 만들어낸 모든 타당성을 무력화하는 것이 어떻게 가능한지도 보게 된다.

그런데도 나의 모든 관심을 남김 없이 억제하는 의미에서 **보편적 의지의 결단**인 보편적 '판단중지'를 정초하는 데 방해가 되는 것은 아무것도 없다. 이 '판단중지'를 통해 나에게 타당한 것이 지금 나에 대해 타당할 뿐 아니라 그 판단중지를 통해 나에게 이전에 타당했던 것이 여전히 습득적으로 나에게 계속 타당하다. 더구나 그 판단중지를 통해 타당성의 그와 같은 기반 위에 미래에 나에게 타당할 것은, 내가 나의 판단중지에 의해 침해받지 않는다면, 자연적 방식으로 나에게 타당할 것이다. 이러한 보편적 의지의 결단에 의해 나는, 이 의지의 결단이 지속하면서 타당한 것으로 생각되는 한, 나의 이후 삶을 지배한다. 결국 판단중지를 끊임없이 수행하는 가운데 나는 수행된 모든 타당성 또는 그 어떤 수행에 제공되는 타당성을 정지해야 한다. 나 자신에게 타당한 그 힘을 괄호 치는 방식으로 거부해야하기 때문이다. 나는 '제공된다'고 말했다. 왜냐하면 여기에서 내 삶의 흐름 속에 들어오는 보편적 '판단중지'는 실로 맨 먼저 이러한 삶의 본질적 구조를 아무것도 변경시키지 않기 때문이다.

보편적 판단중지는 내가 끊임없이 나 자신을 다양한 개별적 사물, 인간, 수(數), 내가 곧바로 현실적으로 실제의 작용 속에 몰두해 있는 정치적이거나 윤리적인 이상(理想), 실재성과 얽혀 있는 인격성에 관련되어 있는 것을 발견할 뿐 아니라 나 자신이 세계 전체에, 이러한 사물들, 이러한 사람들이 속해 있는 실재적 세계 전체에 함께 관련되어 있다는 사실을 전혀 변경시키지 않으며, 동시에 어쩌면 내가 현실적으로 몰두해 있는 그때그때 이념적 대상들이 속해 있는 어떤 이념적 영역에 함께 관련되어 있음을 안다는 사실도 전혀 변경시키지 않는다.

이것으로써 내가 나의 보편적 의지를 실행하는 가운데 작동시켜야 할 그 현상학적 '판단중지'와 환원은 그때그때의 작용을 넘어서 도달해야 한다고 말해야 한다. 또는 그와 같은 모든 작용에 포함된 함축을 해명하는 것은, 모든 객체가 자신의 객관적 지평을 지니고 모든 타당성이 자신의 타당성지평을 지니는 한, 저절로 그 작용을 넘어선다. 그러나 이것은 다양한 계열로 계속되는 지향적으로 얽혀 있음을 가리키는데, 이것에는 현상학적 환원을 언제나 새롭게 숙고해야 한다는 끊임없는 요구가 중요하다.

따라서 이러한 사상의 진행에서 주된 역할을 하는 것은 〔한편으로〕 작용을 활발하게 수행하는 것 속에 놓여 있는 현실적 타당성과 〔다른 한편으로〕 이에 상응하는 현실성으로 이행하는 가운데 자신의 의미와 작업수행을 드러내 밝히는 타당성의 특별한 양상인 잠재적 타당성의 차이이며 어쩌면 습득적 타당성의 차이다. 이것은 모든 학문 이전에, 모든 이론 이전에 순수하게 자연적 토대에서부터 자연적 반성 속에 명시될 수 있는 차이다. 이와 상관적으로 〔한편으로〕 작용의 그때그때 주제의 대상인 대상과 〔다른 한편으로〕 수제가 아닌 대상적 배경에 속하는 그 밖의 모든 대상의 차이다.

여기에서 더 자세하게 상론하면 다음과 같이 말할 수 있다. 즉 특수하게 그 대상을 향해 지각하는 작용의 모든 대상은, 비록 주목하지 않아도, 공간적 배경을 수반한다. 주의를 전환하면, 그 배경은 다양하게 그 배경에 속한 대상에 따라 파악된 배경이 된다. 주의를 '전환하는 것'에 대한 논의는 독특하다. 이것은 주의를 전환한 것이 이미 의식의 장 속에 배경의 대상성으로서 현존하고 있었지만 단지 알아차리지 못했다는 사실을 뜻한다. 즉 어떤 작용의 주제적 대상성이 아니었다는 사실을 표현하는 것이다. 따라서 여기에는(더 정확하게 살펴보면, 이것은 어떤 방식으로 모든 작용에 해당된다) 〔한편으로〕 전경의식, 즉 이른바 자아와 자아의 작용이 이때 주제가 그 자체에서 관계하는 모든 것을 포함해 주제에 특수하게 향하는 것에 속한다.

다른 한편으로 배경의식, 즉 공간대상의 배경을 의식하게 만드는 의식의 지평이 구별되는 특유한 구조가 **구체적으로** 지각하는 작용에 속한다. 이 지평의식은 특수하게 '……에-향해 있음, 주시함, 파악함, 능동적으로-어떤 것에-몰두해-있음'에 대립하는 사실상 본질적으로 다른 종류의 의식의 양상을 나타낸다. 주의를 전환함은 저러한 양상에서 이러한 양상으로 이행하는 것일 뿐이다. 이때 통일성의 의식과 자기성(Selbigkeit)이 동일하게 확인되는 합치가 일어나는데, 이것은 그 측면에서 판단에 적합하게 또한 술어로 명증성에서 명백하게 된다. 요컨대 내가 지금 특별히 주목하는 것은 이전에 이미 나의 지각의 장 속에 있었고, 이미 거기에 있었지만 내가 단지 알아차리지 못했을 뿐이다.

2절 두 번째 길에서 선험적 경험의 영역을 열어 제시함

49 생생하게 흐르는 현재의 지평

여전히 지각의 경우에 머물기 위해 정확하게 살펴보면, 아무리 지각된 것을 포착하고 제한하더라도, 지평의식 없이 지각된 것은 결코 없다. 전체로서 끈질기게 달라붙는 사물 전체가 자신의 지평을 지니고 자명하게 그 자체만으로 절단될 수 있는 모든 부분도 지닐 뿐 아니라, 그렇게 지각된 모든 것은 이른바 그 자체에서 자신의 지평을 지니며 보이지 않는 내면과 보이지 않는 뒷면을 포함해 보이는 전면을 통해 제시되는 것으로 주어질 뿐이다. 우리가 그 사물에 대해 '본래' 지각된 것으로서 이 전면에만 주목하더라도, 그것은 의식에 적합하게 사물 그 자체나 그 자체만의 사물이 아니라, 곧바로 본래의 자기파악으로 떨어질 단순히 지각된 사물에 대한 것이다. 보이지 않은 것은 여기에서 본래의 지각이 나타나는 장 속에 함께 현존하지 않는 것이며, 주의를 단순히 전환함으로써 그 자체로 파악된 것, 능동적으로 고찰된 것이 되지 않는다. 그것은 '비직관적으로' 의식되고, 어쩌면 여전히 알려지지 않은 객체의 경우와 명백하게 같이 극도로 규정되지 않은 채 의식된다.

그러나 직관이 없어 공허한 이 의식은 어쨌든 의식, 즉 '능동적으로-향해-있는' 어떠한 시선의 빛도 겨냥하지 않는 의식의 지평이다. 다른 한편 그 시선의 빛은 항상 어떤 것을 겨냥할 수 있다. 그러면 우리는 사물의 보이지 않은 면을 바로 주목하고, 어쩌면 '더 자세히 다른 측면에서 그 사물은 어떻게 보일 수 있는지' 하는 물음으로 또는 다른 측면에서 그 사물을 보려는 소망으로 이끈다. 그래서 우리는 그 사물의 주변을 돌아다니고 새로운 봄(Sehen)을 산출한다. 그렇지만 이 경우에 극도로 규정되지 않은 의식조차 완전히 의미가 공허한 것은 아니며, 적어도 공간사물, 채색된 것 등으로 생각된다. 따라서 가장 일반적인 미리 지시하는 것(Vorzeichnung)은 필연적으로 의미를 제한하는 것으로 현존한다. 즉 미리 지시하는 것은 현실적 지각작용을 통해 또한 동일하게 확인하는 종합으로 그것이 추후에 지시하는 것(Nachzeichnung)과 완전히 그려내는 것(Ausmalung)을 획득한다.

우리는 방금 전에 모든 지각의 사물에 대해 필연적으로 비직관적인 내적 지평[1]을 입증했다. 그러나 이에 못지않게 필연적으로 비직관

---

1) 흔히 어떤 대상에 관한 경험은 매우 단순해서 최종적이고 근원적인 것으로 간주한다. 그러나 후설에 따르면, 자아가 대상을 인식하는 지각의 경향에는 다음 세 단계가 있다(『경험과 판단』, 제1부 제1~3장 참조).

① '단적인 파악'은 지각이 대상을 객관화해 해석하는 가장 낮은 단계이지만, 결코 단순한 자료가 아니라 내적 시간의식의 통일 속에 구성된 복잡한 구조를 지닌다. 여기에는 근원적으로 미리 구성하는 시간흐름의 수동성인 '능동성 이전의(vor) 수동성'과, 주어진 대상들을 함께 주제로 삼는 '능동성 속의(in) 수동성'이 수반된다. 전자는 내재적 시간성을 구성하는 절대적으로 고정된 수동적 법칙성이며, 후자는 자아의 중심에서 발산된 시선의 능동적 작용이다.

② '해명'은 완전히 새로운 대상이 단적으로 주어지는 것이 아니라, 예측들이 상세하게 규정되거나 수정되는 것으로서, 지각의 관심방향을 대상의 내적 지평 속으로 침투해 들어가 포착하는 능동적 활동이다. 이러한 과정을 통해 지각의 대상은 동일성을 유지한 채 유기적 관련을 지닌 내적 규정인 대상의 속성(계기, 부분)을 통해 지속적으로 해명되고, 그 의미가 풍부하게 계속 형성된다.

③ '관계관찰'은 관계를 파악하려는 관심으로 대상의 외적 지평 속에 함께 현전하는 대상들을 함께 주제로 삼아 지각의 대상을 관찰한다. 가령 이 연필은 사전 '옆에' 있고, 만년필보다 '더 길다'면, 이때 지각의 관심은 모든 대상에 똑같이 배분되는 것이 아니라, 그때그때 우선적으로 주목하는 시선에 따라 임의로 어떤 대상에 집중되며, 다른 대상들은 그 대상을 더 상세히 규정하는 한에서만 관련된다. 이러한 규정은 경험의 정상성(Normalität), 즉 정상적으로 기능하

적인 외적 지평도 존재한다. 왜냐하면 어떤 지각의 객체의 외적 지평, 즉 그 객체의 공간적이며 공간사물의 주변은 주목된 객체가 솟아나오는 주목되지 않은 지각의 장(場)으로서 단순히 파악될 수 없다는 점을 지적했기 때문이다. 오히려 우리는 외적 지평 전체에서 여전히 지각에 적합하게 직관할 수 있는 영역과 연속적으로〔이 영역에〕연결되는 비직관적인 공허한 지평을 구별한다. 의식에 적합하게, 지각된 것은 지각작용이 끝나는 곳에서 끝나지 않으며, 실제적이거나 가능하게 이미 알려져 있거나 아직 알려지지 않은 대상의 장인 공간은 무한히 계속된다. 주의를 기울이는 것도 이러한 지평의 범위로 향할 수 있고, 이 범위에서부터 자아는 지향적으로 '촉발될' 수 있다. 그 범위를 향할 수 있고, 의식에 적합하게 거기에 있는 것 ─우리가 지금 바깥의 현관홀에 주의를 향할 때처럼 비록 보이지 않은 것이더라도 ─에 대한 특별한 파악을 수행할 수 있는 것이다.

이 경우 우리의 지각에 끊임없이 속하는 지평의식의 계기가 이른바 일깨워지고, 현전화하는 직관을 통해 그것이 그려내는 것을 얻는다. 이 방의 공간이 지각 속에 함께 지각된 의미의 내용에는 공간적 '더 이상의 것'(plus ultra)이 포함되며, 이미 알려진 기둥, 계단 등과 더불어 대기실이 포함된다. 이 모든 것은 '명시적으로', 명백한 개별적 작용 속에 의식되지 않고, 처음부터 우리의 정신적 시선 앞에 색채가 풍부한 상(像)의 통일체로 있지 않다. 공허한 의식과 이 의식에서 유래하는 감정이 완전하고 더구나 직관적인 대상의식의 가능성에 대한 전제인 만큼, 더더욱 그렇지 않다. 어쨌든 이것은 명백히 제시할 수 있는 많은 특수한 타당성을 포함해 타당성의 통일체를 나타내는데, 그러나 이 모든 것은 우리가 특수한 지각의 객체로서 부여한

는 신체(Leib) 또는 정상적 감성(Sinnlichkeit)에 근거한다.

것, 이 강의실 강당을 중심으로 배열된 것이다. 만약 우리가 '해명하면서' 그때그때 현전화하는 직관의 공허한 지평 속에 파고들어 가면, 동일한 것이 언제나 다시 되풀이된다.

이러한 방식이나 이와 유사한 방식으로 현실적으로 지각된 모든 것은 공허한 외적 지평을 지닌다. 이 지평은 이러한 예(例)가 쉽게 설명해주듯이 우선 일정하게 미리 시사하는(Vordeutung) 영역이다. 실제로 지각된 것에서 직접적이거나 바로 가깝게 함께 현존하거나 예상할 수 있는 것 ─ 그런데 이것은 희미한, 직관이 공허한 방식으로만 함께 의식된다 ─을 지시한다. 그와 같이 미리 시사하는 것은 항상 일반적으로 직관적으로 만들 수 있을 뿐 아니라 더구나 경험의 가능성으로서 명시적으로 이해할 수 있게 만들 수 있는데 이 경우에는 무엇보다 실현될 수 있는 경험이다. 직관적으로 현전화된 것은 경험될 수 있는 것으로 간주된다. 즉 내가 친숙한 어떤 방향에 따라 ─ 가령 다가가고 둘러보고 만져보는 가운데 ─ 활동적인 나의 경험을 연속적으로 계속 실행함으로써 지각하게 될 것으로 간주된다. 어쩌면 내가 경험의 진행을 마음대로 방해하지만 않는다면 저절로 예상에 적합하게 명백하게 밝혀질 수 있을 것으로서 간주되는 것이다. 우리가 제시한 예에서 미리 시사된 것은 가능한 경험을 상대적으로 직접 실행하는 가운데 획득할 수 있는 것이다. 공간적으로 가까운 것은 또한 경험에 가까운 것이다. 그렇지만 함께 현재에 있는 객체는 멀리 떨어진 거리에서도 회상을 통해 명백하게 일깨워질 수 있고, 이미 알려진 것의 지평은 실로 우리 도시의 길거리 체계에서 바로 다음 길거리를 넘어 도달할 수 있으며, 직접적 연상은 이렇게 미리 알려져 있음을 일깨울 수 있다. 이것 역시 가능하거나 실현할 수 있는 경험이 주어져 있음으로서 드러나 밝혀진다.

여기에서 아무리 더 정확하게 기술하더라도, 이러한 가능성이 단순히 상상의 가능성이 아니라 정립적 타당성의식에 의해 수행되었다는 것은 분명하다. 주의를 기울이는 것은 활성화하면서 그와 같은 지평 속으로 향할 수 있다. 그렇다면 미리 시사된 것과 어쩌면 직관적으로 된 것은 함께 현존하는 실제성 —어쩌면 추정함, 의심함, 개연성이라는 변화된 타당성의 양상에서— 으로서 의식된다. 하지만 어쨌든 타당성의 양상으로 의식된다. 그러나 공허한 지평은 본래 세계 전체를 포괄하며, 하나의 지평으로서 이 세계 전체도 가능한 경험의 무한한 지평을 포괄한다. 이렇게 활성화하면서 드러내 밝히는 가운데 경험하는 의식은 가능한 지각작용이 체계적으로 연관된 일련의 경과로 이행되고, 이러한 경과 속에 세계의 언제나 새로운 영역은 점차 그리고 가능한 지각작용의 이념적 총체성에서 모든 세속적 실재성을 지각하게 되거나 지각하게 될 것이다. 그렇지만 이것은 물론 모든 지각이 **실제로** 공허하게 미리 시사하고 그래서 가능한 지각의 체계가 내실적으로 무한한 것처럼 무한하게 그 자체로 지닌다는 점을 뜻하지는 않는다.

그러나 여전히 아직 알려지지 않았고 여전히 아직 규정되지 않은 무한한 영역이 모든 지각 속에 어떤 방식으로 미리 시사되거나, 그 공허한 의식의 지평 속에 어떤 방식으로 주장되고 어떤 **본래적이지 않은** 방식으로 타당성에 적합하게 미리 시사된다. 왜냐하면 모든 순간에 규정된 의미와 더불어 현실적 지각의 직관적 내용으로부터 함께 존재하거나 추정적으로 함께 존재하는 것으로 미리 시사된 것을 제외하면 어쨌든 계속 흘러가는 가능한 경험을 통일하는 양식 역시 적어도 미리 시사되기 때문이다. 따라서 모든 새로운 경험은 새로운 미리 시사함을 끌어와야 한다는 사실, 계속 진행하는 실제적 경험은 새롭게 미리 시사함을 충족시키며 자세하게 규정하거나 어쩌면 다르게 규정해야 한다는 사실이 미리 시사된다. 또한 미리 예상하는 것은 실망하게 될 수 있다는 사실과 미리 예상함에 대해 다른 것, 여전히 완전히 알려지지 않은 것이 일어날 수 있고 언제든 그러하다는 사실도 바로 미리 시사된다. 경험하는 모든 작용을 에워싼 무한한 공간은 경험하는 자가 실제적 경험과 타당성을 넘어서 임의의 상상으로 거주할 수 있을 형식이 아니다. 오히려 그것은 **가능하게 타당한 현손재의 형식**이다. 실제적 사물의 수와 종류, 분포에 관해 심지어 그 속에 사물의 실제성이 도대체 어디까지 계속 진행될 수 있는지에 관해 아무리 규정되지 않았더라도, 어쨌든 여전히 **타당성**의 형식이다. 단순히 상상의 가능성이 아닌 무한한 가능성에 대한 형식인 것이다.

의식의 지평은 그 지향적 함축, [이미] 규정됨과 [아직] 규정되지 않음, 이미 알려져 있음과 개방된 활동공간, 가까운 곳과 먼 곳에 둘러싸인 지금 존재하는 현재의 환경세계일 뿐 아니라, 이미 이제까지 기억과 예상을 고려한 것에서 분명해지듯이, 과거와 미래의 개방된 무한함이다. 생생하게 흐르는 현재 자체에는 언제나 직접적으로 의식된, 방금 전에 가라앉은 지각의 직접적 여운(餘韻) 속에 의식된 과거의 영역이 속한다.[2] 바로 다음에 다가오는 것으로 의식된, 흐르는 지각작용을 이른바 급히 지나가는 **직접적 미래**의 영역도 마찬가지다. 그러나 이러한 직접적 과거지향의 과거 배후에는 이른바 침전된, 완결된

---

2) 내적 시간의식의 끊임없는 흐름은 '지금'이 과거로부터 미래로 이어지는 '가로방향의 지향성'과, 지나가버린 '지금'이 변양되어 '무의식' 속에 침전되는 '세로방향의 지향성'의 이중 연속성을 지닌다. 이 연속성 때문에 의식의 흐름은 방금 전에 체험한 것을 현재화해 지각하는 '과거지향', 지속하는 시간의 객체가 산출되는 원천인 '근원적 인상'으로서 '지금', 즉 '생생한 현재' 그리고 미래의 계기를 현재에 직관적으로 예상하는 '미래지향'으로 연결되어 통일체를 이룬다. 그리고 의식은 이 통일체에 근거해 이미 알고 있는 것(과거지향)으로부터 아직 알려지지 않은 것(미래지향)을 생생한 '지금'의 지평구조 속에 친숙한 유형을 통해 미리 지시하고 예측해간다. 물론 이 예상은 신체를 움직이거나 시간이 흐르면 확인되거나 수정될 수 있다.

과거의 영역이 놓여 있다. 이 영역은 개방된 지평으로서 또한 지금 어떤 방식으로 의식되며, 추구하고 일깨워진 시선이 향할 수 있는, 기억을 통해 다시 일깨울 수 있는 영역이다. 다른 측면에서 우리는 마찬가지로 개방된 무한히 먼 미래의 지평을 지닌다. 미래의 작용──예감함, 희망함, 미리 숙고함, 결심을 함, 목적을 설정함──은 이 속으로 향한다.

그래서 나의 환경세계가 현존함에 대한 나의 확신은 이미 나의 흐르는 경험에 모든 국면의 구조에서, 즉 그 구조에 속하며 그것이 기입하거나 미리 지시하는 것에 따른 흐름 속에 변화되는 지평의 형식에서 아주 근원적으로 명시된다. 항상 그 지평은 앞에서 기술한 독특한 방식으로 무한히 함축된 타당성을 포괄한다.

더 깊게 파고들어 간다면, 항상 새롭게 연구할 중대한 장이 여기에서 열린다. 그것은 이러한 함축의 체계적이지만 변화될 수 있는──하지만 일반적 양식에서 변함없는──구조에 관한 것, 직관을 통해 그 구조에 속한 해명의 방식에 관한 것, 타당한 것으로 의식되고 명백하게 제시된 세계 자체의 구조에 관한 것이다. 왜냐하면 예를 들어 지속하는 **타당성이 어떻게 근원적으로 수립하는 작용에서 생기는지**, 그렇다면 지속하는 계속적 타당성이 어떻게 드러나는지 연구되어야 하기 때문이다. 더 나아가 타당성과 〔다른〕 타당성이 어떻게 합치하는 타당성으로 통일되는지 연구해야 하기 때문이다. 또한 타당성이 〔다른〕 타당성과, 확신이 〔다른〕 확신과 어떻게 대립하며 빠져드는지, 이 경우 타당성은 어떻게 효력을 상실하고 폐기될 수 있으며 따라서 **폐기함, 무효화함**이라는 이러한 특성으로 여전히 존속할 수 있는지 연구해야 한다. 그렇다면 더 자세하게 살펴보면, 주어진 순간에 경험하는 자에게 존재하는 것으로 간주한 세계가 어떻게 일치함을 통해 통일된 긍정적 타당성의 존립요소 전체에 대한 명칭인지를 연구해야 하기 때문이다.

　다른 한편 존재하는 것으로 간주한 세계 자체의 구조가 연구되어야
한다. 이것은 아무리 개별적으로 존재에 대한 확신이 단적으로 타당
한 실제성에 입각해 무효한 가상이 되는 등 변화하더라도 어쨌든 항상
존재하는 세계로서 그 일빈적 구조의 형태로 번함이 없다. 그것은 언
제나 공간과–시간의–인과적 물리적 자연이며, 언제나 이 자연 속에
뿌리내린 다양한 신체와 영혼의 존재 ── 동물성(Animalien)[3], 사회적
관계에 있고 이익사회와 공동사회 등을 형성하는 동물과 인간 ──를
포함한다. 언제나 자연에서 활동하는 주체들의 다양한 정신 내용은
자연 속에 침전된다. 그래서 본래 단순한 자연과 단순한 동물성이 경
험되는 것이 결코 아니라, 문화로서 정신화(精神化)된 환경세계 ──
집, 다리, 도구, 예술품 등을 포함해 ──가 경험된다. 항상 타당한 세
계의 이러한 가장 일반적인 구조는 경험하는 모든 사람에게 끊임없
이 현존한다. 그것은 끊임없이 실천적으로 실행할 준비가 된 경험의
끊임없는 세계. 이것은 그때그때 삶의 지평 속에, 일깨우고 드러내
밝히는 활동에서, 이 활동 속에 기초지어져 계속 진행해 알고 인식하
며 새롭게 평가하고 새롭게 목적을 설정하며 활발하게 변형시키는
계속된 삶의 작용에서 지향적으로 함축된 내용으로서의 구조다.

　우리는 마지막에 주로 실재적 환경세계의 지평으로서 세계의 지평
을 염두에 두었다. 그럼에도 우리는 이념적 대상성과 무한히 개방된
이념성들이 근원적으로 건설되는 작용에서 지속하는 타당성의 침전
물로서 우리의 이념적 '세계'도 지난다. 그래서 우리는 예를 들어 순
수하게 셈하고 2, 3, 4 등으로 계속 진행해 형성하는 작용에서 '그 밖

---

3) 이 말의 어원은 라틴어 'anima'(공기, 호흡, 마음, 심리적인 것 등)인데, 후설이
　간혹 '동물적 영혼'이라고 표현하듯이, 이 말을 추상화해 동물의 일반적 속성
　보다 인간을 포함한 고등동물의 심리나 영혼을 뜻한다.

의 등등'(Undsoweiter)이라는— '그래서 우리는 언제나 더 이상' 통일체에 다시 통일체를 첨부 '할 수 있다'는—이렇게 주관적으로 종결짓는 의식과 더불어 무한한 계열의 수의 존재에 대한 타당성의식을 획득한다. 무한한 계열의 수는 일단 형성되면 우리의 습득적 인식의 소유물에 속한다. 이 인식의 소유물에서 우리는 다시 '그 소유물은 비록 살아있는 구간에 일깨워지지 않더라도 어쨌든 먼 지평 속에서 주장된다고 말해야 한다. 단지 공간적 지평 속에서만이 아니다. 다시 일깨우는 가운데 이런 지평이 공허함은 특수하게 부각된다. 셈하는 복원 속에 그때그때의 수나 수의 계열은 이미 알려진 것이지만 단지 복원된 것이라는—언제나 우리 자신의 것이었지만 단지 공허함의 양상으로 가라앉은 것을 다시 활성화하는—성격을 띤다.

이는 곧 수의 계열에 관련된 이론적 작용의 모든 산술적 형성물에도 적용된다. 여기에서는 합치하는 타당성 관계나 모순의 결과로 생긴 합치의 통일성을 배제하는 관계에서 다시 기억될 수 있다.

50 삶의 무한한 시간 흐름과 보편적 반성과 '판단중지'의 가능성

이제 실재적 세계의 통일성을 고찰하든 이념성의 상이한 통일성의 영역을 고찰하든, 우리의 삶은 주관적으로 일치하는 타당성의 우주와 관계되어 있다. 맨 위에는 이 모든 것을 포괄하며 근원적으로 건립하는—매우 상이한 의미에서—작용에서 생긴 모든 존재타당성의 우주 전체와 끊임없이 지향적으로 관련된다. 틀림없이 이 경우 실재적 세계는 부각된 지위를, 더구나 확실한 근본적 지위를 지닌다. 궁극적으로 그것 자체가 나 자신의 지향성에 입각해 나에게 타당한 실재적 세계의 구조에 함께 속한다. 이때 의식의 주체인 나 자신은 이 동일한 세계의 구성원인 인간으로서 존재한다는 사실을 통해 그러한 지위를 지닌다. 왜냐하면 이에 따라 실재적 형성물뿐 아니라 이념적 형성물 모두 나의 활동적 삶에서 — 그 이념성에 상관없이 — 생긴 것으로서 세계 속에 함께 뿌리내리고 있기 때문이다.

만약 1 내 삶이 나에게 이러한 공간위치와 시간위치 속에서 세계에서 이루어지는 인간적 삶에 경험의 타당성을 지닌다면, 이러한 사실에 의해 나의 모든 이론적 형성물은 근원적으로 산출된 이론적 작용으로부터 공간-시간적 위치, 나의 인간적 현존재, 이러한 위치에서 나의 심리물리적 존재에 소급해 관련된다. 그렇다면 인간 공동체의 상호주관적인 연관 속에서 모든 이론적 형성물은 물론 상호주관적 학문의 형성물로서 여전히 다양하게 세계에 관련되어 있다. 즉 최초로 학문적 발견자와 객관적 전통에 대한 그 실재적 기록에 관련되어 있으며, 상이한 학습자들과 이들의 근원적 습득에도 관련되어 있다. 예술의 대상성과 객관적 표현을 통해 상호주관적 타당성과 효력을 획득하는 그 밖의 모든 대상성과 같이 모든 이념적 대상에도 사정은 당연히 마찬가지다.

이 모든 것은 동시에 앞에서 개별적 작용의 유형을 지향적으로 분석한 것에서 **지향적 함축**이라는 명칭으로 제시한 것을 보충해준다. 우리는 지금 이러한 명칭이 어디까지 도달하는지, 그 명칭이 어떻게 무한히 열린 지평을 내포하는지 알게 된다. 또한 개별적으로 진행해가며 이러한 무한함을 깨닫지 못하고 단지 개별적으로 나타나는 존재타당성, 가치타당성, 실천적 타당성에서만 방법적으로 괄호를 친다. 단지 이것들에서만 타당성의 관심을 금지시키는 것이다. 이러한 타당성의 권리에 관한 모든 물음을 다루지 않는 그 순수한 주관적인 것에 시선을 향하는 현상학적 환원이 얼마나 불완전한지도 알게 된다.[4] 그러나 은폐된 타당성과 타당성의 무한한 활동공간이 항상 남아 있다. 참으로 우리는 나 자신이나 상호주관적인 무한한 역사적 삶―삶은 있는 그대로 '무한히' 계속 산출되지만 현재의 지평, 과거의 지평과 미래의 지평 속에 파고들어 가는 가운데 '무한히' 명백하게 제기되는 타당성들의 전체통일성(Alleinheit)이다―속에 유한한 삶의 연관에 전체통일성 속에 있다. 이러한 다양성을 완벽하게 또한 자유로운 뜻에 따라 수행할 수 있게 해명하고 명백하게 제시하는 것이 논의될 수 없다는 점은 분명하다. 나는 삶의 넓은 구간이나 삶이 지속되는 동안 일깨울 수 있는 연상적 동기의 은총이 결여된 그때그때 망각한 넓은 영역만 언급할 뿐이다.

다른 한편 어쨌든 모든 타당성을 일거에 무력화하기 위한 근본적 수단이 존재한다. 흐르고 있는 삶은 구성하는 것으로서 그 타당성들을 내포한다. 이러한 수단은 모든 현실적 삶의 현재를 수반하며 주목해야 하는 시선이 항상 손쉽게 전념할 수 있는 끊임없는 지평의식에 관해 방금 전에 논의한 것을 곧바로 우리에게 증명해준다.

우선 다음과 같이 숙고해보자. 능동적 자아의 삶에는 상이한 가능

---

4) 후설은 이러한 맥락에서 『위기』(138, 146, 255쪽)나 『경험과 판단』(49쪽)에서 '생활세계 존재론'을 분석하면서 객관적 학문에서부터 생활세계로 되돌아가는 것은 '세계가 미리 주어져 있음'을 소박하게 전제한 자연적(또는 세속적) 태도이기 때문에 불완전하다. '생활세계가 왜 그렇게 주어질 수밖에 없는지' 되돌아가 묻는 철저한 선험적 태도를 지녀야 한다고 역설한다. 즉 철저하고 항상 유동적이며 생생한 지평의 타당성을 통해 서로 영향을 주고받는 개별적 타당성을 억제하는 것만으로는 또 다른 새로운 타당성의 양상을 만들어낼 뿐이기 때문에 자연적 태도를 총체적으로 변경해 '세계가 미리 주어져 있음' 자체를 보편적 학문의 주제로 삼는 '보편적 판단중지'를 해야 한다. 따라서 궁극적 근원을 해명하려면 다음 두 단계를 거쳐야만 한다.

첫째, 모든 의미의 침전물과 학문적 규정을 지닌 미리 주어진 세계에서 근원적 생활세계로 되돌아가는(Rückgang) 단계(객관적 학문에 대한 판단중지)

둘째, 생활세계가 발생하는 주관적 작업수행으로 되돌아가 묻는(Rückfrage) 단계(선험적 판단중지)

212

한 반성이 포함된다. 무엇보다 상이한 개별적 작용을 수행하거나 그 어떤 개별적 감정을 경험한 다음, 나는 이러한 작용이나 감정을 반성할 수 있다. 이때 나는 예를 들어 '나는 다양한 것을 지각한다' '나는 그것에 관해 판단한다' '나는 그것을 좋아하거나 싫어한다' '나는 이 리지러한 것을 바라거나 실행한다'하는 형식의 문장으로 표명되는 반성을 한다. 또는 그 어떤 것이 나의 관심을 일깨우면, 그것이 나를 밀어붙인다고 여길 수도 있다. 이 경우 나는 과거의 작용에 반성적 〔재귀적〕 경험과 이론적 작용뿐 아니라 반성적 가치평가와 의지 — 예를 들어 '나는 미래에 다양한 작용을 수행하려고 결심했다'—를 향할 수 있다. 그러나 반성은 삶의 구간 전체에도 관련될 수 있다. 예를 들어 나는 어제의 또는 멋진 대학시절을 개관하거나 다가올 부활절 휴가와 그때 예상되는 일의 진행을 개관할 수 있다. 물론 나는 삶의 구간 전체에 관련되는 이에 상응하는 결심을 할 수 있다. 예를 들어 다가올 휴가를 내 목적에 따라 보낼 수 있게 의지를 지닌 채 규칙을 만들 수 있다. 또한 내가 학창시절의 내 삶을 비판하듯이, 어떤 방식으로 과거의 삶의 구간을 의지의 주제로 삼을 수도 있다.

결국 나는 내 삶 전체도 보편적으로 개관할 수 있고, 제한된 삶의 구간에 대해서 유사한 방식으로 내 삶 전체에 대해 결심할 수 있다. 그래서 이제까지 내 삶 전체를 비판할 수 있고, 이렇게 함으로써 일거에 내 미래의 삶 전체 — 권력, 성공 등 주시하지 않은 채 내가 간주한 보편적 가치의 관점에서든 매우 고귀한 의미에서 윤리적 자기성찰, 자기비판, 자기관리의 관점에서든 — 를 형성하고자 원할 수 있다. 만약 이렇게 매우 고귀한 의미를 추구하고 이른바 그 극한-형태를 찾아내면, 우리는 삶을 보편적으로 개관하는 것과 관련된 주목할 만한 반성적 자기규제에 이르게 된다. 이러한 자기규제에는 나에게 이전에 타당했고 미래에도 (동일한 소박함에서 작동하는) 타당할 모든 타당성을 일거에 억제하는 것이 명백히 포함되어 있을 것이다. 모든 타당성에 관해서 이러한 보편적 '판단중지'는 여기에서 보편적 비판과 진리와 진정함의 원천에 입각해 수행할 수 있게 스스로를 형성하는 또는 새롭고 참된 삶을 형성하는 의도와 토대로서 실행된다.

여기에서 우리의 주목을 끄는 것과 우리가 윤리적 인간으로서 우리에게 매우 친숙한 이러한 윤리적 보편성의 가능성에 의지해야 하는 이유는 여기에 보편적 반성이 보편적 '판단중지'—여기에서 포괄적인 보편적 의지의 규제에 참여하지만 그 자체만으로도 이미 보편적 의지의 규제를 나타낸다—와 결합되어 있다는 이러한 사실이다. 그런데 물론 우리가 윤리적 자기규제라고 하는 것은 정상적 유형에 따라 결코 앞에서 시사한 극한-형태가 아니며, 그 속에 포함된 모든 타당성을 억제하는 것은, 비록 보편적 삶의 지평에 관련되었더라도, 엄밀한 보편성에서 모든 타당성을 억제하는 것을 뜻하지 않는다. 그렇지만 적어도 윤리적 삶과 이러한 삶이 윤리적으로 반성하는 방식은, 우리가 이것을 그 엄밀함에서 매우 충분히 가능하다고 간주하는 한, 다른 목적에서라도 엄밀하게 보편적인 '판단중지'의 가능성을 알아볼 수 있게끔 준비할 수 있다.

이제 무엇보다 어쨌든 우리에게 평소부터 친숙한 우리의 삶을 보편적으로 개관하는 것이 어떤 종류의 작업수행인지 숙고해보자. 여기에서 진지하게 중요한 것은 간취함(Schau)이 아니다. 즉 마치 내가 내 과거를 번갈아 다시 한번 겪어야만 하듯이 과거의 삶을 명시적인 직관적 회상의 연속성에서 실제로 재생산하는 것이 아니다. 더구나 내 미래의 삶에 추정되거나 가능한 것을 명시적으로 그려내는 것이 아니라는 점은 분명하다. 개관하는 표상작용과 존재하는 것으로 파악하는 작용은 명백히 멀리 떨어진 것을 예견하고 모호하게 파악하는 성격을 지니며, 이러한 성격을 필연적으로 지닌다. 왜냐하면 보편적으로 시간이 연장되는 내 삶은 나에게 끊임없이 구성되며, 모든 능동적 파악과 고찰에 앞서 모호하게 멀리 떨어진 표상의 방식으로 지평의 통일체로서 구성되기 때문이다. 나는 이러한 모호함과 멀리 떨어진 것에 향할 수 있고, 더욱더 가까이 다가설 수 있으며, 끊임없이 동일한 의식 속에서 그것에 속한 윤곽을 그려내 더 부각시키고 나에게 더욱더 분명하게 — 즉 언제나 더 엄청나게 풍부한 재생산적인 개인적 직관을 통해 — 할 수 있다.

그러나 처음에 완전히 모호한 것 — 그럼에도 이것은 의미가 공허한 것은 아니다 — 을 이렇게 명백하게 스케치하고 그려내는 과정은 '그 모든 결과가 접근해가는데도 상대적으로 멀리 떨어진 모호함의 유형을 언제나처럼 지녀서 나는 '무한히' 언제나처럼 계속 스케치하고 계속 그려내는 가능성을 지닌다'는 사실을 전혀 변경시키지 않는다. 언제나 나는 예견하면서 삶의 통일적인 무한한 시간의 흐름을 파악한다. 이 시간의 흐름을 어쨌든 단지 멀리서만 파악한다. 언제나 삶의 시간 자체는 기억의 내용으로 메워진 공허하고 모호한 시간이다. 기억의 내용은 단지 상대적으로 가까운 거리와 규정성에서만 개별적 시간의 구간을 모호한 개별성으로 규정하고 영원히 무한하게 먼 거리에서 시간 자체를 순수한 이념 — 절대적인 개별적 시점(時點)을 포함해 — 으로서 얻게 된다.

그래서 만약 내가 이러한 방식으로 내 삶을 그 보편성에서 개관하고 전체적으로 그 삶을 끊임없이 개관하면, 내가 그 삶에 가까이 다가가 언제나처럼 그 삶에 대해 더 규정된 것을 장악하면, 이때 나는 지향적 삶으로서 삶의 보편적 성격도 인식한다. 나는 이 성격을 그러한 종류의 삶으로서 삶 일반에 또한 삶의 모든 구간과 국면에 필연적으로 당연히 주어지는 본질성격으로 인식한다. 따라서 개별적 삶의 구간이든 내 삶 전체든 나 자신을 반성하는 것은 바로 이러한 삶 속에 ─ 정립적이든, '유사'─정립적이든, 어떤 특별한 양상이든 ─ 의식되는 대상성과의 관련 속에 나 자신을 발견한다는 것을 뜻한다. 그러나 무엇보다 정립성은 필연적으로 삶에 속하며, 모든 구간에서 속한다. 언제나 그 속에는 자아에 대해 존재하는 것으로 타당한 것인 존재자가 현존한다.

이 경우 우리는 존재타당성이라는 개념 아래 심정과 의지에서 생기는 타당성과 같은 다른 모든 타당성도 포함시킬 수 있다. 즉 예를 들어 어떤 가치를 느끼는 것이 가치의 현존재를 가치로서 정립하는 그 자체로 활발하게 믿고 활발하게 포착하는 작용은 아니지만 가치를 받아들이는 느낌은 어쨌든 가치를 의식에 적합하게 자체 속에 지니기 때문에 그 가치가 항상 경험에 준비되어 있다. 단순히 포착하는 파악적용에 현존하는 것으로서 준비되어 있는 한, 다른 모든 타당성도 포함시킬 수 있다. 그래서 가치와 실천적 형태는 그 자체로 보편적 존재의 영역에, 자아 자신의 의식의 작업수행과 정립의 작업수행에 입각해 그 자체만으로 자신의 환경세계로서 건립된 그때그때의 세계에 함께 속한다.

51 보편적 '판단중지'와 환원으로 넘어감. 순수한 보편적 삶과 그 체험세계

그러므로 내 삶을 개관하는 것, 즉 이와 하나되어 또한 이와 상관적으로 표현하면, '나의 지향성에서, 판단의 확실성과 개연성에서, 가치를 정립하고 행위 하는 가운데 물론 그 내용이 다양하게 변화되어 형성되며 항상 새롭게 변형되는 세계인 그 세계를 개관하는 것'을 뜻한다.

어떤 개별적 작용과 그 작용의 객체에 대한 반성에 관련해 말한 것이 정확하게 동일하게 지향적 삶으로서 자신의 삶 전체에 대한 보편적 반성에도 적용된다. 예를 들어 어떤 집을 지각하는 것에 대한 반성은 주관적인 것[주관적 상관자]으로서 단순히 '내가-지각한다'와 같은 것이 아니라 '내가-이-집을-지각한다'를 산출한다. 그래서 내 삶 전체에 내한 반성은 그 삶 속에 체험에 적합하게 의식된 객체 없이, 그 실재적 세계와 이념적 세계 없이, 단순한 삶을 산출하는 것이 아니라 바로 그 객체와 이들 세계를 함께 그 상관자로서 산출한다. 그런데 이것들은 반성적 표상이 직관에서 멀리 떨어진 정도에 상응해 여전히 그만큼 모호하고 멀리 떨어져 표상될 수 있다. 더구나 또한 개별적 반성과 보편적 반성의 유사한 의미에서 지향적 대상성을 겨냥한 시선의 방향은 작용과 삶을 겨냥한 시선의 방향에 앞서 간다. 소박하게 그 집을 본 다음에야 비로소 나는 '내가 그 집을 본다'에 대해 반성할 수 있다. 마찬가지로 나의 환경세계를 단적으로 개관하는 시선이 첫 번째고 그런 다음 세계를 정립하는 삶이었던 내 삶에 대한 반성이 이 시선에 뒤따른다.

이미 알고 있듯이 이 상태를 요컨대 다음과 같이 기술할 수 있다. 즉 만약 내가 지금 보편적 반성을 내 삶에 향한다면, 내가 주목하는 시선은 그 순간에 몰두해 있는 나의 개별적 주제에서 벗어나 나의 지금에 속하는 지평인 완전히 모호한 지평 속에 파고들어간다. 이렇게 함으로써 그 시선은 그 속에 특별하게 의식되지는 않았지만 어쨌든 모호한 일반성에서 의식된 나의 타당한 대상성들의 영역에 향해 있다. 더욱 특별하게 나는 내 시선을 주어지는 방식에 따라 모호한 시간형식의 길잡이를 따라가면서 처음에는 가령 첫눈에 완전히 모호하게 멀리 떨어진 형성물로서 주어진 내 기억의 세계에 향한다. 이 기억의 세계에는 그 세계가 나에게 경험되었듯이 실재적 세계가 속하며, 그 기억의 세계에는 내가 다양한 연관에서 형성했던 다양한 이념적 대상성도 뿌리내려 있다. 이 모든 것은 구별되지 않은 채 그 세계에 삽입되어 있다. 이렇게 멀리 떨어진 형성물은 언제나 새롭게 상대적으로 가까운 형성물을 ― 내 것이었던 이 동일한 대상적 과거를 언제나 더 완전하게 명료하게 하고 해명하는 의식 속에 항상 새롭고 항상 계속 연장되는 '종합' 속에 일어나면서 ― 가깝게 끌어오고 수립하는 자유로운 작용에 대한 잠재성을 뜻한다.

그런데 이러한 삶 자체에 대한 자아의 반성은 이 길잡이를 따라갈 수 있고, 실로 처음부터 따라갈 수 있다. 실로 처음에 나는 내 것이었던 모호한 과거에 관한 어떤 유일한 작용 속에 내가 그때 그것을 경험했던 ― 그것의 지향적 주체였던 ― 나 자신을 물론 완전히 모호한 표상과 존재의 정립 속에서 반성한다. 내 과거의 삶을 나의 체험된 객체성과 관련된 삶으로서 획득하는 것이다. 물론 이것은 개방된 미래로 향해 삶을 반성하는 다른 성향에 대해서도 유사하다.

이제 보편적 '판단중지'와 환원으로 넘어가보자. 이 환원은 우리가 이전에 수행한 심리학적인 개별적 환원과 유사하다. 그러나 어쨌든 제한된 객체 ― 개별적 객체든 객체의 영역이든 ― 를 향하고 있는 반성적 작용에서 환원은 보편적 환경세계와 이에 상관적인 삶 전체를 향하지 않는다. 이러한 보편적 환원이 어떻게 실현되는지 이 환원이 사실상 이 모든 심리학적 환원을 원리적으로 넘어서는 독특한 작업수행을 어디까지 성취하는지 주시해보자.

1) 여기에서 우선 내가 가령 지금 내 삶과 나의 체험세계를 개관하는 것 역시 하나의 작용이라는 점을 숙고해야 한다. 그 대상은 바로 이러한 내 삶 전체가 이 속에 정립되었고 정립되는 대상적 전체성과의 지향적 관계다. 물론 나는 다른 모든 작용과 마찬가지로 환원할 수 있고, 그래서 방금 전에 나타낸 대상을 괄호 칠 수 있으며, 그런 다음 자기를 개관하는 이러한 작용의 순수한 주관적인 것을 획득한다.

여기에서 나는 내 작용의 **지평** 속에 '함축적으로' 포함된 타당성 전체를 정지시켰고 지평의식 자체만 정립하는 것으로 타당하게 유지하는 순수한 주관적인 것을 이미 지녔다. 하지만 이 환원은 **현재**의 순수한 주관적인 것만 산출한다.

2) 그러나 나의 환원적 관심은 현재의 순수한 주관성에 대한 관심뿐 아니라 내 과거와 미래에 대한 관심이어야 한다. 그리고 이러한 과거와 미래에 대해 나는 사실상 절대적으로 순수한 의미에서 순수한 주관적인 것을 획득한다. 물론 내 과거와 미래는 나에게 타당하게 단지 내가 환원해야 할 지금 나의 현재의 지평에 힘입어 현존한다. 그래서 만약 과거나 미래에서 선험적으로 순수함을 얻으려 하면, 나는 그 지평을 단적으로 타당하게 정립하면 안 된다. 나는 그 지평이 스스로를 부여하는 것처럼 그렇게 일반적으로 타당하게 간주하는 것과 더불어 시작한다. 나는 이제 내 시선을 가령 그 속에 내 환경세계로서 정립된 대상세계, 그래서 내가 그때 그 대상세계를 발견했던―즉 그때 그 대상세계를 타당하게 정립한―것처럼 함께 정립하는 대상세계와의 관계를 그 자체로 내포하는 내 삶의 과거로 전환한다. 나는 이제 내가 그 밖의 기억의 작용에서 환원에 대해 시선을 전환하는 것을 배운 것처럼, 지금 환원하면서 시선을 전환한다.

따라서 나는 회고하면서 파악된 내 삶 전체의 상관자 전체인 맨 처음 과거에 함께 정립된 이 환경세계에 대한 믿음을 억제하고, 이 환경세계 자체에 관련된 모든 존재에 대한 관심을 억제한다. 이전에 나에게 지각에 적합하게 또는 다른 어떤 방법으로 타당한 세계가 실제로 존재했더라도, 마찬가지로 총체적 과거의 삶 속에 나에게 추정되거나 표면상 인식된 수의 형성물, 학문적 이론 등이 어떤 사정에 있더라도, 어쨌든 내가 살아왔다는 사실, 내가 살아가는 가운데 그것들을 경험했고 실제적인 것으로 간주했으며 타당한 것으로 정립했다는 사실은 확실하며 타당하게 남아 있다. 내가 여기에서 무엇을 선택하더라도, 심지어 그것이 존재하지 않더라도, 아무튼 그것은 나에 의해 추정되어 존재했을 것이다. 마찬가지로 아무튼 이 모든 환경세계가 전혀 존재하지 않더라도, 나의 삶의 환경세계는 존재할 것이다.

나는 이것으로써 과거의 세계에 실제적 존재나 비존재가 그것의 가능한 존재에 관해 내 관심을 별로 끌지 않기 때문에 일반적으로 이 과거의 세계가 존재하지 않는 것이 가능하다는 점을 말하려는 것이 아니다. 나에게는 모든 존재에 대한 관심을 배제하는 태도에서, 같은 뜻이지만, 존재나 비존재, 가능성, 개연성 등에 관한 모든 문제에 앞서 이러한 문제 자체가 전제하는 것, 즉 '내가 내 과거의 삶 속에 대상들의 이러한 영역을 내 의식의 장 속에 지녔고 그 대상들에 존재타당성을 부여했다'는 사실이 확실하다. 모든 존재에 대한 관심을 억제하는 것, 즉 이런 환원의 기능은 내 과거의 삶에 대한 존재의 믿음이 그때 이러한 삶이 그 자체로 경험하면서 추정하고 사유하며 가치를 평가하고 행위 하는 방식으로 태도를 취하는 대상세계에 어떠한 존재적 태도를 취하는지에는 전혀 관련되지 않은 채 남아 있다는 사실을 우리에게 인식시켜준다.

그래서 과거의 삶은 그 지향적 환경세계를 최소한으로도 전제하지 않고 정립될 수 있다는 사실, 또는 그 삶은 그 자체로 그 본질이며 그 삶이 정립한 것을 순수한 삶으로서 정립한다는 사실이 밝혀진다. 이와 상관적으로 표현하면, 과거의 삶은 그 속에 존재하는 것으로 정립된 것의 어떠한 존재도 미리 정립할 필요가 없는 방식으로 존재한다. 만약 이제 이와 동일한 것을 내 현재에서 예견하면서 정립된 내 삶의 미래구간에 대해서도 실행하면, 나는 자체 속에 절대적으로 완결된 삶의 흐름으로서 ―나에게 언젠가 현존했고 현존하며 현존하게 될 보편적 환경세계가 존재하든 않든 상관없이― 내 순수한 삶 전체를 획득한다. 이것으로써 내가 나의 순수한 보편적 삶을 순수하게 그 자체만으로 고찰하며 그 삶을 계속 진행해가면서 순수하게 주어지게 하고 ―그 어떤 객체성에 대한 최소한의 태도조차 전제로서 취할 필요도 없이 ―아마 학문적으로 탐구할 수도 있다는 사실이 증명된다. 또는 동일한 결과가 되지만, 나는 모든 판단을 사용하는 데 그것을 부정하게 되는 모든 객체성에 관한 '판단중지'에서 그 삶을 고찰할 수 있다는 사실이 증명된다. 이렇게 '판단중지'를 하는 동안 나에게는 객관적 존재에 대해 아무것도 남아 있지 않고, 존재에 대한 최소한의 가능성조차, 심지어 실제적이거나 가능한 성질에 의해 소박하게 주어진 객체도 전혀 남아 있지 않다.

이러한 보편적 '판단중지'는 내 삶이 모든 현재의 국면에서 비록 공허하더라도 멀리 떨어진 의식, 지평의식을 지니며 계속 흘러가면서 새롭게 산출하며 그 속에 보편적 방식으로 나에게 언젠가 대상적이었고 대상적이며 대상적이 될 그 모든 것이 함축되고 내 삶 전체의 ―따라서 그 자체로 함께 함축된 삶의 ―지향적 상관자로서 함축된 내 삶의 본질적 특성을 통해 가능해진다. 모든 삶의 현재는 그 구체적 지향성 속에서 삶 전체를 그 '자체 속에' 지니며, 이러한 현재 속에 지각에 적합하게 의식된 대상성과 일체가 되어 지평에 적합하게 자체 속에 언젠가 나에게 타당했고 어떤 방식으로 심지어 미래에도 여전히 나에게 타당할 모든 대상성의 우주를 지닌다.[5]

게다가 '판단중지'는 내가 충분히 지평 속에 부각된 것으로 등장하는 모든 공허하고 특수한 의식을 자아에 의해 파악된 의식으로, 특수한 작용으로 변화시키고 그런 다음 단계적으로 실현시킬 수 있듯이

---

5) 따라서 삶의 모든 위치에서, 모든 체험 속에 완전한 모나드와 완전한 모나드 전체의 시간화(Zeitigung)[를 지닌다].―후설의 주.

통일적 지평의 공허한 의식도 파악하는 의식 전체로 변화시킬 수 있다는 사실에 의해 가능하다. 이때 나는 이 공허한 의식도 단계적으로 실현하는 직관의 **능동적** 과정으로 이행시킬 수 있다. 더 자세하게 말하면, 공허하게 떠오르는 기억이나 비직관적으로 앞서 생각한 것은 내가 완전히 다른 것에 능동적으로 몰두해 있는 동안 배경 속에 떠오르면서 수행한 형태를 받아들일 수 있다. 즉 나는 과거의 것이나 예상된 것, 생각된 것에 시선을 돌린다. 계속된 결과 나는 관련된 대상성에 나를 접근시킬 수 있고, 그 대상성이 나에게 직관되게, 이와 관련된 생각을 명시적이고 직관적으로 할 수 있다. 그렇지만 보편적 지평에 관해서도 마찬가지다. 가령 우선 주목하는 작용의 시선을 내 것이었던 보편적인 대상적 과거에, 그런 다음 내가 과거에 '그것과-관련해-살아왔음'에 돌릴 수 있다. 그 후에 나는 명료하게 하고 직관하게 하면서 앞에서 기술한 방식으로 진행해갈 수 있다.

또한 '판단중지'의 가능성에는 보편적 지평의 멀리 떨어진 의식이 삶 전체와 이 삶에서 존재타당성을 지니는 세계로서 그 삶에 체험된 세계를 '함축적으로' 그 자체 속에 지닌다는 사실을 지닌다. 뿐만 아니라 이때 예견하는 타당성과 여전히 지금의 타당성이 불가분하게 연루되어 있다는 사실이 포함된다. 예를 들어 과거의 삶 속에 기억에 적합하게 수행된 타당성과 이 타당성이 지금 여전히 함께 타당한— 어쩌면 양상화되어 타당하더라도—그 계속적 타당성이 불가분하게 연루되어 있다. 결국 '판단중지'와 이 '판단중지'에 의해 수행할 수 있는 선험적 환원으로서 환원의 가능성에는 내가 모든 현재에서 나 자신에 무관심한 방관자로서 심리학이나 심리학의 특별한 반성의 경우처럼 단지 그렇게 나 자신을 수립할 수 없다는 사실이 포함된다. 오히려 내가 회고하는 멀리 떨어진 내 시선을—내 삶 속에 나에게 타당했던 내 세계 전체와 관련된 내 삶으로서—내 삶 전체에 내

던진 다음에, 나는 바로 이러한 보편적 의식작용의 통일성을 통해 가능하게 되는 일거에 지평으로 멀리 떨어져 의식된 세계 전체에 관해서, 모든 실재성과 이념성의 우주에 관해서, 그것이 나에게 또한 나를 통해 언젠가 지녔고 여전히 지니거나 언젠가 지니게 될 각각의 모든 타당성을 억제한다.

일반적으로 모든 대상적 존재에 대한 관심과 마찬가지로 모든 가치에 대한 관심, 실천적 관심도 억제한다. 내 삶은 존재하는 그대로 계속된다. 또한 그 삶이 부여하는 타당성을 자체 속에 부여하는 내 삶에 시선과 관심을 쏟는 가운데 나는 순수한 **보편적 삶을** 획득한다. 세속적 우주는, 불가분한 **상관자로서** 삶 자체에 속하듯이, **보편적인 지향적 대상성 그 자체로** 변화된다.

이러한 보편적 환원은 내가 실행하는 모든 해명과 직관화(直觀化)를 통해 그 효력을 유지한다. 내 삶을 파악하는 것은 아직 그 고유한 자기존재에서 삶의 명시적인 자기파악이 아니다. 이는 직접적인 지금 현재의 삶을 넘어선다. 실로 더 좁게 말하면, 내가 지금 원본적 형태로 근원적으로 수행한 특별하게 현상학적으로 파악하는 가운데 지니고 있는 것을 넘어서 내 삶 자체는 그 자체가 다시 무한한 극한-형태와 무한히 멀리 떨어져 있는 점을 내포하는, 영원히 멀리 떨어져 있는 극한-이념이다. 그러나 나는 상대적으로 규정하고 접근하는 가운데—첫 번째 각별한 의미에서 이것은 과거의 무한한 영역에도 해당된다—직관을 통해 임의의 개별성, 삶의 구간을 나에게 현전화할 수 있다. 다소 간에 명석한 회상을 통해 멀리 떨어진 과거를 가까운 과거로, 결국 '완전히 명석한' 과거로 변화시킬 수 있다. 하지만 이 경우 명석한 것은 언제나 명석하지 않고 판명하지 않은 그 공허한 지평을 수반한다. 만약 이제 그 자체로 이제껏 매우 완전하고 명석한 것을 더 자세하게 주시한다면, 우리는 그것이 **상대적으로 명석하지**

않은─언제나 여전히 상대적으로 멀리 떨어진 것, 언제나 여전히 더 명석하게 될 자신의 가능성, 언제나 여전히 공허한 중간구간 등─그 자신의 내적 **지평**을 지녔다는 사실을 본질적으로 발견하게 된다. 그렇지만 이것은 적어도 순수한 삶에 마찬가지로 동일한 것이 가까운 형태이며, 보편적 해명, 즉 그 속에 나중에 언제든 다시 수행할 수 있는 현상학적 환원의 명증한 이념적 가능성을 수반한다.

그런데 이렇게 단지 상대적으로 가깝게 실현할 수 있는 것에 관해서, 자연적이고 환원되지 않은 회상에 대해서와 마찬가지로 동일한 것이 적용된다. 이것을 자연적 경험으로 인정하는 그만큼, 이 자연적 경험을 통해 자연적 과거에 관한 경험판단─어쩌면 자연적-이성적 경험판단─을 획득할 수 있는 그만큼 경험의 새로운 영역을 열어놓는다. 우리는 지금 '지평의 먼 곳에서 가까운 곳으로 진행해가는 가운데 현상학적 '판단중지'와 환원의 방법이 경험의 새로운 영역을 열어놓는다'고 말할 수 있는 것과 같다. 실로 현상학적 방법은 현상학 이전에 자연적 인간 삶과 인류에게 알려지지 않았을 것이 틀림없는 새로운 종류의 경험, 새로운 종류의 지각, 회상과 돌진해나가는 예상, 경험의 방식을 그 자체로 창조해낸다.

3절 선험적 현상학적 환원의 철학적 의미

52 선험적 주관성이 선험적 자기경험에 근거해 자신을 선험적으로 이론화하는 체계적 형식으로 자신을 체계적으로 전개해가는 철학

이제 선험적 환원의 방법을 완벽하게 수행하고 이 환원 자체를 낮은 단계의 단순히 현상학적-심리학적 환원에서 방법적으로 승격시켜 구축한 다음, 우리는 그 환원이 이렇게 방법적으로 정초하는 가운데 본질적으로 풍부하게 되었다고 충분히 말할 수 있다. 경험된 세계가 존재하지 않을 수 있음을 증명한 것에 기초한 데카르트적 환원은 직접적으로는 단지 제한된 성과만 얻었을 뿐이다. 그 환원은 경험된 세계가 존재하지 않음을 단초로 삼아 시선을 단지 경험하는 — 이 경우 이렇게 존재하지 않음에 관련되지 않은 — 주관성일 뿐인 주관성으로 전환한다. 그러므로 이때 방법을 계속 형성해가야 하고, 이때 세계에 대한 어떠한 사유의 정립도 타당하게 남아 있지 않아야 한다.

하지만 이념적 대상성의 어떠한 타당성이라도 효력을 상실해야 한다는 점도 밝혀져야 한다. 요컨대 선험적 주관성으로서 순수 주관성의 범위 전체를 실제로 제한하려면, 그 끝에는 완성된 방법으로서 그 방법 자체가 지금 획득한 방법과 같은 값을 지녀야 하며 여기에는 보충적 연구가 필요하다. 그러나 이러한 일이 수행될 수 있더라도 어쨌든 새로운 처리절차는 '판단중지'의 가능성이 기초한 주관성 자체의 구조를 가장 넓고, 가장 깊게 이해할 수 있게 길을 열어준다는 장점이 있으며 또한 이로써 주관성의 순수한 의미를 가장 깊게 이해할 수 있게 길을 열어준다는 엄청난 장점도 지닌다. 이미 완전한 현상학자라면, 우리는 새로운 처리절차가 현상학적 환원의 방법뿐 아니라 동시에 현상학적 환원의 현상학도 제공한다고 말할 수 있을 것이다.

우리의 고찰은 확실한 결론에 도달했다. 이제 그 길을 회고하면서 숙고해야 한다. 그 근원적 목적은 절대적 정당화에 입각한 보편적 학문인 철학이었다. 절대적 정당화에 선택된 주도원리는 필증성의 원리였다. 바로 이 원리가 출발하는 철학자에게 미리 주어진 모든 학문, 실로 완전히 보편적으로 각각의 모든 미리 앞선 확신, 선입견을 '전복시키게'끔 요구한다. 절대적으로 정당화될 수 있는 최초의 인식영역인 긍정적 출발점을 획득하는 시도는 모든 이론적 능동성에 앞서 놓여 있는 끊임없이 계속 흐르는 세계를 경험하는 영역으로 시선을 전환한다. 그러나 이렇게 경험하는 영역도 개별적으로 종종 속이는 것으로 충분히 밝혀지는 어떤 믿음을 내포한다. 따라서 연속적으로 흘러가는 세계를 경험하는 가운데 연속적으로 현존재를 정립하는 세계의 존재에 대한 보편적 비판을 해야 한다. 그래서 우리는, 출발하는 철학자인 나는 우선 데카르트적 길로 걸었고, 이때 보편적 '판단중지'와 환원의 더 깊고 더 풍부한 방법을 구축하게 되었다.

그러나 여기에서 획득한 통찰로 풍부해진 지금 출발점을 되돌아보자 그 출발 자체가 새롭게 조명되고 있다. 왜냐하면 모든 선입견을 전복시키는 것이 출발에서 의미 있고 필요한 요구였지만 출발하는 요구로서는 또한 필연적으로 완전히 모호한 요구였다고 지금 말할 수 있기 때문이다. 그 요구가 실제로 실천적으로 작동하면, 그 모호함 속에 함축된 것을 체계적으로 명료하게 해명해야 한다. 이렇게 설명하는 출발은 자연적 경험의 영역 전체와 우리의 모든 자연적 타당성의 우주—결국 우리의 이전의 삶에서 나온 계속적 타당성과 이 삶을 통해 자연적으로 함께 정초된 예견을 포함해—가 이른바 전복시키는 데 함께 포함되어야 한다는 것이다. 달리 말하면, 우리는 이렇게 전복시켜야 한다는 요구를 출발하는 자인 나에게 필연적으로 함축하는 것에 대한 근본적으로 명료하게 해명하는 숙고는 현상학적 '판단중지'의 체계적 방법을 발전시키는 것일 뿐이라는 사실을 알게 된다. 동시에 나를 내면적으로 사로잡는 문제, 즉 내가 최초의 것으로 요구할 수 있고 요구해야 하는 것은 이 경우 필연적으로 시선을 선험적 주관성으로 전환하고, 그 결과 방법은 '당연히' 선험적 환원의 방법이 된다. 모든 것—나의 모든 인식소유물 전체를 포함해—을 의문시하는 것은 보편적 존재의 토대를 전제한다. 따라서 동시에 여기에서 언제나 경험될 준비가 되어 있고 의문의 여지가 없는 것이 명증하게 볼 수 있게 된다는 사실이 밝혀지기 때문이다.

그렇지만 이러한 방법에서 그 토대는 단순히 공허하게 요청된 것이나 '나는 생각한다'라는 명제와 더불어 공허하게 사태에서 멀리 떨어져 논의된 것이 아니다. 즉시 구체적으로 또한 그 본질특성에서 무한한 선험적 삶으로서 일어난다. 만약 우리가 직집직인 선험적 자기경험에서 파악할 수 있는 자신의 삶에 제한하면, 이 삶은 한편으로 선험적 '자아'(Ich)인 '자아'(ego) 속에 중심화되는 것을 자체에 지니고, 다른 한편으로 그 각각이 다양한 의식의 양상의 지향적 통일체인 여러 가지 지향적 객체성들과의 관계를 자체에 지닌다.

여기에서 중대하고 놀랄 만한 것이 뚜렷이 나타날 수 있다. 실제로 나는 각각의 모든 자연적 세계에 대한 믿음을, 출발하는 자로서 내가 내 속에 지니고 있다. 또한 내가 실제로 지닐 수 있을 가능한 모든 믿음을 거부하더라도, 따라서 나를 세계의 자식으로, 자연적 인간으로 간주하기를 중단하더라도, 이때 나는 이미 새로운 종류의 경험의 무한히 열려 있는 장(場)을 갖게 된다. 그리고 바로 이러한 사실을 통해 이미 나의 선험적 주관성이 경험하는 장을 갖게 된다는 점이다. 출발하는 철학자인 나에게 이러한 장을 즉시 지극히 중요하게 하는 것은 최초로 파악하는 가운데 이미 뚜렷이 나타나는 '나는-존재한다'(Ich-bin)의 필증적 명증성이다. 실제로 모든 것 —나에게 타당했고 타당할 수 있을 모든 것 —을 전복시키는 대담한 근본주의는 필증적으로 명증하게 타당한 전체성 속에 포함되지 않았고 포함될 수 없을 존재자를 나에게 열어준다. 세계의 자식의 존재 전체는 존재의 전체 그 자체가 아니다.

그렇지만 사실은 바로 모든 것을 포기한다는 것은 모든 것을 획득한다는 것을 뜻한다. 세계를 근본적으로 단념하는 것은 **궁극적으로 참된** 실제성을 간취하고 그래서 **궁극적으로 참된** 삶을 살아가는 필연적인 길이다. 아마 '나는 생각한다'(ego cogito)의 이렇게 은밀한 명증성에서 ─ 그리고 간접적으로 정초될 수 있는 선험적 상호주관성의 명증성에서 ─ 모든 가능한 진리와 학문은 절대적 정당화 속에 또한 추구된 궁극적으로 도달할 수 있는 철학적 의미 속에 놓여 있다. 아마 **자기인식**(Selbsterkenntnis) ─ 그런데 이때 근본적으로 순수한 또는 **선험적** 자기인식만 ─ 은 궁극적인 최상의 의미에서 모든 진정한 인식, 만족시키는 학문적 인식, 즉 '철학적' 삶을 가능케 하는 철학적 인식의 유일한 원천이다. 그렇다면 철학 자체는 선험적 자기경험(Selbsterfahrung)과 이것에서 이끌어낸 것에 근거해 체계적인 선험적 지기이론화(Selbsttheoretisierung)의 형식으로 선험적 주관성의 체계적 자기전개(Selbstentfaltung)일 뿐일 것이다.

새롭게 간취된 선험적 주관성의 그와 같은 의미에 대한 아주 멀리 떨어진 예감은 ─ 플라톤처럼 말하면 ─ '날개를 단' 영혼[6]에, 절실하게 갈망한 선험적 직시의 날개를 단 영혼에 철학적으로 놀라운 발언을 해줄 수 있다. 그것은 괄호처진 타당성 또는 타당성이 정지된 그 모든 세계는 어쨌든 괄호 속에 남아 있다는 것이다. 달리 말하면 현상학적 자아인, 나 자신과 내 세계에 무관심한 방관자인 나에게 이 세계가 소박하게 존재하지는 않지만, 이 세계가 내 세계로서 내 의식의 작용 속에 나에 대해 지닌 모든 타당성을 유지하는 한, 어쨌든 나는 타당성이 이렇게 수여되는 것을 주시할 수 있다. 더 자세하게 말하면, 나는 현존재함(Dasein)과 그렇게 존재함(Sosein)을 확신하는 것이 결국 그것 자체를 파악하는 것이라고 생각한다. 경험하거나 그 밖의 명증성으로 이끄는 것이 도대체 내 속에 어디에 존재하는지 주시할 수 있다. 나는 **자연적으로** 경험하는 자이자 인식하는 자다.

---

6) 이러한 표현은 『파이드로스』(Phaidros) 251b에 나온다.

나는 그 어떤 실제적인 것을 그것 자체로서 파악하고 그 어떤 진리를 진리 자체로 파악하는 모든 명증성을 선험적 방관자로서 직접적으로 또 근원적으로 나의 직시하는 작용에서 지닌다. 이때 어쨌든 아무것도 상실되지 않는다. 그 반대로 소박한 자아인 내가 소유하는 가운데 지금 소유했던 것으로 지니는 존재자로서 단적으로 지니고 있는 것을 나는 나에게 이전에 은폐된 의식―그것이 그것을 경험하고 사유하는 가운데, 그것이 의미, 나타나는 방식, 타당성의 양상에 따라 생기는 주관적인 지향적 작업수행의 거대한 연관 속에 그것이 의식되었던 의식―과 일체가 되어 지닌다. 이 작업수행이 아무리 우선은 은폐된 선험적 주관성의 심층으로까지 되돌아가 도달하더라도, 어쨌든 지금 나는 현재와 과거의 모든 의식의 지평이 그 잠재적 함축에 따라 드러나 밝혀질 수 있다는 사실을 이미 알고 있다.

　여기에서 그 모든 본질가능성과 실제성에 따라 선험적 주관성을 보편적으로 연구하는 가운데 결국 모든 거짓과 모든 진리, 단순히 추정된 존재이지만 선험적 작업수행의 의미를 지녔어야 할 그 궁극적 의미에 따라 모든 참된 존재가 포함되어 있다는 생각이 당연하다고 여기지 않는가? 승격된 관점 그리고 모든 것을 개관하는 선험적 관점에서 보면, 이성과 비이성은 전체적으로 은폐된 그 구조연관 속에서 설명될 수 있는 선험적 작업수행, 목적을 겨냥함, 목적을 달성함 또는 목적을 놓침에 대한 명칭이 아닌가? 자연적으로 소박하게 인식하는 자에게 참된 존재와 임의의 이론적 진리를 실현시키는 그 작업수행의 연관을 완전하게 설명하는 것은, 바로 이렇게 설명하는 것이 선험적 영역에서 실행되기 때문이다. 그래서 이러한 참된 존재 자체와 진리 그 자체의 참된 존재를 볼 수 있게 해야, 즉 이렇게 참된 것 자체를 작업수행을 통일하는 점으로서 또한 그 연관 속에 불가분하게 포함된 것으로서 볼 수 있게 해야 하지 않은가? 그렇지만 선험적 방관자는 존재와 존재자, 진리와 참된 사태가 어떤 동기를 부여하는 것의 인식의 동기를 부여받은 것으로서, 오직 그것이 존재하는 그대로 존재하고 의미하는 그대로 의미하는 지향적 행위에서 지향적 통일체로서 주관적으로 인식하는 삶 속에 생긴다는 사실을 바로 편견 없이 관찰하고 전개해 깨달을 뿐이다.

그래서 선험적 방법에서 자연적 인식단계의 아프리오리한 학문과 경험적 학문의 모든 자연적–독단적 존재정립을 포함해 자연적 세계 전체가 '판단중지' 속에 남아 있더라도, 어쨌든 어떠한 진리도 상실되지 않았을 뿐 아니라 더 높은 의미에서 모든 진리가 획득되었다는 것이 거부할 수 없는 주된 사상이다. 선험적 방법은 모든 자연적 진리를 배제함으로써, 보편적으로 전복시킴으로써 그 자신으로부터 모든 진리 — 그러나 이때 절대적으로 정당화된 절대적 진리로서 — 를 실현하는 길이다. 또한 모든 진리를 그 타당성이 은폐된 상대성에서 구해내는 길이다. 모든 상대성이 명쾌한 주제의 시선 속에 있으며 보편적으로 연장되어 절대적 인식의 주제가 되는 절대적 토대 위에 세우는 길이다. 그렇지만 그 목표는 멀리 떨어져 있다. 그 길은 매우 힘들지만 처음으로 개척해야 한다. 그 주된 사상 없이 그 길을 추구할 수는 없다. 그 길, 이 길을 준비하는 이론은 단계적으로 작성되어야 한다. 그리고 마치 모호하고 그럴듯한 가능성들이 이미 이론인 듯이, 전통적 철학의 근본적 오류를 멀리해야 한다.

53 상호주관성의 문제

a) 순수 현상학이 선험적으로 소박할 가능성과 선험적 경험을 필증적으로 비판하는 철학의 과제

그런데 여기에서 우선 출발에서 선험적 주관성이 나의 것이 되는

'나는 생각한다'(ego cogito)의 필증적 명증성은 그 자체에서는 출발일 뿐이지 결말이 아니라는 점에 유의해야 한다. 즉 그것은 필증적 명증성이지만 그 참된 의미, 효력범위, 한계와 관련해 한 다발의 수수께끼와 같은 물음을 나에게 일깨운다는 점에 유의해야 한다. 단지 하나만 지적하자면 '나는-경험한다' '나는-생각한다' 등은 실제로 순간적 '지금' 속에 필증적으로 확실하게 보인다는 것이다. 나의 선험적 과거도 나에게 확실하지만, 내가 오직 과거를 지닐 수 있는 기억은 종종 충분히 속이지 않은가? 결국 나의 선험적 과거와 미래 전체는 선험적 가상일 수 있지 않은가? 그래서 우리 앞에는 여전히 선험적 경험에 대한 필증적 비판이라는 중대한 과제가 놓여 있다.

이것뿐만이 아니다. 우리는 세계의 자식이기를 중단했고, 그 모든 독단적-자연적 형태에서 보편적인 자연적 경험, 보편적인 자연적 인식을 단념했다. 그래서 심지어 모든 자연적 가치평가와 실천적 행위도—이것들이 그것에서 어떤 인식의 대상성을 산출할 수 있는 한—'암묵적으로' 단념했다. 그러면 그 자체에서 무한한—이때 어쨌든 완전히 그 자체 속에 완결된—새로운 선험적 경험이 열린다. 바로 이것으로써 우리는 자명하게 새로운 종류의 이론적 인식작용(이에 못지않게 그밖에 순수하게 선험적으로 향한 작용과 작용의 작업수행)의 장(場)을 얻는다. 자연적 학문의 전체성은 포기되고, 그 대신 여기에서 어쨌든 완전히 그 자체 속에 완결된 새로운 '보편학문'(scientia universalis)의 학과인—이 학문으로부터 그 학문이 독단적 학문의 그 어떤 것에서도 전제를 사용하지 않았거나 언젠가 사용할 수 없다는 사실을 아프리오리하게 확신하는—선험적 학문이 일어나야 한다. 이것은 어떻게 바라보면 사실상 모든 것이 참되고 자명하지만, 정확하게 살펴보면 단지 더 높은 어떤 소박함의 관점에서만 자명할 뿐이다. 따라서 자연적 소박함에 평행하는 것으로서 선험적 소박함―그러나 지금 특별한 의미를 띤―도 존재할 수 있다.

여기에서 다음과 같은 것을 숙고해보자. 그것은 유클리드 요소기하학의 구조가 수학자들이 어떤 공리를 완전히 정지시키고 그런 다음 기하학적 명제와 이론이 그 공리에 상관없이 남아 있음을 보여주며 그래서 그 공리에서 독립됨을 증명하고 이로써 학문 전체의 연역적 구조연관을 드러내 밝힘으로써 해명되는 것과 유사한 방식으로 출발하는 철학의 이론적 구조를 해명하기 때문에도 중요하다. 이와 유사한 의도에서 우리는 선험적 환원에 대한 이론 전체가 출발하는 철학자의 동기부여에서 분리될 수 있다는 사실을 지적한다. (우리의 의미에서) 철학의 목적이 우리와 완전히 상관없더라도, 우리가 그 목적을 아주 단념하더라도, 그럼에도 우리는 심리학적 단계와 선험적 단계의 현상학적 '판단중지'를 할 수 있고 이에 속한 모든 의식을 분석할 수 있을 것이다. 그렇다면 마찬가지로 소박한 경험과 선험적 경험이, 소박한 학문과 선험적 학문이 바로 단순히 '선험적'에 대립되어 나타난 '소박한'이라는 의미에서 대립될 것이다.

그렇지만 다른 한편 우리는, 그 가운데 절대적 인식―절대적이며 모든 측면의 정당화에 입각한 인식―의 이념에 이끌리지 않는 모든 인식작용을 이해할 수 있고 소박한 인식의 두 번째 개념도 규정할 수 있다. 더 일반적으로 태도를 취하는 모든 방식에 대해, 모든 종류의 이성의 삶에 대해 이러한 대립에 상응해 이해할 수 있듯이 규정할 수 있다. 이때 이 두 번째 의미에서 선험적 '판단중지'에 상관없는 자연적 인식작용뿐 아니라, 그 인식작용이 곧 어떠한 필증적 비판도 받지 않고 절대적 정당화에 관한 모든 종류의 물음을 선험적 인식 속에 제기하지 않는 한, 선험적 주관성의 토대 위에 있는 인식작용도 소박하다.

역사적으로 전승된 자연과학은 외적 경험의 명증성을 통해 이끌리고 오직 외적 경험을 가능한 한 확장하려 한다. 또한 그것이 아직 논의되지 않은 모든 방향에서 논의되게 하며 이렇게 함으로써 미래의 일치함을 확보하기 위해 일면적이고 불완전한 경험에서 유래하는 모든 불일치함을 조정하는 데만 열망한다. 이처럼 그 자연과학이 전체적으로 이와 유사한 방식으로 술어적 영역에서 논리적 명증성을 신뢰하며 이 명증성을 가능한 한 완전하게 하려고 추구하듯이, 이와 유사하게 우리는 새롭게 열린 선험적 경험의 영역에서 처리해나갈 수 있다. 선험적 실제성과 가능성을 가능한 한 명석하게 이끌 수 있고 선험적으로 일어난 사건의 주된 유형을 체계적으로 구별하며 체계적으로 기술하는 것을 겨냥하는, 따라서 자연〔과학〕의 역사 속에 유기적 종(種)과 발전형식의 직관적 형태에 대한 기술적-분류적 유형학이 이미 오래 전에 있었던 것과 유사한 의미에서 선험적-기술적 현상학을 구상할 수 있다.

더구나 우리는 외적 경험에 주어진 것과 관련해 사실적 실제성을 도외시하고 그 대신 자유로운 상상 속에 변형시킬 수 있는 가능성을 고찰하며 본질의 학문을 정초할 수 있고 부분적으로——예를 들어 이념적으로 가능한 공간형태에 관해 순수 기하학——이미 정초된 것을 발견한다. 이처럼 여기에서도 물론 선험적 영역에서 선험적으로 일어난 사건의 일반적으로 가능한 형태에 대한 (아프리오리한) 본질학문을 생각해볼 수 있을 것이다. 우리는 가능한 작용의 순수한 본질유형, 예를 들어 지각, 기억, 예상, 상상, 좋아함, 싫어함 등의 본질유형을 구별할 수 있을 것이다. 마찬가지로 여기에 포함된 것으로 사물에 대한 지각, 동물에 대한 지각, 자기지각과 타자지각 등과 같은 특별한 본질유형을 구별할 수 있을 것이다.

그러면 이 본질유형과 관련해 가능성과 필연성에 따라 어떤 본질구조가 그와 같은 모든 유형에 포함되어 있는지 심문할 수 있다. 이 모든 것은 동일한 **소박함** 속에 있다. 객관적 학문에서처럼, 경험의 명증성과 가능한 직관의 명증성, 논리적 귀결의 명증성 등을 동일하게 신뢰하는 가운데, 따라서 본래 철학적으로 부당한 요구 없이 일어날 수 있을 것이다. 그러면 모든 철학적 관심에 앞서, 모든 철학 자체에 앞서, 합리적 현상학과 경험적 현상학을 갖게 될 것이다. 그와 같은 현상학이 실제로 상론하는 가운데 어떤 모습을 띨 것인지는 여기에서 다루지 않겠다. 그러나 그 가능성을 미리 분명하게 이해하는 것은 중요하다.

그렇지만 가장 기본적이며 가장 이해할 수 있는 한 가지는 명석하고 전혀 의심할 여지 없이 강조한다. 만약 내가, 현상학적 환원을 하는 가운데 또는 이러한 환원의 습득성을 나타내기 위해 말하듯이, 현상학적 태도에서 나의 선험적 삶을 관통해가면, 직관적으로 실현하는 것이 성공할 수 있는 한, 이렇게 전개하는 것이 일치하는 자기직관을 제공하는 한, 선험적 자기경험의 동질적 연속체를 지니게 된다. 선험적 자기기억을 해명해가는 과정에서 불일치함이 나타날 때처럼 그때그때의 불연속성은 자연적-객관적 회상에서와 유사한 방식으로 조정된다. 가령 상이한 회상들은 서로 뒤섞여 혼합되거나 중첩되며, 계속 해명해 더 접근해가는 가운데 중첩되는 것과 혼합되는 것이 하나의 회상의 일치하는 직관적 연속성에서 서로 분리된다. 이러한 일이 필증적 필연성에서 그렇게 되었는지에 관해 아무것도 결정되지 않았지만, 어쨌든 그것은 기억의 매우 친숙한 양식에 속한다.

그래서 나는 자연적인 객관적(외적이나 내적) 경험에서 경험적 우주를 갖듯이, '사실상' 선험적 경험의 확고한 선험적 우주를 갖는다. 나는 선험적 경험의 언제나 다시 수립되는 일치함에 의해, 심지어 모든 현재의 지평 속에 마치 기록으로 명시된 항상 수립되는 일치함의 이렇게 계속 남아 있는 양식에 대한 경험의 믿음에 의해, 그 우주를 나에게 현존하는 것으로 갖는다. 실재적 세계 전체가 일치하는 외적 경험의 하나의 무한한 연관으로서 주어지듯이, 비실재적 주관성, 나의 선험적 삶의 무한한 전체성은 가능한 선험적 경험의 연속적 통일의 연관으로서 주어진다.

b) 선험적 자아론('독아론적 현상학')과 상호주관적 환원으로 넘어감

그런데 여기에서 잠시 특별한 철학적 관심을 접어두고 이러한 고찰을 통해 곧바로 우리가 얼마나 그 관심에 이바지하는지를 살펴보자.

우리가 체계적으로 구축했듯이 선험적 환원은 선험적 주관성으로의 환원이었다. 종종 우리는 이 환원을 '나는 생각한다'(ego cogito)로의 환원으로서 '데카르트적'이라 불렀고, 그래서 중요한 것은 아주 자명하게 환원하는 자인 나 자신의 선험적 '자아'(ego)와 나 자신의 **삶**으로의 환원으로 보였다. 그렇다면 다른 사람의 선험적 주관성에 대해 어떻게 의미 있는 논의를 할 수 있는가?

나의 세계 전체에 관해서 선험적 '판단중지'는 공간사물로서 모든 신체를 배제하는 것도 그 자체 속에 포함한다. 나 자신의 물체적 신체에 관해서 '판단중지'는 이 신체가 이제 공간사물을 경험하는 현상이 되는 나 자신의 삶을 건드리지 않는다. 그러나 다른 사람과 동물에 관해서는 어쨌든 다른 사람이나 동물이 선험적 환원에서 어떻게 나의 감정을 이입하는 정립 속에 정립된 현상보다 더 많은 것을 산출하는지 예측할 수 없다. 만약 현상학자인 내가 더 이상 자연적 방식으로 사물, 따라서 타자의 신체도 존재하는 실재성으로서 '타당하게 간주하지' 않아야 한다면, 이때 어쨌든 내가 경험한 그의 신체를 통해 간접적으로 제시된 것(appräsentiert)으로서만 나에게 현존하는 타자의 영혼 삶을 지시하는 발판은 없어진다. 따라서 선험적 현상학은 선험적 **자아론**(Egologie)으로서만 가능한 것처럼 **보일 수 있다**, 현상학자로서 나는, 비록 통상적으로 터무니없는 의미에서 자연적 태도에 뿌리내려 있지 않지만 아무튼 바로 선험적 의미에서, 필연적

으로 독아론자(Solipsist)다.

출발하는 자는 여기에서 —그가 아직 모든 참된 외면을 내면에서 추구하게 하는 신속한 예감을 지니지 않을 경우— 언젠가 우리가 현상학적 '판단중지'를 폐기해야 한다고 생각할 것이다. 또한 언젠가 자연적 방식으로 경험하고 생각하며 자연적 태도의 학문을 만족시켜야 한다고 생각할 수도 있다. 그런데 이때 타자의 주관성도 자신의 권리를 주장하겠지만, 다만 그 어떤 방식으로 현상학은 자연적 경험과 경험의 학문 그래서 모든 독단적 학문에 유용한 이제까지 알려지지 않은 방법적 도움을 줄 뿐이다.

여기에서[7] 완전히 중요한 것은 현상학적 환원의 진정한 의미와 현상학적 환원이 이 의미에 따라 수행하는 것을 오해하는데도, 이것은 타자에 대한 이른바 감정이입의 선험적 의미에 관해 우리가 증명한 완전한 내용을 자신의 것으로 삼은 모든 사람에게 명백해야 한다. 따라서 우리가 타자의 주관성을 감정이입하면서 현전화하는 가운데 선험적 주관성에 관해 말했고 더 나아가 자신의 신체뿐 아니라 타자의 신체가 주어지는 현상학적 내용에 관해 그리고 이때 타자의 심리적인 것이 지시되는 방식에 관해 말한 모든 것을 총합해 받아들이는 모든 사람에게 명백해야 한다.

물론 이러한 점은 나에게 나 자신의 선험적 '자아'와 나 자신의 삶

---

7) 후설이 나중에 원문을 줄을 그어 지운 근원적 문장은 다음과 같다. "이것이 전혀 그러한 관계가 아님에도 바로 '판단중지'를 통해 수행되어야 할 것을 더 깊게 이해함으로써 즉시 명백하게 밝혀질 것이다. 내가 고백하듯이, 나 자신에게 현상학적 환원에 대한 첫 번째 인식은 위에서 기술한 제한된 의미를 지녔었다. 여러 해 동안 나는 현상학적 환원을 상호주관적 환원으로 형성시킬 가능성을 찾지 못했다. 그러나 결국 완전한 선험적 현상학과 —더 높은 단계에서— 선험철학을 가능케 할 결정적 의미를 지닌 길이 열렸다. 나는 이 길을 간략하게 기술하려 한다."—편집자 주.

은, 내가 나 자신으로의 직접적 통로를 단지 자기지각, 자기경험, 자기예상을 포함한 자기경험을 통해서만 지니는 한, 첫 번째 근원적으로 주어지는 우선권을 지닌다는 사실에서 분명해진다. 이에 반해 나는 타자의 측면에서 그 자신을 직접 경험할 뿐인 타자의 주관성을 그 자기지각, 자기기억 등의 현전화를 통해 이 주관성을 나에게 의식하게 지시하는 간접적 방식으로만 경험할 수 있다. 따라서 여기에는 간접적인 두 번째 단계의 지향성이 놓여 있다.

어쨌든 선험적 주관성 일반이 상대적인 직접성과 간접성의 단계에서 주어지는 방식과 선험적 주관성이 지향적 함축의 단계에서 주어지기 때문에 주어지는 방식에 주목해보자. 내가 선험적 '자아'로서 나 자신에게 주어진 직접성도 그러한 단계를 지닌다. 나는 내 삶의 현재에서만 나에게 아주 **직접적**으로 주어진다. 오직 삶의 현재로부터만 나는 지각의 형식인 가장 직접적인 경험의 형식을 지닌다. 나의 과거와 미래에는 회상과 예상을 지닐 뿐이다. 여기에는 우리가 상세하게 논의한 지향적 간접성이 이미 놓여 있다. 그렇지만 더 자세하게 살펴보면, 지향적으로 직접적인 것과 간접적인 것을 구분시키는, 유사한 구조를 지닌 현재의 영역도 있다. 우리는 순수한 '지금'의 흘러가는 한계점에, 이와 상관적으로 이러한 순간적인 근원적으로 생생한 '지금'의 순수한 자기지각에 도달했다. 그 지향성이 간접적 지향성인 근원적 **과거지향**(Retention)과 근원적 **미래지향**(Protention)의 구간에 도달했다. 이것이 우리가 구체적 자기지각과 구체적 현재에 대해 이야기하는 것을 방해하지는 않는다.

이와 아주 유사하게 나는 충분히 정당하게 다음과 같이 말한다. 나의 선험적 자아는 오직 근원적으로만, 즉 근원적 자기경험에서 나에게 주어진다. 타자의 주관성은 나 자신의 스스로를 경험하는 삶의 영역 속에, 즉 스스로를 경험하는 감정이입에서 나에게 근원적이 아니라 간접적으로 주어진다. 어쨌든 주어지지만 **경험되는** 것이다. 과거의 것이 과거의 것으로서 근원적으로 기억을 통해서만 주어질 수 있고 미래에 다가올 것이 미래에 다가올 것으로서 예상을 통해서만 주어질 수 있다. 타자의 것(Fremdes)은 타자의 것으로서 근원적으로 감정이입을 통해서만 주어질 수 있다. 이러한 의미에서 근원적으로 주어짐(Gegebenheit)과 **경험**은 동일하다.

물론 자신의 현재, 자신의 과거는 그 자체로 비자립적이며, 완전히 구체적인 것은 나의 과거 전체와 앞서 예상된 미래가 속하는 근원적 경험 속에 주어진 내 삶의 전체적 통일체일 뿐이다. 다른 한편 방금 말했듯이 근원적 형식으로 경험된 나의 현재가 내 삶 전체의 통일성에서만 존재하는 반면, 이와 동일한 것을 이러한 삶 전체와 상호주관적 삶의 관계에서 또는 나의 '자아'와 내가 공동체 속에 함께 있는 타인들의 '자아'의 전체성과의 관계에서 즉시 말할 수는 없다. 적어도 그것은 그렇게 즉시 주장될 수 없다. 그 반대로 나 혼자만 존재한다는 사실, 또는 내 경험의 장(場) 전체 속에 어떠한 타자의 신체 — 이 타자의 신체에 의해 나는 감정이입의 방식으로 타자의 주체를 경험할 수 있을 것이다 — 도 전혀 등장할 수 없다는 사실은 생각해볼 수 있는 것처럼 보인다. 어쨌든 현상학적 추상을 하는 것이 가능하다. 또는 현상학적 경험과 이 경험에 의거하는 탐구를 제한해 그 자신의 선험적 주관성의 구체적인 통일적 연관 속에서만 움직이고 모든 감정이입을 도외시하면서 어떠한 타자의 주관성도 고려하지 않는 것도 가능하다. 당연히 이것은 사물에 대한 경험을 선험적으로 배제하는 것과 유사하게 자신의 삶을 변양시켜 생각하는 것을 뜻한다.

그러나 이것은 현상학적 환원이 자신의 '자아'만 산출한다는 것이 아니라 그 환원이 바로 제한된다는 것을 뜻한다. 연구의 폭넓은 구간에서 의도적으로 그렇게 제한하는 것, 따라서 이른바 독아론적 현상학으로서 무엇보다 체계적 자아론을 구상하는 것은 매우 중요한 방법적 이유에서도 심지어 필연적이다.

그밖에 선험적 환원이 최초로 경험된 자신의 '자아'를 매개로 어떻게 선험적 상호주관성을 경험하게 했는지를 살펴봐야 한다. 따라서 공간의 세계와 함께 타자의 신체물체(Leibkörper)와 인간을 괄호 치는 것이 어떻게 타자의 '사유작용'(cogitationes)을 포함해 타자의 순수한 '자아'를 결코 정지시키지 못하는지를 완전히 명증하게 밝히기 위해 다음과 같은 점을 숙고해야 한다. 즉 지금 잠시 이전에 시사한 허구를 추적해보자. 내가 타자의 신체를 나의 환경세계에서 결코 마주친 적이 없다고 허구로 가정해보자. 명백히 말하면, 사물이 정신적 의미를 지니는 한, 그 어떤 문화의 술어이든 단지 나 자신의 활동하는 작업수행만 소급해 지시하는 사물만 나에게 존재할 것이다. 단순화하기 위해 나는 어떠한 가상에도 마주치지 않고 중단되지 않는 부단한 확실성에서 내 환경세계를 지닌다고 가정한다.

그런데 내가 현상학적 환원을 하면, 즉 선험적 방관자로서 내가 이렇게 단적으로 존재하는 세계를 지니게 되는 모든 소박함을 억제하면, 나는 그 세계를 선험적으로 순수한 내 삶의 지향적 대상성으로서 유지한다. 그 삶은 어쨌든 맨 처음에는 공간사물을 경험하는 형식이다. 이렇게 함으로써 나는 내가 소박하게 경험하는 자아가 세계—전제된 것에 따라 지속하면서 현존하는 것으로서 이러한 자아에 의해 경험된 세계—를 소박하게 소유하는 것이 본래 어떠한 모습인지 주시해본다. 여기에서 현상학적으로 반성해 해명함으로써 명백히 밝히는 것과 처음에는 그 어떤 개별적 사물이 소박한 현존재의 확실성에서 경험되는 경험의 통일성을 체계적으로 기술하는 것은 실제적 경험뿐 아니라 가능한 경험도 고려해야 할 매우 포괄적인 분석으로 이끌 것이다.

사물은 종합적으로 일치하는 지각의 연속성 속에 지속하면서 현존하는 것으로 지각에 적합하게 나에게 주어진다. 그 지각의 연속성이 유출되는 가운데 사물은 연속적으로 하나의 동일한 것으로 의식된다. 그러나 나는 모든 지각의 국면에서 그것이 주관적으로 주어지는 방식의 특별한 방법으로 그 사물을 지닌다. 가까운 것과 먼 것, 오른쪽과 왼쪽 등으로 정해진 방향이 변화하는 가운데 지니는 것이다. 방향이 정해지는 변화와 원근법으로 나타나는 방식의 변화는 대체로 제휴해나간다. 즉 사물은 언제나 새로운 조망 속에 나타난다. 이때 본래 보인 것과 단지 함께 보인 것, 상대적으로 스스로 파악된 것과 단지 예견하면서 함께 파악된 것이 언제나 구별된다. 이때 나는 변화하면서 **함께 활동한다.** 자유롭게 '나는 할 수 있다'(Ich kann) 속에서 나의 눈, 나의 더듬는 손 등을 움직인다. 경과하는 시각적 조망이 그때그때 자유롭게 선택할 수 있는 눈의 위치에 속하며 촉각의 조망이 그때그때 만지는 손과 손가락 등에 속한다는 의식을 지닌다.

우리가 단적으로 현존하는 사물을 연속적으로 지각하는 의식이라 부르는 주관적 체험작용 속에 지향적으로 포함된 것의 이러한 다양함은 확고한 연관의 양식을 지닌다. 다만 그 다양함이 이러한 양식에 따라 실제로 경과할 때 지각작용은 그때그때 대상적 의미의 정립인 지향적 현존재정립이 연속적으로 일치하는 성격, 연속적으로 자신을 입증하는 성격을 지닌다. 오직 이때에만 본래 지각된 것을 넘어서 연속적으로 도달하는 예견이 입증된다. 오직 이때에만 사물 자체는 언제나 부분적으로만 실현된 의미에 적합하게 언제나 새로운 특성과 측면에 따라 연속적으로 나타난다. 이와 동시에 스스로를 입증하면서 또한 더 자세하게 규정하면서 나타난다.

그러나 경험의 양식과 의미에는 경과하는 주관적 나타남의 계열이 자유롭게-활동해-관여하는 것과 여러 가지 방식으로 다른 지각의 길을 선택해가고 사물의 보이지 않는 다른 측면을 볼 수 있게 하는—하지만 물론 자유롭게 활동하는 다가섬, 주위를 둘러봄, 손으로 만져봄 등을 통해—자유로운 능력의 의식이 포함된다. 이에 속한 나타남의 계열은 그것이 체계적으로 경과하는 양식에 따라 지각작용이 자유로운 것으로 가능하게 시작된 모든 양상에 대해 미리 알려져 있고 가정으로 구축할 수 있다. 이러한 양식이 입증되는 한에서만 그리고 나타남이 실제로 그 양식에 따라 경과하는 한에서만 그렇다. 또는 연속적으로 서로 뒤섞여 이행하는 지향성이 **충족시키는** 성격을 지니는 한에서만 그렇고, 동일한 말이지만, 지향적 대상이 연속적으로 하나의 동일한 것이고 이렇게 자신을 입증하는 가운데 실제적 대상으로서 의식되는 한에서만 그렇다. 소박하게 태도를 취한 자아는 의심에 빠져들거나 이전에 현존하는 것으로 경험된 것조차 단순한 가상(Schein)의 의식 속에 포기한다. 이것은 우리가 선험적 환원과 경험하는 의식을 고찰해 확신하듯이, 나타남은 더 이상 익숙하고 예상에 적합한 나타남의 계열 속에 경과하는 것이 아니라 다른 나타남과 지향적으로 대항해 다툰다는 것을 말한다.

나는 이전에 내게 보인 것과 일시적으로 보이지 않은 것, 지금 보는 것이 동일하다는 것을 의식하고, 그래서 일반적으로 내가 어떤 것을 보지 않는 동안에도 그것이 존재한다는 것을 확신할 수 있다. 이처럼 **단절된** 지각의 연속체에 따라 회상을 통해 일치함의 통일체가 되는 **불연속적** 종합을 특징짓는 것도 어렵지 않다. 여기에서도 우리는 중요한 것이 실제적이거나 가능한 지각의 체계라는 사실을 확신할 수 있으며, 이 경우 **가능한 지각은 확증되는**—실로 그 자신의 방식으로 확증되는—정립성(Positionalität)에 대한 명칭이라는 사실을 확신하는 것이다.

그러나 결국 우리는 전체로 지속하며 언제나 확증된 세계—내가 때에 따라 경험하거나 경험하지 못하고 부분적으로는 알거나 알지 못하는 사물들의 세계——에 대한 확신에 속하는 것은 선험적으로는 내가 선험적 경험의 지식(Empirie)과 구축하는 직관 속에 관통할 수 있는 계속 진행되는 선험적 연관을 지닌 확고한 본질구조, 경험, 경험의 가능성에 대한 실제적이거나 가능한 경험을 일정하게 기술할 수 있는 체계일 뿐이라는 부정할 수 없는 통찰에 도달하게 된다. 자연적 경험의 지식에 모든 부분은 이에 상응하는 선험적 경험의 지식으로 번역되며, 이 선험적 경험의 지식 속에 자신의 참된 의미를 증명한다.

이때 나는 경험의 대상인 사물 자체의 현존재가 선험적 연관의 이러한 체계 속에 분리할 수 없게 함축되어 있다는 것을 알 수 있다. 따라서 이러한 경험의 대상은 그와 같은 연관이 없으면 생각해볼 수 없으며 전적으로 무(無)일 것이다.

물론 우리는 지금 타인들이 주체로서 지닌 가능성과 실제성을 도외시했다. 하지만 이를 포함시킴에 따라 타인의 주체들이 바로 그와 같은 경험의 체계를 그 자체 속에 지닐 수 있고 이때 서로에 대해 이러한 관계에 있을 수 있다는 사실, 어떤 주체의 체계의 지향적 객체는 다른 주체의 지향적 객체와 동일한 것이라는 사실이 분명해진다. 내가 타인의 자아에 대해 아무것도 알 수 없는 한, 나에게 가능한 경험과 생각의 주제인 실재적 세계의 현존재가 다양하고 무한하더라도 그 자체 속에 완결된 '외적 경험작용'의 유형을 선험적으로 체험하는 체계로 환원된다. 예외 없이 일치하는 이러한 체계 속에 일관되게 확증되는 것인 지향적 경험의 계열이 놓여 있다는 사실로 환원되는 것이다. 이 지향적 경험의 계열은 그 체계에 내재적 극(極)으로서, 정립되고 항상 일치해 동일하게 확인될 수 있는 것으로서 놓여 있다. 이 경우 세계의 초재(Transzendenz)는 형이상학적 신비를 전혀 지니지 않는다. 다른 종(種)이지만, 가장 보편적인 것에 따라 수(數)나 그 밖의 비실재적 객체성의 초재와 동일한 유(類)다.

이러한 방식으로 실재적 세계는 나의 선험적 자아의 실제적이거나 가능한 지향적 체험들의 지향적 상관자들의 우주로 환원된다. 그 상관자로서 이 체험들에서 분리될 수 없다. 따라서 이세까지 주체는, 주체가 세계를 경험하고 세계의 자식으로서 세계에 주어졌을 때, 그것을 알지 못한 채 항상 그 자신 곁에, 즉 그 자신의 선험적 주관성의 완결된 범위 속에 있다.

그런데 사물들 가운데 이른바 타자의 신체가 등장할 때, 따라서 내 환경세계가 타자의 인간과 동물을 드러낼 때, 이때 나에 의해 경험되고 경험될 수 있는 것으로서 그 신체물체는 당연히 나 자신의 선험적 주관성 안에서 주관적으로 일어난 사건으로 다시 환원된다. 그래서 그 경험의 실제성이 순수하게 나에게 받아들여지는 것은 전혀 없으며, 이 경험의 실제성은 그것의 구체적으로 완전하고 참된 의미로만 해명된다.

그런데 타자의 신체에서 타자의 영혼 삶과 그 표현은 사정이 어떠한가? 이 물음을 제기하는 것은 실로 그 물음에 답변하는 것을 뜻한다. 타자의 신체는 사물로서 나에게 실제성이다. 그것이 존재하는 한 그것은 나에게 의심할 여지가 없다. 또한, 결코 포기할 수 없는 확실성인 한, 경험의 양식은 일치함의 경과와 이러한 양식의 계속되는 진행을 일정하게 미리 지시한다. 그러나 이러한 경우라면, 나의 신체와 유사함은 그 이상의 것, 즉 타자의 영혼 삶을 지시한다. 여기에서 지시된 것은 이제 더 이상 나 자신의 삶의 범위에서 나온 선험적으로 주관적인 것(Transzendentalsubjektives)이 아니다. 타자의 영혼적인 것은 그 선험적 내용에 따라 내가 지금 유일하게 요구할 수 있는 것이다. 이러한 내용은 선험적으로 순수하게 지시된 것이며, 그래서 나는 '나는 생각한다'(ego cogito)라는 명칭이 포괄하는 삶에서 일어난 사건들의 나의 우주와 일체가 되어 감정이입이 지시하는 가운데 간접적으로 두 번째 선험적 삶과 일반적으로 여러 가지 선험적 삶을 함께 경험한다.

따라서 선험적 환원은 직접적으로 나의 '자아'(ego)를, 간접적으로 '타인의 자아'(alter ego)를 산출한다. 그래서 일반적으로 경험할 수 있는 신체를 통해 지시되거나 지시될 수 있는 개방된 타자의 주체들을 많이 산출한다. 그렇지만 이러한 지시는 그 자체로 경험의 확실성이며, 일치함 속에 확증되는 자신의 특별한 방식을 지닌다.

54 선험적 관념론에 이르는 현상학적 환원의 길과 선험적 모나드론인 이 길의 현상학적 의미

이미 말했듯이 순수 현상학은 현상학적 환원의 의미와 작업수행을 오해해서 오직 선험적 독아론으로서만 가능하다는 견해가 생겼다. 이 강의에서 시도한 바와 같이, 그러한 오해를 척결하려면 이러한 현상학적 환원의 의미를 가장 깊게 길어내야 한다. 이 경우 중요한 것은 사실상 철학 전체에서 가장 강력한 효력범위를 지닌 해명이다. 왜냐하면 전체적인 철학 자체와 미리 허용할 수 있는 모든 세계관(Weltanschauung)의 보편적 구조형식이 그 해명에 의존하기 때문이다. 요컨대 올바로 이해하면, 그 때문에 현상학 전체가 선험적 관념론의 최초의 엄밀한 학문적 형태일 뿐이듯이, 현상학적 환원 속에 이미 선험적 관념론으로 행진해가는 경로가 시사되어 있다. 현상학적 환원은 그 선험적 관념론의 진정한 의미를 최초로 명확하게 한 것이다. 또한 생각해볼 수 있는 가장 강제적인 형식으로, 즉 가장 엄밀한 학문으로서 실행하는 형식으로 그 선험적 관념론을 최초로 실제로 증명한 것이다. 그럼에도 우리는 출발하는 가운데 실제로 볼 수 있는 것과 여기에서 몰두한 선험적 독아론의 문제에 관해 다음과 같이 강조해야 할 것을 여기에서 상세하게 진술할 수 있을 뿐이다.

이미 자연적 태도의 토대에서 반성은 세계가, 내가 언젠가 그것에 대해 알고 인젠가 유의미하게 논의할 수 있는 모든 종류의 존재자가 바로 내 지식에서 알려진 것, 내 경험에서 경험된 것, 내 생각에서 생각된 것, 요컨대 내 의식에서 의식된 것이라는 사실을 나에게 가르쳐준다. 어떤 것이 초자연적인 계시를 통해 나 자신에게 다가온다 해도 그 계시는 다시 나 자신에게 하나의 의식으로서 주어질 것이다.

이러한 방향으로 계속하면, 나는 다음과 같이 여길 것이다. '내가 수행할 수 있는 모든 인식의 구분은 인식하는 주관성 자체의 테두리에 완전히 빠지게 된다. 또한, 단순한 의견과 올바른 의견, 의견 일반과 통찰해 정초된 인식 ─ 이 인식에서 어떤 의견은 나에게 **참된** 의견으로 분명해지고, 이 속에 추정된 존재자는 참된 존재자로 주어진다 ─사이의 모든 구분도 그 테두리에 완전히 빠진다.' 여기에서 진리와 참된 존재도 인식하는 의식 속에 등장하는 것으로, 그 의식 자체 속에 실현되는 사건으로 제공된다.

그렇다면 내가 현상학적 환원으로 이행하면, 이것은 내가 자연적으로-소박하게 반성하는 자보다 모든 인식에서 일어난 사건의 주관성을 이렇게 더 진지하게 인식한다는 사실을 뜻한다. 내가 여전히 ─내 인식에 앞서 또한 그 자체로─ 존재하는 세계를 지니는 한, 내가 개별적으로만 인식의 대상에서 주관적 인식작용으로 되돌아가는 한, 나는 여전히 인식을 고려하지 않은 채 놓아두었다는 사실을 뜻한다. 즉 이 인식에서 그 자체로 존재하는 그 세계가 타당성을 지진 모든 것을 고려하지 않은 채 놓아두었다는 사실을 뜻하는 것이다. 내가 그 타당성을 부여한 한에서만, 그 자체로 존재하는 세계는 당연히 나에게 타당성을 지닌다. 나는 습득적 타당성, 즉 내가 명시적 인식작용을 수행하지 않아도 어쨌든 함축적 타당성을 내포한 함축적 지평의 지향성을 간과하면 안 된다. 그래서 나는 타당성과 타당한 객관적 존재의 모든 소박함을 억제하고, '그 어떤 것이 사물, 인간, 예술과 종교, 국가와 민족 등으로서 나에게 현존한다'고 일컫는 것이 어떻게 실제로 일어나는지 경험하는 가운데 파악하는 방관자로서 나 자신을 수립한다. 선험적 관찰자로서 나는 보편적으로 연장하는 가운데 추정적이거나 올바른 모든 타당성이나 의견, 모호하거나 명석한 모든 것, 틀렸거나 통찰적인 모든 것이 일어나고 모든 존재자가 추정함 속에 추정된 것으로 살아가는 주관성을 지닌다. 또한 아주 잘 되면 경험작용에 의해 경험된 것으로, 포착작용에 의해 포착된 것으로, 통찰작용에 의해 통찰된 것으로, 추론작용에 의해 추론된 것으로 파악되는 구체적으로 인식하면서-살아가는 주관성을 지닌다.

나의 인식하는 삶에서 일어난 모든 사건, 사실적으로 경과했고 경과하는―하지만 그 보편적 본질에 필연적이며 본질에 가능한 형태에 따라 '아프리오리하게' 구축할 수 있는, 즉 순수한 가능성에서 고안해낼 수 있는―나의 삶에 일어난 모든 사건을 나는 탐구영역 속에 지닌다. 어떤 종류의 인식 사건을 생각해볼 수 있는지, 그 인식의 사건이 어떤 본질법칙에 지배되는지를 명석하게 밝히는 형상적 현상학의 중대한 과제가 여기에 명백하게 놓여 있을 것이다. 이 경우 내게 처음부터 명증한 사실은 내가 자연적 태도에서 단적으로 어떻게든 알고 있는 어떤 대상, 어떤 대상적 연관, 어떤 사태 등으로 부른 것이 언제나처럼 나에게 실제성이라는 것이다. 또한 내가 말하는 그러한 모든 대상성은 실제적이거나 가능한 다양한 의식체험 속에 지향적으로 의식된 동일성의 통일체라는 사실도 처음부터 명증하다. 이러한 모든 체험에서 이 대상성은 추정된다. 매우 상이한 주관적 나타남의 양식에 상관없이 그것의 동일한 대상적 의미로서 믿음의 확실성이라는 양상 속에서 추정되는 것이다. 이렇게 추정된 것은 동일한 모든 것 속에 있다.

이러한 사실은 다양하게 변화된 나타남의 방식을 포함하고 있으며, 그렇게 다양한 의식체험이 종합적으로 결부되는 가운데 바로 상이한 주관적 양상에서만 의식된 것인 하나의 동일한 존재하는 대상에 대한 결정적 의식을 산출한다는 것을 뜻한다. 물론 그와 같은 종합적 의식이 그 동일성의 통일체를 견지할 수 없다는 것과 서로 다른 두 의식이 처음에는 생각하면서 통일체를 겨냥하지만 대립하는 가운데 분리된다는 것은 이미 알려진 유형이다. 그런 다음 계속해서 그렇게 상세하게 기술할 수 있는 사건에서 믿음의 확실성이 단순한 추정이나 의심으로 양상화될 뿐 아니라 존재하지 않음의 의식, 이른바 존재를 말소하는 경우가 생긴다는 것 또한 가능한 사건의 이미 알려진 유형이다.

그렇지만 이에 반해 소박하게 인식하는 자는 존재와 비존재가 단순히 우연적이며 상대적인 것이 아니라 모든 인식의 경우 참된 존재는 인식활동을 통해 이끌어내 인식된다는 실천적 확신을 지닌다. 더구나 완전한—적어도 전진해가면서 완전화게 될 수 있는—통찰의 상관자로서 이끌어내 인식된다는 실천적 확신을 언제든 다시 지닐 수 있다. 또는 인식하는 자는 이성의 능력을 소유한 자기 자신을 안다. 이성적으로 이끌린—곧 통찰적—인식작용의 과정에서 단순히 주관적이며 추정적으로 타당한 모든 것에 대립해 궁극적으로 타당한 것을 만들어 내거나 적어도 궁극적 타당성에 접근할 수 있다. 물론 이때 선험적 주관성의 보편적 연관 속에 또한 시종일관 지향적 삶인 선험적 삶에 필연적으로 속하는 일반적 구조를 연구한 다음 이성과 이성의 활동이라는 명칭이 포괄하는 그 특별한 본질의 가능성을 탐구하는 것이 선험적 현상학의 과제다. 이 경우 선험적 원천에서부터 '참된 존재' 또는 '궁극적으로 타당하게 확증된 존재'라는 이성의 인식 속에 생긴 그 개념을 궁극적으로 명석하게 하고 그 의미를 규정하는 것이 중요하다.

그래서 내가 선험적-현상학적 태도로 이행하는 것을 나를 옮겨놓은 내 인식의 상황을 통해 숙고해보자. 나는 이제 절대적 보편성에서 나에게 추정된 것으로 또는 참으로 존재하는 것으로 이제껏 타당했고 마주칠 수 있는 실제적이거나 가능한 모든 인식의 대상성을 포괄한다는 사실을 밝힌다. 나는 그 인식의 대상성을 여기에서 발견하고 그 인식작용에 의해 인식된 것, 그 대상성이 타당성의 통일체로서 생기는 구체적인 의식의 작업수행에 지향적 계기로서 발견해야 한다는 사실도 밝힌다. 그래서 우선 나는 내가 언젠가 참으로 존재하는 것으로 통찰할 수 있는 모든 것은 심지어 나 자신 ─인식하는 자─의 삶에 지향적 사건일 뿐이라고 말해야 한다.

물론 그 삶은 일시적인 개별적 체험에 부착된 것이 아니라 내 삶의 지향성을 관통해가는 동기부여의 연관 전체에와 관련되어 있다. 특히 그 지향성 속에 내가 근원적으로 건립하는 가운데 생기고 습득적이 되는 의미의 내용과 나타남의 내용 그리고 이러한 것에서 열리는 인식의 가능성에 부착되어 있다. 그러나 이 모든 것은 선험적 삶의 확고한 본질법칙에 따른다. 이 본질법칙에는 스스로 간취된 참된 존재의 명증성 양상 속에 등장하는 추정된 것이 있는데, 이는 심지어 우연적 작용이 지나가버린 다음에도 새로운 인식의 활동에서 이렇게 동일하고 참된 존재로서 복원된 명증성에서 다시 확증될 수 있다. 또한 이것에 대립하고 스스로 주어진 참된 존재를 언젠가 말소할 것을 요구할 수 있을 명증성은 결코 등장할 수 없다.

선험적 연구를 명증성과 그 동기부여의 연관과의 상관관계에서 완전히 이해시키고 진리를 학문적으로 확정하는 데 어떤 어려움이 있더라도, 그 양식과 성과는 이미 앞서 미리 지시되어 있는 것으로 보인다. 비록 인식작용의 작업수행과 궁극적으로 타당한 진리를 성취하는 것이 이해할 수 있게 되어야 하더라도, 그것은 오직 이러한 양식으로만 또한 그와 같은 성과를 지니고 일어날 수 있을 것처럼 보인다. 그렇지만 이때 우리는 불쾌한 상황, 곧 선험적 독아론의 상황에 처해 있다. 그렇다면 이 모든 것으로 모든 참된 존재는 나 자신의 선험적 삶의 동기부여 속에 구체적으로 형성되고 그 삶 속에만 포함된 이념적 극성(極性)을 나타낼 뿐이라고 말하는 것은 아닌가? 가령 나의 동료 인간과 그의 심리적 내면도 나의 삶 속에 근원을 지니고 단지 나의 지향적 체험에 관련된 상관자의 의미를 지니는 그와 같은 동일성의 통일체로서 존재할 뿐이지 않은가? 타인은 어쨌든 자신의 삶을 살아가고, 나와 같이 선험적 환원을 잘 할 수 있다. 그 자신을 절대적 주관성으로 발견하고, 내가 나의 삶 속에 그를 파악하듯이 나를 '타인의 자아'(alter ego)로서 충분히 파악할 수 있다. 내가 나 자신에 대해 존재하고 타인의 인식하는 삶 속에 단순한 지향적 사건이 아니듯이, 거꾸로도 당연히 그러하다.

이렇게 말한 것은 틀림없이 진리다. 그래서 우리는 그 말에 대해 선험적 명석함을 어떻게 형성할 수 있으며 앞에서 말한 것이 지금 주장한 것과 어떻게 화해할 수 있는지 하는 물음이 제기된다.

그런데 여기에서 다음과 같은 생각이 결정적 의미를 지니게 될 것이다. 나에게 어떤 대상이 주어지고 그 대상이 존재하는 실제성으로 증명되는 확증하는 명증성은 직접적이거나 간접적일 수 있다. 지각의 명증성은 직접적이다. 만약 모든 외적 경험에서처럼 이 명증성이 미리 파악하는 지향과 언제나 혼합된다면, 그럼에도 직접적으로 자기를 파악하는 이러한 명증한 의식은 바로 지각에 속한다.

지각의 대상은 생생하게 현존하는 것으로 '명증하게' 의식된다. 일치하는 외적 지각을 계속 진행해가는 가운데 우리는 근원적으로 확증하는 형태를 지닌다. 이 형태는 지각된 것을 미리 파악하는 지향을 끊임없이 충족시키는 가운데 언제나 새로운 측면에서 생생하게 동일한 것으로서 항상 나타난다. 이제 이렇게 계속 진행해가면서 지각된 것을 인식 속에서 실현하며 이것을 그 인식 속에서 더 완전한 자기실현으로 이끈다. 그래서 그 참된 존재에서 사물 자체는 나의 경험을 계속하는 가운데 동일한 것으로서 밝혀지고 또한 그 생생한 자체성(Selbstheit)에서 명백하게 밝혀진다. 이는 입증될 수 있는 동일한 것과 동일하게 확인할 수 있는 것의 이념이다. 내 의식의 흐름 속에 그 어떤 새로운 경험이 작동되고 이전의 경험과 종합적으로 통일될 수 있는 새로운 삶의 연관 속에 작동되는 만큼, 이 동일한 사물이 상관적으로 존재하는 것이 그만큼 도달한다. 그 사물은 가능하게 일치해 통일시킬 수 있는 내가 경험하면서 실현하는 동일자(Identisches)로서 그것이 존재하는 그대로이며, 언젠가 그와 같은 연관 속에 등장하게 될 그 모든 속성을 지닌다.

이제 내 환경세계 속에 어떠한 신체도 등장하지 않는다고 생각해보자. 나는 타자의 주관성을 전혀 예감하지 못할 것이다. 이때 나에게는 사실상 모든 객관적인 실재성, 지금은 생명이 없을 수도 있는 세계 전체가 연관된 다수의 지향적 극(極), 따라서 가능하거나 실제적인 내 경험의 체계에 대한 상관적 통일체일 뿐이다. 그 통일체는 무한히 일치해 진보해가는(그에 상응하는 경험의 체계에서 선택될 수 있게 다양하게 진보해가는) 가운데 실현되거나 생생하게 주어진 것으로 실현될 수 있을 것이다. 여기에서 '참된 존재'는 시종일관 일치하게 확증하는 내 경험이 이에 상응해 가면서 경과하는 그때그때 동일성의 상관자──그것이 제시하는 다양한 나타남 속에 그 자신과 동일한 성질들의 동일한 기체(基體) ── 를 구축할 수 있는 이념일 것이다. 그리고 나의 가능한 경험의 이념적 체계에서 벗어나면 그 사물은 그 것이 나에게 '실제로' 또는 '참으로' 현존하는 의미에 따라 무(無)일 것이다.

그러나 만약 우리가 타자의 신체를 허용하면, 우리에게 다른 인간 들이 현존할 것이다. 우리는 이들에 대한 경험을 감정이입의 방식으 로 지닌다. 이러한 경험도 연속적으로 일치해 확증되는 가운데 계속 되는 자신의 방식을 지닌다. 우리는 계속 일치하는 감정이입을 통해 존재한다. 이 인간이 우리 앞에 직접적으로 현존한다는 그 자체로 확 증되는 확실성 속에 남아 있는 것이다. 그의 표정 변화, 그의 말이 지 시하는 모든 것, 이런 행위에서 예상할 수 있는 것과 그 행위가 어떻 게 경과하는지 ── 이 모든 것은 잘 합치하고 스스로를 확증하는 체계 를 형성한다.

하지만 더 자세하게 살펴보면, 이러한 직접성은 결국 상대적일 뿐 이다. 그 확증은 곧바로 타인의 주관성을 통해 단순히 합치한다. 그 동기부여 속에 서로 간에 입증되는 지시를 통한 확증이다. 이것은 비 록 그 근원적 동기부여를 뿌리내림으로써 실제로 스스로를 부여하 는 경험 속에 부각되었더라도, 그래서 '간접적으로 제시하는' 지시 다. 이상적으로 가능한 내 지각의 범위는 단지 내 삶의 흐름과 내가 나 자신의 활동으로 그 속에 지니고 들어갈 수 있는 가능한 모든 변 화만 포괄한다. 이때 그 범위는 더 나아가 내가 내 삶 속에 건립하고 건립할 수 있는 모든 지향적 통일체를 내가 이 통일체를 생생하게 진 행시켜가면서 실현하는 실제적이거나 가능한 객관적 지각의 연관 속에 포괄한다.

그렇지만 나는 선험적 태도에서 나의 인식하는 삶 전체를 개관하 고 내가 타자의 주체에 대해 지닌 인식작용을 그 주체의 작업수행에서 숙고할 수 있다. 비록 그것이 함께 지시되고 함께 인식된 타자의 주관성이 나 자신에 원본적으로 경험될 수 있고 심지어 지각될 수 있다—이것은 물론 그 주관성이 원리적으로 할 수 없다—는 사실을 통해 나에게 확증되지 않더라도, 확증되는 인식작용이 있으며, 남아 있다. 일반적으로 사물은 나에게 현존하는—즉 계속 진행되는 경험에 입각한—동일한 권리로, 타자의 신체로 사물로서 존재한다. 하지만 이때 타자의 영혼도 나에게 현존한다. 선험적으로 해명하는 가운데 모든 사물은 내 삶에 속하며, 가능하게 일치하는 지각(원본적으로 실현하는 것으로서)이 내 삶 속에 구성된 통일체다.

다른 한편 타자의 인간주체는 선험적으로 해명하는 가운데 바로 두 번째 선험적 주체다. 이것은 사물처럼 내 삶 속에 원본적으로 실현되거나 실현될 수 있는 대상이 아니다. 따라서 단순히 나의 가능한 지각의 통일체는 아니지만, 내 경험의 확실한 통일체를 통해 정당하게 잘 지시된 것, 타자의 자아로서 지시된 것이다. 나는 이러한 지시가 자신의 자연적 권리, 경험적 확증의 권리를 지녔다고 강조한다.

나에게 타자의 신체물체[몸]로서, 다른 사물들 가운데 하나의 사물로서 생생하게 대립해 있는 것은 참으로 나의 지각체계의 지향적 상관자라는 인식은 (이것이 모든 사물에 대해 적용되듯이) 이 신체에서 어떠한 허구도 만들지 않는다. 또한 그 신체가 지닌 현존재의 실제성에 아무것도 그 신체에서 빼앗지 않는다. 그러한 인식 역시 내 삶 속에 그 신체에 생긴 지향적 기능—타자의 선험적 주관성을 경험적으로 또한 확증해 지시하는 기능—에 아무것도 그 신체에서 빼앗지 않는다.

그러므로 현상학적 환원은 서로 뒤섞여 기초지어진 삶의 두 가지 보편적 구조로 이끈다.

1) 내 삶과 '자아'(ego)의 모든 선험적 삶은 그 자체만으로 근원적

으로 경험에 적합하게 구성된다. 이것은 근원적 자기의식의 형식, 즉 '가장 내적인' 지각작용의 ― 또한 동일한 것이지만 그래서 그 자체에 대해 의식에 적합하게 실현되는 ― 형식에서 삶의 보편적 흐름이다. 이러한 지각작용은 예외적으로만 또한 개별적으로만 주의를 기울여 능동적으로 자신을 파악하는 작용이다. 하지만 그 자체에 대해 원본적으로 나타난다는 의미에서 끊임없는 지각작용이다. 이 경우 지각에 적합한 모든 자기현재(Selbstgegenwart)는 자기기억과 자기예상을 통해 자유롭게 활동하며 밝혀질 수 있는 끊임없이 새로운 지평에 의해 마련되어 있다.

'그-자체-에-대해' 나타나는 것인 삶의 이러한 흐름 속에 그 삶의 사실적 진행에 따라 또한 동시에 보편적 본질법칙에 근거해 특별한 삶의 형태의 체계가 형성된다. 특히 시간-공간적 객체성에 대한 실제적이거나 가능한 지각의 체계적 연관이 생긴다. 이와 상관적으로 지각의 통일체, 이러한 객관성 자체, 계속 진행되는 '외적' 지각작용을 통해 부분적으로는 실현되고 부분적으로는 실현될 수 있는 것으로서 보편적 사물의 세계가 구성된다. 이 경우 나 자신의 신체의 현존재가 ― 나의 지각기관과 의지기관 등의 체계로서 나의 감각 장(場)을 지닌 것으로서, 근원적으로-지각에 적합한 이중 통일체인 '나 자신의 신체'로서 ― 근원적으로-지각에 적합하게 구성되는 것[8]이 특성으로서 부각되어야 한다.

2) 나 자신의 신체의 경험에 뿌리내린 타자의 신체에 대한 경험 ― 하지만 심리적 측면에 관해 2차적 성격만 지닌 경험 ― 을 통해 나는 내 주관성의 테두리 속에 타자의 주관성을 함께 경험했다. 여기

---

8) 원문에는 'Konstition'이지만 'Konstitution'으로, 즉 중간에 '-tu-'가 빠진 오식이다.

에서 보편적인 현상학적 환원은 근원적으로-지각에 적합하게 스스로를 실현시키면서 흘러가는 나의 삶과의 기술적(記述的) 공동체 속에서 두 번째 선험적 삶을 만들어낸다. 그래서 대체로 내가 신체로서 나 자신 속에 구성된 사물을 경험할 수 있는 만큼 ── 열린 무한함에서 ── 그만큼 다양하다. 바로 타자의 주관성이 나의 원본적인 지각 가능성의 범위 안에 속하지 않기 때문에, 타자의 주관성은 나 자신의 삶과 그 규칙구조의 지향적 상관자로 해소되지 않는다. 그밖에도 그것은 그 자신의 의미에 따라 경험적 권리를 지니고 그 자체에서 또한 그 자체만으로 존재하며 단지 나에게는 '타인'이 주어지는 방식을 지닌 존재자로서 주어진다. 오직 주관성만 진정한 절대적 의미에서 그 자체만으로 존재할 수 있다. '그-자체에-대해-존재함'은 '자기-자신에-나타남'이며, 객관화하는 선험적 삶의 과정인 존재, 따라서 '나는 생각한다'(ego cogito)라는 고전적 명칭을 지닌 존재다.

타자의 선험적 삶을 나 자신의 선험적 삶과의 공동체 속에서 고려해보자. 이때 그와 같은 공동체에 의해 나의 사물세계를 지향적으로 구성하는 것 역시 타인이 수행하는 ── 게다가 동일한 사물세계를 구성하는 것으로서 ── 지향적으로 구성하는 것과의 공동체를 획득하려 한다는 더 이상의 인식이 확장된다. 내가 내 삶의 테두리 속에 내가 지금 수행하는 사물에 대한 지각을 기억에 적합하게 재생산된 자신의 지각과 더불어 ── 현재 존재하는 동시에 이전에 존재했던 동일한 사물을 의식하는 가운데 ── 종합적 통일체로 이끌 듯이, 나는 타인으로의 감정이입을 통해 그에게 감정이입 된다. 그에 의해 수행된 지각을 나 자신의 지각과 더불어, 우리 둘이 지각한 동일한 사물이라고 의식하는 가운데, 종합적 통일체로 이끌 수 있다. '거꾸로'(vice versa)도 그렇다. 이념적 대상성, 가령 수의 계열이나 내가 나 자신 속에 구성하면서 실현시킨 학문적 이론, 타인이 자신의 사유 속에 만들어내고 통찰한 것도 마찬가지다. 나에게 참된 모든 객체성은 모든 사람에게 참되며, 모든 사람의 인식하는 삶 속에 지향적 상관자로서 구성되거나 구성될 수 있는 구성적 인식의 통일체로서 그 선험적 존재를 지닌다. 그렇지만 유일하게 절대적인 존재는 그 자신만으로 근원적으로 구성되어 존재하는 것인 주관으로 존재하는 것(Subjektsein)이며, 절대적 존재 전체는 실제적이거나 가능한 공동체 속에 서로 함께 있는 선험적 주체들의 우주의 존재다. 그래서 현상학은 라이프니츠가 독창적 '묘안'(aperçu)으로 예견한 **모나드론**(Monadologie)[9]으로 이끈다.

---

9) 라이프니츠의 '모나드'는 더 이상 나눌 수 없다는 점에서 물질적 '원자'와 같다. 그러나 양적 개념이 아니라 질적 개념이다. 기계적으로 결합·분리, 생성·소멸되는 것이 아니라 정신적인 것으로서, 표상과 욕구 때문에 통일적 유기체로 구성된다는 점에서 구별된다. 그는 '지각'을 외부의 세계를 반영하는 모나드의 내적 상태로 간주하고, 각 모나드는 자발적으로 변화하며 그 자체만으로 완전해 외부와 교섭하는 '창'(窓)이 없지만, 근원적 모나드(Urmonad)의 예정조화로 결합되었다고 주장했다.

후설은 선험적 주관성을 표현하는 데 이 용어를 라이프니츠에게서 받아들였지만, '실체'의 성격을 제거함으로써 서로 의사소통하며 영향을 주고받는 '창'이 있는 상호주관성을 강조했다. 그가 선험적 현상학은 '독아론'이라는 오해를 더 증폭시킬 위험이 큰 이 용어를 사용한 것은 선험적 주관성이 생생한 현재뿐 아니라 무한한 과거와 미래의 지평을 지닌 습득성의 기체로서 구체적 사회성과 역사성을 포함한다는 점을 강조하기 위해서다. 그러면서도 이 용어에 간혹 '상호주관적' '공동체화 된'이라는 수식어를 첨가한다.

절대적 자기책임에서 개인의 삶과 공동체의 삶의 이념에 관한 성찰[1]

인식작용을 이성과 비이성, 직관적인 것과 비직관적인 것 등을 포함하는 그것의 완전한 범위에서 이해해보자. 그렇다면 인식작용은 술어적 판단영역이든 술어 이전의 판단영역이든 판단영역 전체, 즉 그것이 어떤 것이고 어떠하다고 믿는 모든 자아의 작용과 믿음의 모든 양상을 포괄한다. 가장 넓은 의미에서 이처럼 다양한 인식작용이나 판단작용의 특수성에도 모든 사랑함과 미워함, 좋아함과 싫어함, 소원함, 욕구함, 의도함과 같은 다른 유(類)의 자아의 작용이 여전히 아주 풍부하게 남아 있다. 다른 한편 그와 같은 모든 자아의 기능은 서로 나란히 있지 않고 서로 침투하고 있다. 노력하는 경향과 의도하는 경향, 심지어 가치를 평가하는 작용도, 진리를 실천적으로 겨냥한 자가 진리를 적극적으로-평가하고 그래서 의지의 목표로서 받아들이는 한, 모든 인식하는 판단작용을 관통해나간다.

다른 한편 예를 들어 나는 순수하게 가치를 평가해 좋아하는 작용

---

[1] 이 글은 본문 30항과 밀접하게 관련된 것으로 1924년경 작성되었다고 추정된다.

에서 내가 대상에 대해 '좋다'는 술어 ── 술어 이전에 또한 경험하는 파악 이전에 그 근원을 심정(心情) 속에 지니는 술어 ──를 붙이고 판단하는 태도로 이행할 수 있다. 가치를 평가하는 심정과 결합된 의지 속에 그 원천을 지니는 선과 악, 유용함과 목적에 맞음 또는 유해함의 술어인 다른 술어들의 경우도 마찬가지다. 우리가 상이한 문화영역을 돌아볼 때도 사정은 마찬가지다. 문화는 관련된 심정의 작용이나 의지의 작용을 추후에 이해함(Nachverstehen)으로써 그 자체로이해해 파악된 실천의 형성물을 포괄한다. 그리고 이렇게 추후에 이해된 것은 경험하는 파악과 술어적 규정, 심지어 학문적 문제제기의 대상이 될 수 있다.

　이것으로써 인식의 영역이 심정의 주관성과 의지의 주관성에서 유래하는 모든 종류의 작업수행을 포괄하는 보편성이 명백하게 드러난다. 물론 이와 상관적으로 유사하게 포괄함으로써 노력하고 행위하는 데 가치를 평가하는 심정과 의지는 주관성 전체와 이 주관성의모든 지향적 기능을 넘어서 도달한다. 그렇지만 학문에서 이것은 인식하는 이성의 객관화(Objektivation)로서 모든 가치를 평가하는 이성과 실천적 이성도 학문 속에 반영되고 함께 객관화되었다는 사실을 뜻한다. 또는 이론적 진리를 인식하는 형식 속에 각기 가치의 진리와 실천적 진리와 같은 다른 모든 진리가 술어적 형식으로 표명되고 규정되며 또한 인식에 적합한 논증의 형식을 받아들인다는 사실을 뜻한다. 심정은 순수하게 그 자체 속에서 평가하는 것이다. 행위하는 의지는 순수하게 그 자체 속에서 또는 그 자체로서 아름다운 작품을 형성하는 것이다. 진리, 가치의 진정함과 그런 다음 작품의 진정함은 순수한 만족함에서 심정 속에 근원적으로 소박하게 다시 드러난다. 그러나 가치의 진리에 대한 진정함은 궁극적으로 인식작용속에서 **책임**을 진다. 인식작용은 판단하는 태도에서 또한 가치와 무

가치에 관한 판단의 논리적 형식에서 술어화하며, 우연히 앞에 놓여 있는 가치에 대한 직관을 유적으로 통찰할 수 있는 가치규범으로 통찰해 소급시켜 관련시킨다. 이렇게 함으로써 인식의 책임으로서 더 높은 책임을 얻는다. 그렇지만 최고의 궁극적 책임은 궁극적으로 구성적인(letztkonstitutiv) 심정의 작업수행과 의지의 작업수행에 대한 선험적 태도에 입각한 인식 속에 생긴다.

그러므로 우리가 얻고자 노력한 그 선험철학을 결국 인식론이라 해도 좋을 것이다. 하지만 그러한 철학이 계획하는 것은 모든 인식 그 자체(특히 모든 학문적 인식)의 완전하고 정당한 의미와 그 가능성을 '형식적'-보편적으로 해명하는 것을 구상하는 제한된 학설(Doktrin)이 결코 아니다. 확실히 그러한 형식적 인식론은 선험철학의 의도에 함께 속한다. 우리에게는 우리의 역사적 견해와 '절대적 상황'에서 유래하는 내적 필연성이 된다. 그러나 이것을 넘어서 선험철학은, 모든 순수한 보편적 개념 속에 삽입된 공허한 형식인 어떤 것(Etwas)이 논리적-수학적 보편성에서 규정되지 않고 남아 있는 무한한 특수성을 포괄하는 것처럼 단순히 모든 인식을 포괄하는 방식이 아닌, 보편적 학문으로서 모든 인식 일반을 내포하는 보편적 이론이 되려 한다. 따라서 보편적 철학은 '형식상'(in forma) 이론으로서 모든 이론의 이론, 학문으로서 모든 학문의 이론, 인식으로서 모든 인식의 이론(진리로서 모든 진리의 이론), 요컨대 절대적인 형식적 인식론과 학문이론이 되려 한다. 그뿐 아니라 모든 특수한 이론 자체를 바로 보편적(총체적)인 절대적 학문 자체로서 내용적으로 또한 체계적으로 전개하는 보편적 이론이 되려 한다. 아무튼 후자는 '당연히'(eo ipso) 전자를 전제하고 전자를 포함한다. 후자는, 전자가 그 자체로 이전의 것인 한, 전자를 전제한다. 후자는, 가능한 이론의 형식적 이론도 그 자체로 하나의 이론이기 때문에, 전자를 포함한다.

그런데 이렇게 함으로써 이러한 보편적 학문에 대한 **책임**이라는 생각도 고양된 의미를 얻는다. 어떤 개별분과의 이론이나 다른 모든 이론이 이 보편적 학문 속에 궁극적이고 완성된 정당성을 얻는다고 가정해보자. 그 이론은 자신을 넘어서, 자신의 측면에서 이러한 목적을 위해 의지할 수 있을 사례를 여전히 지녀야 하는 것처럼 그 자체로 행복한 입장에 있지 않고 모든 이론의 이론으로서 자기 자신을 소급해 지시하고 자기 자신에 소급해 관련되기 때문이다. 그 이론이 수립하는 모든 것은 그 이후에는 자신의 정당성을 자기 자신에게 입각해 찾아야 한다. 그래서 그 이론은 물론 자신이 **순환**에 빠져 있음을 발견하는데, 이 순환은 불가피하며 그 사태의 본질 속에 놓여 있는 것이다. 따라서 이 순환에 따라 그 이론은 다른 모든 분과에 대해 책임을 질뿐 아니라 무엇보다 가장 근본적이고 절대적인 의미에서 **자기책임**(Selbstverantwortung)을 진다.

하지만 그러한 보편적 철학은, 우리가 개별적 철학자에게 전체적 지식(Allwissenheit) ─실로 그 상관자는 완성된 철학일 것이다─을 주관이 발전할 수 있는 목표로서 인정하지 않는다면, 개별적 철학자가 유한하게 작업한 생산물이 아니다. 이와 동일한 방식으로 철학은, 공동생산물이자 공동소유물인 학문이 **바로** 그의미에서 동시에 공동소유물이라는 사실과 이것은 생각해볼 수 있는 모든 시간적 발전형태에 대해 모든 개별적 학자가 학문의 획득물 전체를 통찰할 수 있는 진리 전체로서 자체 속에 실현할 수 있어야 한다는 것이 실로 명백하다. 따라서 공동체로서도 결코 전체적 지식에 이를 수 없는 철학을 하는 자들의 공동체가 유한하게 생산한 것이 아니다.

그래서 **전체적 지식**은 무한함 속에 놓여 있는 목표이며, 따라서 우리는 두 가지를 구별해야 한다. 즉 한편으로 철학자 또는 전체적 지식을 아는 철학자 공동체의 절대적 이념과 이와 상관적으로 모든 철학자와 모든 철학자 공동체를 이끄는 절대적 목적이념 ─노력하면서 실현하는 모든 것이 겨냥하는 절대적인 보편적 이념─으로서 또는 '목적'(telos)으로서 모든 지식의 보편적 통일체인 철학의 절대적 이념을 구별해야 한다. 다른 한편으로는 이에 상응해가는 전진(Progressus)의 이념이다. 더구나 절대적이고 순수한 전진 또는 오히려 다시 전진의 상관관계인 그 방식에서 절대적 전진의 이념이다. 즉한편으로 절대적인 보편적 학문을 항상 더 완전하고 풍부하게 실현해가면서 상승하는 발전의 이념이다. 다른 한편으로 이와 평행하는 이념으로서 절대적으로 아는 주관성, 항상 더 넓은 범위에서 항상 더 뛰어난 완전성에서 참된 철학적 주관성으로 일관되게 상승해가면서 발전하는 철학적 주관성의 이념이다.

따라서 우리는 이론적 과정과 내용의 측면에 따라 철학적 문화나 철학적 학문에 전진한다. 하지만 역사적 사실로서가 아니라 이러한 절대적 '목적'을 향한 ─전체적 지식과 전체적 진리의 절대적 목적이념으로 무한히 향한─ 이상적인 '진정한 철학'으로서 전진한다. 이때 그 철학은 끊임없이 절대적 정당화의 이념과 이러한 정당화에 입각한 보편적 진리의 이념 아래 있다. 따라서 그 철학은 자각해 이러한 이념에 이끌리고 동시에 모든 단계에서 모든 국면에 전진해 생성되는 형태에 절대적 완전성을 부여하는 의지 ─이러한 의지 속에 그 철학은 바로 그 단계, 그 국면의 완전성과 생성되는 완전성을 실현하거나 실현하려 전념한다─에 이끌린, 즉 생성되고 있는 보편적 학문이다.

이제 우리가 처음에 시작하면서 철학이 수행하는 주관성의 모든 종류의 작업수행을 포괄하는 보편성에 대해 이야기한 것을 기억해보자. 철학을 하는 주체가 짊어질 절대적 자기책임 ─완전한 절대적 진리에 대한 책임─의 이러한 이념은 분명 더 깊은 의미를 지녀야 한다. 인간의 모든 방식의 행위, 의도, 느낌은 이론적 주제로 삼을 학문의 대상이 될 수 있다는 사실을 숙고해보자. 더 나아가 모든 이론적 인식은 즉시 그 인식이 가능한 실천 등에 대한 규칙이 되는 규범적 전환을 겪을 수 있다는 사실[2]을 숙고해보자. 우리는 보편적 학문으로서 철학이 모든 학문이 그 자신의 궁극적 정당성을 길어내는 근원적 원천을 제공할 소임을 받았다는 사실을 통찰하게 된다. 그와 같은 철학은 결코 인류의 이론적 취미의 소일거리일 수 없다는 사실도 알게 되며, 오히려 철학적 삶은 전체적으로 절대적 자기책임에 입각한 삶으로 이해되어야 한다는 사실을 통찰하게 된다. 그 삶은 개인적 삶의 주체로서 개인의 개별적 주체가 자신의 모든 생애에서, 즉 자신의 모든 실천에서 참으로 자유롭게 스스로 결정하는 삶, 즉 그래서 항상 자신이 결정할 권리를 자기 자신 앞에 책임질 수 있는 삶이다.

그럼에도 여전히 더 이끌리게 된다. 개별적 주체는 공동체의 일원이며, 그래서 우리는 개인의 자기책임과 공동체의 자기책임을 구별해야 한다. 그런데 공동체는 개별적 개인의 주체 속에서만 스스로 책임질 수 있다. 스스로 공동체의 일원이자 공복(公僕)으로 아는 개인의 자기책임은 실천적 삶의 이러한 방식에 대한 책임도 포괄한다. 따라서 공동체 자체에 대한 책임도 포함한다. 나는 사회적 규정을 이어받거나 거부할 수 있고, 상이한 방식으로 충족시킬 수 있으며, 나는 이에 대해 책임진다. 다른 한편으로 공동체는 서로의 외부에 존재하

---

2) 후설은 이미 『논리연구』 제1권에서 실천의 기초는 이론에 근거하고 실천이 학문의 내용이 되려면 이론을 전제해야하기 때문에 순수 논리학은 본질적으로 이론학에 속하며 부차적으로만 규범학의 성격을 띤다고 보았다. 제2권에서도 지향적 체험인 의식의 복잡한 다층적 구조를 이론적 표상(지각, 판단)작용, 실천적 정서작용과 의지작용으로 구분하는데, 객관화하는 표상작용을 모든 영역에 공통으로 포함된 기본적인 1차적 지향작용으로 간주하지만 정서작용과 의지작용을 경시한 것이 아니라 이들의 정초관계를 밝힌 것이다.

든 서로 나란히 존재하든 개인들의 단순한 집합체가 아니라 상호 인간적 지향성을 통한 개인들의 종합체다. 이 공동체가 사회적으로 서로를 위해 살아가고 서로 뒤섞여 살아가며 서로 영향을 주고받음으로써 건립된 통일체이듯이, 자기책임성, 자기책임에 대한 의지, 공동체에 대한 그러한 자기책임의 의미와 가능한 방법을 이성적으로 숙고하는 것은 개별적 인격 속에 일어나는 자기책임 등의 단순한 총합이 아니다. 개별적 자기책임들이 지향적으로 서로 뒤섞여 얽힌 그 자기책임들 가운데 내적 통일체를 수립하는 종합체인 것이다. 그렇다면 더 높은 수준의 인격성이 성장할 수 있는 영향력의 연대(連帶)에 의해 실제적이거나 가능한 사회적 연대를 건립하거나 유지하기 위한, 가능한 인격적 영향과 서로 주고받는 영향에 지평(Horizont)이 생긴다.

그래서 나의 자기책임은 내가 함께 작업하고 영향을 미치고 영향을 미치거나 받을 모든 타인(어쩌면 타인의 자기책임)으로 확장된다. 모든 사람은 다른 모든 사람에게 그리고 다른 모든 사람의 결정과 행위에 함께 책임이 있다. 나는 그에게 어떻게든 영향을 미칠 수 있다. 나는 그에게 책임이 있고, 다수이든 전체이든 사회의 여러 사람에게 내가 지금 영향을 미칠 수 있는 만큼 책임이 있다. 또한 내가 그렇게 영향을 끼칠 수 있고 그것에 대해 반드시 책임이 있는 만큼 책임이 있다. 다른 한편 이렇게 실제적이거나 가능한 연대에서 내가 어쩌면 타인에, 또는 자신의 자기책임이나 가능한 자기책임의 요구에 어긋난 타인의 위반행위에 등을 돌리고 타인에게 책임을 묻는 것도 나의 자기책임에 함께 속한다. 나는 스스로 자기책임을 완수하고 나 자신에게 보편적인 절대적 자기책임에 입각한 삶을 선택하며 이러한 삶을 위해 규범적 이념을 구상할 필연성을 내 자신 속에 일단 인식할 수 있다. 이때 나는 나에게 또는 모든 사람에게 최선의 것이 될 것과 이와 같은 철학적 삶의 요구가 나로부터 모든 사람에게 또한 모든 사람으로부터 그 자신에게 제기된다는 사실을 인식할 수 있고 또 인식하게 된다. 나는 모든 사람이 이러한 삶의 요구를 결정하도록 시도해야 하고 모든 사람이 그와 같은 삶을 결정하고 이에 상응해 살아갈 책임을 져야 한다는 사실도 인식할 수 있고 또 인식하게 된다.

이상적으로 말하면, 가능한 의사소통의 관계에 있거나 이미 인격적 관계를 통해 공동체에 결합된 인격들의 다수나 어쩌면 전체가 어떻게 그들이 절대적으로 책임질 수 있을 그와 같은 삶을 관철시키는가 하는 문제는 절대적 책임성에 입각한 그러한 삶을 향한 의지의 공동체 없이 그렇게 공동체화된 삶을 생각해볼 수 있는지 하는 문제로 이끈다. 더구나 그러한 삶의 이념은 학문적으로 인식에 적합하게 구상되지 않는다. 그래서 그러한 이념에 대한 규범적 학문(윤리학)이 구상되지 않으며, 그러한 삶이 가능한지 하는 문제가 생긴다. 더 나아가 이러한 이념과 그와 같은 학문의 근원 —— 개별적 인격에서의 근원과 공동체로서 공동체 자체의 목적이념으로 생성되는 근원 —— 의 가능성과 필연성은 사정이 어떠한지 하는 문제로 나아간다.

이러한 이념을 향한 필연적 발전단계를 연구해야 한다. 우선 개인의 이성 이전의 삶과 이성 이전에 형성된 공동체의 단계를 연구해야 한다. 그 이념을 시선 속에 들어오게 하는 최초의 학문 이전의 동기를 연구해야 하는 것이다. 그 동기는 본보기가 생기는 것, 본보기가 되는 개별적 행위와 인격성, 그런 다음 우선 모방과 그런 다음 참된 후계를 발견하는 것이다. 그들의 행동이 인식에 적합하게 파악됨으로써 보편적인 것이 그 행동 속에 뚜렷하게 드러난다. 처음에는 당위(當爲)의 보편성으로서 개별적 규범이, 규범적 규칙이, 결국 법칙이 생긴다. 이것들은 보편적 인식인 동시에 의지의 법칙(의지 자체가 일반적인 것으로 받아들인 의지의 보편성)으로서 수립된다. 그런 다음에는 그 인식은 역사적으로 주어진 사실(Faktum)에서 벗어나고, 이러한 사실을 보편적인 것으로 승격시키는 데 더 이상 제한되지 않는다. 자신의 과제를 자유롭게 활동해 실행하기 위해 추구하는 것이다.

물론 인식하려는 의지는 순수한 가능성을 파악하고 이 가능성 속에 지배하는 순수한 법칙을 인식하려고 노력한다. 이러한 일을 체계적이고 보편적으로 실행하는 것은 형식적인 보편적 규범학, 즉 형식적 '윤리학'의 과제다. 이 윤리학은 상호 의사소통할 수 있으며 모든 개별적 인격이 인격으로서 자신의 환경세계에 관련되고 모두가 특히 인격성의 근본기능인 인격적 활동과 작업수행의 근본형식을 지닌 동일한 세계에 관련된 인격적 다수(多數) 일반의 이념과 연관되어 있다. 그 윤리학은 형식적인 가장 보편적인 것에서 출발해 그 속에 포함된, 게다가 형식적-구축적으로 포함된 특수한 것에 이른다. 그 윤리학은 가능한 세계 일반에서 공동체, 공동체의 형성물, 문화체계의 가능한 본질형식, 더 나아가 가능한 학문, 예술, 정치적 형태 등으로 나간다. 그 윤리학은 '진정한' 학문, 예술 등의 이성에 적합한 형식을 〔이성에 적합하지 않은 형식과〕 구별한다.

공동체의 최고의 가치론적 형태 또는 절대적 이성의 인식에서 최고의 가치를 지닌 것으로 인식할 수 있는 공동체는 이러한 이성의 인식 자체를 자체 속에 지니는 공동체일 것이다. 이러한 절대적 가치를 자체 속에 수행하고 그래서 자신의 절대적 가치를 깨닫게 하며 절대적으로 가치 있는 것이 되려는 의지에 입각해 절대적으로 가치 있는 것이 될 공동체일 것이다. 이것은 하나의 이념이다. 그렇지만 그 이념은 '아프리오리하게' **정적으로**(statisch) 실현될 수 있는 것이 아니라 단지 무한히 가치 있는 것만 **생성될**(werden) 수 있는데, 이는 절대적으로 가치 있는 공동체의 이념에 속한다. 오히려 서로 잇달아 연관된 '아프리오리한' 두 가지 이념이 여기에 함께 속한다. 그 이념은 첫째, 무한함 속에 놓여 있는 **절대적으로 실현된 가치** ─시종일관 절대적으로 이성에 의해 끊임없이 활동하는 공동체의 가치 ─의 극 이념 (Polidee). 둘째, 이 이념을 향해 더욱 완전하게 하려는 무한한 전진의 이념이다. 이 두 가지 상관적 이념은 최고로 **생성되는** 형식의 이성적 공동체 속에 실현되어야 한다는 사실을 통찰할 수 있다. 절대적으로 이성에 의해 살아가지는 않지만 절대적인 정적(靜的) 이념을 향해 절대적으로 최고로 발전할 수 있는 형식을 지닌 공동체인 것이다.

그 본질상 불완전한 공동체 삶의 가장 완전한 형태는 절대적 완전함이라는 극 이념을 향해 일관되게 발전하는 형태다. 그런 다음─이것은 이러한 발전 자체의 완전함에 속한다─절대적 이념과 그 공동체에서 그에 속한 일관된 전진의 이념은 **자각해서 주도하는 목적**이념이 되어야 한다. 이때 더 나아가 그러한 전진이 가능할 조건은 무엇보다 이러한 이념 자체에 배열된 보편적 학문으로 전진하는 발전이라는 사실을 통찰할 수 있다. 하지만 완전히 파악해보면, 그 지향적 환경세계와 함께 구체적으로 공동체를 받아들여야 하기 때문에 이러한 학문은 보편적인 절대적 학문인 철학이 될 것이다.

이러한 학문이 전체적인 지식과 절대적인 정당화라는 절대적 목적이념을 겨냥하게 되는 무한한 전진은 절대적으로 완전한 삶이라는 목적이념을 향한 인류의 무한한 전진과 상관적일 것이다. 그리고 이는 평행하게 진행될 것이다. 그러한 삶에서 오류, 죄악 등의 자리는 더는 없다. 의지는 절대적 명증성 속에 좋은 것으로 인식된 목적만 추구하며, 이러한 통찰은 가능한 모든 목적을 위해 수행된다. 왜냐하면 모든 진정한 학문적 인식은 이미 '결단코 명백하게 밝혀진 진리로서 모든 학문적 인식이 그 이후부터는 모든 가능한 인식활동─이러한 진리가 진리를 실현하든지 추구하면서 이와 상관적으로 배열된 활동─을 규범화한다'는 사실을 통해 동시에 실천적으로 규범화하기 때문이다. 그런데 이 경우 특이한 규범적 학문 —— 여기에서는 형식적-형상적 학문 —— 은 특별한 기능을 지닌다.

어쨌든 인식하는 이성은 실천적 이성의 기능이며, 지성(Intellekt)은 의지(Wille)의 하인(Diener)이다.[3] 그러나 하인은 그 의지를 어디에서나 이끌고 그 의지에 올바른 목적과 방법을 보여줄 바로 필연적인 수단인 인식형성물 자체를 향한 의지의 기능을 그 자체 속에 수행한다. 인식하려는 의지는, 다른 모든 의지가 최고의 가치형식을 소유한다면, 다른 모든 의지에 전제된다.

그렇지만 이 경우 인식, 즉 보편적인 철학적 학문은 이성적 의지로서 의지가 고려해야 하고 그 의지에 이성적 자유의 다양한 가능성을 명시해주는 절대적으로 형상적이거나 경험적인 제한을 나타낸다. 학문은, 마치 의지가 자신이 실현하고 있는 '예!'를 일의적으로 확고하게 계산된 인식의 결과에 말해야 하는 것처럼, 의지의 주체가 모든 경우에 실행해야 할 것을 결단코 단순히 계산하지 않는다. 아직 인식되지 않은 것, 아직 규정되지 않은 것, 위험, 오류, 죄악 등의 활동공간이 항상 본질적으로 남아 있다. 인식의 무한한 전진은 제한과 위험을 축소해가는 전진이지만, 그것은 마찬가지로 무한한 전진으로서 위험, 죄악 등도 무한히 남아 있다.

---

3) 후설에서 이론(인식)과 실천의 독특한 관계에 대해서는 본문 31항의 옮긴이 주 23을 참조할 것.

그런데 이러한 후설의 명백한 진술에서 거듭 확인할 수 있듯이, 의식의 흐름 전체인 보편적 이성, 즉 선험적 주관성을 일관되게 해명해갔던 후설 현상학을 통상 실재론에 대립된 관념론, 경험론에 대립된 합리론, 주정주의(主情主義)에 대립된 주지주의(主知主義)로 간단히 해석하는 것은 전혀 근거 없는 오해이자 단절된 도식적 이해의 틀 속에 사로잡힌 왜곡일 뿐이다.

활동으로서 성찰함 — 보편학문의 목적을 성찰하는 현상학[1]

Ⅰ.

깊이 생각하는 이성적인 사람들과 마찬가지로 철학자로서 나는 행동하기 전에 생각해본다. 나는 일반적으로 나의 삶 전체를 나의 가능한 미래의 활동 전체의 열린 지평으로서 개관한다. 또한 나의 과거의 삶을 나의 가능한 미래에 대한 동기부여의 토대로서 총체적으로 고찰하며 이 둘을 실천적-이성적으로 평가할 때 비로소 진정한 이성적 인간으로서 깨어 있다. 이렇듯 내가 인식하는 나의 삶에 대해 순수한 이론적 관심 속의 삶으로서 이렇게 개관하고 실천적으로 평가할 때 비로소 나는 진정한 철학자로서 깨어 있게 된다.

그렇지만 이러한 삶은 처음부터 함께 살아가는 타인들과 연관되어 있다. 실천적 삶 일반은 타인들과 나란히, 타인들과 함께, 타인들을 고려하며, 타인들에게 영향을 미치는 것이다. 이는 실천적으로 형성된 세계에서 고립된 것이 아니라 다른 작업수행들과 결합되고 얽

---

1) 이 글은 1924년경 작성된 것이다.

히는 가운데 계속 형성되는 공동의 환경세계를 만들어내는 것을 통해 어떤 것의 작업을 수행하는 것이다. 그 획득물은 부분적으로는 개인의 소유물인 동시에 공동의 획득물이다. 그래서 이론적 삶은 보편적이고 실천적인 삶의 한 줄기다. 그 삶의 실천적 장(場)은 인식, 더 높게는 이론의 통일체, 그 맨 위에는 보편적 이론의 통일체. 이성적 삶 일반이 가능하려면 반성적 성찰을 해야 한다. 이와 유사하게, 철학적으로 인식하는 삶이 가능하려면 이론적 삶은 그때그때 인식의 관심을 단도직입적으로 추구해 탐구하는 그 삶에서 처음 지녔던 소박함을 통해 자유롭게 성찰해 자기 자신으로 소급해 전환해야 한다. 그것은 이렇게 소박한 인식과정은 억제되고, 자유로운 성찰의 결과가 새롭고 이제는 참으로 이성적인—자신의 원리적 권리를 깨닫게 되는—인식의 실천에 대한 형식적 규범으로서 기능하는 새로운 삶을 연출하는 것이다.

일상적인 실천적 삶—학문과 그 '이성'(ratio) 이외의 삶—은 시간적으로 제한된, 유한한 것인 '지상의〔세속적〕' 목적을 추구한다. 그 목적은 삶의 과정에서 수립되며, 경험에 적합하게 달성된다. 이러한 일은 경험에 적합한 계속적 타당성을 충족시킨다. 그 목적은 (지속되는 경험과 경험의 일치함 전체에 모순되기 때문에) 가상으로의 어떠한 변화를 통해서도 사실적으로 영향 받지 않는다는 점을 충족시킨다. 일단 의식에 적합하게 달성되면, 그 목적은 종종 상당히 철회되고 관심을 잃어버린다. 심지어 그 목적이 획득된 소유물로서 실천적으로 계속 타당하더라도, 이 소유물에 대한 꺾이지 않는 확신과 자연적 실험은 그 소유자를 충족시킨다.

그러나 학자는 자신이 무한히 삶을 이어가는 공동체의 일원이라는 것을 알며, 자신의 생산물은 단순히 자신이나 우연히 함께 관심을 쏟는 소수의 재산이 아니다. 그것은 미래의 모든 학자가 인정하고 통찰하는 가운데 ─ 모든 영원에 대해 ─ 계속 타당해야 할 진리다. 학자라는 필생의 직업은 마래세대의 가능한 모든 비판을 견뎌내야 할 '영원한' 가치를 생산하는 것이 중요하다. 미래의 모든 학자는 언제나 동일하게 근원적이며 필연적으로 달성할 수 있는 진리의 진정함에 동일하게 관심을 쏟는다. 미래의 학자에게 진리의 진정함은 획득된 소유물일 뿐 아니라 새로운 진리를 달성하기 위한 단계이며, 진리가 진정하지 않다면 그 모든 후손을 기형아로 만들 것이다.

여기에서 단순한 명증성으로 만족하고 미래의 명증성이 이제까지의 명증성을 언제나 다시 입증할 것이라고 신뢰하는 것은 어리석은 생각이다. 왜냐하면 진리의 영역이 무한하고 나중에 인식된 것을 이전에 인식된 것에 종속하게 만드는 다양한 정초의 관계는 개별적 진리가 전도될 뿐 아니라 세대들이 구축한 진리의 체계 전체가 허물어질 위험을 초래하기 때문이다.

따라서 이러한 정초에서 본질적인 것은 학문에서 다루는 문제가 초(超)시간적 재산과 초(超)개인적 재산이다. 게다가 금전상 개별적이거나 서로에 대해 독립적으로 축적되거나 이렇게 축적되어 물려받은 것 ─ 이 경우 개인의 잘못이 다른 사람들의 진정함을 폐기하지 못한다 ─ 이 아니라 무한히 생성되는 전체, 아래 단계와 더 높은 단계의 질서가 지배하고 모든 진리 ─ 하지만 진정한 진리인 경우에만 ─ 가 새로운 진리에 기초가 되는 진리의 '체계'라는 사실에 있다.

그러므로 그러한 동기는 가장 중대한 자기책임, 가장 진정한 비판으로 이끌어야 한다. 그러나 논리학으로 이끌어야 하는가? 소피스트들[2]의 철학시대에 그리스에는 그러한 동기가 전혀 결정적 역할을 할

---

2) 후설은『제일철학』제1권(특히 1~2, 5항)에서 소피스트들의 회의적 상대주의에 반발해 참된 인식의 방법을 추구하고 윤리적 삶을 개혁한 소크라테스에서 변증술을 통해 철학적 학문의 이념을 발견한 플라톤으로 이어지는 이성비판이

수 없었다. 토지측정술의 출발, 일반적 측정술의 출발, 그런 다음 계산술의 출발이 선행했다. 어쨌든 그 당시에는 모든 미래의 탐구세대인 인류를 위한, 영원을 위한 학문이라는 생각을 하지 못했다.

만약 오늘날 진행 중이고 생생하게 발전하고 있는 학문에 주목한다면, 우리는 논리학과 방법론이 논리학을 개선해 형성함으로써 더 높은 단계의 학문성(Wissenschaftlichkeit)으로 고양되든 고양되지 않든, 논리학과 방법론이 엄밀한 학문을 가능케 하는 데 필연적인지 매우 깊게 의심할 수 있을 것이다. 따라서 어떤 동기부여가 우리를 결정할 수 있으며, 무엇이 역사적 출발을 결정해야 하는가? 그리고 어떤 동기부여가 우선 형식적으로 한정된 학문의 본질을 통해 '그 자체로' 미리 지시되는가?

Ⅱ.

일반적으로 인간이 실천적 목적을 이성적으로 추구하는 곳에서 실천적 성찰(Besinnung)과 이 성찰을 실행하는 활동의 결과, 그 성찰을 실행한 작품은 구별된다. 실천적 성찰은 내적 행동(Handeln)이며,[3] 성공했을 경우 정신적 계획, 즉 외적 행동 속에 실현되어야 할 것에 대한 내적 구상으로서 내적 작업의 형성물을 산출한다. 이 경우 '깊이 생각하는' 실천적 예견, 외적 행동의 진행과 그 결말에 대한 계획(Vor-habe)——겨냥했던 것, 가령 작품——이 내면적으로 형성된다.

출범했지만, 다른 한편으로 소피스트들의 이러한 회의를 계기로 인식하는 주관성에 대한 성찰이 최초로 시작되었다고 파악한다.

3) 후설에서 이론(인식)과 실천의 독특한 관계에 대해서는 본문 31항의 옮긴이 주 23을 참조할 것.

이미 말했듯이 이것은 그 자체로 하나의 행동이며, 그 관념적 존재의 '내면'에서 실로 필연적이지 않으며 언제나 잇달아 일어나지는 않는 '실행하는' 행동과 그 작품의 존재에서 분리된 작품이다.

그렇지만 행동이 처음부터 '정신적' 목표를 겨냥한 경우 사정은 어떠한가? 그러한 목표는 객관적 문화의 작업방식에 따라 그 객관적인 (이것으로써 상호주관적으로 파악할 수 있는) 뚜렷한 특징을 띤다. 그러나 그 목표는 그 관념적 의미와 존재에 관해 외적인 뚜렷한 특징에서 순수하게 고찰되어야 한다. 그 목표가 감성적으로 객관화된 외면을 받아들이거나 그러한 외면 없이 일반적으로 받아들이더라도, 이러한 이념성에서는 '동일한 것'이다. 예술작품 ─ 이것은 물론 하나의 가능성일 뿐이지만, 적어도 실천적 가능성이다 ─ 은, '실제성'을 동시에 외면의 형태로 받아들이지 않고, 그 형태의 외면에서 '실제로' 실행되지 않는다. 예술가에 의해 순수하게 내면으로 완성되어 형성될 수 있을 것이다. 그럼에도 이러한 논의방식은 이미 그러한 정신적 작품의 정상적 의미에는 감성적-객관적인 뚜렷한 특징이 처음부터 함께 속한다는 사실, 따라서 실행하는 행위에서 처음부터 겨냥했던 것에 함께 속한다는 사실을 가리킨다. 그것은 예술작품으로서 세계에 있는 객체이어야 한다. 단순히 주관적으로 상정된 작품이고 어떤 작품에 대한 단순한 생각이다. 따라서 사정이 좋다면 그 작품에 대한 본보기나 설계 상(像)이 아니다. 한편 의미의 형성물 ─ 바로 감성적으로 구체화된 작품의 정신적 의미를 형성하는 것 ─ 에서 순수한 내적 형태를 그 자체만으로 겨냥했을 의도도 물론 가능할 것이다.

그런데 정신적 작품의 영역에서 〔한편으로〕 깊이 생각하는 행위, 내적 계획과 구상과 〔다른 한편으로〕 외적으로 실현하는 것을 구별하는 것은 사정이 어떠한가?

여기에서 우선 다음과 같이 말해야 한다. 즉 어떤 점에서 모든 작품과 이에 속한 행위는──그 작품이나 행위의 정신적 의미, 그 의의를 통해서만──정신적인 것이며, 그래서 내적 성찰로 구상된 것은 외적으로 실행하는 가운데 이러한 실행과 그 행위 속에 함께 들어온다(더 정확하게 말하면, 실천적인 앞서 생각함, 구상은 종합되는 가운데 외적 행위와 작품과 충족시키면서 실현시키면서 동일하게 확인하게 된다). 그러나 특수한 의미에서 정신적 작품의 경우 감성적 외면은 그 개체성에서 작품──정신적 작품, 이 한 번의 예술작품으로서──에 함께 속하지 않는다. 그 일회성(一回性)은, 망치〔로 내려치는 것〕의 경우와 다르지만 동시에 물리적-사물적 존재의 일회성이다. 문예작품, 교향곡, 정확하게 살펴보면 회화도 그 동일성의 뿌리를 울려 퍼지는 말소리, 음악의 음(音)과 그 물리적 일회성 등에 두고 있지 않다.

그밖에 정신적인 것, '문화형성물'의 경우 어쨌든 미리 구상하는 가운데 깊이 생각하는 작업수행과 그렇지 않으면 감성적으로 실천하는 작품의 경우처럼 실현하는 것의 관계에 관해 유사한 상태에 있을 수 있다. 또한 정신적인 것은, 사실상 개별적으로 생산된 것을 다른 동일한 작품과 나란히 있는 단순한 전형(典型)으로 만드는 복제를 배려하지 않는 한, 이러한 감성적 실천에서 부각되지도 않고 실천적으로 물리적 개체성에서 벗어나지도 않는다.

그러나 이제까지는 특히 '정신적' 작품인 **관념의 작품**의 독특한 지위를 고찰하는 〔한편으로〕 행위의 영역과 〔다른 한편으로〕 실행 또는 작품의 영역에 **주된 차이**를 아직 순수하게 이끌어내지 못했다.

만약 내가 이러한 분야가 여기에서 어떻게 경작될 수 있는지 하는 완벽한 계획인 '관념'을 구상한다면, 이것은 아직 나에게 전혀 '도움이 되지 않고', 나는 이것으로써 어떠한 농작물도 거두지 못한다. 내가 일반적으로 최상으로 가능한 경작지라는 관념(우리의 기후에서 이 지방에 경작지의 일반적 본성 등을 고려해)을──내가 이 지방의 모든 농부에게 깊이 생각하는 수고 등을 제거함으로써 도움을 줄 수 있고 도움을 주려는 의도로서 — 구상한다면, 사정은 훨씬 다를 것이다. 중요한 것은 개별적 목적이념이나 일반적이지만 경험적 주변과 관련된 목적이념일 수 있다. 공동체에서 많은 인간이 이러한 점에 관심을 지닐 수 있고, 그래서 언어적 신체화(Verleiblichung)[4]는 내적으로 연마된(이에 속한 실행하는 방법과 더불어 연마된) 목적이념을 모든 사람이 접근할 수 있는 환경세계에 있는 어떤 것으로서 '객관적으로' 구성한다.

그렇지만 관념은 자기목적, 자기가치일 수 있으며, 나는 그 관념을 그 '아름다움'을 위해 구축한다. 그것을 — 그것이 원본 그 자체로 있는 가운데 다시 즐기기 위해 내가 다시 그것으로 손쉽게 되돌아갈 수 있게 해주는 동일한 것을 소유하는 방식으로 이렇게 실현함으로써 나를 돕는다. 나에게 만들어주기 위해 외적 신체화〔구체화〕에서 그것을 실현하는 것이다. 관념 자체는 여기에서 가치(상상은 마치 그것이 거의 또한 충분히 생생할 때, 개별자로서 단지 나에게만 중요할 때, '실제성'이 될 것이다)다. 실제로 구별할 수 없는 '재생산'이 관념을 동일하게 다시 불러일으키는 한, 왜 서로에 대해 특권을 지니지 않으며 심지어 원본이 이것들 서로에 대해 특권을 지니지 않는지 — 다른 이유가 함께 관여하지 않는다면 — 하는 이유다. 만약 내가 어떤 구상을 내적 행위 속에 실제적인 어떠한 외적 신체화〔구체화〕도 없이

---

4) 이것은 우리 모두에 대한 세계, 즉 생활세계가 언제나 보편적 언어(allgemeine Sprache)를 통해 경험적이고 보편적으로(상호주관적으로) 해석될 수 있고 동시에 언어적으로 해석할 수 있는 '언어 공동체' '전달 공동체' '감정이입 공동체' '정상적으로 기능하는 이성과 신체성의 공동체'이기 때문이다. 바로 여기에서 공동체의 기억으로서 역사성과 상호 의사소통을 하는 사회성을 이해할 수 있는 지평이 열린다.

생산한다면, 그것이 바로 내적으로 완전한 구상이고 완전히 동일하게 확인할 수 있고 습관적으로 반복할 수 있는 것이라면, 따라서 그것은 이미 작품 자체일 것이다.[5]

오직 이러한 완전함은 일반적으로 획득될 수 없기 때문에 다른 한편으로 문화작품은 공동의 소유물이 되어야 한다.[6] 그래서 외면이 필요하기 때문에, 외면화하는 것(Veräußerlichung)은 지향〔의도〕(Intention) 속에 또한 작품 자체 속에 함께 받아들여져야 한다. 개별적이고 실재적으로 신체화〔구체화〕하는 것은 정신적 작품이며 본래 문화작품을 모든 동료에게 접근할 수 있게 만드는 수단이다. 이렇게 함으로써만 그것은 바로 모든 사람과 나 자신이 객관적으로, 고정되어, 항상 접근할 수 있는 소유물이다.

그러나 다른 목적이 작품과 결합되자마자, 작품의 가치를 주관 속에 '원본적으로' 실현시키기 위해 다른 것이 거기에 속하게 되자, 그것은 더 이상 순수한 정신적 작품이 아니라 유용성의 객체다. 그럼에도 정신적 작품으로서 그 고유한 의미가 유용성의 효과에 본질적으로 문제가 되는 경우와 그렇지 않은 경우(참으로 예술작품으로서 전혀 기능하지 않고 속물사회의 이해와 아주 거리가 먼 단지 '저명한 R의 저명한 작품'으로서 속물인(俗物人)의 집에 있는 예술작품)가 있다.

그래서 정신적 가치의 형성물을 그 자체에서 그 자체만으로 창조하는 진정한 예술가의 창조적 작업수행은 내적으로 깊이 생각하고 내적으로 완성되는 작업수행에 있으며, 모든 실재적 외면은 상관없고 단지 가치 자체의 외부에 있는 객관적으로 제시하는 수단, 따라서 유용성의 형태일 뿐이다.

---

5) 이것은 내가 통상적으로 어떤 객관적 작품을 만들어내려 할 때의 경우가 아니다. —후설의 주.
6) 실로 이것은 항상 그것이 그렇게 되게끔 규정될 것이다. —후설의 주.

그런데 이제 우리는 학문적 진리의 가치부류라는 분야 속에 학문의 정신영역에서 특수성을, 유일한 특수성을 확인한다. 이러한 유형의 모든 가치는 무한히 계속 만들어낼 수 있고 계속 생산할 수 있는 보편적 가치의 통일체로 결합되고, 일반적으로 이렇게 무한히 연관된 가치일 뿐이다. 따라서 언제나 상대적일 뿐이다. 모든 학문의 작업은 무한하며, 이러한 모든 무한함은 모든 것을 포괄하는 학문인 보편적 학문에 속한다.[7]

그 자체에서 이념적 가치를 겨냥하는 모든 정신적 작업수행과 마찬가지로 학문의 경우 상대적으로 막연하고 공허하게 희미한 표상에서 시작하는 목표와 방법에 관한 성찰은 '그것 자체'라는 양상 속에서 지향된 것으로 이끈다. 해명하는 것, 즉 겨냥하는 지향[의도]을 충족시키는 의미에서 순수한 정신적 상상을 형성하는 것은 시간적 연속 속에 가치생산물 — 어쨌든 이미 목표의 가치유형인 이전 단계(스케치)로서 이든, 그것 자체로서 구축하는 목표의 작품에 부분으로서 이든 — 을 만들어내고 궁극적으로 지향된 가치에 속하는 중재하는 생산물로서 만들어낸다. 학문에서 명료하게 하고 해명하는 행위는 언제나 새로운 정신적 목표의 형성물로 이끈다. 예를 들어 연역적 학문에서는 공리, 추론(분석적 원인과 결과의 연관), 증명으로 이끄는 것이다. 그러나 그 각각의 목표는, 그 가치가 계속 진행되는 가운데 더 높은 가치에 들어가고 더 높은 가치 속에 함께 받아들여진다.

---

7) 후설은 무한한 학문(즉 철학)의 이념과 과업이 어떤 독창적 사상가에 의해 일정한 체계나 학파로 창조되고 완성되는 것이 아니라 모든 인식의 궁극적 원천으로서 직관을 중시하고 이에 근거해 본질을 통찰하려는 동일한 견해를 지닌 사람들의 공동 작업으로 이루어진다고 파악했다(『엄밀한 학문』, 333 참조). 그가 1913년 『철학과 현상학 탐구연보』에 공동 편집인으로 참여해 활동한 것이나, 현상학이 특정한 학파가 아니라 다양한 스펙트럼의 '현상학 운동'으로 발전한 것도 동일한 맥락이다.

그 속에서 폐기되지만 상실되지는 않는다. 어쨌든 단지 상대적 가치로만 남아 있는 것처럼, 단지 상대적인 목표일뿐이다. 창조적 행위는 완성되고, 완성되는 가운데 그 목표를 관통해 필연적으로 더, 무한히 노력해간다. 개별적 탐구자의 창조적 행위는 결코 어떤 개인 속에서 완성되지 않는다. 단지 그 개인이 스스로를 공복(Funktionär)으로 알고 무한히 전파되는 탐구공동체 ― 이 공동체의 상관자는 무한한 이론으로서 학문이다 ― 의 구성원으로서 안다는 사실을 통해서만 의미를 지닐 뿐이다.

앞으로 밝혀지듯이 만약 학문 일반이 가능할 수 있기 위해, 형식적-보편적 이념으로서 학문 '일반'은 본래 무엇을 요구하는지를 보편적으로 성찰해야 하면 이러한 성찰의 내적 작업은 '학문' 일반이라는 형식적-보편적 이념과 이 이념에서 필연적으로 보편학문의 이념을 ― 명료하게 하고 충족시켜 해명하는 가운데 ― 구축하는 것이며, 그 성과도 그 자체로 근본부분으로서 실행될 수 있는 학문 자체에 속한다. 여기에서 우리는 어떤 점에서 가능한 보편학문, 즉 실행될 수 있는 철학 자체의 예비구상으로서 ― 그와 같은 보편학문이 실행될 수 있는 보편적 형식에 관해 철학의 예비구상으로서 ― 철학 일반의 이러한 이념이 그 자체만으로 부각되어 형성된다는 특성을 지닌다. 하지만 다른 한편 이러한 정신적 구상 자체는 철학 자체의 체계와 보편적 이론에 함께 속한다. 이것은 특히 지리학에서 최초의 지리학의 작업수행이 수행할 수 있는 특수한 작업에 대한 형식의 부분 ― 미래에 충족될 수 있는 형식이지만 바로 동시에 학문 자체의 부분 ― 이고자 노력해 지도를 스케치하는 것과 유사하다.

일단 보편학문의 공허한 이념이 시야에 들어오거나 보편학문의 가능성과 이것을 실현하는 방식에 관한 문제가 제기되면, 실행하는 행위 자체가 되려는 것도 아니고 전혀 그러한 것이 아닌 목표와 이 목표로 이끌 방법에 대한 보편적 성찰을 해야 한다. 왜냐하면 이러한 성찰을 끝낸 사람을 단도직입적으로 비판하는 것이 아니라 단지 거기에서 어떻게 실행되어야 하는지 그리고 어떠한 목표와 방법이 형성되어야 하는지만 숙고하는 이성적 성찰은 '이성'의 규범을 명백하게 제시해야하기 때문이다. 그 규범은 문제가 되는 목표에 따라 때로는 보편적 규범이, 때로는 구체적 규범이 된다. 여기에서 규범은 실천적 진리 — 참된 목표, 참된 방법 — 다. 그래서 보편학문의 '가능성', 즉 그 진리의 보편적 형식, 그 진정함의 보편적 본질조건에 관한 보편적 성찰도 그 규범에 적합한 학문 자체와 **구별해야** 한다.

그렇지만 여기에서는 이러한 구별은 〔한편으로〕 명석하고 판명하게 된 이념이 본질부분에 따라 서로 떨어지게 된 **규범**을 깊게 생각해 명백하게 제시하는 제일학문과 〔다른 한편으로〕 그 규범에 **지배되고** 이러한 질서에 적합하게 된 후속학문을 구별하는 의미만 지닌다는 점을 말해야 한다. 이 둘이 **구별될** 수 있는 한, 성찰의 작업은 보편학문 자체에 외부의 것으로서 보편학문에 **앞선** 것이 아니라 보편학문의 **출발부분**이나 **근본부분**으로 간주되어야 한다.

그래서 보편학문은 필연적 출발로서 그 목표가 그러한 보편학문의 규범학 — 따라서 그 자체가 그것의 가능한 진리, 원리적 본질조건의 진정함에 대한 학문 — 인 성찰을 해야 한다는 사실이 미리 분명해진다.

보충 논문 3

완전한 존재론의 이념[1]

학문은 어떻게 가능한가? 인식의 목적으로서 학문의 이념 그리고 아프리오리한 규범학으로서, 우선 학문 일반의 형식적 규범학으로서 논리학에는 다음과 같은 것이 있다. 어떻게 가능한가?

1) 이론으로서 학문의 형식논리학.

2) 주관적 인식작용과 주관적 형태의 인식작용(noetisch)의 논리학. 그 연관에서 인식작용 속에 진리와 참된 존재가 완전함의 단계로 제시된다. 이러한 형태의 형식화, 질서, 종합적 연결에 대한 규범은 인식작용이 일관되게 진리와 참된 존재를 향해 노력해야 하고 어쩌면 도달할 수 있어야 할 때 제시된다. 인식작용의 형식논리학, 분석론(Analytik) 일반이다.

3) '종합적' 논리학. 세계에 대한 인식, 즉 세계에 대한 이론이 지닌 가능성의 논리학. 인식대상적(noematisch)이며 인식작용적인 실증성의 논리학.

4) 존재자에 관한, 절대적 의미에서 존재자 우주에 관한 보편적인 절대적 학문의 논리학은 사실적인 선험적 상호주관성(Intersubjektivität)과 모

---

1) 이 글은 1924년경 작성된 것이다.

든 존재자에 관한, 이 존재자에 대해 존재하는 선험적으로 구성되는 것으로서 세계의 우주에 관한 학문이다. 선험적 '존재론'(Ontologie)으로서, 하나의 가능한 세계에 규범적으로 속하는 가능한 인식활동과 인식형태의 선험적 인식작용의 논리학도 있다. 결국 세계에-실재적인 모든 존재자뿐 아니라 어떤 의미에서든 언제나 선험적 주관성의 존재자에 관한 선험적 학문과 이에 상응하는 논리학(존재론과 인식작용에 관한 학문)이다. 이것은 사실적이고 선험적인 것(Transzendentales)에 관한 것으로서 보편적이고 선험적 학문으로 이끈다. 그 속에 포함된 확장된 존재론과 인식작용에 관한 학문(Noetik)과 더불어 보편적인 선험적-형상적 현상학으로 이끈다.

여기에서 어려움은 소박함의 단계를 추적하는 것과 결국 소박함을 소박함으로 특징짓는 것이다. 따라서 우선 선험적인 것의 은폐된 의미 전체 ─ 이 의미 전체에 의해 선험적 학문의 이념이 생긴다 ─ 를 무엇보다 명백하게 밝히는 것이 중요하다.

1) 존재론은 가능한 세계 일반의 '로고스'(Logos)[2]를 구상하거나 가능한 형식, 즉 궁극적으로 타당할 수 있어야 할 가능한 세계들의 선언적(選言的)인 필연적 형식에 대한 학문이다.

2) 사실적으로 주어진 세계는 이 세계에 속한 로고스의 규정이나 이 세계의 궁극적으로 타당한 존재의 가능성에 대한 조건이다. 이를 통해 이 세계에 속한 사실적 존재론의 형식인 이러한 세계의 존재론으

---

2) 그리스어 'logos'는 ① 계산·가치·고려·명성, ② 관계·비율, ③ 설명·이유·근거·주장·진술·명제·원리·규칙·전제·정의(定義), ④ 이성·추리·생각, ⑤ 말·이야기·표현·담론·논의, ⑥ 주제·논제, ⑦ 절도(節度) 등 매우 포괄적인 의미를 지닌다. 따라서 단순히 '이성'으로 옮기면 근대 이후 개념을 통해 사유하고 판단하며 인식하는 지성과 실천적 자유의지로 제한해 이해해왔기 때문에 만족스럽지 못하다. 따라서 원어를 발음 그대로 표기한다.

로서 존재론을 요구한다. 형상적 존재론에서 가능한 (감성적) 경험의 세계를 이념화할 수 있는 선언적 기본유형은 보편성을 통해 구별된다. 그렇게 보편적으로 획득된 세계 일반의 모든 이론적-존재론적 형식에는 보편적 존재론, 그럼에도 바로 그와 같은 성질의 세계 일반에 대한 보다 특수한 존재론이 상응한다.

이러한 보편성은 다시 특수화될 수 있고, 더구나 언제나 수학적으로 특수화될 수 있다. 예를 들어 유클리드의 공간형식으로서 공간형식 — 게다가 보편적 자연법칙성의 형식 — 의 특수화는 이러한 '공간'에 관련된다. 가령 유클리드의 세계에 대해 수학적으로 보편적으로 특징 지어진 에너지 원리다. 그렇지만 이것은 특수한 수학적 자연법칙성을 미해결로 둔다. 게다가 우리가 자연을 넘어서거나 주목한다면, 자연은 정신적 세계에 대한 자연이어야 한다는 규정을 미해결로 두며, 자연의 사물은 무기물과 유기물로 분류되어야 한다는 규정을 미해결로 둔다. 유기체적인 것만 신체적 존재를 지닐 수 있지만 감각의 신체성으로서 특별한 구조형식에 잘 들어맞아야 한다는 규정 등 계속된 규정들도 미해결로 둔다.

어쨌든 사실적인 경험적 지식으로부터만 — 언제나 형상적 존재론과 이 존재론의 순수한 가능성에 이끌려 — 실제성의 로고스가 발견될 수 있다. 이러한 로고스 전체는 세계의 완벽한 법칙론의 형식, 엄밀한 법칙성의 형태다. 이 경우 한편으로 기초지우는 자연은 자신의 확고한 로고스(정밀한 자연과학)를 지니며, 다른 한편으로 정신도 특별히 순수한 정신성으로서 자신의 확고한 로고스를 지닌다. 그러나 세계에 대한 이념적인 '논리적' 학문은 결코 단순한 형상적 존재론과 경험으로 활동하는 작업으로 생각되면 안 된다. 이 작업은 존재론적 세계의 형식으로 주어진 세계를 가정할 가능성에 대해 염려하며, 그런 다음 경험적으로 주어진 것으로부터 이 존재론의 형식에 따라 모든 세계를 수학적으로 연역한다. 라프라스(P. Laplace)[3] 같은 정신의 합리주의적 이상(理想)은 잘못된 것이다.

논리학은 모든 존재자 그 자체에 속하는 필증적 로고스에 관한 학문이다. 존재자 그 자체에는 그 실질적 연관에서 존재자의 실질적 특성뿐 아니라 인식하는 주관성에 속한다. 또한 그 밖에 지향적으로 이것을 향한 주관성에 지향적으로 관련되는 그 존재자에 주어지는 특성에 속한다. 존재자와 관련된 상이한 차원의 정신적 형성물의 상이한 양상과 이와 상관적인 작용 그리고 그 작용이 내재적으로 구축하는 전체 속에 수동적 구성에 입각해 그 작용에 속하는 나타남의 방식을 포함해서도 그렇다. 그래서 그것은 보편적이며 실제로 구체적인 존재론이 다룰 수 있게 된다. 즉 그 존재론은 존재자 그 자체에 속한 아프리오리의 모든 상관관계를 체계적으로 포괄하며, 인식작용에 관한 학문과 인식대상에 관한 학문(Noematik)이려는 것이다. 순수한 실질성에서 존재함으로서 또는 가치를 지닌 좋은 사항으로서(가령 이성적 문화나 이성의 원리에 지배되는 문화의 대상으로서) 실질적 태도에서 단지 존재자를 고찰하지 않는 것이다.

생각해볼 수 있는 최고의 합리성, 이 모든 아프리오리의 상관관계를 포괄하는 합리성으로 이렇게 고양시키는 것은 엄밀한 학문의 고유한 의미 속에 놓여 있다. 그 이유는 이 합리성이 사실적 존재의 우주에 대한 엄밀한 학문을 합리성 ——사실상 각각의 모든 방법을 원리에 입각해 정당화하고 이에 따라 궁극적으로 자신의 권리로 이해

---

3) 라플라스(1749~1827)는 유턴의 고전역학을 천문학, 유체역학, 열역학 등에 적용해 우주를 뉴턴의 운동법칙에 따라 움직이는 거대한 역학적 체계로 파악했다. 이러한 견해는 근대 객관주의적 정밀한 자연과학에 입각한 인과론과 기계론의 사고에 전형을 이룬 것이다.

하거나 처음부터 원리에 따라 필연적이며 원리적으로 요구된 것으로서 형성할 수 있을 합리성 ─ 속에 필연적으로 형성하기 때문이다. 이와 같은 보편적 존재론은 바로 그 근거에 입각해 완전히 충분한 학문이 가능한 조건이기도 하다. 왜냐하면 세계에 대한 보편적 학문의 연관 속에서만 충분한 특수학문이 가능하고(이것이 심지어 존재론적 통찰이다), 이때에만 그 자체로 선행하며 따라서 이러한 의미에서 아프리오리한 존재론의 기초 위에서 가능하기 때문이다.

완전히 구체적인 존재론은 '당연히' 진정한 선험철학일 뿐이다. 모든 선험철학은 자신의 궁극적 계획에서, 역사적으로 해명되지 않은 자신이 발전해나간 충동에서, 이러한 존재론만 지녔을 뿐이다. 다른 한편 존재론에 대립된 모든 역사적 투쟁은 부분적으로는 방법적으로 막연하고 잘못된 존재론에 대립된, 부분적으로는 순수한 가능성에서 존재자에 관련된 모든 아프리오리를 완전히 파악하는 데 결코 실현되지 않은 존재론에 대립된 투쟁일 뿐이다. 완벽한 존재론은, 모든 상관관계를 추구하는 가운데, 저절로 그리고 원리적 필연성에서 '사태의 세계(Sachenwelt)와 주관성은 우연히 만나는 것이 아니다. 심지어 주관성은 어떻게든 우연히 신에 의해 창조된 ─ 부정하는 모든 것에도 불구하고 배경 속에 위대한 시계(時計) 제조공인 어떤 신에 의해 창조된 ─ 세계 안에서 우연적 실질성이 아니다'라는 사실을 알게된다. 오히려 '세계는 이 세계에 상관적인 주관성으로의 규정으로서만, 게다가 자신의 구성적 작업수행에 입각한 규정으로서만 '아프리오리하게' 생각해볼 수 있다'는 사실을 통찰하게 된다.

비록 매우 불완전한 선험적 관념론이더라도 그 원본적 형태(심지어 버클리와 흄의 경우조차)4)에서 '관념론'의 지배적 사상은 주관성이 존

---

4) 흔히 '존재하는 것은 지각된 것'(esse est percipi)이며 정신 이외에 실재하는 물

재의 권위에서 객관성에 선행한다. 또한 모든 객관성(세계의 모든 존재)과 주관성의 고유한 수동적이며 능동적인 원천에 입각해서만 존재한다는 것이다. 게다가 끝까지 그 본질의 상관관계에 따라 생각해보면, (형이상학적으로 구축된 것이 아닌) 필증적으로 통찰할 수 있는 것으로서 이러한 사상으로 이끌지 않는 존재론은 없다. 따라서 관념론은 '바로 그' 세계에 대한 형이상학적 '해석'(Deutung)이 아니라 가능한 경험과 인식의 세계다. 가능한 가치평가와 실천의 세계로서 모든 세계에 속하는 구조의 형식을 뜻하며, 그래서 그것은 동시에 존재론 자체의 학문에 대한 보편적 구조의 형식이다. 진정한 존재론, 즉 분석적이고 영역적인 것과 하나가 된 보편적인 모든 측면의 논리학은 아프리오리한 학문으로서 선험적 관념론을 실제로 실행하는 것일 뿐이다.

또한 수학적 분야가 하나의 개별적 분야이며 공허한 사변이 아니고 그래서 궁극적으로 교훈적이지 않는 사변으로 실제로 작업해 실행하는 것일 뿐이다. 그러나 세계에 대한 해석(Weltinterpretation)으로서 선험적 관념론은 결코 사변적 구축이 아니라, 사실적 삼각형이 기하학적 삼각형의 의미에서 벗어날 수 없듯이 세계로서 세계가 세계 그 자체의 의미에서 벗어날 수 없다는 간단한 인식이다.

구체적으로 살펴보면, 이때 다시 '사실적으로 주어진 세계의 선험적 관념론은 실제로 실행된 선험적 인식, 달리 말하면, 원리에 입

질세계는 없다는 버클리의 견해를 주관적 관념론이라고 한다. 그런데 객관적 자연주의와 실증주의에 입각해 실체는 '지각의 다발'일 뿐이며 더 나아가 인과율까지 부정한 흄의 회의론을 후설이 관념론으로 정의한 것은 매우 독특하다. 그것은 흄이 지각을 인상(Impression)이 약화되어 사유(반성)된 관념(Idea)으로 간주해 분석한 인식론을 근거한 것이다. 이와 관련된 상세한 논의는『제일철학』제1권 3장 20~25항,『위기』제2부 22~24항을 참조할 것.

각한 철저한 정당화에 입각해 실행된 무한한 과제로서 미래에 수립된 완전한 체계일 뿐'이라고 말할 수 있다. 이 경우 완전한 체계는 존재론의 원리에 입각해 모든 **사실적 존재자**에 대한 보편학문의 이념을 구상하고 미리 분류한다. 그래서 상대적으로 자립적인 각각의 존재영역에 대해 이에 상응하는 학문이 착수되지만 더 이상 소박하게가 아니라 순수하게 수행되며, 도처에서 방법의 원리에 따라 착수된다. 주어진 학문의 완전한 체계에는 그 아프리오리한 연관과 기초지음 그리고 상관관계에 따른 가능한 모든 세계를 체계적으로 분류하는 것과 층(層)을 이루는 것이 상응한다. 이것은 바로 그렇게 함으로써 가능한 세계 일반에 대해 그 형식상 가능한 학문의 체계를 '아프리오리하게' 미리 지시한다. 이 세계의 학문은 이러한 형식을 충족시켜야 한다. 그 체계는 '당연히' 질문할 수 있는 방향과 형식에 체계적 우주를 뜻한다. 세계로서 세계의 모든 구조가 지닌 형식에는 가능한 물음에 대한 개방된 지평이 상응하며, 보편학문에서 물음의 모든 영역은 연구의 영역이 되어야 하며 학문이 되어야 한다. 여기에서 문제는 비록 무한함이 중요하더라도 과장된 열정이 중요한 것이 아니라는 데 있다. 그렇지만 더 고상하고 진정한 인류 일반과 마찬가지로 학문의 생명력에 기본요소는 무한함과 그 체계다.

그러나 진정한 인간성은 최상의 의식성(Bewußtheit)을, 가능한 세계로서 세계의 구조—가능한 학문의 구조—에 관해서 깨어 있는 최상의 진정한 학문을 **요구**한다. 하지만 이것은 '학문은 깨어 있는 형태, **논리학**으로서 고정된 가능성이 된 그 가능성에 입각해서만 실제적이라는 것'을 뜻한다.

학문 일반의 역사적 생성과정에 속해 있는 소박함의 단계에서 따라서 그 막연한 단계에서 그와 같이 생성과정이 본질에 필연적이듯이, 학문은 소박함에 입각하지 않은 순수하고 진정한 학문으로서 완전히 충분하게 가능하다. 진정한 학문은, 학문의 의미가 최초의 소박하게 막연한 목표의미를 지닌 사실적 학문에서 형성된 뒤에, 우선 그 자체로 이러한 목표의미를 지닌 소박한 학문을 통해서만 가능하고, 그런 다음 존재론으로서만 가능하다. 제일철학으로서 논리학은 모든 '철학'에 선행한다. 이 논리학은 상대적으로 빈약한 형식논리학도 어떤 체계적인 관점에서 상대적으로 완결된 '보편수학'(Mathesis universalis)이 아니라 선험적 존재론이다. 이 존재론은 '당연히' 자기 자신에 소급해 관련된다. 그런 다음 그 자체로 다시 자신의 체계적 완벽함을 보증하고 이와 일치해 그 자신의 최초의 소박함(더 높은 단계의 소박함)을 극복하는 데로 향하는 단계처리를 요구한다.

그럼에도 여기에서 더는 다음과 같이 말하면 안 된다. 그 이상의 것은 실행하는 일, 즉 존재론적 모든 학문 자체를 실행하는 일이 아니라 모든 학문의 경우와 실행하는 작업 자체의 첫 번째 단계인 다양한 형태의 모든 기획의 경우 그 이상의 모든 작업을 가능케 하는 그 학문의 이념과 학문적으로 주도하는 형태를 부각시키는 일이다. 그래서 중요한 것은 지리학에서처럼 '학문 이전에' 최초의 탐구를 통해서만 획득될 수 있는 최초의 지도(地圖) 설계도면과 같다.

오해하지 않기 위해 여전히 여기에서 '존재'(on)의 이념을 완전히 특별하게 확장하는 데 착수했다는 사실을 알아차려야 한다. 모든 존재자, 즉 여기에는 우리 세계에서 수학적 이념과 그것을 통해 사유하는 인간 그리고 그것을 저술과 인쇄로 구체화함으로써 세계화하듯이, 이념적 존재자도 포함된다. 이 모든 존재자는 모든 규범도, 실로 그 존재자가 규범에 속하고 현실적으로 요구되며 미리 지시되고 규범화되는 데 사실적으로 이바지할 수 있다는 사실을 통해 이상적 규범도 포괄한다. 인간의 능력으로서 모든 할 수 있음(Können)은, 작동 중이든 작동 중이지 않든 인간의 존재방식에 속하는 존재자다. 순수한 가능성을 지배하는 필증적 필연성에 대한 학문으로서 존재론에서 생각해볼 수 있는 모든 할 수 있음은 할 수 있는 자와 그의 가능성과 관련해 자신의 위치를 지닌다. 이것은 각각의 모든 것에서 일반적으로 그러하다.

더 나아가 다음과 같은 사실도 알아차려야 한다.

정확하게 살펴보면 존재론은 그 모든 분야에 따라 모든 측면에서 전개된 세계에 대한 학문 일반의 **이념**을 체계적으로 구축한 것일 뿐이다. 존재론은 가능한 세계 일반의 이념을 그 자체 속에 구상하지만, 세계로서 모든 세계에 속하는 모든 분류와 형식에 따라──여기에 기꺼이 첨부하면, 세계로서 하나의 세계에 속하는 모든 발전의 단계에 따라──모든 측면에서 구상한다. 세계에 대한 학문의 이념은 모든 일정한 학문에 개별적 경우로서 깃들어 있는 필증적인 보편적 본질이다. 그것은 체계적으로 무한하게 서로 잇달아 방법적으로 세워진 작업수행과 작업수행이 지닌 산물의 본질이다. 보편적인 것은 여기에서 본보기가 되는 형태에서, 즉 본보기가 되는 전체성 형식의 형태에서 모든 학문의 **목표**를 나타낸다. 그 형태는 사실적(사실성의) 학문에서 '개별적' 확실성을 가정한다. 그것이 사실적 세계의 '인식상(像)'인 한, 개별적일 뿐 아니라 동시에 이념이며 또한 이러한 세계 자체가 역사적으로 실현된 단편이다.

보충 논문 4

실증과학과 실증적 제일철학을 통한 절대적인 보편적 존재론으로서 선험적 현상학에 이르는 길[1]

학문의 근본개념과 상대성, 학문과 존재론의 일면성. 그리고 선험적–현상학적 보편학문을 통한 상대주의의 극복에 대해[2][3]

---

1) 이 글은 1923년 작성된 것이다.

2) 실증적 존재론과 보편적인 실증적 존재론에서 출발해 모든 상대주의를 극복하는 절대적 존재론으로서 선험적 현상학에 이르는 길(1919/20년 강의의 길).

첫 번째 질문. 어떻게 존재론이 실증성 속에 정초될 수 있는가? 모든 '존재자'(onta) ── 실재적 세계의 모든 실재하는 것 ── 는 서로에 대해 상대적이다. 보편적 존재론의 연관 아래 ── 세계, 즉 세계 일반에 대한 보편적인 아프리오리한 학문으로서 ── 존재론이 있다.

두 번째 질문. 존재자는 인식의 존재자이며, 우리에 대한 모든 존재자는 주관적 양상으로 나타나는 것, 추정된 것, 증명된 것 등이다. 인식하는 주관성에서 상대성은 어떻게 가능한가?

선험적 전체 학문(Allwissenschaft)에서만 모든 상대성이 밝혀지고 주제가 되며, 존재론은 세계에 대한 상대적 존재론을 포괄하는 절대적 존재론으로서 가능하다.

근본적 성찰의 생각. 나의 프라이부르크대학교 연구와 강의의 길잡이.──후설의 주.

3) 후설은 1919/20년 겨울학기에 주당 4시간 강의 「철학입문」(Einleitung in die Philosophie)을 강의했고, 이 자료는 후설아카이브에 부호 'F I 40'으로 보관되어 있다.

학문적 진술

우리는 수학자로서 기하학이 확증하는 방법을 이해하고, 명증성을 지닌다. 우리는 기하학에 관한 것을 들었을 때 여기에서 요구된 기하학적 태도로 전환한다. 또한 명증성을 위해 전제된 여기에 속한 정상적 동기부여를 수행한다. 그런데 기하학을 **물리학**에 적용하는 것은 어떻게 어려운가? 그래서 우리는 물리학의 공간이 기하학(유클리드 기하학)의 공간과 동일한지, 기하학의 공간은 물리학의 공간이 제시하는 근사치(Approximation)와 관련해 ─ 하지만 기하학의 순수함을 경험적 형태와 위치의 극한경우(Limesfall)로 생각한 의미가 아니라 ─ 단순한 극한경우가 아닌지 논쟁할 수 있는가?

여기에서 문제될 수 있는 것은 무엇인가? 바로 기하학의 '이상화하는(idealisierend) 직관'에 대한 연구, 여기에 있는 가능성에 대한 연구다. 만약 다른 것이 있다면, 그것은 다른 공리 속에 표명되어야 한다. 이때 유클리드 공리의 명증성(또는 유클리드 기하학의 공리의 완벽한 구체적 체계)은 가능성 가운데 하나에 대한 명증성일 것이다. 그 가능성은 〔한편으로〕 함께 타당하지만 다른 한편으로는 (절대적인 필연적 공리의 그룹을 통해 재현된) 하나의 유(類)안에서 유형적 가능성이라는 의미를 띠며, 양립 가능한 것(kompossibel)으로서 단지 양립 불가능할 뿐인 다른 가능성들을 배제할 수 없다.

따라서 이 경우 '가능한 모든 직관적 자연의 (선험적-감성적) 형식으로서 그 자체로 존재해야 하고 자신의 동일성이 확증될 수 있어야 할 공간 일반은 어떤 본질속성을 지녀야 하는지'가 문제된다. 즉 동일성을 순수하게 관철할 가능성을 지시하는 공간의 '정밀한' 속성들은 상이한 공간의 유형들이 '공간 일반'과 '기하학 일반'이라는 순수하고 정밀한 이념 안에 분명히 나타나기 위해 여전히 세분화될 수 있는 **보편자**를 포괄하는지가 문제된다. 그러나 **자연 일반**은 그 상관자인 우리를 지각과 지각의 생생함 일반으로 이끈다. 자연과 주관성은 '직관적으로' 분리될 수 없다. 우리가 여기에서 선험적-감성적으로 정지할 수 있는가? 기하학의 명증성은 자연존재론의 명증성에 속한 하나의 줄기이며, 우리는 가능한 자연 일반에 관련되어 있다.

외적 경험에서 모든 것은 상대주의 속에 주어지고, 본질상 그렇게 주어질 수밖에 없다. 나타남과 감각적 사물 ─층(層)에 따라 시각사물, 촉각사물 등─이 명증하게 주어지는 것이다(즉 지각된다). 이것들은 경험하는 자의 신체성에 관련해 주어진다. 그 관련은 나타나는 대상성의 구성적 의미에, 즉 자연의 의미(Natur-Sinn)⁴⁾가 아니라 완전히 구성된 세계의 의미(Welt-Sinn) ─완벽한 구성 속에 포함된 구성적인 완전한 의미─에 함께 속한다. 그것은 함께 기능하는 것으로서 신체가 직관의 장(場) 속에 함께 현존하는 한에서만 바로 경험할 수 있는 대상성이다. 그리고 경험할 수 있는 가능성의 모든 변화는 기능하는 것으로 기능하는 신체성과 더불어 변화된다.

우리는 외적 지각에서 음영지어 나타나는 대상인 동일하게 나타나는 대상에 우선적인 시선의 방향이나 파악의 방향에 의해 어떤 필연적 의미구조를 지닌다. 그렇지만 동기부여 ─대상적으로 말하면, 대상에 제한된 조건─는 함께 현존하고 기능하는 신체성을, 게다가 기능하는 주관성 일반을 겨냥한 다른 방향으로도 나간다. 그래서 우리는 비록 더 이상 순수하게 감각에 직관적이지 않지만 어떤 구성원

---

4) 'Natur'는 그리스어 'Physis'(어간 phy는 '성장'을 뜻한다)에서 유래하며, 본래 직접 생성되는 실재(to on), 근본원리(arche)를 뜻한다. 이 말의 본래 의미는 스피노자까지 유지되지만('만드는 자연'(natura naturans)과 '만들어진 자연'(natura naturata)이라는 개념을 참조), 근대 르네상스의 과학 이래 오늘날의 '자연', 즉 과학적 기술과 장비를 통해 관찰할 수 있는 영역에 대한 총체적 개념으로 이해되었다.

이 ─ 그것이 변화되는 체계와 더불어 ─ 항상 전제된 직관적 상관관계(Korrelation)를 지니며, 반면 다른 구성원은 알아차리는 경험의 우선적 시선 속에 있고 이러한 시선방향은 통상적으로 기술해 확인하는 것 속에 전제되어 있다. 이 경우 대립된 방향에 있는 것은 어떤 정상성(Normalität) 속에 전제되어 있다. '지각의 상황'과 이에 속한 지각이 경과하는 유형의 이러한 정상성이 파괴될 때 비로소 주목하는 시선 속에 들어오는 것이다.

여기에서 가능한 모든 상관관계에 따라 명석함을 형성해내야 하며, 모든 진리는 여기에서 상대적이고 매우 다양하게 상대적이다. 신체는 기능하는 신체로서 신체성을 자기 자신으로 소급해 관련시킴으로써 실로 그 자체로 자연의 일부로서 경험된다. 그렇다면 정신분열증 등 모든 종류의 심리적 비정상성의 경우에 사정은 어떠한가?

어쨌든 외적 경험의 명증성은 경험된 것의 스스로를 부여함〔자기부여〕(Selbstgebung)이다. 하지만 이때 경험작용(Erfahren)은 단순히 본래 경험된 것을 넘어서 예견하는 함께-파악함(Mit-erfassen)이 아니라, 스스로를 부여함과 예견이 필연적으로 뒤섞인 것(Ineinander)이다. 따라서 우리는 적어도 연속적으로 일치해 입증하는 경우를 취할 수 있다. 이때 예견해 함께 파악된 것을 미리 제시하는 스스로를 연속적 지각의 가능성을 지닌 것으로 부여하게끔 이끌 수 있다.

그렇지만 그렇게 스스로를 부여하는 것은 무한히 연속적으로 입증하는 것으로 생각될 수 있다. 그럼에도 여기에서 알아차릴 수 있는 직관의 범위에 결코 들어오지 못할, 즉 연속적으로 다양체를 제시하는 나타남에는 속하지 않는다. 어쨌든 대상이 나타나는 측면의 범위에 들어가지 못할 동기를 부여하는 필연적 환경을 지닐 것이다. 우리는 연속적으로 변화되는 대상적 의미(제시된 것 그 자체)를 규정하고 조건지우지만 파악되지 않고 규정되지 않은 채 남아 있는 상관적인 신체의 나타남과 신체의 기능, 주관적 운동감각(Kinästhese)[5], 장소가 정해진 감각의 장(場)과 감각자료 등의 범위를 지닌다.

일상의 외적 경험에 명증성은, 내가 나타나는 사물을 그 사물의 모든 실재적 특성에 따라 '전면적으로'—물론 외적 경험의 무한함에서—알게 되더라도, 일면적 명증성일 뿐이다. 그러나 내가 외적 경험의 연속체나 감각으로 직관할 수 있는 속성들이 연속적으로 구성된 통일체를 기능하는 주관성의 동기부여의 관련 속에 인식하지 못하면, 이 무한함은 통제될 수 없고 무한함으로 인식될 수도 없다.

직관적 사물의 상대성은 직관적인 것이 마치 그 사물에 대해 우연히 그러한 관계에 있는 듯이, 그 사물을 다양한 것에 관련시키는 내가 단순히 관련짓는 작용인 듯이, 다른 존재자들과 다양한 관계에 있는 것으로 생각될 수 있다는 것을 결코 뜻하지 않는 일정한 의미를 지닌다. 마치 세계가 경험하는 인간 없이, 경험하면서 기능하는 신체 없이, 보는 눈이나 듣는 귀 없이 존재할 수 있는 듯이, 실로 많은 사람에게는 그렇게 보일 수 있을 것이다(소박한 인간과 자연과학자는 때때로 그렇게 말할 것이다).

그러나 우선 **직관적** 자연에 관해서는, 지각판단의 기체(基體), 즉 '감각에 직관적' 사물은 이에 상응해 기능하는 신체성 및 기능하는 주관성 일반과 필연적 관계에 있다는 사실이 명백하게 되어야 한다. 그리고 직관적 사물 그 자체는 단순히 사물적인 것만은 아닌 다른 직관적인 것과의 상관관계—'경험할 수 있는 (직관적) 인과성'이라는 명칭 아래 직관적 사물성(Dinglichkeit)들 사이에 있는 필연적 연관

---

5) 이 용어는 그리스어 'kinesis'(운동)와 'aisthesis'(감각)의 합성어다. 운동감각은 직접 자유롭게 움직일 수 있는 의식주체(신체)의 의지적 기관으로서, 감각적 질료가 주어지는 지각은 이 운동감각의 체계에 의해 '만약 ……하면, ……하다'(Wenn~, So~)의 형식으로 동기를 유발한 결과다.

은 제외하고 ──속에서만 존재할 수 있다는 사실도 명백하게 되어야 한다.

그러한 방식에 따라 (가능하게 존재하는 것으로서) 대상의 본질에 불가분하게 속한 것을 우리가 그것에 반해 그것의 의미를 규정하는 것이라 부르는 일은 이치에 어긋난다. 그렇지만 그 방식은 미리 주어지지 않고, 먼저 직관적으로 획득되어야 한다. 또한 스스로를 부여하는 직관을 통해, 가능한 지각을 통해 '함축적으로'(implicite) 미리 지시되지만 명시적으로 미리 주어지지 않는다. 어쨌든 가능한 지각은 완벽한 의미부여 ──오직 이 의미부여에 입각해서만 그러한 성질의 의미 전체, 즉 보편적으로는 대상적 영역의 의미 전체인 '완전한 본질'을 길어낼 수 있다 ──의 체계가 놓여 있는 '완전히 명증한' 직관으로 변화되어야 한다. 자연의 사물에 대해 이것은 '우리는 지각으로부터 '완전히' 지각된 것이 ──더구나 지각된 것 그 자체에 불가분하게 속하는 모든 본질의 방향에 따라 ──놓여 있을 구체적으로 완벽한 지각의 체계를 뚜렷하게 해야 한다'는 것을 뜻한다.

비록 **사물**이 그 자신의 영역이더라도, 어쨌든 완벽한 것, 즉 독립적인 것이 아니다. 물리적 사물은 어떠한 '실체'(Substanz)도 아니다. 마찬가지로 물리적 자연은 궁극적 의미에서 구체적 통일체가 아니다. 계속 이어서 나는 상관관계 속에 자연과 기능하는 주관성을 받아들여야 한다. 자연과 신체성, 신체성과 영혼의 정신성 ──이 모든 것을 서로에게 관련지으면서 고찰해야 한다. 이러한 관계는 본질상 상관적인 것으로서 곧 의미를 함께 규정하는 것이다. 세계의 모든 진리, 무엇보다 자연의 진리의 근원을 완전히 이해하려 한다면 가능한 지각으로서 직관의 우주가 개관되어야 하고 그 본질 유형성에 따라 고정되어야 한다. 더 잘 말하면, 결코 공허한 즉, 여전히 규정되지 않았고 심지어 주목되지도 않은 지평을 허용하지 않는 완전하고 진정한 의미를 이해할 때도 마찬가지다.

오직 이러한 근원적 원천[6]에서만 나는 충전적 개념을 길어낼 수 있고, 아프리오리한 존재론의 원리적 개념을 형성하도록 규정된 그에 속한 공리의 체계를 만들어낼 수 있다. 물론 여기에서 아프리오리한 존재론들 자체는 본질적으로 서로 관련되어 있고 가령 서로에 대해 자립적이거나 서로 분리될 수 있는 것이 아니라는 사실이 뚜렷이 나타난다. 그 존재론들은 모두 아프리오리(Apriori)의 일면성이다. 우리가 그 어떤 것에 주목해 경험된 것이나 본질에 함께 관련되고 그래서 가능한 대상성의 의미를 필연적으로 함께 규정하는 모든 본질필연성을 고려할 완벽한 명증성과 무엇보다 가능한 경험 및 가능한 본질직관의 완벽함을 위해 노력하자마자, 우리는 모든 직관성 일반의 우주—따라서 구성하는 것으로서 주관성의 우주—에 이르게 된다는 사실이 뚜렷이 나타난다.

우선 우리는 나타나는 사물들 그 자체를 기술하고 그런 다음 그 사물들의 본질특성을 명백하게 제시하는 것에서 출발할 수도 있다. 현상학에 대해, 더구나 선험적 주관성과 그 구성적 기능에 대해 전혀 모를 수도 있다. 그러나 본질의존성을 추구하면서 우리는 그 이상의 직관적 연관—최종적으로 불가피하게 선험적 주관성으로서 주관성의 모든 연관—으로 파고들어 간다. 자립적 학문이 전혀 존재하지 않을 수 있다. 모든 진리는 상대적이며—모든 존재자도 상대적이며—모든 지각과 경험은 이미 이러한 상대성을 내포하고 있다. 이미 직관 속에 종합적으로 결합되지 않은 것 그리고 이미 직관 속에 지향적으로 놓여 있지 않고 충족시키는 종합 속에 확장되지 않은 것을

---

6) 근원적 원천: 순수하고 엄밀한 학문적 인식은 완벽하게 가능한 경험—그 경험이 모든 지평에 발언을 시킨다는 의미에서 완벽한—을 수립하는 것을 전제한다.—후설의 주.

로고스(Logos)[7]는 개념으로 이끌 수 없다. 어떠한 학문도 완전히 명증한 기초를 지닐 수 없고, 오직 현상학만 그러한 기초를 자신에게 부여할 수 있다. 그래야만 엄밀한 학문——실제로 완전히 만족해하는 학문——을 만들어낼 수 있는 것이다. 그것은 현상학이 엄밀한 학문을 궁극적인 존재자 전체에 관련된——따라서 실제적이거나 가능한 모든 경험, 주관적 본질법칙에 따른 가능한 모든 방식의 스스로를 부여함이 형성되고 그래서 가능한 모든 객관적 존재가 본질에 적합하게 구성되는 근원적 통일체(Ureinheit)로서 절대적 주관성에 관련된——전체 학문의 보편적 연관 속에 정초한다는 바로 그 사실을 통해 이루어진다.[8]

---

7) 'logos'의 의미와 번역에 관해서는 보충 논문 3의 옮긴이 주 2를 참조할 것.

8) 다만 여기에서 결여된 것은 언제나 '상대적인' 상대적인 자연의 아프리오리와 형식적인 '절대적' 아프리오리의 차이에 관한 논의다. 요컨대 이렇게 적절하게 성공한 상론이 완벽하게 되는 데 다음과 같은 기본 논의가 결여되어 있다.

　그럼에도 출발점은 정상적 신체성과 정상적 주관성 일반에 관련된 경험의 대상(지각의 사물)의 본질적 상대성에 연결된 자연의 존재론, 자연의 수학이었다. 이 상대주의는 모든 측면에 따라 완전히 통찰할 수 있게 되어야 하고 개념적으로 통제되어야 한다. 그러면 존재론적 아프리오리는 학문적으로 모든 측면에서 확정되어야 할 자신의 단계와 상관관계를 지닌다.

　다른 한편 어쨌든 우리는 공허한 형식적 아프리오리, 형식적 대상성과 높은 단계의 이론적 형성물을 지닌다. 이것들 역시 상관자, 즉 선험적으로 구성하는 주관성의 상관자다. 그러나 여기에서 어쨌든 문제는 기하학, 자연의 존재론 등에서 아프리오리의 경우와 다른 것이다. 여기에서 결여된 것은 존재론적 측면에서 의미를 함께 규정하는 특수성과 상관관계이며, 그것은 단지 보편적인 구성적 상관관계로만 남아 있다. 그래서 어떤 의미에서 산술의 명제는 필증적으로 타당하고 상대적이지 않은 진리-그-자체다.

　따라서 이것은 모든 측면에서 해명되어야 하며, 그런 다음에야 비로소 위에서 제시된 가장 보편적인 상론 전체가 순수하게 정초된다.

　(그러나 이것이 나의 학문이론(Wissenschaftstheorie)에 관한 강의——그 당시에는 아주 미숙한 것이었지만——와 1919/20년 강의 「철학입문」(Einleitung)에서 다음과 같은 사실을 통해 고려되었다.) 그것은 내가 분석론(Analytik)을 앞

완전한 명증성을 천착해가는 모든 시도는 선험적 현상학으로 이끈다. 따라서 현상학에서 다음 두 가지 상관적 길이 존재하면 안 되는가?

1) 첫 번째 길은 주어진 세계, 직관적으로 주어진 세계의 길이다. 모든 특수한 존재론을 지닌 세계에 대한 보편적 존재론은 세계에 대한 형상적 고찰인 보편적 세계관(Weltanschauung)으로 이끌고, 보편적 존재론의 공리(Axiom)는 가능한 세계 일반의 본질을 기술해야 한다. 이 경우 자연은 신체성, 심리적인 것, 정신적으로 작업을 수행하는 주관성으로 이끈다. 그리고 '주관성은 세계를 구성하는, 선험적으로 절대적인 것'이라는 통찰과 '모든 존재는 모든 객체적인 것(Objektives)을 주관적 구성의 상관자(Korrelat)로서 포괄하는 선험적 주관성의 상관자'라는 통찰로 이끈다. 이를 '선험적으로 고찰해보면, 모든 존재는 보편적인 주관적 발생(Genesis) 속에 있다'는 등의 통찰로 이끈다(이것이 바로 내가 1919/20년 겨울학기에 강의한 「철학입문」의 길이다. 이 길은 이미 내가 1910/11년 괴팅겐대학교에서 학문이론에 관한 강의 「논리학」(Logik)[9]의 길이다).

2) 다른 길은 순수 주관성의 정적(靜的) 본질유형성인 공허한 '나는 생각한다'(ego cogito)와 더불어 시작하는 '데카르트적 길'이다. 하지만 그와 같은 모든 '형상'(eidos)은 그 지평 속에 〔아직〕 규정되지 않았다. '자아'(ego)와 자아 전체(Ichall)를 구체적으로 우주로 고찰

에 놓았고 이 분석론의 공허한-형식적 의미를 나중에 단순한 판단의 귀결에 관한 형식적 학문의 이념과 일치해 설명했다는 사실이다.—후설의 주.

9) 이 주당 4시간 단위의 겨울학기 강의인 「인식의 이론으로서 논리학」(Logik als Theorie der Erkenntnis)의 자료는 후설아카이브에 부호 'F I 15' 'F I 2' 'F I 12'로 보관되어 있다. 그런데 후설은 이 강의수고 가운데 일부를 다듬어 1929년 『철학과 현상학 탐구연보』 제10집 별쇄본에, 즉 『형식논리학과 선험논리학』의 부록 1 '구문론적 형식과 구문론적 질료. 핵심형식과 핵심질료'에 게재해 발표했다.

하고 보편학문의 방식으로 다루는 보편적 **자아론**(Egologie)이 요구된다.(이것은 내가 수행한 현상학 강의와 「런던 강의」 그리고 이것을 확장해 1922년과 1923년 상론한 길이다).[10]

이 두 길의 길잡이는 다음과 같이 간략하게 특징지을 수 있다.

1) 좁은 의미에서 자연적인 '객관적' 경험과 객관적 인식 그리고 객관적 판단에 대해 알아보자. 인식된 것과 인식의 의미에는 '주관적인 것'(Subjektives) 그 자체가 전혀 정립되지 않았다. 그러나 여기에는 인식하는 주체와 이 주제가 인식하는 삶 그리고 가치를 평가하고 행위 하는 삶도 제외되어 있다. 이것은 의미 속에 정립된 것과 정립하는, 인식하는 주체 사이의 본질적 상관관계 — 이제 객관적인 것과 주관적인 것을 본질적 연관으로 정립하는 새로운 인식으로 끌어들이는 상관관계 — 가 존재한다는 사실을 배제하지 않는다.

2) '주관적' 인식에 대해 이야기해보자. 어려운 문제. 주관적인 것에 대한 객관적 인식으로서 심리학적-주관적인 것이다. 여기에는 인간학적 인식, 그 가운데 생체학적 인식, 다른 한편으로 순수한 선험적 인식이 있다.

첫 번째 나는 세계에 대한 인식에서 보편적인 객관적 인식의 영역 속에 움직이고, 형상적 본질의 연관을 발견한다. 그렇다면 여기에서 어떻게 세계 안에서 최상의 영역에 도달하고 분리된 아프리오리한 존재론에 도달하는가? 여기에서 분리하는 일을 생각해볼 수 있는가?

---

10) 후설은 1922년 6월 4회(6일, 8일, 9일, 12일)에 걸쳐 「현상학적 방법과 현상학적 철학」(Phäno. Methode und Phäno. Philosophie)을 강의했다. 이 '런던 강의'는 후설아카이브에 부호 'F Ⅱ 3'과 'M Ⅱ 3'로 보관되어 있다. 그리고 '이것을 확장해 1922년과 1923년 상론한 것'은 '런던 강의'를 4시간 단위의 강의로 확장해 1922/23년 겨울학기에 '제일철학'의 문제를 다루며 강의한 「철학입문」(Einleitung in die Philosophie)을 뜻하며, 이 자료는 부호 'B Ⅰ 37' 'B Ⅳ 2' 'F Ⅰ 29' 및 'F Ⅰ 29/M Ⅰ 2'로 보관되어 있다.

다른 한편 나는 어쨌든 자연의 존재론을 구상할 수 있고 기능하는 신체성을 규정하지 않은 채 놓아둘 수 있다. 이 신체성은 자신의 본질적 요구를 지닐 수 있으며 필연적으로 함께 기능하는 것으로 자신의 역할을 해야 한다. 하지만 나는 그 신체성을 연구하지 않는다. 이것은 모든 점에서 그러하다. 내가 자연의 존재론의 명증성을 수행하고 어떤 구성적 기능을 수행할 때, 나는 살아나간다. 그러는 가운데 적합한 가능성의 형식으로 지각의 신체성이 기능하는 것(Fungieren)과 그런 다음 존재론적 가능성과 본질이 스스로 주어지게 되는 동기부여(Motivation)가 수립된다. 이 속에 '소박함'이 있다. 그런데 이때 시선을 신체성과 주관성 전체로 전환하면, 다시 존재론적 연구를 할 수 있다. 신체도 사물로서 스스로를 제공하며 자연의 존재론적 규정에 지배받아야 하지만, 다른 한편으로 그 자신의 존재론적 아프리오리를 지니기 때문이다. 마찬가지로 '영혼'도 그 자신의 존재론적 아프리오리를 지니지만, 신체성과 자연에도 관련되어 있다.

어쨌든 나는 본래 여기에서 이미 구성적인 것의 영역 속에 많은 소박함을 지니고 있다. 순수한 물리적 자연인 **자연의 존재론**에서만 나는 완전히 주관성 없이 지낼 수 있고, 주관성을 어느 정도 망각할 수 있으며,[11][12] 주관성을 이론적으로 배제하거나 의도적으로 배제할

---

11) 그래서 우리는 '어떠한 자연의 존재론도 단도직입적으로 또한 스스로를 망각한 채 실제로 구축될 수 없고, 단지 기하학의 경우에만 다른 것처럼 보인다'고 말하면 안 된다. 그것은 바로 오래된 전통일 뿐이다. 원리적 정초를 겨냥한 자연과학자(갈릴레이)도 주관적인 것(Subjektives)을 주제로 삼아야 했고, 주관적인 것을 **방법적으로** 배제해야 했다. 따라서 나타나는 방식, 환경세계 등의 주관적인 것도 '주관적이 아닌 것'을 파악할 수 있기 위한 **방법**에 속한다.—후설의 주.

12) 후설은 갈릴레이가 자연을 수학화(數學化)하는 동기와 근본사상 및 그 문제점을 『위기』 제2부 9항에서 아주 상세하게 분석해 비판하고 있다.

수 있다. 그렇다면 나는 그와 같은 자기망각을 통해서만 스스로를 절대적인 것인 것처럼 세울 수 있는 존재에 대한 인식과, 외견상 자립적(실체)이지만 사실상 본질적 상관자에 결합된 자연을 지닌다.

독단적 학문은 왜 자기 자신을 절대적으로 정당화할 수 없는가? 또한 왜 자신의 토대를 절대적으로 명백하게 제시해 완전한 명증성에 이를 수 없는가?

본질가능성과 본질필연성이 전체를 지배할 때 나는 완전한 본질의 명증성을 지닌다. 또한 어떤 변화를 허용하는 가능성을 모든 측면을 통해 변화시키고 그래서 모든 본질을 그 본질적 상관자의 전체 속에 획득하고 인식할 때도 마찬가지로 완전한 본질의 명증성을 지닌다.

그리고 이것에서 우리는 모든 가능한 대상성을 모든 가능성의 우주 속에, 바로 선험적 주관성 속에 포괄하고 그래서 '실체적〔실질적〕' 인식을 제공하는 선험적 학문만 완전한 통찰과 궁극적으로 타당한 진리를 획득할 수 있거나 **궁극적 타당성의 이념** 아래 탐구하면서 진행해갈 수 있고 체계적 철학이 될 수 있다는 사실을 밝혀내야 한다.

모든 진리는 상대적이다. 궁극적으로 타당한 학문은 모든 상대성과 모든 본질적 상관관계에 관한 지배권을 우리에게 보증해주는 길을 알려주고 개척함으로써 상대주의를 극복한다. 이러한 일이 실현된다면, 선험적 주관성의 본질을 체계적으로 '아프리오리하게' 하나의 체계 속에 구축하는 것이 반드시 가능하게 된다.

충분할 수 없는 실증과학과 제일철학[1]

자연과학은 주관적인 것을 배제하고 그 가운데 자연과학 자체가 방법으로서 행사한 개인적 작업수행에 모든 것을 배제한다.

자연적 심리학은 심리적인 것을 귀납적으로 외면화하는 가운데 일면적으로 고찰한다.

정신과학은 그 개인적 환경세계와 관련해 인격성에 대한 학문이다. 목적을 위해 활동하는 삶과 작업수행에 대한 학문이며, 목적을 위해 활동하고 서로에 대해 또한 그들의 환경세계에 영향을 미치며 이 환경세계에서 촉발되고 겪으며 개인적으로 동기 지어진 개인에 대한 학문이다.

지향적 심리학은 그 완전한 구체화에서 심리적 주체에 대한 학문이다. 그 수동적이며 능동적인 삶 속에서 구성되는 대상성, 실재성, 가치, 목적에 대한 학문이다. 이 심리학을 통해 세계에 대한 인식의 모든 문제가 그것의 완전한 구체적 연관 속에 해결될 수 있다고 생각된다.

그러나 '모든' 실증적 학문은 세계에 대한 학문이다. 절대적 주관성에

---

1) 이 글은 제1차 세계대전 중 1921년 프라이부르크에서 가까운 슈바르츠발트 산림 안에 한적한 마을 생 메겐(St. Märgen)에서 작성한 것이다.

관한 보편학문에 근거한 무전제의 보편학문의 필연성. 하지만 보편학문과 모든 특수학문의 선험적 정초는 실증성의 방식에 있지 않다.

I.[2]

개별학문들의 분열. 현존하는 실증과학에서 지배하는 상태, 즉 실증주의가 필연적이며 완전히 만족하는 것으로 말한 상태는 결코 완전한 인식을 만족시킬 수 없었고 만족시킬 수 없다. 객관적 개별분과 속에 확장된 세계에 대한 이러한 학문은 개별적 지식을 다양하게 이해할 수 있게 설명할 수 있는 세계에 대한 일치하는 인식을 전혀 산출하지 못한다. 무엇보다 세계를 규칙적이더라도 그럼에도 무의미한 사실로 변화시키는 것처럼 보인다.

실천적 이성은 유의미하고 목적에 맞는 인간의 삶을 가능하게 하기 위해 그 세계가 지녀야 할 의미를 학문을 통해 모든 측면에서 해명하고 학문적으로 규정된 내용으로 충족시킬 뿐이다. 그래서 진정한 인간성을 자유로운 이성에 입각해 풍부하게 만드는 대신, 그 학문은 세계에서 이러한 의미를 제거하는 것처럼 보인다. 세계를 인식의 형식으로 획득하는 것은 학문에 열정적 활기를 불어넣었던 중대한 희망에 완전히 부응하지 못하는 것처럼 보인다.

보편적인 이론적 관심은 근원적으로 보편적인 실천적 관심의 단지 가지(Zweig)이며 기관(Organon)일 뿐이었다. 학문은 힘이며, 학문은

---

2) 후설은 1917년과 1918년 「피히테의 인간성의 이상」(Fichtes Menschheitsudeal) 에 관해 각기 세 번 강의를 했는데(이 자료는 후설아카이브에 기호 'F I 22'로 분류되어 보관되어 있다), 이 부분에 '전쟁 기간─피히테-강연의 시기에'라고 메모해두었다.

자유롭게 만들고, 학문적 이성을 통한 자유는 '지복(至福)'의 길이다. 즉 참으로 만족하는 인간 삶으로의 길이며 자신의 세계를 진정한 학문의 힘으로 지배하고 이러한 힘을 통해 이성의 세계로 개조되는 새로운 인간성으로의 길이다. 이것이 '계몽'의 근본사상이다. 근대의 학문 전체는 이러한 근본사상을 지녔고, 그 실천적 원동력은 이 근본사상 덕분이다.

그러나 새롭게 일어나는 탁월한 학문은 인간에게 진정한 자유의 관문을 활짝 열어 젖히고 그 자유에 권력의 수단을 제공하는 대신, 실천적 이성에 입각해 추진해가는 사상을 오성(悟性)에서 폐기하는 것처럼 보이는 세계를 창조한다. 그 학문은 그러한 사상 자체를 자유롭지 못한 사실들의 복합체로 변화시키고 눈금을 세기는 기계로서 세계의 무의미한 기계로 정리하는 것처럼 보인다. 그러한 사상에 '지복의 삶을 학문적으로 지시하지' 않는다. 또한 그러한 사상에 가장 깊은 감정의 명증성 속에 내포된 신의 자손과 신의 왕국이라는 종교적 진리를 학문적 진리로 변화시키고 이론적 이성의 '자연의 빛'(lumen naturale)[3])으로 진정한 인간다운 삶의 길을 밝혀주지 않는다. 그 학문은 자연(Natur)과 자유(Freiheit)에 입각해 이해할 수 없는 이율배반(Antinomie)을 만든다. 자연과학이 자연의 영역 전체에 대해 요구하는 엄밀한 인과론은 행위 하는 자가 끊임없이 전제하고 작동하는 자유를 폐기하는 것처럼 보인다. 참된 자연이 인식되는 자유로

---

3) '자연의 빛'은 초자연적인 계시를 뜻하는 '은총의 빛'(lumen gratiae)에 대립해 인간이 스스로 판단하고 인식할 수 있는 이성을 뜻하며, 근대 계몽주의(enlightment)를 강력하게 이끌어간 추진력이었다. 데카르트는 『방법서설』에서 모든 인간이 본성상 좋은 정신(bona mens), 즉 올바른 이성(ratio recta)을 동등하게 지니고 태어났지만, 이것만으로는 부족하고 이성을 잘 활용할 수 있는 방법이 중요하다고 역설한다.

운 이성이 활동하는 연계인 자연을 탐구하는 것 자체는 그 탐구의 성과인 자연 자체를 엄밀하게 결정한 것과 회의적으로 모순되어 나타나는 것처럼 보인다. 왜냐하면 물리적 신체성의 층을 넘어서는 영혼 삶도 이러한 자연에 속하기 때문이다. 세계에 대한 끊임없는 자연과학적 고찰이 가정하듯이 이 영혼 삶의 사건은 단순한 물리적 자연의 사건과 마찬가지로 자신의 연관 속에 그 시간-공간-위치에 ——그렇게 확고한 인과적 결정의 관련된 신체성에 부속시키는 방식으로—— 깔아놓아야 한다. 따라서 이것은 자유로운 인간의 모든 행동, 다른 모든 노력이나 행위와 마찬가지로 인식하는 노력과 행위에도 적용된다.

자연과학의 인식론적 문제와 자연과학이 지닌 의미의 작업수행에 대한 **불명료함**은 철학에 관심을 쏟는 자에게 학문적 양심이 이성비판이라는 중대한 역사적 시도를 통해 이루어진다. 그에게는 바르고 떳떳하게 남아 있는, 실로 자연의 순수한 사실의 의미를 본질적으로 흐리게 하는 어려움이 정밀한 과학의 방법에 부착되어 있다. 그럼에도 결국 자연과학은 인식하는 주관성의 작업수행, 인식의 원천으로서 끊임없이 기능하는 가장 낮은 인식의 방식인 경험에 근거한 방법적으로 '사유하는'-일의 작업수행이었다. 따라서 자연의 참된 존재로서 물리학적 공식 속에 명백하게 규정했던 객관성은 경험에 근거해 탐구하고 정초하는 주관성 속에 뚜렷하게 만들어진 **의식의 형태**, 이성의 작업수행이 아니었는가? 그러므로 우리는 이성에 의해 정립된 사실인 자연에서 인식하는 주관성의 이성적 작업수행에 이르게 되며, 그래서 '사실'과 '규범'('가치')은 불가분하게 연관된다.

그렇다면 도대체 의식 속에 **주관적인 것**(Subjektives) 이외에 어떤 것이 검토될 수 있고 뚜렷해질 수 있는가? 따라서 단순히 주관적인 것(제2성질)[4]을 모두 배제했는데도 명백하게 제시된 '객관적인 것'

(Objektives)은 특별한 주관적인 것, 모든 주체에 의해 그 자체만으로 언제나 다시 엄밀하게 동일하게 확인될 수 있는 것이며 엄밀하게 동일한 규정 속에 규정할 수 있는 것이 아닌가? 또한 다른 주체들과 함께 이해할 수 있고 함께 인식하고 작업하면서 인식의 동기를 서로 이어받고 이러한 동기를 서로 비판하는 **모든** 주체에 관한 것이 아닌가? 그것은 **공동체** 의식을 매개로 동일하게 확인되었거나 동일하게 확인할 수 있는 것, 따라서 나로부터 너에게 도달하는 공동체가 **상호주관적으로** 동일하게 확인하는 것 — 내 속에서 산출된 것과 너 속에서 산출된 것을 산출하는 동일한 것을 파급하는 의식 속에 파악하는 동일하게 확인하는 것 —을 충족시키는 주관적인 것이 아닌가?

그러나 이제 자연의 **객관성**, 주관적인 것에 대립된 자연의 '그 자체의 존재'는 실로 '그럼에도 주체는 하나의 동일한 자연 안에서 신체의 주체로서, 인간의 주체로서 발견된다'는 점을 고려해 의심스럽게 된다. 그렇다면 주체는 어떻게 자연의 객체에서 사실인 동시에 자연의 객체는 주관성 속에 사실일 수 있는가?[5]

모든 자연과학과 이 자연과학에 의지하는, 즉 자연 속의 '영혼', 물

---

4) 로크는 관념(idea)을 감각이나 반성을 통해 얻는 '단순관념'과 이것을 결합, 대조, 추상해 얻는 '복합관념'으로 구분했다. 그리고 전자에서 연장, 형태, 강도(剛度), 운동, 정지, 수(數) 등 외적 대상 본래의 객관적 실재성을 '제1성질', 색깔, 음(音), 냄새, 맛 등 파생적인 주관적 양태를 '제2성질'이라 하고, 후자에서 한 대상에 몇 개의 단순관념이 공존하는 '실체'(substance), 이 실체에 종속된 성질인 '양상'(mode), 동일하거나 차이, 원인과 결과 등 서로 대상들의 '관계'(relation)로 나누었다.

5) 파스칼(B. Pascal)의 "인간은 나약한 갈대이지만 곧 생각하는 갈대(roseau pensant)"라는 주장을 곧바로 연상시키는 후설의 이러한 지적은 『위기』(3부 A 53~54항)에서 인간이 세계에 대해 주관[주체]으로 존재하는 동시에 세계 속의 객관[객체]으로 존재하는 필연적 역설(Parodoxie), '수수께끼 가운데 최대의 수수께끼는 '선험적 주체-객체-상관관계'를 해명함으로써 해소된다고 한다.

리적 신체의 영혼에 관한 학문으로서 모든 현대 심리학은 심리물리적 자연으로서 자연이 미리 주어진 사실에 의존하며, 절대적 사실로서 받아들여진 '객관적 세계'의 미리 주어진 사실에 의존한다. 그렇지만 다른 한편 보편적으로 포괄하는 이러한 사실, 인식하는 자아가 규범에 따라 비로소 정초할 수 있는 **정립**은 따라서 이성 앞에 인식에 적합하게 증명해야 할 정립이 아닌가? 하지만 자아가 정립한 사실은 자아를 포함하지 않는다. 그리고 자아의 인식을 증명하는 것은 자아속에, 자아의 삶 속에 인식하는 운동이다.

Ⅱ.

심리학과 인식에 대한 심리학적 정초에 대해 살펴보자. 영혼이 사실상 부속된 물리적 자연의 테두리 속에 영혼과 영혼 삶에 대한 사실과 학인 자연주의적 심리학은 기껏해야 객관적 사실에 대한 나를 위한 법칙인 많은 규칙을 명백히 제시한다. 하지만 모든 객관적 사실의 사건은, 주관성의 삶의 연관 속에 주관성에 대해 사실로 존재하는 만드는 구성하는('가치', '규범' 아래 작업을 수행하는) 주관성이 탐구되지 않는 한, 이해할 수 없다.

이렇게 객관적인 사실로 존재하게 하는 것, 의식하게 하는 것, 정초하는 것, 증명하는 것은 객관적 사실 자체에서 '해명될' 수 없다. 학문이 애써 만들어내는 '사실로 있음'과 '참으로 있음'은, 이성 ── 그 작업수행의 성과가 곧 사실이다 ──을 '규범'에 따라 작업을 수행하는 것으로 이해한다면, 결코 이해될 수 없다. 따라서 규범에 지배되는 주관성과 규범 자체와 인식하는 작업수행의 목표인 규범에 따른 작업수행을 반드시 규명해야 한다. 존재에 대한 인식은 결코 최종적인 것이 아니며, '가치'에 대한 인식을 해야 한다. 그렇지만 규범적 탐구의 기체(基體)는 '무엇에 대한 의식'(Bewußtsein von …)의 주체인 주체다.

어려움은 이러한 인식의 대상성을 '구성하는' 삶과 이 삶의 구성적 법칙성이 이중으로 기능하는 것처럼 보인다는 데 있다. 즉 어떤 때는 그것 자체로서 또는 구성하는 주관성의 절대적 내면으로서 기능하고, 다른 때는 객관화되어 기능한다. 어쨌든 모든 자아의 삶을 객관적으로 파악하는 것은 객관적 세계에서 사실로서 파악하는 것이다. 철저하게 있는 그대로 자연주의적인 현대 심리학은 매우 소중하고 많은 객관적 사실을 축적했지만, 자신의 과제를 충족시키지 못했다. 물리학에는 자연을 구성하는 문제제기에 대한 이해가 없고 구성적 주관성 속에 있는 자신의 근원에 따라 객관적 상대성에 대한 이해가 없고 심리학에는 그에 상응하는 문제제기에 대한 의식이 없다.

심리학이 객관적 태도에서라도 그 자체로 객관화된 구성적 삶을 기술하고 학문 속에 포함시키는 것을 밝혀내지 않는다면, 심리학은 그 자신의 과제를 대체로 놓쳐버릴 것이다. 따라서 여전히 그러한 문제의식에 대한 의식에 강렬하게 관련된다. 그렇지만 심리학은 오늘날 여전히 감각론의 심리학이며, 오늘날 여전히 '무엇에 대한 의식'에서 출발한다. 심지어 '지향적인 것'(Intentionales)에 관해서 브렌타노(F. Brentano) 이래 효력을 발휘하게 된 것[6]에 속하거나 이것을 넘

---

6) 브렌타노는 『경험적 관점에서 심리학』(*Psychologie vom empirischen Standpunkt*)에서 물리적 현상과 구별되는 심리적 현상의 특징으로 ① 표상이거나 표상을 기반으로 한다, ② 연장(延長)을 갖지 않는다, ③ 지향적 내재, 즉 어떤 대상에 관계한다(또는 향한다), ④ 내적 지각의 유일한 대상이다, ⑤ 지향적 존재뿐 아니라 현실적 존재도 포함한다, ⑥ 그 다양성에도 불구하고 항상 통일체로서 나타난다는 점을 들었다.
   후설은 이러한 의식의 지향성 개념을 받아들이지만, 그 작용에 다음 특성을

어서 그것이 불충분하고 그 충만한 문제가 인식되지 않은 엄청나게 풍부한 형태에서 출발한다.

자연과학에 대립된 정신과학을 살펴보자. 정신과학은 다른 측면에 있다. 다른 측면이란 무엇인가?

정신과학이 자연과학에 대립된다는 것이 그렇게 단순하게 인정되지 않고, 자연과학자들의 경우에만 지배적이지 않은 자연주의적 선입견과 방법적으로 완전하고 진정한 모든 학문의 원형인 정밀한 수학적 자연과학의 오래된 확신의 결과가 '정신과학은 자연과학의 불완전한 이전 단계일 뿐이며 물리적 자연에 관한 학문이 아니라 심리물리적 자연에 관한 학문'이라는 사실을 믿게 만들었기 때문이다. 이에 상응해 여전히 설명하는 근본학문으로서 현대 심리물리학과 실험심리학은 언제나 효과 없이 남아 있고 당연히 그래야 한다고 우스꽝스럽게 요구하는 것이 모든 구체적인 정신과학이라고 주장한다.[7]

부가해 더 풍부하게 발전시켰다(『논리연구』 제2-1권, 제5권 2절을 참조할 것).

① 그 흐름 속에 내실적으로 주어진 질료적 자료를 대상에 다양하게 연관시켜 대상화(對象化)한다.

② 다양하게 연속적으로 주어진 것을 의미의 동일한 지시체에 종합적으로 귀속시켜 통합한다.

③ 동일한 대상의 지평을 형성하는 관련된 양상들과 다양한 형태로 관계를 맺게 한다.

④ 미리 주어진 질료에 근거해 의미를 부여하는 작업수행으로 대상성을 드러내 구성한다.

7) 자연주의적 인식의 의미와 효력범위에 관한 불명확함은 상당해서 우리는 단번에 그 귀결을 이해할 수 없다. 즉 정신과학이 '정밀함'의 이상(理想)을, 특히 잘못 추정된 정신과학인 자연주의적 심리학의 이상을 지녔다면, 이때 이상적으로 말하면, 미래에 학문이 발전하는 가운데 실현될 수 있는——세계에 대한 수학이 완벽한 것으로 하는——수학적 심리학이 존재해야 할 것이다. 그리고 심지어 인기 있는 심리-물리적 평행론의 이념이 그 심리학에 받아들여진다면, 진정한 스피노자식의 정밀한 물리학의 방식으로 완전히 동일한 말의 수학적 법칙 속에 평행하게 진행해가는 '정밀한 **정신학**(Psychik)'이 측면에 다가올 것이

그럼에도 언제나처럼 탁월한 정신과학자는 스스로 자연과학에 대립된 자신의 학문적 행위와 학문적 영역의 특성을 실천적으로 확신했고, 자연주의적 심리학의 요구를 이것에 더더욱 거의 관심을 두지 않을 만큼 인정하지 않았다. 그렇지만 이러한 '정신'의 인식영역에 독특한 것과 정신과학의 의미에서 '정신적' 사실을 향한 방법적 태도의 독특한 것은 무엇인가?

자연과학에는 인식의 목표가 '그 자체'에 대립해 인식하는 자에게 존재하는 것, 즉 그 자체로 타당한 법칙에 따라──그 누가 실제로 경험하고 인식하든 않든──경과하는 것인 일어나는 것인 '객관적인 것'으로서 자연이다. 근대 심리학의 '영혼'(Seele)인 자연적으로 객관화된 '정신'(Geist)도 존재하는 영혼, 인식되든 않든 그 자체로 존재하는 영혼, 영혼의 주체이든 그밖에 누군가 그것에 대해 알든 모르든 (규범에서 벗어나 고찰할 수 있는) 사실법칙에 따라 규칙화된 의존성──이 의존성이 의식되든 않든──인 인과성에 따라 신체성과 규칙적으로 결부되어 경과하는 다양한 사건이다.

정신과학의 태도와 주제제기에 대해 살펴보자. 적확하고 확장된 의미에서 역사적 학문인 정신과학에서 주제는 인간이다. 이 인간은 자기 자신을 의식하고, 자기 자신을 경험하며 자기 자신──자신의 사유, 느낌, 의지──을 의식해 동기지어진 주체다. 그리고 자신의 실천적 삶에서 객관적-사실적으로 또한 인과적으로 물리적 신체와 일체가 된다. 또한 경험과 자신의 신체에 대한 지식도 지닌 주관적 의식이며, 신체 속에 의식이 지배할 수 있고 지배하며 신체를 통해 의식이 지각하고 환경세계에서 행위 하며 의식을 둘러싸고 방향이 정해

며, 그렇다면 이때 수학적으로 참된 심리적인 것을 뚜렷하게 만들어낼 환경을 형성해야 할 모든 '단순히 주관적인 것'에 대한 장소는 도대체 어디에 남아 있는지를 단지 물을 수 있을 것이다.─후설의 주.

진 사물 세계에 중심으로서 자신의 신체에 대한 지식을 지닌다.

이 사물 세계는 자신이 아는 것, 자신의 지식에 의해 다양하게 얽힌 직관적으로 주어진 세계 그리고 다양하게 의식되고 나타나지만 다른 인간과 더불어 공동체가 된 제도, 공동체형식, 도시와 국가, 가족, 계층, 민족 등으로 충족된 세계를 일컫는다. 그 사물 세계는 단순히 물체가 아니라 문화의 사물이며, 정신적 의미에 의해 존재한다. 그 인간—개별적 인간과 공동체가 된 타인, '우리' 인간, '우리' 민족 등—에 의해 그 정신적인 의미에서 자신의 실천적 태도와 상관적으로 분배된다. 자기 자신에 대해, 매우 많은 형식으로 형식화된, 감정이입과 사회적 작용에 기인하는 공동체인 '인간 세계'에 구성원인 자기 자신에 대해 알고 환경세계—직관되고, 알려지고, 가치가 평가되며 행위 하고 이러한 것들을 통해 주관적으로 형성된 환경세계, 그가 실천적으로 활동하는 환경세계—의 구성원으로서 자신을 아는 인간은 철저하게 '단순히 주관적인 것'의 인간이다.

이러한 세계는 현재이지만, 모든 현재 속에 침전되고 의식에 적합하게 주어진—명확하게 주어지든 않든—과거이기도 하다. 주체〔주관〕로서 그 자체만으로 고찰해보면, 주체는 자신의 과거의 주체로서 자신을 알고, 자신의 모든 주관적 현재는 미래의 개방된 지평과 마찬가지로 주관적 과거의 지평을 지닌다. 항상 이 지평 속에 침투해 들어 갈 수 있고, 막연하든 명확하든 이 지평에서 기억을 부수고 나올 수 있으며 자기 뜻대로 형성해낼 수 있고 공허한 기억의 착상에서 '회상'이, '회상된 것'이라는 양상 속에 이전의 현재를 갱신한 것이 될 수 있다. 공동체 의식의 경우도 마찬가지다. 공동의 현재는 그 공동체의 기억의 지평을 지닌다. 현재 공동체의 환경세계에서 이러한 과거의 침전물을 지닌다. 이때 공동체의 환경세계는 가능한 회상이나 회상과 유사한 것을 지시하고 이것을 통해 이러한 공동체의 주관성의 과거가 자신들의 과거의 환경세계와 더불어 과거의 표상, 신념의 표명, 행위, 창조적 작업수행, 공동체의 교육 등이 개별적인 경우와 같이 좋든 나쁘든 다시 생생하게 되는 대상성(저술, 건물, 문화재 등)의 형식을 지닌다. 그래서 정신과학은 주제는 인간과 자신의 '참된' 기억 자체에 다가설 수 있는 과거인 인간의 참된 기억의 과거, 인류와 인류의 역사적으로 참된 과거, 인류의 역사적 의식 자체(인류의 전통) 속에 완결되고 역사적 비판과 재건에 다가설 수 있는 과거다.

더 일반적으로 말하면, 정신과학은 공동체(타인과 '함께' 존재한다는 의식 속에 이미 '내가 타인에 대해 또한 타인이 나에 대해 현존한다'는 사실, '내가 타인을, 타인이 나를 사회적 작용 속에 동기지울 수 있다'는 등의 사실이 명백하듯이 극도로 넓은 의미에서 공동체)의 의식 속에 그들 자신과 그들의 환경세계와 관련해—또는 단순히 그들 자신과 모든 개별적 주체를 그 자체만으로 포괄하는 그들의 환경세계와 관련해서만—살아가고 행위 하며 행동하고- 겪는 주관성을 주제로 삼는다. 이 환경세계는 무한한 과거에 이르며, 주관적으로 이해된 미래의 지평을 지닌다. 그래서 그 환경세계는 학문적으로 〔연구하게〕열려질 수 있다. 이것은 특별히 역사와 관련된다. 역사의 모호하고 덧칠되고 변화되고 왜곡되어 넘치는 형태는 무한히 넘치는 참된 과거로 변화되어야 한다. 현재의 인류는 자신이 방법적으로 철저하게 연구하고 객관적으로 명백하게 밝혀진 과거의 무한한 지평 속에 자신의 견해를 세워야 한다. 이것이 역사의 작업수행이다.

그러나 과거의 인간 삶의 통일성을 실제로 수립하고 정당한 과거의 직관(회상에 대한 변양과 참으로 증명된 회상)의 형식으로 수립하는 것은 과거에 입각해 현재를 구체적으로 이해하는 것이다. 왜냐하면 개인의 경우와 같이 공동체의 삶은 동기부여(Motivation)의 통일성이기 때문이다. 이러한 통일성을 회복하고 역사적 개념으로 학문적으로 기술하는 것, 이것은 동기부여의 연관을 매우 구체적으로 해명하는 것이다. 빈틈없이 해명해 바로 이러한 자아가 활동하는 자아의 삶 전체가 그 실제적 통일성 속에 명백하게 모든 측면에서 드러나게 비춰야하기 때문이다. 그러나 이렇다면 이때 그 삶은 자신의 발생(Genesis) 속에서만 존재하며 그 발생을 완전히 명백하게 밝힘으로써만—모든 것을 유보하고 그 모든 변양에서 본질적으로 회상의 영역에 속하는 학문적 개연성만 제공하는 가필(加筆)로—완전히 기술할 수 있는 것이라는 사실이 철저하게 이해될 수 있다.

자아의 동기부여, '환경세계' 속의 자아의 행동에 관해 살펴보자. 이러한 동기부여의 연관에는 '당연히' 주관적인 것만 속한다. 인식에 대한 관심 속에 또는 가치를 평가하고 행위 하는 것 속에 나를 포괄하는 사물은 결코 '사물-그-자체'가 아니라, 나에게 다양하게 나타나고 나에 의해 실제로 간주되며 내 마음에 들거나 들지 않는 사물, 즉 주관적인 '나에-대한-사물'이다. 그리고 나를 동기지우는 주체는 결코 '주체-그-자체'가 아니다. 내가 지금 신체적으로-감정이입하는 것에 따라 경험하고—이 경험이 착각이더라도, 경험된 것이 주술적(呪術的)인 것이더라도—주술적인 것이 나를 깜짝 놀라게 하고 나에게 영향을 미치며 어쩌면 나에게 명령해 나에게는 하나의 정신적 사실일지 모르는 '나에 대한-주체'다.

역사가가 주술적인 것을 받아들이고, 역사가가 현재의 인간이자 현재에 대해 공동체가 확신하는 인간으로서 그 주술적인 것을 곧바로 허구(虛構)에 대한 주술적인 것으로 설명한다면, 그것은 이미 태도를 변경한 것이다. 그가 역사가로서 정당하게 그러한 일을 하고 진리를 충분히 평가할 때 조차 그는 결코 자연적 '진리-그-자체'와 자연적 '사물-그-자체'를 향한, 자연의 의미에서 객관적인 것을 향한 태도를 취하고 있지 않다. 그의 역사적 객관성은 자기 자신에 대해 아는—작용 속에, 행위 속에 그것에 의해 개인적으로 동기 지어진 환경세계와 관련된 삶의 주체로서 자기 자신을 아는—개인적 주관성 속에서 주관적인 것에 대해 기술하는 진리의 객관성이다.

모든 **경험적 정신과학**은 개별적인 것의—그리고 그 발생 속에 개별적인 것을 이해하는—역사편찬에 이렇게 역사적으로 또한 개별적-역사적으로 확장된 지평을 넘어서 확장된다. 역사적 장(場)은 형태학적 생성작용을 일반적으로 유형화하고 형태학적인 일반적 규칙들을 기술하는 정신과학의 장이다. 그래서 '자연사적(自然史的)인 것'에 유사한 모든 역사적인 것이 구체적 직관에 입각해 길어낸 '경험적' 개념이 된다. 따라서 항상 유형적 개념으로 제시된 그 자체로 유형적 통일체로서 유형적 개념을 통해 표명되는 거대한 구조의 연관을 추구하는 규칙들이다.

경험적 정신과학은 인간의 직관의 테두리 속에 움직이는 ('정밀한' 자연과학으로 설명하지 않는) 자연사적 학문과 같이 **기술적**(記述的) 학문이다. 그러나 경험적 정신과학은 상대적으로 남아 있는 형태의 경험적 유형성과 이것이 외적인-인과적 발생으로 변화하는 유형성에 이렇게 단순히 친숙함 같은 것을 우리에게 주지는 않는다. 따라서 예상의 단순한 규칙들, 즉 경험적 규칙성에서 규칙적 유형성에 따라 공존과 계기 속에 함께 등장하는 것에 대한 예상의 단순한 규칙들을 포함하지 않는 것이다.

정신세계에서 동시에 또한 서로 잇달아 정돈되어 일어난 사건을 개관하는 것 **역시 외적 고찰**을 허용한다. 하지만 그것은 자명하게 외적 결합, 공존과 계기의 연상(聯想)도 형성된다. 모든 경험적 유형은 그 자체로 연상의 규칙을 표현하는 경험적 보편성이다. 그러나 모든 정신적 형태는 내적인 **정신적 통일성**, 곧 연관 속에 동기부여의 통일성을 관통하는—모든 국면에서 내적으로 동기 지어진—자아의-

개인적인 정신적 발생의 통일성을 지닌다. 결국 모든 정신적인 것은 개별적 인간의 모든 개별적 삶을 서로 함께 결합하는 서로 함께 의사소통하는 개인들의 전체성을 포괄하는 정신적 삶의 보편적 통일성에 의해 지탱된다. 정신적인 것은 수동적이며 능동적인 삶의 통일성을 자아에 의해 개인적으로 또는 상호 개인적으로 공동체화 되면서 개인적 삶의 동기부여의 통일성으로 결부시킨다.

이렇듯이 정신적인 것은 이와 상관적으로 지향적 의미형태와 존재형태, 직관형태 사유형태와 작업형태 모두를 결부시킨다. 개인적인 정신 삶이 지니는 통일성 속에서 일부는 수동성의 동기부여, 일부는 개인적 주체의 자유로운 작용의 동기부여 속에 구성된다. 그래서 이러한 주체에 대해 그의 삶, 〔관계의〕 망(網), 존재 자체 속에 언제나 새롭게 형성되어 관통하는 현상적 환경세계를 형성하는 것이다.

모든 정신과학은 이러한 통일성에 소급해 관련된다. 그러나 정신과학이 주제로서 지니는 것은 그 자신에 대해 또한 서로에 대해 상호주관적 발생 속에 형성되는 구체적인 개인적 주관성이다. 이 주관성은 그때그때 발생하는 단계에서 관련된 인격성〔인물〕에 대해 지향적으로 구성되는—곧바로 그렇게 나타나고 곧바로 그렇게 판정되며 평가되고 작업하면서 실천적으로 형성되는—것으로서 구체적인 개별주관적이고 상호주관적인 환경세계와 관련된다. 그러한 주관성을 그것의 내적 발생 속에 해명하는 것, 그 주관성을 규정하는 동기부여를 명백하게 제시함으로써 역사적 시간위치에서 그 시간적 발생의 연관 속에 구체적 존재의 필연성을 인식하게 이끌고 이것을 개인적 형태의 거대한 구도의 형식 모두에 대해 또한 그 인격성에 대해 실행하는 것이 역사적 학문이나 정신과학의 과제다. 역사가가 이해하는 것(Verstehen)은 단순히 개인이 경험하는 것이나 인과적-귀납적 규칙성에 따라 죽은 사실로서 또한 예상할 수 있는 '집행'(fieri)이

'되어야 하는' 것을 귀납적으로 예견하는 것이 아니다. 고유한 의미를 통해 그 개인으로부터 규정된 생성작용, 즉 그 개인 속에 배제되어 그래서 바로 요구된 유의미한 생성작용 즉, 자신의 내적 필연성에서 명증하게 간취할 수 있는 생성작용을 파악하는 것이다.

자연과학적 태도에서 탐구된 모든 **자연적인** 것은 이러한 관점에서 원리적으로 이해할 수 없다. 자연과학적 탐구는 '객관적' 사실과 이 사실의 객관적 법칙을 추구하면서 그 동기부여 속에 사실들의 동일한 통일성이 구성되는 경험하고 사유하는 주관성을 함께 고찰하는 모든 것을 차단한다. 자연의 의미에서 '사실'의 객관성, 자연과학의 주제인 '사실'은 귀납적 사실이며, 모든 삶을 관통하고 상호주관적 사실의 세계를 구성하는 보편적 연상의 작업수행이다. 사람들은 이 작업수행에 의지해 연상적인 규칙적 예상에 입각해 통일성을 계산하고 산출할 수 있다. 탐구하고 구성하며 산출하고 귀납하는 인식에 대한 관심은 '주관적인 것'을 배제하는 가운데 **구성된** 통일체를 겨냥한다. '단순히 주관적인 것'을 배제하는 것은——공간사물에 대한 경험에 주어질 수 있는 모든 것을 동일성의 가능한 종합 속에 지배하고 이것을 자연과학적 이성의 동기부여 속에 인식했을 때 예상할 수 있는 이성의 규범과 이성이 귀납할 수 있는 기술(技術)의 규범을 형성해야 할——순수한 귀납의 규칙으로서 '객관적 자연'을 인식하기 위한 공간을 형성해낸다.

감정과 작용에서 주관에 의식된 직관적 환경세계에 관련되고 이 환경세계에 이해할 수 있게 관련된 다른 주체들, 주체들의 공동체와 작업문화의 형성물들이 관련된 개인적 주관성의 탐구자인 **역사가**는 그가 바로 주관적인 것(Subjektives)을 탐구하기 때문에 결코 주관적인 것을 배제하지 않는다. 그는 자세하게 탐구하는 자다. 그가 주관적인 것으로서 주관적인 것에 관한 진리를 추구하는 한에서만 그는 자신의 선입견과 불명확함 그리고 환상을 배제한다. 역사적 사실의 객관성은 그 사실을 넘어 더 높은 '주관성'에 대립해 자신의 참된 존재(Sein)와 그렇게 존재함(Sosein)이다. 주관적인 것이 파악되는 그 통각의 주관성은 탐구하는 것 자체에 있지만 여기에서 탐구하는 것이 탐구된 것은 아닌 더 높은 '주관성'이다.

자연에 관해 '자연사(自然史)'를 경험적으로 기술하는 것이 그 자체 속에 완결된 인식의 가치와 학문적 목적이지만 다른 한편으로 자연과학자가 더 높은 것, 즉 정밀하게 수학적-자연과학적으로 설명하는 작업수행에 하위단계로 생각한다면, 정신과학에서 경험적으로 기술하는 것 ─ 다양하고 경험적으로 기술할 수 있는 역사적 공존이나 계기를 경험적으로 확인하는 것이든, 유형성에서 그 사실적 규칙성으로 어떤 시기에 민족의 언어를 문법적으로 기술하는 것이든 ─ 은 정신과학적 설명이나 발생으로 이해시키는 것이라는 더 높은 인식의 목적에 하위단계다. 이러한 설명이나 이해시킴은 그때그때 사실(오히려 이전 단계에 속하는 것으로서)이 외적으로 생성되는 것을 단지 나타내는 것이 아니다. 이러한 의미가 생성되는 것으로서 그리고 내적 지향에 의해 지배되어 생성되는 것으로서 그 필연성에서 이해할 수 있게 하는 그 사실이 외적으로 생성되는 것을 내적으로 규정하는 동기부여다.

그러나 이렇게 이해하는 설명도 더 높은 의미에서의 설명, 즉 선험적 설명에 단지 하위단계일 뿐이다.

여기에 결여된 문제는 우선 진리-이성(가치)의 범주를 도입하는 것이다. 정신 삶(문화 삶)은 자유로운 인간의 삶이다. 이것은 '인간이 자신의 자유를 증명하는 한, 이성의 자율성 속에 살아가는 한, 그는 참으로 자유롭다'고 말할 수 있다. 즉 인간은 다소 간에 비이성(Unvernunft) 속에 그럭저럭 살아가는 반면, 어쨌든 자유의 '능력'을 지닌다. 모든 문화 삶을 관통해 자유를 얻으려 '노력하지' 않으면, 인간이 문화의 '발전'에서 실제적 자유로 발전하지 않으면, 인류의 발전과정은 이성의 발전과정으로 파악될 수 있는가?

인간은 적어도 최소한 이성적으로 활동하며 이때 이성적인 것은 그 자체로서 **목표**로 정립된다는 것, 인간은 이성적이 되려 한다는 것, 인간은 '양심'을 지닌다는 것, 인간은 타인에서 이성을 평가하고 타인은 이성으로 목표를 달성하려 한다는 것 등 이러한 것은 인간으로서 인간의 본질 속에 포함되어 있지 않은가? 인간의 본질에는 공동체 삶 속에 공동체의 이성 삶이라는 이념을 향한 경향이 실행되어야 한다는 끊임없는 동기부여가 포함되어 있지 않은가? 그러므로 모든 문화는 '가치 있는' 문화로서 '참된' 문화를 향한 경향을 내포하지 않는가? 모든 '건강한', 생기 있는 문화의 본질에 속하는 것은 이러한 경향뿐 아니라 희망에 찬 노력함, 접근함, 상승함이 아닌가?[8]

Ⅲ.

실제적이거나 가능한 나의 의식을 지닌 나의 선험적 주관성은 내가 언젠가 의미에 관해 이야기할 수 있을 모든 것을 그 지향성 속에 포함한다. 나에게 의식되지 않고 언젠가 의식될 수 없는 것은 나에게는 무의미한 무(無)다.

1) 각각의 모든 것은 의식을 통해 나에게 존재하는 의미를 지닌다. 실로 내가 지극히 공허한 방식으로 '어떤 것'(etwas)을 말한다면, 그것은 이러한 의미부여를 형성하고 그 자체로 의식 속에 '말소리 어

---

8) 이때 정신과학의 보편성에서 선험철학으로 이행하게 된다.—후설의 주.

떤 것'이라는 의미에 의해 생긴 것 밑에 '어떤 것'이라는 '말의 의미'를 깔아놓는 의식이다. 나에게 참되게 존재하는 것으로 간주되거나 '참으로' 가능하게 존재하거나 개연적으로 존재하는 또는 존재하지 않는 것 등으로 부른다. 또한 그와 같이 '정당하게' 간주될 수 있는 모든 것은 나의 주관성으로부터 ― 여기에서는 이성의 특별한 방식으로 ― 그 특별한 의미를 획득한다.

권리를 부여하는 것 자체, 권리와 불법을 구별하는 것은 나 자신의 의식의 작업수행이다. 내가 '단순히 표상된 것은 여전히 참으로 존재하는 것이 아니다'라고 말한다면, 나는 '표상작용 속에, 실제적이거나 상상에 따른 임의의 생각함(Meinen) 속에 생각된 것 자체가 놓여 있다는 점', '하지만 추정된 것의 참된 존재를 정초함, 증명함이라 하는 어떤 '이성'의 과정 속에서만 추정된 것이 부각된 양상 속에, 곧 '참으로' 또는 '실제로'라는 양상 속에 나에게 주어질 수 있다는 점', '일단 그렇게 증명되면, 나의 태도결정은 '동일한' 추정된 것(나는 추정된 것의 동일성을 회상된 과거의 의견으로 되돌아감으로써 확신할 수 있게 된다)도 다시 정초될 수 있고 정초하는 가운데 또 다시 필연적으로 참으로 존재하는 것(거부해 정초하는 가운데 존재하지 않는 것으로서가 아닌 것)으로 명백하게 밝혀져야 하는 방식으로 습관적으로 결합시킨다는 점'을 지적하는 것이다. 그렇지만 가능성, 개연성, 존재하지 않음 등은 그 근원적 의미를 의식 속에 획득하며, '스스로를 부여함'에서, 정초하며 정초하게 궁극적으로 소임을 받은 의식의 방식에서 획득한다.

어디에서나 나는 의식 속에 스스로를 부여하지 않는 생각함과 스스로를 부여하는 생각함, 즉 참된 것 자체를 포괄하는 생각함의 이러한 독특한 대립을 발견한다. 게다가 이에 속한 대립으로 상대적으로 막연하고 스스로를 부여함에 따라 상대적으로 거리가 먼 생각함과 상대적으로 명확한 생각함의 대립을 발견한다. 또한 [아직] 규정되지 않은―변화하는 단계, 정도에 규정되지 않은―생각함과 규정된(그렇지만 그 때문에 여전히 명확하지 않은) 생각함의 대립을 발견한다. 더 나아가 명확하지 않은 생각함과 개념적 생각함 그리고 개념으로 판단하는 개념적 생각함과 단순히 직관적인 생각함, 직접적 생각함과 추론하는 생각함 등의 대립을 발견한다. 나는 모든 인식활동이 인식하려는 노력을 매개해 진척되며 일관된 인식활동(특히 순수한 이론적 사유작업으로서)은 추정된 대상을 겨냥해서―또는 오히려 막연함, 규정되지 않음, 주어지지 않는 양상으로 의식된 대상을 통해 완전한 명확함의 양상으로, 명확하게, 계속 진행하는 규정에서 '동일한' 대상을 겨냥해서―계속 지배하는 노력을 매개해 진척된다는 사실을 발견한다.

그 대상은 자신의 자체성(Selbstheit)에서 파악하고 모든 측면에 따라 자신을 스스로 부여하며 그렇게 지향된 것으로서 자신의 존재의 진리―이러한 구체적 내용의 존재자로서―를 증명하는 대상 자체다. 그리고 이 존재의 진리 자체는 존재자를 부여하는 의식(명증성)의 테두리 속에 다른 대상들과의 관련―하지만 이 관련은 다시 자신의 추정함의 단계 등을 지닌다―에 대한 출발점을 설명할 수 있으며 규정할 수 있다.

그래서 대상 자체는 모든 측면에서 충족되고 '그 대상'을 확정하면서 부여하는 인식의 지향과 궁극적으로 경험의 지향에 목표로서 기능한다.

인식하는 지향(대상 자체가 존재하는 그대로 그 대상을 겨냥하는 앎)의 목표인 사물의 대상 자체는 언제나 상대적인 것이다. 즉 그때그때 경험하는 지향은 그 대상을 어떤 의미에서 그에 속한 상관적인 동기부여의 상태 속에 생각한다. 이것은 가능한 경험의 범위를 규정하고 이러한 의미의 사물이 완전히 스스로 주어지는 가능성을 규정한다. 그러나 의미를 규정하는 상황을 변경시키는 가운데 이전에 경험했던 상황과 함께 동일한 **사물**에 대한 경험을 통해 종합적으로 일체화시키는 새로운 경험이 가능하다. 그래서 우리는 새로운 사물 '자체'를 지니게 되고, 이것은 '무한히' 계속된다.

일상적 삶의 사물과 상황의 진리에 대해 생각해보자. '절대적' 사물 자체의 이념과 모든 가능한 '관계'를 만족시키는 그 완전한 진리에서 사물의 이념은 결코 실천적 삶을 주도하는 이념이 아니다. '자연적' 인간에게는 어려움이 전혀 없다. 그가 항상 '사물'을 어떤 '관계' 속의 사물로 이해하며 그가 그 **사물**을 알려하면 그 사물을 바로 이렇게 의미를 제한하는 가운데 이에 속한 **상황**의 경험범위 속에 알려고 하기 때문이다. 그렇다면 그는 그가 관통할 수 없는 무한함에 결코 이르지 못한다. 따라서 사물도, 세계도 존재한다. 자연적 인간은 그가 증명하는 가운데 추적할 수 있는 그때그때 경험의 의미 속에 이 모든 것을 경험할 수 있다. 만약 경험의 의미가 변한다면, 바로 새로운 경험의 의미가 현존하며 새로운 경험의 범위도 관통할 수 있는 의식도 작업을 수행한다. 그 의식에는 사물이 그 자체로 존재하듯이 사물 자체를 가능한 모든 '관계'에 따라 인식하고 인식하면서 알려하는 과제를 세우는 일이 머리에 떠오르지 않는다. 그것은 우선 전혀 자명하지 않는데, 이러한 '사물 그 자체'가 어디까지 의미를 지니는지는 인식의 목표일 수 있다.

2) 현상학이 처음부터 실행하듯이, 인식의 목표에 주목해 겨냥하면, 모든 것에 앞선 중대한 **철학적** 과제가 생긴다. 즉 형성되어가는 철학자로서 나는 보편적인 인식을 얻기 위해 노력하는 것이다. 또한 학문에서 보편적인 '최상의' 형식, 게다가 나를 사실적으로 만족시키고 나의 우연적인 사실적 요구에 적합할 뿐 아니라 내가 생각해볼 수

있는 가장 완전한 방식으로 **책임질 수 있는** 인식을 얻으려 노력한다. 이 경우 나는 '내가 생각하는 그대로 생각하며 내가 지니듯이 목표 달성, 인식, 통찰, 스스로를 부여함의 의식을 지닐 뿐 아니라 내가 이것으로써 궁극적으로–생각해낼 수 있는 것에까지 이른다'는 사실을 필증적으로 확신할 것이다. 즉 '나의 길은 필연적인 길이며, 나의 인식하는 행동은 필연적 행동과 목표를 겨냥한 필연적이다'라는 사실을 확신할 것이다. 또한 '나는 그 길의 끝에, 곧 실제로 진정한 길로서 최고로 가능한 길의 최고로 가능하고 유일하게 진정한 목표인 목표에 다가서 있다'는 사실을 필증적으로 확신할 것이다.

그렇지만 내가 인식을 단순히 소박하게 수행하고 인식의 '느낀' 명증성과 방법〔길〕을 끝까지 실행하고 목표를 지녔다고 느낀 만족 속에 살아간다고 해보자. 나는 이러한 관점에서 그 결과를 나에게 어떻게 약속할 수 있는가? 실행하는 가운데 살아가는 것, 어떤 것을 실행하면서 실현하는 것은 주관적 실행 자체를 뜻하지 않는다. 또한 '인식작용이 그것이 기능하는 모든 형태에 따라 어떻게 이루어지는지 이해하는 것을 뜻하지 않는다. 필연적으로 작업수행을 기능하는 것 자체와 수행하는 것이 어떻게 이루어지며, 따라서 규범에 적당한 방식으로 이루어지는지' 그 작업수행에 주목하고 이해하는 것도 뜻하지 않는다. 소박한 인식은 〔이러한 문제를 이해하는 것을〕 만족시키지 못한다. 소박하게 작업하는 학문은 매우 정밀해질 수 있지만, 그럼에도 그 학문은 〔그러한 문제를〕 만족시키지 못하는 것이다.

소박한 인식활동과 이 활동을 지배하는 규범의 정당성에 대한 의지(시종일관된 명증성을 유지하고 방법적 통찰을 구축하기 위해 원리를 장악하는 것만 겨냥한 의지)가 얼마나 만족시키지 못하는지는 보여준다. 한편으로 회의에 대해 또한 선험적 인식 일반의 가능성을 반박하는 것에 언제까지나 도움이 되지 않는다는 것을 보여준다. 다른 한편으로 가장 정밀한 학문의 원리적 근본토대와 관련해 그와 같은 추정적으로 확실하게 된 근본태도를 이용하는 데 해결할 수 없는 모순을 피하기 위해 근본개념과 원리에 관한 결코 중단되지 않는 논쟁이 어쨌든 그 명증성을 결코 충족시키지 않는다는 점을 보여준다. 부분적으로는 논리적 모순이 생기고, 부분적으로는 이제까지 학문의 자명함에 모순되며 동시에 이제까지 학문의 근원적 권리를 더 깊은 해명을 통해 새로운 논제와 타협시킬 수 없는 새로운 종류의 논제(These)가 반드시 필요하다.

그렇다면 인식하면서 작업을 수행하는 의식, 따라서 ─ 단적으로 스스로를 부여함의 명증성, 정초함의 명증성, 필연적이거나 개연적인 결과의 스스로를 부여함, 사유에 맞게 파악된 사태 등에 대해 스스로를 부여함의 명증성으로서 ─ 명증성 자체를 연구하는 길 이외에 모든 인식을 궁극적으로 정당화하는 다른 길 또는 궁극적으로 정당화되는 학문을 구축하는 다른 길이 여기에 존재할 수 있는가?

그러나 '의식' 일반의 두드러진 유형성에 대한 연구인 이러한 연구는 필연적으로 곧 각각의 모든 의식에 대한 그리고 이성의 합법성이 기인하는 구체적으로 완전한 주관성의 모든 합법칙성에 대한 확장된 연구가 된다. 우리는 모든 상관관계(의식, 추정된 것이나 의미, 경험된 것 자체, 일치하는 경험의 양상으로 추정된 대상 등)에 따라 인식 자체의 본질에 속하는 모든 근본개념을 의식 자체에 대한 연구에 입각해 새롭게 길어낸다. 이렇게 함으로써 인식작용과 인식의 작업수행에 대한 학문적 반성 그리고 미리 주어진 모든 세계의 개념에 정당하게 타당한 그 의미를 궁극적으로 해명하고 철저하게 증명하게 하는 것 이외에 달리 처리할 수 있는가? 그럼에도 우리는 명증성을 주시하지 않거나 본질을 고찰하는 체험의 유형인 그 명증성을 가장 순수하게 스스로를 부여함에 입각해 직관적으로 획득한 분석을 하지 않은 채 명증성에 관해 논쟁할 수 없거나 명증성에 대해 주장(명증성의 '감정[9]'에 대한 난센스의 학설처럼)할 수 없다. 그럼에도 우리는 내재(內在)에 대립하고 초재(超在)에 입각해, '그-자체'-의 존재에 따라 의식을 연구하지 않는다. 그와 같은 모든 개념을 이러한 의미가 근원적으로—그런 다음 무조건 규범을 부여하면서—획득될 수 있는 자신의 의미에서 길어내지 않으면, 초재(Transzendenz)에 관해 이야기할 수 없고, 초월적인 것(Transzendentes)의 '그-자체의-존재'의 가능성과 이것에 대한 인식의 가능성에 관해 그 어떤 이성적인 말로 이야기할 수 없을 것이다. 그 자체 속에 근본적으로 포함된, 원리적 근거에 입각해 완결된 모든 **학문**(예컨대 물리적 자연과학, 심리학, 기하학 등과 같이)에 대해 원리적인 것인 인식의 **보편적 형식**과 그 상관관계를 넘어서는 개념도 사정은 마찬가지다.

여기에서 요점은 학문적 '근본토대'가 출발형태(Anfangsgestalt)가 아니라, **이론으로서** 학문의 근본토대의 형식이라는 데 있다. 즉 이론에서 첫 번째이지만 인식에서는 첫 번째가 아닌 이미 최후형태(Endgestalt)라는 사실이다. 그 근본토대는 자신의 정당성을 맨 먼저 스스로 증명해야 한다. 그것이 형성되려면 아직 완전하거나 불완전한데, 그것의 의미가 형성되는 것에 관해 해명되지 않았고 그 의미 자체가 모호하기 때문이다. 어쩌면 그 근본토대를 한정하는 전제 등

---

9) 후설은 『논리연구』 제1권(49~50항)에서 '판단이 참으로 인식되는 명증성은 판단작용에서 우연히 생기는 부수적 감정이나 조건이므로 논리학도 심리학적 명증성의 이론이다'라고 주장하는 심리학주의의 편견에 대해 논리적 명제나 수학적 명제는 명증성의 이념적 조건을 다룰 뿐이라고 비판한다. 즉 다양한 실재적-주관적 판단작용과 이 작용에 의해 통일적으로 구성된 이념적-객관적 판단내용은 혼동될 수 없고, 진리는 경험에 의존하거나 경험으로 정당화되지는 않지만 경험에 대해 보편타당하며, 생성되고 소멸되는 시간적 존재나 실재적 의미를 전혀 지니지 않는다고 반박한다.

을 은폐하고 있는 것이다.

영혼, 시간, 공간, 인과성 등의 의미를 철저하게 해명하는 것처럼 '사물'의 의미를 철저하게 해명하는 것은 '사물' '영혼' '공간' '시간' '인과성' 등과 같은 개념이 구성되는 의식의 일정한 형태로 소급해 이끈다. 그 의미는 대단히 복잡한 스스로를 부여함의 통일체다. 사물로서 추정되고 스스로 주어지는 것은 자신의 의미를, 인식하는 주관의 대단히 복잡한 주관적으로 주어지는 방식과 주관적으로 활동하는 방식 덕분에 스스로를 부여함의 양상에서 자신의 의미를 지닌다. 인식하는 의식으로서 의식은 의식 속에 삽입된 것을 명백히 밝혀주는 '자연의 빛'이 아니다.

또한 지향적 대상의 작업수행 형성물이 그 자체(Selbst) 양상의 결과로 생기고 즉시 완결된 형성물이 아니라 의식 속에 어쩌면 더 이상 동기지어진 작업수행의 무한한 체계를 지시하는 형성물의 결과로 생기는 대단히 복잡한 기능들 ─ 의식의 기능들 ─ 의 체계다. 그러나 그 의식은 존재의 모든 영역에 대해 우연성이 아니라 본질필연성이다. 우리는 이 본질의 필연성을 반성적 연구로 간취하고 이것의 변경할 수 없는 연관을 분석할 때만, 실제적이거나 가능한 인식의 대상성으로서의 세계를 이해하게 된다. 그 대상성의 객관적 존재의 의미를, 현실적 인식작용의 '우연성'에 대립된 그 '그-자체'의 의미를 이해하며, 따라서 절대적 의미에서 세계가 존재할 수 있는 것과 그렇게 부를 수 있는 것을 이해할 수 있는 것이다.

'세계를 계산하는 것'과 '세계를 이해하는 것'의 대립은 학문적으로 인식된 세계와 상상에 가득한, 심정의 욕구를 만족시키는 '형이상학적' 해석의 대립이 아니다. 소박하게 형성되고 그래서 단순히 독단적 학문과 통찰의 궁극적 원천에 입각해 길어내고 그래서 그 자신과 자신이 객관적으로 확정한 의미를 이해하는 진정한 학문의 대립이다.

그렇지만 통찰의 궁극적 원천은 통찰 자체이며, 궁극적 원천에 입각해 인식하고 통찰하는 것은 인식작용 자체를 인식하고 인식된 것을 인식작용 속에 그리고 인식된 것에 놓여 있는 것을 인식된 통찰 속에 인식하는 것을 뜻한다.

오직 그와 같은 학문만 궁극적이며 완벽한, 참으로 정확한 의미에서 학문이다. 그와 같은 학문을 만들어내는 것은 하나의 절대적 철학의 분야로서 모든 가능한 학문의 우주를 개척하고 그 원리론을 통해 이미 진행 중인 학문이 완성된 명확함, 확실성의 형태, 완성된—스스로를 정당화하는—작업수행의 형태를 부여할 수 있게 도와주는 것이다. 즉 요컨대 이미 진행 중인 학문이 제이철학[10]으로 변화되고 모든 철학을 하나의 철학으로 결합하는 통일성을 이해하게끔 정돈할 수 있게 도와주는 것이 그 궁극적 목표인 철학의 과제다.

진정한 학문, 완전하며 모든 측면에서 합리성을 띤 이론적 영역, 즉 인식하는 자가 자신의 권리를 가장 충만하게—생각해볼 수 있는 가장 완전하게—이해해 일어날 수 있는 인식의 단계구조는, 인식하는 자가 자신의 모든 인식의 발걸음을 단지 소박한 인식에서만 수행할 수 있지만 그 주관성 속에 의미를 부여하는 것이 수행되는 방식을 이해하지 못하면, 결코 가능하지 않다. 그 작업수행은 〔한편으로〕 다양하게 변화하고 주관적으로 주어지는 방식과 그 수동성 속에 생기는 통각이, 〔다른 한편으로〕 파악하고 규정하며 이해하는 대체로 그 능동성〔활동성〕의 이론적 작업에서 그 이론의 참된 존재와 진리가 명

---

10) 후설에 따르면, '제일철학'(Erste Philosophie)은 근본적 자기정당화에 근거한 보편적 학문으로서 모든 진정한 인식을 포괄하는 형상적 현상학 또는 보편적 존재론이며, '제이철학'(Zweite Philosophie)은 모든 사실을 포괄하는 학문으로서 제일철학은 제이철학을 방법적으로 정초함으로써 자기 자신으로 소급해 관련된다(『현상학적 심리학』의 부록 「브리태니커 백과사전」 '현상학' 14항을 참조).

증하게 실현되는 것이다.

반복해 말하면, 모든 단계에서 인식은 대단히 복잡하며, 대상성의 모든 영역이나 '범주'에 대해 상이한 수동적 주관성과 능동적 주관성의 작업수행이다. 이 작업수행은 우연적이 아니다. 절대적인 필연적 법칙성에 따라 모든 의미에서 참된 존재와 이러한 존재의 이론은 주체에 생소한 것이 아니라 그 자신에 고유한 것이 된다. 또한 자신의 내재적 작업수행으로서 그 자신에 속하는 것이 분명해진다. 이러한 법칙성을 이해하고 이렇게 이해함으로써 어떤 '자아'(ego)의 산출물을 이렇게 의사소통하는 '자아'를 지닌 모든 타인에 대해 동일한 것으로, 그 자아에 대해 가능한(동등할 뿐 아니라 동일한) 산출물을 인식할 수 있게 하는 그러한 객관성도 이해하게 하는 것은 선험철학의 중대한 과제다.

객관적 인식 — 그런 다음 인식 일반 — 은 인식의 엄청나게 구체적인 장(場)이다. 순수 주관성을 구체적으로 파악할 수 있는 인식의 작업수행의 지극히 다양한 유형성에 관련된 중대한 학과에 대한 하나의 영역이다. 이에 따라 학문적으로 연구되지 않는 한, 또한 우리가 비록 낮은 단계더라도 그것을 보유한 자에게는 자명하게 만족할 수 있는 합리성 — 그럼에도 학문을 플라톤과 같은 정신 속에 상승시킬 수 있게 소임을 받았던 합리성은 아닌 — 을 지녔던 학문 이전의 문화민족의 정교한 기술과 유사한 기술적(技術的) 합리성만 지닌 학문만 지니는 한, 인식은 말의 개념적 사변에 대해 사태에 생소하거나 사태와 거리가 먼 협약에 대한 말과 말의 개념적 영역이다.

학문은 합리적 방법을 통해 학문이다. 아프리오리하든 경험적이든 모든 법칙의 학문은 그 자체로 방법의 논고(Traktat), 모든 경험적인 개별적 인식에 대한 방법의 학문이다.

그러나 방법 일반에 대한 학문, 인식 일반과 가능한 인식의 목표 일반, 즉 모든 종류의 우발적인 것(질료적이거나 우발적인 아프리오리도)을 배제한 모든 아프리오리한 학문이 전개된 교차점으로서 생기는 가능한 인식 일반에 대한 학문인 **제일철학**은 모든 학문과 모든 특별한 아프리오리한 합리적 학문을 넘어선다. '보편수학'(mathesis universalis)은 모든 학문을 넘어서 있다. 이것은 여전히 라이프니츠의 '보편수학'을 훨씬 넘어서 형식적 존재론의 아프리오리가 체계적으로 정돈되어 구축되고 이론 속에 전개되는 하나의 소박한 수학이 아니다. 그 작업수행의 인식작용적(noetisch) 연구와 순수한 주관성 속에 수행된 연구에 이성의 인식대상적(noematisch) 형성물이다. 그래서 의식의 상관자인 수학적인 것을 파악하고 이렇게 함으로써 형식적 보편성 속에 포함된 가능한 질료적이며 개별적인 모든 특수성이 그것의 측면에서는 이 특수성에 상관적으로 상응하며 유형상 본질에 적합하게 제시할 수 있는 주관적 작업수행에 입각해 생기듯이 파악하는 **인식의** 작업수행에 대한 수학이다.

그렇지만 절대적으로 이해할 수 있게 규명된 이러한 최고의, 지극히 순수한 **논리학**(학문적 이성이론과 상관관계에 있는 학문이론)은 순수 주관성의 두드러진 형태 속에서 움직인다. 그러므로 완전한 순수 주관성을 연구해야 한다. 거꾸로 이 순수 주관성에 대한 연구가 구체적 본질직관의 순수함 속에 의식의 모든 주관적 가능성을 추구하면, 필연적으로 이성의 작업수행을 뜻하는 두드러진 가능성이 생긴다. 그래서 주관성에 대한 보편적 학문의 테두리 속에 저절로 그 보편적 학문이론 ── 보편적인 아프리오리한 대상이론과, 또는 특징적으로 나타내면, 보편적 '수학'과 하나가 되어 ── 이 생기는 것이다.

자연과학에 제한된 역사적 영역의 수학이 작업을 수행하는 것은 학문에 작업을 수행하는 것이고, 수학이 실제의 자연을 수학적 다양체 ── 자연 일반에 대한 가능한 형식 ── 의 체계 속에서 정돈하면서 자연과학에서 실제로 자연에 대한 인식을 가능케 하는 것 또한 모든 학문에 작업을 수행하는 것이다. 하지만 그것은 실제로 철학적인 형식에서만 궁극적으로 타당하게 작업이 수행될 수 있다. 그것은 단도직입적으로 수학적이며 재귀적(再歸的)으로 인식론적인 완전한 학문이론의 형식 또는 제일철학의 보편적 형식이다.

그러나 바로 이것은 전통논리학을 해명하고 심화시키려고 애써 노력하는 데서 생긴 현상학이 학문과 인식 일반의 이러한 가장 보편적이고 궁극적인 문제를 그것의 참된 직관적 토대 위에 세우고 이렇게 함으로써 비로소 구체적으로 충만하게 파악한 현상학의 새로운 점이다. 현상학은 최초로 그와 같은 문제를 구체적으로 작업하는 문제로 변화시키는 유일하게 가능한 방식을 지닌다. 그러한 제일철학에 대한 보편적 토대이자—그것에 대해 연구하지 않으면 모든 학문이 소박하게 남아 있을 수밖에 없는—모든 근원에 대한 원천의 영역인 순수한 '자아'(ego)를 명백하게 제시함으로써 그 유일하게 가능한 방식을 실현한다.

보충 논문 6

선험적 주관성에 관한 학문으로의 길에 단계를 구분하는 시도[1]

상이한 길이 선험적 주관성에 대한 학문에 동일하게 필요한 것으로 이끈다.

1) 그 강의[2]에서 시도된 첫 번째 길은 학문에 대한 비판을 통해 동기부여될 수 있는 '인식-윤리적' 양심을 일깨우는 것에서 출발한다. 그 학문은 참으로 학문의 이념에 대해 구성적인 완전한 합리성이 결여되어 있다. 학문의 이론들은 명증성 속에 산출된 형성물이다. 하지만 소박하게 작동하는 명증성은 일관된 평가에서 모순(연속체, 역설 등)으로 이끄는 근본개념과 원리로 이끈다.

이제 '나는 생각한다'(ego cogito)로 이끄는, 올바른 자기이해 속에 선험적 주관성으로 이끄는 근본적으로 새로운 출발의 길인 데카르트적 길을 걸을 수 있다. 첫 번째 경험의 토대 — 현상학적으로 반성하는 자인 나의 경우 근원적으로 지각에 적합한 근원성에서 주어진 토대 — 는 절대적으로 정당화된 인식을 약속한다. 우리는 자연적으로

---

1) 이 글은 1925년 12월에 작성된 것이다.
2) 이 1922/23년 강의 「철학입문」에 관해서는 부록 4의 옮긴이 주 10을 참조할 것.

생긴 그 어떤 학문을 통해 또한 결국 생각해낼 수 있는 모든 학문 일반을 통해 제기될 수 있는—또한 절대적 정당화 자체의 이념을 통해 제기될 수 있는—모든 원리적 의문은 그 의미와 가능성에 따라 이러한 토대에 관련되어야 하는 것을 통찰할 수 있고 그래서 근본적 학문 또는 절대적으로 정당화된 학문이 가능할 수 있다는 사실을 계속해 통찰할 수 있다.

사실상 더 깊게 숙고해보면, 절대적 인식과 학문의 길은 **절대적 인식의 가능성에 대한 절대적 인식**을 간과한다는 점을 알게 된다. 그 길은 이때 비로소 '객관적인' '독단적' 학문을 절대적인 정당화하거나 절대적인 정당화가 완성되어 그 학문을 계속 개조해나갈 수 있다는 점이 즉시 분명해진다. 특히 이 점은 세계에 대한 모든 학문에 적용되지만, 이 학문에 소급해 관련된 형이상학과 다른 한편으로 **규범적 학문**에도 적용된다.

나는 이것을 나중에 다음과 같이 파악한다.

a) 실제적이거나 가능한 선험적 주관성 또는 이 주관성의 실제적이거나 가능한 선험적 경험으로의 환원인 **현상학적 환원**이 요구된다.

b) 선험적 경험에 대한 **필증적 비판**을 해야 한다. 하지만 이 비판은 이러한 선험적 경험의 토대 위에 '현상학'으로서 수립될 수 있는 '논리적' 인식에 대한 비판이기도 하다. 따라서 현상학과 그 인식에 대한 비판을 해야 한다. 이때 현상학적 인식에 대한 필증적 비판은 반복해서 자기 자신으로 소급해 관련된다는 사실이 밝혀진다. 그래서 이러한 사실이 진정한 제일철학(즉 우선 '소박한' 현상학과 가장 근본적인 인식비판으로서 이 현상학에 관련된 필증적 비판)을 형성한다.

2) 두 번째 길을 나는 **신화적·실천적 세계관**(Weltanschauung)과 **이론적 관심의 세계관**을 대조하는 데서 출발하는 것으로 구상했다. 본래의 출발점은 이론적 관심의 세계관의 관점에 놓여 있다. 그 출발점은

순수한 이론적 경험과 인식을 수립하는 것이고, 자율적 문화, 공동체 삶과 공동체의 작업수행이 냉정한 '이성' — 속견(doxa)의 이성[3]이 주도하는 가운데 — 이 성장하는 '냉정한' 세계관을 수립하는 것이다. 그렇다면 나는 '순수한 이론적' 경험의 세계를 고찰하려 할 것이다. 그 세계는 존재하는 것으로, 경험의 흐름 속에 동일하게 일치해 관철되는 것으로 스스로를 부여한다. 내가 경험을 진지하게 경험된 것의 순수한 동일성에서, 따라서 순수한 일치함에서 계속해 구상할 때, 경험세계에 속하는 것을 분명하게 이해하려 한다. 그래서 경험과 경험세계에 관해 숙고하고, 경험세계가 보여주고 그런 다음 — 자유로운 변경(freie Variation) 속에 형상적으로 변화되는 가운데 — 필연적으로 불변하는 체계로서 보여주어야 할 보편적 구조를 추구한다.

이러한 일은 세계에 대한 가능한 학문을 체계적으로 분배할 것이다. 그렇다면 이러한 연구에서 내 사유의 처리방식에 논리학은 사정이 어떠한가?

자연의 구조를 밝히는 가운데 나는 자연이 우선 주관적 주어짐 속에 주어진다는 사실에 이른다. 나는 경험된 것의 동일성을 추구하고 주관적인 것을 배제해야 하지만, 어쨌든 어떤 방식으로든 기술해야 한다. 그렇다면 기술하는 일은 단순히 주관적인 것 모두와 같이 심리학 속에 함께 들어온다.

나는 존재론적으로 직관적(감성적) 자연과 이 자연이 경험된(지각된) 것으로서 필연적으로 지니는 보편적 구조에 도달했다. 이와 상관적으로 나는 단지 주관적인 것, '심리학적인 것'과 얽힌 것을 즉시 보게 된다. 그래서 나는 한편으로 존재론적 구조를, 다른 한편으로 경

---

3) 후설에서 '[주관적]속견'(doxa)과 '객관적 인식'(episteme)의 관계가 전통철학과 근본적으로 다른 점에 관해서는 본문 42항의 옮긴이 주 5를 참조할 것.

험적 삶의 자연인 나타나는 자연과 주관적 삶 자체의 본질적 연관을 획득한다. 그렇지만 이때 나는 신체성과 영혼적인 것(Seelisches)을 존재론적으로 또한 주관적 관점에서, 즉 주관적인 것이 '나타나는' 한에서, 연구해야 하며, 타자의 주관적인 것도 감정이입을 통해 연구해야 한다. 그래서 나는 보편적으로 기술하고, '기술적(記述的)' 학문을 가능케 하는 본질적 구조를 획득한다.

나는 더 나아가 정상적이든 비정상적이든 기술 또는 세계의 상대주의의 문제와 시간 공간적 연장을 수학화하는 이념화의 문제 그리고 진리 그 자체에 대한 정밀한 규정의 문제에 직면한다.

나는 어떤 위치에서 자연에 적합하게 논리학에 이르게 되는가?

나의 성찰은 사유하는 가운데, 나의 생각 또는 사유의 행위, 의문스러운 목표와 방법을 진술해 기술하는 가운데, 철학적 주체가 스스로를 표명하는 것인 기능하는 사유작용으로서 일어난다. 이제 나는—경험세계의 구조에 관한 반성과 더불어 시작하는—출발에 앞서 필연적으로 다른 출발을 해야 한다. 그 출발은 인식과 학문의 목적, 내가 자연적 이해에서 나에게 세운 규범에 관한 보편적 성찰이다. 이러한 출발에 의해 나는 나 자신을 성찰한다. 무엇보다 통찰, 명증성, 명증성에 대한 비판을 성찰한다. 판단하는 삶이 어떻게 인식하는 삶이 될 수 있고 그 자체로 정당화되는지를 나에게 이해시킨다.

이것이 학문성(Wissenschaftlichkeit)에 대해 규범이 되어야 하고 무엇보다 나에 대해 주도하는 규범이 되는 한, 나는 나 자신에게 '나 자신이 이러한 성찰에서 확인한 것은 나의 규범에 상응하며, 그 성찰이 잘 되는 한, 학문성의 성격을 지닌다'고 말해야 한다. 왜냐하면 그것은 보편성에서 규정되지 않았든 또는 함께 문제가 되는 가능성을 간과해서든 충분하지 않고, 따라서 내가 계속 처리해가면서 많은 것을 보충하거나 변경시켜야 한다는 사실이 배제되지 않았기 때문이다.

따라서 이러한 출입구와 더불어 이미 순수한 형식적 논리학은 그 이념이 처음부터 구성하는 생성 속에 있는 방식으로 구축된다. 그래서 이제 나는 그 가능성과 이를 실현하는 것에 따라 '철학'을 숙고하기 위해 실로 '성찰'을 한다. 따라서 이것이 내가 이러한 출발부분을 실제로 논리학의 출발로서 확장하고 이 부분에서 학문으로서 논리학의 이념을 구상해야 한다고 말하는 것은 아니다.

그러나 이 두 번째 길의 경우 이 첫 번째 성찰에 곧바로 연결하거나 첫 번째 성찰을 단절 없이 계속 실행해 논리학의 이념을 명백하게 소개하고 학문 —실행되어야 할 제일의 학문— 으로서 논리학이 제 길을 걸을 우리의 권리를 인정하는 것이 아마 가장 올바른 일일 것이다. 그래서 이렇게 하는 것을 허용하기 위해 나는 —나에게 타당한 것으로서 그 어떤 대상에 관한 주장인— 술어적 진술, 명증성, 필증성 등을 이렇게 성찰하는 가운데 나의 방법적 행동을 반성해야 한다. 또한 이렇게 성찰하면서 확인한 것이 방법상 그 자체로 내가 그렇게 확인한 것에서 구상한 규범에 상응하는지 확신해야 한다. 이것이 순수한 명증성을 얻으려 노력하는 가운데 양심적 성찰에 근거한 학문성에 대한 최초의 시도라도, 어쨌든 그 시도는 이제야말로 나에게 학문적인 것으로 간주된다. 따라서 이것을 입증하는 반성 이후에 나의 처리절차 자체는 학문적인 것으로 증명되고 나에게 타당한 것으로 증명된다.

그래서 나는 계속 진행해가면서 판단의 개념을 세분화하는 새로운 개념을 도입해야 한다. 규정하는 판단과 존재의 판단 또는 진리의 판단을 구별하고, 확실성에 관해 양상의 변화와 근원적 양상을 구별해야 한다. 그러기 위해 판단과 그 양상들의 형식론을 구상하는 것으로 넘어가야 할 것이다.

인식작용(noetisch)의 관점에서 미리 나는 판단하는 사유작용 속에 혼란됨과 명석함을 구별해야 하고, 판명함[4] 속에 있는 특별한 명증성을 명백히 밝혀야 할 것이다. 이 명증성을 통해 판단은 판단하는 진술에서 의미의 통일체로서 — 게다가 판명함 속에 동일하게 확인될 수 있고 스스로 주어진 것이 되는 판단 자체로서 — 파악된다. 그렇다면 학문적 형식론이 겨냥하는 것은 바로 이것이며, 따라서 그 영역은 필증적 명증성을 통해 주어진다.

그렇다면 더 나아가 무모순성 논리 또는 귀결논리의 근본개념으로 넘어가야 하고, 그것은 그 자체로 그 길을 미리 지시해야 한다.[5]

형식적 '수학'(Mathesis)이라는 이념의 발전은 의미의 순수한 형식론을 넘어서 무모순성 논리로서 특수한 분석론(Analytik)[6]으로 이끈다. 형식적 진리논리의 길은 여기에서 나아간다. 그런데 여기에서 가능한 대상과의 관계가 즉시 문제가 될 것이다. 이것에 의해 비로소 그에 상응하는 개체성의 형식적 법칙과 더불어 개별적 대상 일반으로 궁극적으로 소급해 이끄는 형식적 존재론의 참된 이념이 일어난다. 예를 들어 모든 대상은 시간의 대상(Zeitgegenstand)이며, 모든 대

---

4) '명석함'과 '판명함'의 차이, 그리고 '혼란됨' 가운데 '애매함'과 '모호함'의 차이에 관해서는 본문 31항의 옮긴이 주21을 참조할 것.

5) 후설은 특히 『형식논리학과 선험논리학』에서 논리학을 '가능한 학문 일반의 본질적 조건'을 다루는 '순수한 보편적 학문이론(Wissenschaftstheorie, Wissenschaftslehre)'으로 규정한다. 이때 학문이론이 대상의 존재, 의미와 진리, 명증성으로 구성되기 때문에 형식논리학을 형식적 진술논리와 형식적 존재론으로 나누고, 전자를 다시 ① 판단의 순수 형식론 또는 순수 논리적 문법론(Grammatik), ② 귀결논리 또는 무모순성 논리, ③ 진리논리의 세 단계로 나눈다. 그렇지만 이것들만으로는 주관성이 해명되지 않았기 때문에 보편적 학문이론이 될 수 없다. 바로 이것을 해명하는 것이 선험논리학이다.

6) 아리스토텔레스는 학문을 이론에 관한 것, 실천에 관한 것, 창작(poiesis)에 관한 것 그리고 이 학과들을 연구하는 데 필요한 예비학과로 구분했다. 그는 이 예비학과를 '분석론'(analytike)이라 불렀는데, 그가 죽은 뒤 페리파토스학파와 스토아학파가 이에 관한 문제로 논쟁하면서 '논리학'이라 부르기 시작했다.

상은 실질적 본질의 '구체적 개체'(tode ti) 등이다.

마찬가지로 당연히 이에 상응하는 인식작용에 대한 학문(Noetik)이 있다.

그럼에도 이것으로 아직 끝은 아니다. '형식상' 개별적이며 궁극적으로 가능한 대상으로 넘어가기 전에, 나는 이미 물건, 가치, 재산의 차이에 도달했다. 형식논리학은 판단명제(기체명제, 술어명제)의 논리였다. 만약 판단명제 대신 가치명제와 소원명제 또는 의지명제를 취하면, 이와 평행해 (확장된 의미에서) 진리의 개념이 생긴다. 즉 (진리논리로서 판단논리를 겨냥하는) 판단의 진리, 가치의 진리, 실천적 진리의 개념이 생긴다. 이 새로운 부류의 명제의 형식론은 필연적으로 그에 상응해 ─ 그에 상응하는 '진리'의 가능성에 대한 조건과 더불어 ─ 가치, 소원, 의지 속의 귀결논리와 유사하다. 다른 모든 진리는 판단의 진리로서 인식에서 술어로 표현되어야 한다.

따라서 형식논리학은 논리학 ─ 게다가 형식논리학뿐 아니라 가치명제나 가치진리 등의 논리학 ─ 에 의해 확장된다. 판단논리의 관점에서 가치영역과 의지영역으로 들어가는 명제들이 '질료적' 특수화이기 때문에, 그것은 어떤 방식으로 축소된다. 다른 한편 이미 판단작용은 판단하는 주관성을 소급해 지시한다. 이 주관성이 동일한 보편성에서 동시에 가치를 평가하는 주관성과 갈망하고-욕구하는 주관성일 수 있다는 점을 고려하면 새로운 영역의 형식적인 것은 [판단논리의 형식적인 것과] 마찬가지로 중대한 보편성을 지닌다. 형식적인 것이라는 개념은 형식논리학이라는 개념과 같이 필연적으로 확장된다.

그런데 형식논리학의 가장 보편적인 것에서 형식상 미리 지시된 특수한 것으로 넘어가면, 판단의 기체 ─ 존재하는 어떤 것(Seins-Etwas) ─ 로서 어떤 것의 형식적 이념은 가치가 있는 어떤 것 또는 가치 일반, 선(善) 일반, 목적 일반 등의 형식적 이념과 마찬가지로 세분화된다. '아프리오리하게' 미리 지시된 형식적 기초지음(Fundierung)에 상응해 우리는 개별적인 어떤 것, 가치 이전의, 따라서 실천 이전의, 즉 사건(Sache)이라 부를 수 있는 궁극적인 형식적인 것(가치에서 벗어난 존재이지만 여전히 형식적 보편성에서의 자연)에 이르게 된다. 또한 이러한 것을 단순한 명제가 아니라 참으로 존재하는 것, 우선 형상적 존재의 가능성(형상적 단일성)으로 받아들이면, 단순한 자연으로서 개체성의 형식논리학에 이르게 된다.

실증성에서 보면, '보편수학'(mathesis universalis)[7] ─ 가치론적이며 실천적인 형식적-수학적인 것으로 확장된, 따라서 단순한 의미에서 어떤 것 일반에 대한 학문 ─ 을 떠난 다음에 우리는 그 세계를 미리 부여했다. 그 세계 속에서 세속적인 가치 이전의 것을 단순한, 즉 물리적 자연으로, 형상적 태도에서는 가능한 자연 일반으로 해체함으로써 발견할 수 있게 되었다.

다른 모든 진리는 동시에 인식의 주제(존재논리의 진리 그 자체만으로도 마찬가지로)일 수 있기 때문에, 사실에 대한 학문적 논리학뿐 아니라 실재적 가치와 목적(새로운 의미에서 형식적인)의 논리학도 존재한다. 또는 실재적 존재 일반과 술어적 존재진리(판단의 정합성) 일반의 형식적인 것에 대한 형식적인 아프리오리한 학문뿐 아니라 실재적 가치 일반 또는 가치존재 일반의 형식적인 것에 대한 그리고 가치진리 일반 등 ─ 또한 인식작용적-인식대상적(noetisch-

---

7) 데카르트의 보편수학은 해석기하학을 발전시키면서 생각한 산술, 기하학, 천문학, 음악학, 광학, 기계학 등을 포괄하는 수학의 통합과학이다. 그리고 라이프니츠의 보편수학은 이것을 넘어 논리학과 대수학까지 포괄하는 모든 형식과학에 대한 학문을 뜻한다. 반면 후설은 이것을 발전시켜 학문이론으로서의 논리학을 완성하고자 한다.

noematisch)으로 — 에 대한 형식적인 아프리오리한 학문도 존재한다.

그러지만 이때 그밖에 무엇이 있는가? 인격적 **공동체**에 속하는 아프리오리(Apriori)는 부분적으로는 단순한 사실의 아프리오리[8]다. 또한 부분적으로는 목표를 설정하고 가치 있는 형성물, 가령 개별적 인간과 공동체 자체의 확실한 삶의 형태를 만들어내는 — 또는 더 높은 의미에서 절대적으로 만들어내야 할 — 아프리오리다.[9]

그래서 궁극적으로 윤리적 인류(Menschheit)의 논리학은 문화형태의 논리학 또는 문화학의 논리학, 자신의 단계와 자신의 산출물과 자신이 산출한 삶의 단계에서 진정한 인간성(Menschentum)으로 발전하는 논리학이다.

일치하는 경험과 (로고스 속에서) 경험된 존재의 아프리오리에는 높은 단계에서 일치하는 가치평가와 행위의 아프리오리가 상응한다. 이 아프리오리는 사실적으로 여기저기에 가치의 규범, 윤리적 규범에 상응하는 사실로서 주어진 세계의 아프리오리가 아니다. 진정한 인간 삶 속에, 진정함을 통해 고양된 공동체 속에 살려하고 그렇게 일깨워져야 할 이상적 세계의 아프리오리다.

그렇다면 기술학(Kunstlehre)은 인간의 가치, 재산, 절대적 목표, 의무, 권리에 대한 '이론적' 학문과 어떻게 관계하는가?

인류와 인간 문화의 '논리학' 또는 정신과학[인문과학]에 속하는

---

8) 객관적 사실로서 인간과 동물은 아마 우선 인격적 고찰로 이끌어가지만, 그럼에도 이때 지향적 삶과 그래서 지향적 심리학으로 소급해 이끈다. 바로 이 지향적 심리학에 대한 논의는 여기에서 간과되었다. — 후설의 주.

9) 그러나 여기에서 이제 해체가 착수되어야 한다. 그것은 자연과 자연화(自然化)된 정신 — 다른 한편으로 '사건'(Sache)으로서 인격적 정신 등 — 그런 다음 '정신적' 또는 인격적 영역에서 규범화할 수 있는 것 — 규범을 형성하는 것과 특별한 규범적 학문 — 을 해체하는 것이다. — 후설의 주.

논리학을 획득한 다음에 여전히 아프리오리한 학문이 남아있는지 심문해야 한다. 거기에서 여전히 문제가 되는 것은 '형이상학'일 것이다. 사실로서 존재하듯이 세계는 다음과 같다. '인간은 세계 속에 상대적으로 가치 있는 삶을 살아갈 수 있다. 즉 문화를 산출할 수 있는 것이다. 또한 인간은 항상 개별적으로나 공동체에서 상승해가면서 가치의 목표를 수립하며 이성을 지닌 인류가 될 수 있다. 이와 상관적으로 스스로 더 아름답고 더 좋은 세계를 형성할 수 있을 의미의 열린 지평 속에 살아나갈 수 있다. 그러나 세계의 존재는 이미 사실로서 목적론(Teleologie)[10]을 포함한다. 세계는 '그 자체로' 참으로 존재한다. 자연과학의 주제다. 이것은 필연적으로 세계가 존재할 필요가 없다는 것이 아니라, '그 자체의 진리'(An-sich-Wahrheit) 없이 대략적인 세계가 존재할 수도 있다는 것이다.

그렇지만 아직 완전히 다르다. 모든 인간은 개별적으로 자신을 향한 절대적 당위(當爲)에 지배되고, 공동체 속의 인간도 또다시 그렇다. 이러한 절대적 당위는 가치와 관련되어 있으며, 인간은 그가 이 가치에 따를 때 만족하게 된다. 그러나 세계는 절대적 당위를 충족시키는 데 관심을 두지 않는 무의미한 세계가 아니다. 개별적으로 절대적 당위의 많은 목적이 달성되지 않았더라도, 그럼에도 삶은 전체적으로 그 삶이 절대적 선(善) 속에 완성될 수 있게 조성되어 있다. 어

---

10) 후설의 목적론은 아리스토텔레스와 같이 모든 실체의 변화가 정해지도록 순수 형상을 미리 설정하지도, 헤겔과 같이 의식의 변증법적 자기발전을 통해 파악한 절대 정신을 드러내지도 않는다. 그것은 모든 정상인에게 동일하게 기능하는 '이성'과 '신체'를 근거삼아 '사태 그 자체로' 부단히 되돌아가 경험의 지향적 지평구조를 해명할(미시적 방향) 뿐만 아니라, 이 경험이 발생하는 원천인 선험적 주관성이 구성되는 역사성으로 되돌아가 물음으로써 궁극적인 자기이해와 세계이해를 통해 인간성의 이념을 완성하려는(거시적 방향) 이중의 방향으로 전개된다.

떠한 맹목적 운명 ─ 어떠한 신 ─도 세계를 '지배하지' 않는다. 세계는 절대적 목표, 가치를 얻으려 '노력하며', 인간의 마음속에 이것들을 얻을 길을 마련하려 한다. 인간은 자신의 자유로 신의 세계를 ─ 물론 최고의 〔깨어 있는〕 의식성과 의지력에서 그러한 것을 얻으려 노력하는 데 동기를 부여해야 하고 그런 일을 할 수 있는 신의 은총을 통해서만 ─ 실현할 수 있을 것이다.

실증과학에 대한 비판을 통한 선험적 현상학에 이르는 길.『이념들』제1권의 데카르트적 길 그리고 미리 주어진 생활세계의 문제[1]

Ⅰ.

궁극적으로 타당한 존재.[2]

1) 학문 ──'객관적으로 타당한' 판단 ──에 이르는 길. 실증과학에 대한 비판을 통한 선험적 현상학에 이르는 길.

2) 선험적 태도로 직접 갈아탐, 데카르트적 길,『이념들』[제1권]의 길.

a) 자연적 태도에서 나의 의식 삶 속에 나에 대해 존재하는 세계가 어떻게 나에게 실재성의 전체로서 타당하게 되는지에 대해 반성해 보자. 경험을 통해 미리 주어진 것으로서 세계는 나의 인간적 세계의

---

1) 이 글은 1924년에서 1930년 사이에 작성된 것으로 추정된다.

2) 출발점이 가능한 보편학문, 게다가 궁극적으로 타당한 보편적 진리를 정초하고 책임을 지는 진정한 의미에서 철학의 문제라면, 이때 이러한 주도적 이념에는 이러한 이념에 대한 믿음이나 궁극적으로 타당한 존재나 궁극적으로 타당한 진리 ──우선 실증적 진리 ──에 대한 믿음 또는 이와 상관적으로 세계의 절대적 존재에 대한 믿음이 놓여 있다. ──후설의 주.

삶을 형성하는 모든 세계의 활동에서 이미 전제되어 있다. 깨어 있는 자아인 나를 관통해 흐르는 세계에 대한 경험에서 세계는 완전히 확실한 것, 의심할 여지 없이 존재한다. 따라서 세계는 개별적 의문, 의심, 말소, 대체로 반성 없이 언제나 다시 수립되는 일치함 속에서 의식된다. 경험 전체는 자기 자신을 바로잡기 때문에 연속적 의식 속에 존재하는 세계는 확실하게 나에 대해 끊임없이 현존한다.

b) 나에 대해 존재하거나 경험에 입각해 나에게 타당한 세계는 객관적으로 나와 동일한, 따라서 경험하면서-인식하는 자이며 그 경험작용과 인식작용에서 내가 인식하는 동일한 세계를 인식하는 타인—실제로 경험되거나 실제로 경험될 수 있는 것으로 예측되는—을 포함하는 세계다. 나는 세계를 인식하는 자로서 그 모든 것을 인식한다. 바로 내가 타인을 인식하면서 타인의 개방된 전체성, 타인의 인식작용과 타인이 이 속에서 세계로서 인식하는(무엇보다 경험하는) 것을 인식한다는 사실을 통해 세계의 객관성을 인식한다.

c) 세계에 대한 경험은 근본 층(層)에서 나에게 감성적 경험이다. 나의 경험—나의 직접적 경험과 모든 방식에서 간접적 경험—에 입각한 시간-공간적 세계와 모든 시간-공간적인 것인 세계 자체는 적어도 근본 층에 따라 자연, 즉 '연장실체'(res extensa)의 우주다. 모든 실재적인 것 역시 그것이 적어도 자연이든 또는 그 무엇이든 간에—그밖에 인간의 인격, 인간의 인격공동체, 예술작품, 도구, 언어, 도덕, 국가, 교회 등을 뜻해도—'연장실체' 속에서 기초지어진 것이다. 세계 속에 존재하는 것, 시간공간적 위치를 통해 개별화된 실재적인 것은 오직 물체성(Körperlichkeit)을 통해서만 존재한다. 물체적이 아닌 모든 규정은 본래 장소성(Lokalität)을 지니는 것을 통해 그렇게 장소가 정해진다.

d) 데카르트[논의]의 단편은 다음과 같이 감성적 경험, 물체성의

경험에 대한 비판이다. 세계에 존재하는 것으로서 실재적인 것 자체에 대한 경험은 실로 감성적 경험의 근본 층에 의해 예견된다. 즉 계속된 경험을 통해 충족되어야 할 선취(先取)를 통해서만 존재자를 스스로 부여하는 것이다. 하지만 충족되지 않을 가능성은 항상 열려 있다. 일치해 흘러가는 경험에서 존재자가 부여하는 사실적인 의문의 여지 없음은 경험된 것이 존재하지 않음을 배제하지 않는다. 일치함을 (유한한 구간에서) 스스로 확증하는 것은 궁극적으로 타당한 실제성을 확증하는 것이 아니다. 그렇지만 이것으로써 물체적인 그래서 대체로 실재적인 모든 **개별적** 존재가 그것이 실제로 존재하는 데 이른바 통지해줄 수 있는 존재가 되는 것이 아니다. 세계 자체의 실제성, 즉 끊임없이 확실하게 미리 타당한 존재의 **총체성**은 통지해줄 수 있는 실제성이 되는 것처럼 보인다. 세계는 의심 '할 만한 것'이 되며, 세계의 궁극적으로 타당한 존재가 의문시되어야 한다.

　이것은 이러한 과정에서 우선 자연의 측면과 자연을 스스로 부여하는 감성적 경험의 측면에서 일어난다. 그러나 세계는 단순한 자연으로 경험되지 않는다. 경험의 세계를 객관적으로 타당한 인식으로 이끌려는 학문은 단순한 자연과학이 아니다. 경험은 우리에게 인간으로서 탐구하는 자인 우리 자신을 알려준다. 또한 다양한 유형의 차이가 있는데도 우리와 동등한 일반적 인간과 게다가 우리와 더욱더 멀리 떨어져 있지만 유사한 것으로서 ─ 더 높거나 낮은 그 동물 종(種)의 등급에서 ─ 동물의 세계를 우리에게 알려준다. 이 경우 다양한 방식과 형식의 인간 공동체의 실제성 ─ 마찬가지로 동물 공동체와 그 속에 지배하는 구성원(단일적 인간과 그룹 등)의 결합방식이나 관련방식 ─ 도 세계에서 경험되며, 우리에게 모두 공통적이다. 다른 한편 보편적 경험은 '문화'라는 명칭으로 다루는 공통적으로 우리에게 타당한 우리 세계의 존립요소뿐 아니라 인간이나 동물로부터 우리 모두에게 공통적으로 현존하는 징표로서 '정신적' 특성을 그 자체로 지니는 그 밖의 실재성을 우리에게 알려준다. 그 실재성의 관점에서는 어쨌든 경험하는 가운데 즉시 정신성(Geistigkeit)이 미개인의 발자국, 주거지 등과 같은 문화형성물의 방식에 표현되지 않는 그 밖의 물리적 사물에서의 모든 징표가 그러하다.

이른바 정신과학뿐 아니라 상이한 단계질서의 사회성과 인격성 그리고 그 객관적-세계에 작업수행의 형성물에 대한 학문과 같은 인간학과 동물학은 경험세계의 단순히 자연적이지 않은 이러한 모든 객체에 몰두한다. 개별주관적 경험이나 상호주관적 경험의 대상인 이 객체는 그때그때 자신의 경험의 의미와 더불어 우리에게 단순히 현존한다. 그러나 그 객체에 관해서도 또는 그 객체가 우리에게 공통적으로 타당한 세계에 융합되는 초자연적 징표에 관해서도 경험은 언제나 추정적이다. 모든 존재자를 충족시키기 위해 겨냥하고, 따라서 착각으로 명백하게 밝혀지는 존재타당성을 상실할 수도 있다.

그러므로 감성 — 비록 이것이 실로 충족되었더라도 — 의 측면에서뿐 아니라 자신의 완전한 객관성을 요구하는 경험의 의미에서 세계는 그 존재(Sein)와 그렇게 존재함(Sosein)에 관해 의심할 만하다. 세계에 대한 학문이 토대가 있어야 하고 단순히 소박한 어떤 경험의 토대를 지녀야 하는 게 아니라면, 세계는 의문시되어야 한다.

이것은 경험을 보편적으로 비판하거나 명목상 나에게 실제로 존재하는 어떤 세계가 미리 주어지게 될 보편적 경험을 비판하는 과제다. 즉 그 세계는 내가 진리를 얻으려 노력한다면, 학자로서 내가 그 총체성에서든 그 영역의 어떤 것에 따라서든 '바로 그' 세계, 실제성을 인식하는 과제를 나에게 세운다면, 나에게 존재하는 세계다. 예를 들어 그 영역은 (어쨌든 이미 모든 정신성이 추상된 그 상대적 구체화나 이러한 세계의 형식으로서 세계의 공간이나 시간에 추상적인 구체화에서) 미리 존재하는 그것의 추상적이거나 구체적인 영역이다.

세계에 관련된 일상적 의미에서 학문 또는 오히려 학자는 자신이 논리적으로 작업을 수행하는 이성을 단순히 '스스로 신뢰하는' 가운데 살아가지 않는다. 그 이전에 이미 자신의 경험인 그 경험의 논리 이전의(vorlogisch) 이성인 경험하는 인식능력을 스스로 신뢰하는 가운데 살아간다. 개별적 경험 속에 비판하면서 가상의 경험을 배제하는 데 유의해 학자는 그 작업수행에 입각해 의심할 여지 없는 실제적 세계에 그에게(그에게 타당한 것으로서 그에게) 생기는 보편적인 상호주관적 경험이, 그것이 경과하는 가운데 어떤 구조의 양식을, 어떤 방식의 일치함을 그 자체 속에 지녀야 한다는 사실을 끊임없이 신뢰한다. 이때 이 상호주관적 경험은 개별적으로 일어나는 가상을 인정하지 않은 채 어쨌든 어떤 실제적 세계, 즉 실제적 경험의 세계가 우리에게 존재하고 일치하게 생각되고 확증된 의미로서 우리에게 타당하다. 아무튼 그때그때 사실적 경험을 그 유한함에서 스스로를 제시하게 하는 것이다. 또한 그 존재타당성(단순히 그렇게 존재함의 타당성이 아니라)을 확증하면서 확증하는 것 속에 있지 않은 것으로 하여금 어떤 방식의 일치함을 그 자체 속에 지녀야 한다고 끊임없이 요구한다. 그것은 이념적 일치함의 세계, 실제로 이미 주어지지 않고 확실하게 되지 않은 일치함의 세계, 방법을 통해 접근할 수 있는 정당하게 추정된 일치함의 세계다.

따라서 실증과학 — 보편학문과 개별학문 — 을 근본적으로 정초하는 과제에서 경험을 근본적으로 비판하는 과제, 즉 존재하는 세계를 전제하는 대신 의문시하고 이렇게 추정된 존재를 맨 밑에서 구성하는 경험을 주제로 삼는 것이 그 의미에 속하는 과제로 이행되어야 한다는 사실은 분명하다. 그렇지만 바로 이렇게 함으로써 **경험하는 주관성으로서 주관성** — 경험을 통해 지속하는 세계의 존재를 그 자신 속에 타당하게 이끄는 주관성 — 이 주제가 되는데, 주관성이 세계 속에, 따라서 인간적으로 존재하는 것으로 받아들여질 수 없는 방식으로 주제가 된다.

계속된 결과 이러한 주관성 — 인간적–세계의 주관성과 구별된 '선험적' 주관성 — 은 가령 단순히 경험하는 주관성이 아니다. 그것은 그 자체 속에 존재하는 본질로서 구체적으로 탐구해야 한다. 따라서 실증과학과 실증성 속에 태도를 유지하는 모든 철학에 대한 비판은 선험적 학문을 필연적으로 정초하는 데로 이끈다. 그렇다면 선험적 학문을 완전히 실행하는 가운데 선험적 학문과 오직 이 선험적 학문만 진정한 학문이라는 사실, 선험적 학문이 존재지 전체에 대한 학문인 유일하게 가능한 보편학문(또는 총체적 학문)이라는 사실이 분명해진다. 이것은 세계가 현존한다(Vorhandenheit)는 자연적인 최초의 존재개념은 단순히 상대적인 존재개념이 된다는 것을 뜻한다. 실증과학이 — 실증과학의 기초는 선험적 기초로서 놓여야하며 그 결과 실증과학 자체가 실증과학을 완전히 침투하는 선험적 의미규정과 방법에서만 진정한 학문이 된다는 사실을 통해 — 그 학문적 성격에서 상대화되듯이, 실증성의 왕국인 세계는 우리에 대한 존재자인 절대적 존재자의 절대적 존재의 왕국으로서 선험적 주관성이 의미를 형성한 것이 된다.

『이념들』[제1권]에 박혀 있는 길에 대해 살펴보자. 그러나 우리는 '감성'이 의심스럽게 되는 것과 일반적으로 세계에 대한 경험 — 자연과 따라서 세계가 그 본질적 근본 층에서 우리에 대해 존재하는 것으로 타당하게 되는 세계에 대한 경험 — 이 의심스럽게 되는 것 또는 세계의 타당성을 그렇게 확실하게(우선 인간의 삶과 실증과학에 속하는 감성에 근거해) 수용한 것이 의심스럽게 되는 것을 방금 전에 미리 지시된 것과는 다른 방식으로 활용할 수 있다. 이 방식은 경험의 감성에 대해 실행할 있는 비판의 목적과 그래서 경험을 비판해(계속된 결과 일반적으로 이성을 비판해) 실증과학을 실제로 근본적으로 정초된 학문으로 개조하려는 목적이 아니다. 존재자에 대한 자연적인 소박한 개념뿐 아니라 언제나 여전히 학문에 대한 자연적인 소박한 개념도 근본적으로 변형시키는 이러한 길을 가는 대신, 우리는 바로 이러한 과제를 완전히 제외시킬 수 있다. 따라서 그 관심은 실증과학과 경험세계의 존재에 궁극적인 정당성을 심문하거나 세계에 대한 보편적 학문 일반을 정초하는 것이 아닐 것이다.

오히려 선험적 주관성으로 다음과 같이 즉시 넘어갈 수 있다.

우리는 미리 주어진 세계가 명증하게 된 불확실함을 여기에서 사용할 수 있다. 우리는 이러한 의미에서 불확실함을 그 이후 굳게 의문시해 존재함이나 존재하지 않음에 대한 태도를 취하는 모든 것을 억제한다. 즉 실증과학의 태도와 이른바 학문 이외의 영역에 실증적 삶의 태도에 반해 명증하게 가능한 대립된 태도를 받아들인다. 세계의 존재함이나 존재하지 않음 또는 우리가 항상 세계를 유지하는 존재타당성의 우주인 세계에 관해 모든 정립을 억제한다. 물론 처음부터 이렇게 보편적으로 억제할 수 있었다. 하지만 이때 선험적 주관성이 우리에게 부각될 것이다. 이 주관성은 그 경험의 작업수행과 인식의 작업수행에 입각해 존재하는 세계다. 결국 우리에게 존재하는 그 주관성을 학문적으로 규정하는 것 속의 세계이며, 우리 인간의 자기 자신 (Selbst)의 세계인 것이다. 이때 자기 자신의 세계는 세계 안에서, 따라서 시간-공간적으로 존재하지만 실로 그 주관성이 이제 자기 자체인 것처럼 분배되지는 않는 세계, 이제 더 쉽게 완전한 명증성으로 이끌 수 있는 세계다.

세계의 존재에 대한 불확실함 또는, 데카르트처럼 말하면, 의심할 가능성을 명백하게 제시하는 우리의 방식은 실로 조야하다. 하지만 우선은 충분한 근본특징에서 '경험하는 삶 — 게다가 인식하는 자, 철학적으로 성찰하는 자인 나의 삶 — 이 어떻게 그 삶의 내재 속에서 타당성의 통일체인 세계를 바로 타당하게 하는지'와 '내가 세계를 존재와 그렇게 존재함에 따라서만 그것으로부터 지니며, 언제나 개방된 유보조건 속에, 충족시켜야 할 예견 속에 지닌다'는 사실을 이미 보여준다.[3]

그러므로 미리 나는 실제로 존재하는 것과 실제로 존재하지 않는 것 사이에 아슬아슬한 상태의 세계만 지닌다. 다만 나는 예견하면서 살아가고 예견하면서 바로 확실하게 믿을 뿐이다. 또한 '가상을 지닌 것은 적절하고 결국 궁극적으로 타당한 수정을 통해 극복되고 극복되어야 한다'는 사실을 믿는다. 이는 '사실적인' 보편적 경험의 모든 일면성, 일시성, 일반적으로 불완전성의 배후에, 나의 경험과 타인의 경험에서 일어나는 모든 불일치의 배후에 이상적이고 실제로 견뎌내는 경험 속에 실현될 수 있는 것 — 실제적 경험이 일시적 타격목표로서 이바지할 수 있고 접근할 방법을 가능케 할 수 있는 것 — 으로서 참된 존재가 있다'는 사실을 믿는 것이다.

세계의 존재에 대한 진지한 불확실함이나 의심할 가능성은 우리에게 의심할 자유를 주지 않지만, 그럼에도 경험의 세계로서 세계가 존재하지 않을 가능성을 열어둘 권리와 매우 진지하게 존재함과 존재하지 않음 사이의 완전한 차이를 지배해 관리시킬 권리를 준다. 그렇지만 내가 그것을 실행한다면, 바로 세계를 경험하는 주관성이 나에게 남게 되며, 게다가 그 주관성이 나에게 나타나는 대로 나에게 세계의 존재를 타당성으로 이끄는 주관성으로서 남게 된다.

---

3) 우리가 즉시 —실증과학에 연결시키지 않은 채 —세계에 대한 '판단중지'와 더불어 시작하면, 이제 남아 있는 주관성의 구조에 대한 고찰은 우선 세계를 경험하는 주관성으로서 추구해야 할 것이다. —후설의 주.

여기에서 이렇게 남아 있는 것은 내가 나 자신과 나의 주관적인 것을―무엇보다 내가 세계를 갖기(Welthabe) 이전에 그 속에 있었던 그 주관적인 것을―경험한다는 사실을 뜻한다. 그렇지만 주관적인 것을 지금 경험하는 것은 '판단중지'를 통해 새롭게 경험된 것을 지니는 것이 아니다. 즉 더는 그 모든 심리적(심리학적) 내용을 지닌 인간인 나에게 또한 나의 인간적-주관적 현존재에게 새로운 것이 아니라 선험적 자기경험에 입각한 선험적 주관성이 새롭다는 것이다.

인간으로서 나는 내가 나 자신으로부터 움직이고 그 운동감각(Kinästhese)에 의해 내가 다른 사물을 지각하며 공간의 세계 속에 밀어 넣고 그 밖의 영향을 행사하는 기관(器官)의 체계인 물체적 신체를 지닌 자아로서 나 자신을 공간 속에서 체험한다. 나는 인간으로서, 공간 속에 존재하는 심리물리적으로 실재하는 것(Reales)이다. 그 맨 밑에 감성적 경험 덕분에, 신체가 동일한 것으로서 나타나고 자신의 예견의 영역을 언제나 지니는―일면적으로 나타나면서 또한 다른 모든 사물과 마찬가지로 그렇게 일반적으로 나에 대해 존재하면서―유동적인 원근법〔시점〕 덕분에 '나에 대해' 인간이다. 그런데 이 물체의 사물은 신체를 통해 그 자체가 공간적으로 실현된 심리적인 것을 지닌다. 이 모든 것은 내가 경험하는 삶에 입각해 나에 대해 존재하는 것이며, '판단중지'에 빠지고, 세계의 보편적 불확실함에 포함되어 있다. 그래서 나는 '판단중지' 이후에 세계 속의 인간이 아니라 자아의 '선험적' 삶(세계가 존재함이나 존재하지 않음에 관해 결정하기 이전에 그 본질인 삶)을 통해 비로소 곧 '인간-자아'인 자아다. 세계의 존재 이전에, 세계의 존재가 어떤 상태에 있는지 결정하기 이전에 주관성의 존재―우선 나 자신의 존재―가 놓여 있으며, 나는 그 자아에 대해 존재하는 각각의 모든 것에 자아 자체로부터 타당한 동일한 자아다.

Ⅱ.

나는 미리 주어져 있는 세계 속에 깨어 있는 자아로서 미리 존재한다. 그런데도 세계의 존재를 의문시한다. 이에 대한 반론은 다음과 같다. 내가 무엇을 실행하든 나는 존재 속에 있다. 나는 대체 존재자가 있는지 심문할 수 없다. 나는 해, 숲 등 다양한 사물이 실제로 존재하는지 않는지 심문할 수 있다. 그 각각은 미리 각각의 가능성을 지닌다. 그러나 동일한 의미에서 나는 대체 어떤 것이 존재하는지 오히려 무(無)가 아닌지 심문할 수 없다.

물론 이것은 상관적으로 진리에 관련된다. 대체 진리가 존재하는지 존재하지 않는지 나는 심문할 수 없다. 따라서 내가 존재하면서 항상 세계를 미리 부여한 나에게 이 세계에 대한 나의(우리의) 믿음의 '근거'에 관한 물음은 무엇을 뜻하는가? 나는 왜 세계가 존재하는 것을 나의 소박한 선입견이라 하는가?

만약 세계가 사실상 일반적 존재자, 세계의 진리, 진리 일반의 우주이며 우리의 물음이 사실상 '존재자나 존재자 전체가 존재하는지 존재하지 않는지'를 겨냥한다면, 그 물음은 (그래서 미리 존재하지 않을 가능성이 여전히 열려 있는 지금 주도하는 의미에서 이해된) 이치에 어긋날 것이다. 그렇게 심문하는 것은 이제 우선 사실상 이치에 어긋난 것처럼 보인다. 나는 실로 존재하고, 따라서 어쨌든 실재적이다. 이러한 인간인 내가 존재하는 것은 절대적으로 확실하다. 그러므로 나 이외에 아무것도 존재하지 않고 그 밖의 세계는 공허한 공간이더라도, 어쨌든 세계—단지 매우 제한된 세계—는 존재할 것이다.

그렇지만 나는 그 물음—세계에서 인식의 물음—을 그렇게 이해하지 않아도 된다. 그래서 아무튼 나중에 분명해지는 것, 즉 사실상 세계에서 진리는 결코 진리가 아니라는 사실을 인지하지 않아도

된다. 세계가 존재하지 않을 가능성은 결코 이치에 어긋난 것이 아니며 이렇게 성급한 형식적 근거나 그밖에 이에 못지않게 성급한 다른 어떤 근거에 입각해서도 결코 이치에 어긋난 것이 아니다. 이러한 사실을 마주하지 않아도 된다.

그러나 앞에서 말했듯이, 우리는 이러한 사실에 계속 마주칠 필요가 없다. 존재와 진리 ─ 특히 세계의 존재와 진리 ─ 를 다른 방식으로 의문을 품을 수 있기 때문이다. 즉 세계의 진리를 또는, 동일한 것이지만, 나에게 세계가 존재하는 것을 정초하는 것에 의문을 품을 수 있기 때문이다. 그에 따라 나는 '세계가 나에게 타당하게 되는 경험은 어떠한 모습인지' '경험은 어떻게 나에게 세계의 존재를 확증하는지' '그럼에도 나는 보이는 것〔가상〕이 개별적으로 충분히 존재한다는 것을 어디에서 아는지'를 심문한다. 나는 세계가 나에게 존재하는 것에 속하는 주관적인 나타남의 방식, 주어지는 방식, 믿음의 양상 등을 되돌아가 묻고, 그 '효력범위'에 관해 심문한다.

만약 많은 종류의 진리가 존재한다면, 나는 모든 종류의 진리에 대해 그것을 실행할 수 있다. 각기 모든 진리는 나에게 진리고, 인식에서 우리에게 진리다. 인식은 방법인데, 심지어 단적인 경험은 우리에게 가장 근원적으로 존재를 정초하는 방법이다. 질문은 나에게 필증적으로 타당한 절대적 진리에 대해 명백히 의미 자체를 지닌다.

나는 자아로서 언제나 또 필연적으로 존재를 지닌다. 존재자는 나에게 언제나 미리 주어져 있고, 내가 특수성에서 주제로 부여한 모든 존재자는 나에게 지평으로 미리 주어진 존재의 토대 위에 있는 특수성이다. 만약 내가 내 학문 '안에서' 또 내 시대의 학문 전체 속에 학자로서 있다면, 학문이 당장(내 시대에 그리고 나의 타당성이) 발전되는 한, 나의 학문과 그밖에 나에게 함께 타당한 학문들은 미리 주어진 영역 속에 있을 것이다. 또한 내가 명백하게 제시한 모든 특별한 진리, 내가 일반적으로 주제로 지닌 모든 특별한 사태는 미리 주어진 자신의 지평을 지닌다. 이 지평은 내가 반복하고 다시 활성화할 수 있는 판단 속에 되돌아가 파악할 수 있는 것, 즉 여기에서는 자료로 명시된 것을 뜻한다. 학문의 이러한 존재의 토대가 보편적인 존재의 토대는 아니다. 내가 지평의 타당성에서 세계를 순수하게 경험의 세계로서 ― 항상 학자인 나에게 명확하게 또는 소박하고-명확하지 않게 정초하는 기능 속에 ― 미리 부여했더라도 그렇다.

내가 결코 학자가 아니고 학문적으로 형성된 것을 전혀 타당하게 지니지 않거나 일상에서 타당하게 지니지 않는다면, 나는 어떤 경험세계, 즉 나의 실천적 환경세계와 세계 ― 어쩌면 '내가 읽지 않았고 나에게 아무것도 말하지 않지만 타인에게 그에게 타당한 것을 말하는 학술서적'도 지평 속에 ― 를 타당하게 지니는 것이다.

만약 학문적 타당성의 영역을 괄호 친다면, 나는 주체인 내 속에서 '학자'의 독특한 것에 층(層)을 나누고, 따라서 구체적 자아인 나를 해체한다. 나는 타당성의 영역과 더불어 나의 자아의 자연적인-추상적 층을 유지한다. 내가 주시하듯이 학자의 해체된 타당성의 영역 옆이 아니라 그 타당성의 영역을 그것이 미리 주어진 타당성 속에 기초 지우는 '나에 대한 존재'(또는 마찬가지로 '우리에 대한 존재')의 미리 주어진 영역의 자연적인-추상적 층을 유지하는 것이다. 나의 자아를 해체하는 데는 나의 우리(meines Wir)가 해체되는 것도 상응한다.

그러나 만약 내가 〔개인적〕 '학자'가 아니라 가령 '우리 유럽인'을 해체해야 한다면, 사태는 더 복잡해진다. 이러한 우리에 속한 나는 학자이며, 나에게는 더 이상의 우리는 '우리 유럽의 학자' 속에 학문을 타당하게 이해하는 '교양인'과 교양 없는 자를 처음부터 구별했다. 첫 번째 두 그룹의 '우리'는 미리 주어진 '세계'의 경우 그 의미를 유효하게 함께 규정하는 것 ― 또한 미래의 지평과 더불어 규정하는 것, 즉 '미래의 학문이 명백하게 밝혀낼 것'—으로서 학문적 타당성을 지닌다. 내가 '그 세계'를 말하면, 나는 실로 그것을 이렇게 미리 주어진 것과 공동체 속에서 말하는 것이다. 교양이 없는 자는, 그가 미리 주어진 자신의 환경세계에서 학자이면서 이해되지 않은 사실로서 학문을 하고—매우 불완전하더라도—학문을 이해하도록 배우고 그런 다음 필연적 타당성을 이어받는 가능성을 지닌 동시에 개별적으로 또한 때로는 그 가능성을 실현하는 한, 이러한 일에 간접적으로 관여하고 있다.

더는 '우리' 속에서 해체하는 것이 나에게는 학문적 타당성을 제쳐 놓는 것이 아니라 학문적 타당성이 전제하는 것의 계속적 타당성과 결합된 '판단중지'를 뜻한다. 그런데 이것은, 삶의 방식과 결정방식인 그 교양을 형성할 가능성이 남아 있다. 하지만 그 타당성의 결과가 '판단중지'에 지배받아야 하는 한 교양인과 교양 없는 자의 삶 전체에 관련된다. 이러한 일은 이렇게 움직이는 보편적 자아의 삶과 우리의 삶이 미리 주어진 지평과 관련해 미리 일어난다.

미리 주어진 것의 단계를 추적하면, 나는 상이한 방향으로, 어쨌든 동시에 기초짓는 단계(유럽, 아시아 등)인 광범위한 연관 속에서 진행해야 한다. 그러한 모든 단계—특히 서로 뒤섞임(Ineinander)과 서로 뒤섞여 서로 떨어짐(Auseinander)—를 자체 속에 지닌 기초지음(Fundierung)을 추적해야 한다. 이 모든 것과 더불어 우리는 세계에 대해 고찰하고 이른바 존재에 대해 고찰한다. 이러한 고찰은 상이한 단계에서 주관적이다. 그 존재타당성의 체계이론은 '선험적 주관성', 무엇보다 나 자신의 '선험적 주관성'으로 이끈다. 더 나아가 선험적 주관으로서 나 자신으로부터 근원적으로 함께 현존하는 대립된 주관(Gegensubjekt)으로 이끈다. 그렇지만 내가 이렇게 상승하는 가운데 구성적인 것-주관적인 것 또는 주관적 종합을 체계적으로 추구하고 모든 주관적인 것을 곧 지향성 ─ 자신의 '무엇에 대한 것' (von)과 자아의 가능성을 지평을 지닌 ─ 의 한 단계로 간주함으로써, 그 과정 전체는 **진정한 구체화의 방법**이 된다.

이것은 무엇을 뜻하는가? 미리 주어진 것을 구축하는 것은 나에게 상대적으로 존재하는 것에서 나에게 상대적으로 [다르게] 존재하는 것으로 이끈다. 결국 (선험적 주관성을 발견함으로써) 모든 상대성의 모든 존재자를 하나로 포괄하고 모든 것에 자신의 상대적 권리[정당성]를 부여하며 자신의 상대적인 존재의미를 그 지향적 구성에 입각해 해명하는 **구체적 우주**로 이끈다. 그런데 이 구성은 단계적 방식으로 그 자체로 다시 자신의 구성으로 소급해 이끈다. 결국 **절대적 존재자**에 도달하고 그것을 구체화하는 가운데 모든 구성의 우주이며 그 자신의 구성적 잠재성에서 그 자체만으로 존재하는 것으로 발견될 때까지 그렇다. 선험적 주관성은 구체적 무한함이다. 선험적 지평을 '무한히' 실현할 잠재성에 입각한 무한함이다.

방법적으로 상승하는 것은 그 자체가 상대적 존재의 본질구조로서 상대화된다. 선험적 주관성의 절재적인 총체적 본질형식 속에 파고들어가는 보편적 본질구조를 따라간다. 자신의 지평을 지닌 추상 (Abstraktion)에서 연속해 벗어나는 것은 이미 도달했지만 여전히 완전한 구체화에까지는 도달하지 못한 선험적 주관성에서 최상의 활동성과 잠재성으로 이끈다. 이 활동성과 잠재성은 선험적 개별주관성과 공동체 속의 선험적 상호주관성에서 '**진정함**'을─성취하는 활동성으로서 다른 작용들 옆에 있는 단순한 작용으로 등장하는 것이 아니다. 그 구성적 작용의 삶 전체를 포괄한다. 진정함에서의 존재는 가장 높은 단계의 참된 존재다. 선험적 주관 또는 선험적 상호주관성의 진정한 존재로서 모든 상대적 존재에 최상의 진리의 존재성격인 완전한 존재성격을 부여한다. 그렇지만 이것이 다음과 같은 것을 뜻하지는 않는다.

그 우주는 진리 속에 존재하지 않고, 단지 존재할 수 있을 뿐이다. 또는 그 우주는 단지 진리를 얻으려 무한히 노력하는 가운데 존재할 수 있을 뿐이다. 또는 진정함 자체는 필연적 상대성 속에 있는 것이 아닌가? 개별적-자아는 상대성 속에 진정함에 도달할 수 있지만······.

Ⅲ.

그래서 궁극적으로 타당한 존재의 이념——우리의 철학적 질문의 '자명함'——은 흔들리게 된다. 그런데 이상적인 학문은 전혀 도움이 되지는 않지만 관련되어 있다. 그럼에도 논리학, 즉 형식적 진리론과 존재론인 형식적 '수학'(mathesis)은 존재자로 궁극적으로 실재적인 것을 이해한다. 결국 실재적 존재와 실재적 '존재자-그-자체', 궁극적으로 타당하게 인식할 수 있는 '존재자-그-자체'에 대한 자명한 전제가 폐기된다면, 이 논리학에서 무엇이 가능한가? 우리는 기묘한 상황에 처하지 않은가? 그럼에도 우리는 참된 존재와 진리의 가능성을 의문시하면서 어떤 답변을 겨냥하며, 그 물음 자체 속에 존재자와 가능한 진리를 전제한다. 실로 회의론에 대립해 그들이 진리를 부정하는 논제가 그 자체로 진리로 등장한다고 반박된다. 그럼에도 인식하는 주관성으로 소급되는 것은, 심지어 우리 인간에게 보이듯이, 존재자로 소급되는 것이다. 따라서 세계를 부정하는 것, '보편성에서' 존재자를 부정하는 것은 자기 자신을 폐기하는 이치에 어긋나는 일이 아닌가?

만약 인간에게 선험적 주관성을 가정하게끔 시도한다 해도 새롭게 다음과 같은 물음에 직면하게 된다. 우리는 참된 존재와 진리를 이념으로 전제할 수 있고 선험적 학문이 어떻게 실행될 수 있는지 심문할 수조차 있는가? 그렇다면 세계와 그 존재의 토대가 우리의 생존기반을 빼앗았다면, 존재와 진리는 어떤 의미를 지니는가?

세계에 대한 궁극적으로 타당한 진리의 가능성이 심문되고 그 세계의 참된 존재 자체가 의심스럽게 될 때, 환경세계에서 자신과 타자가―이것이 그때그때 삶의 상황이듯이―현존재할 가능성과 실제성에 대해 진술할 가능성은 남아 있다. 그리고 자연적으로 상황의 진리―어떤 방식으로 '모든 사람'에 대해 타당한 것으로서, 바로 학문 이전의 삶의 의미에서도 보편적 '진리'―와 마찬가지로 이에 관해 진술할 가능성도 무엇보다 확실하게 남아 있다. (학문적으로 교육받지 않은 누가 하물며 삶에서 '이성'ratio의 이념에 대해, 합리주의적 목적설정과 방법의 산물인 합리적 학문의 참된 존재-'그-자체'에 대해 생각하겠는가?) 우리가 삶 속에 있을 때, 우리는 실로 언제나 우리가 보편적으로 할 수 있는 것과 할 수 없는 것을 '알며', 특히 우리가 경험한 것을 진술하고 기술할 수 있는 것이 중요하고 기술한 형성물, 진술의 명제가 우리에게 환경세계에서 의문을 제기할 수 있는 모든 사람에게 이해되고 추후에 검증할 수 있으며 정당하게 간주되고 모든 사람에게 타당한 진리인 것이 중요할 때, 보편적으로 할 수 있는 것과 할 수 없는 것을 '안다.'

그런데 우리는 미리 숙고할 수 있고 모든 학문 이외에 그리고 모든 학문을 넘어서 우리 자신을 세울 수 있다. 이때 우리가 환경세계의 태도와 게다가 판단하면서 진리를 명백하게 제시하고 우리와 타인들에게 확정하는 태도의 방식을 보편적으로 기술하면, 우리는 여기에서 다른 요구를 제기하지 않는가? 우리는 여기에서 인간이 환경세계에서 취하는 태도의 토대 위에 머물러 있지 않은가? 우리는 존재와 가상에 관해 판단하며, 지속하는 존재와 증명할 수 있음 등을 확신한다. 합리적 학문은 그와 같은 것을 '단순히 주관적으로' 타당한 진술과 진리라 부를 수 있고, 어쨌든 그것은 곧바로 타당하다. 그것은 상호주관성의 집단에게, '우리'에게 타당한데, 이 경우 설명되지 않고 명백하고 철저하게 한정되지 않지만 그럼에도 우리 자신이 주제로 삼을 수도 있는 '충분한 의미'를 지닌다.

그래서 생활세계(Lebenswelt)로서 항상 타당하고 상호주관적 의미와 확증을 지닌 이 세계가 '그-자체로-존재함'이 의문 속에 남아 있는—하지만 우리는 주관성 속에 남아 있다—반면, 계속 진행해가는 자기성찰은 우리를 계속 이끌고 인간의 환경세계를 넘어서 이끈다. 우리는 실로 이 생활세계 자체를 의문시해야 한다.

그렇다면 임의의 어떤 사물이 환경세계에서 경과하면서 연속적 경험에 그 사물의 존재를 부정하는 동안, 이때 여전히 남아 있는 '나는-존재한다'(Ich-bin)의 필증성은, 즉 그 불가능성은 사정이 어떤가? 보편성으로 이행하는 가운데 본질보편성, 나의 본질가능성과 본질필연성의 필증성, 아마 가능한—순수한 가능성으로 구축할 수 있는—환경세계의 경과에 관련된 그와 같은 본질보편성은 사정이 어떤가? 결국 그렇다면 나는 이러한 존재영역과 진리영역에서—아무리 여기에서 제한되었더라도—형식논리학을 요구할 수 있는가? 나는 '존재가 여기에서 어떻게 증명되는지' '계속 타당한 술어적 진리인 진리가 여기에서 어떻게 의미를 지니는지' '아무리 세계의 타당성이 의문시되지 않더라도 세계는 어떤 타당성을 지니는지' 심문할 수 없는가? 그렇게 반성하면서 나는 다시 진리에 의해—앞에서 의문스러운 그 진리의 가능성과 의미에 관해—답변하고, 이것은 다시 자신의 방식으로 본질의 진리, 자신의 방식으로 이성적 진리가 아닌가? 지나가면서 심문하는 것은 실로 동기부여가 되는 일이다.

나는 우선 나 자신과 나의 우리, 우리의 환경세계 그리고 이들의 의심할 여지 없는 존재에 관련되었다. 하지만 이것은 실로 이해할 수 없고 불확실하다. 또한 여기에서 나는 실로 상대적 진리와 상대적이지 않은 진리, 주관적으로 나에게 감성적으로 나타나는 것과 어떤 타인에게 다르게 나타나는 것 등을 구별한다. 그리고 여기에서 나는 모두에게 항상 타당한 존재의 가능성 — 세계에 대한 '학문적' 견해를 전제하지 않은 채 — 에 관해 심문한다.

우리는 선험적 토대에 도달할 때까지 본래의 형상적 고찰을 남겨둘 수 있다. 그러나 여기에서 중요한 것은 내가 앞으로 나갈 수 있어서 '우리와 우리의 환경세계'라는 주제를 — 바로 여기에서 지닐 수 있고 여기에서 그 명백한 의미를 지니는 다른 타당한 것을 결코 요구하지 않으면서 — 단순히 주관적인 것의 영역 속으로 최초로 돌진해 간다는 사실이다. 이때 나는 내가 선험적 주관성으로 상승해야 한다는 사실을 알 때까지 항상 새롭게 이해할 문제를 발견한다.

그것은 그 단계에서 계속 진행해가는 성찰의 소박함이다. 나는 되돌아가 심문하고, 은폐된 전제, 상이한 단계의 자명함을 차례로 배제하며, 판단하면서 이것들을 확정한다. 그래서 이것들에 관해 '미리-나에게-타당한' 진리를 표명하고, 내가 배제한 또한 그것에 관해 확정하면서 판단한 모든 것이 나에게 — 내가 그것에 단칭의 판단이나 유적(類的) 판단을 이것들을 정초하면서 진리로 표명하는 — 새로운 존재의 토대와 진리의 토대를 부여한다.

처음부터 나는 주관적인 것 — 나와 우리의 주관적인 것 — 에 관해 판단한다. 실로 첫 번째 단계의 경우 이렇게 전환한다. 나는 우리의 학자, 작업수행, 성과로서의 이론, 객관적인 것, 자연, 정신 등인 실증과학을 하나의 의미에 의해 확정된 것으로 받아들인다. 나는 상이한 단계의 주관적인 것을 지닌다. 결국 그 어떤 의미에서 모든 존재자가 유효한 것이며 증명할 수 있는 이념 아래 진리의 기체로서 타당한 것인 모든 주관적인 것의 우주는 주제가 된다. 이 경우 나는 본질의 진리를 필증적 보편성으로서 또한 필증적인 개별적 진리 — 예를 들어 이 사물을 중단 없이 지각하는 동안 그 사물의 존재를 부정할 수 없다는 사실, 이 경우 자신의 확신에서 일관되게 충족되는 것이 존재한다는 사실 — 로서 단계적으로 정초한다. 나는 나에 대한 (그리고 우리에 대한) 모든 존재자가 이 존재자에 상대적인 자신의 존재지평을 지닌다는 사실을 알게 된다.

결국 나는 모든 지평에 상대적인 모든 존재자는 더 높은 단계의 모든 주관적인 것을 그 속에 구성된 것으로서 포괄하고 주관적인 것 자체가 그것 자체만으로 구성됨으로써 그것 자체가 존재하는 절대적-보편적인 주관적인 것으로 소급해 이끈다. 그것은 그 자신의 가능성의 우주 속에 실제로 존재한다. 그것의 불변적 본질구조는 본질에 적합한 모든 것, 모든 단계의 모든 아프리오리를 포괄하는데, 이것은 이러한 단계에서 일면적 지평에서 상대적이다. 이 지평을 관통해 단지 자신의 완전한 의미를 드러내면서 전체성의 지평과 전체성의 본질필연성과 본질가능성 — 그것은 그 전체성으로 구성요소로서 비자립적으로 삽입된다 — 에서 상대적이다.

선험적 현상학으로의 데카르트적 길과 보편적인 현상학적 심리학의 길[1]

보편적 학문, 즉 모든 상대성을 지배하는 모든 측면의 학문인 철학으로의 ──필증적 정당화의 문제를 배제하는 가운데──두 가지 길.

a) 데카르트적 길

b) 보편적인 현상학적 심리학의 길

Ⅰ. 보편적 학문은 어떻게 실현될 수 있는가?(데카르트 이래 선험철학의 길)

1) 실증적 학문에는 상대적 인식만, 지평을 지닌 상대적 통찰만 있다.

2) 우리는 선험적 환원(보편적 자기인식, 자체 속에 포함하는 보편적 세계인식인 보편적인 선험적 인식)의 길을 걷는다. 이렇게 함으로써 나는 나 자신을 철학자로 구축하고 ──나는 인식의─자아로서 나의 보편적 본질을 나의 경험적 인식의 실천에 대한 나의 참된 인식의─자아(인식공동체의 공복公僕인 자아)의 규범으로서 획득하며, 우리는 진정한 인식의─인간으로서 우리 자신을 구축한다. 가치─진리와 실천적 진리의 가능성이 그 속에 함께 포함되어 있다. 진정한 인식의 기체인 '참된 세계'는 선험적 근거에

---

1) 이 글을 1923년에 작성된 것이다.

서 '우리'로부터 구축된다. 자기를 만들어내고 세계를 만들어내는 것으로서 (그 진리에서) 자기인식, 이것은 ─ 필증적 정당화의 문제를 배제하는 가운데 ─ '나는-존재한다' '우리는-존재한다'의 길이다.

  II. 출발점으로서, 따라서 독단적 출발점으로서 '세계는 존재한다'의 두 번째 길.

경험에서 인식의 원리를 철저하게 실행하는 것과 모든 연관 ─ 주관적으로 주어지는 방식 ─ 을 추구하는 것은 완전히 구체적인 연관이고 인식 속에 인식된 것이다. 인식하는 주관성으로 되돌아가는 것은 아직 선험적 주관성으로 되돌아감이 아니다. 주관성에 대한 학문적 고찰, 이것을 위해 우리에게는 이미 심리학과 정신과학이 있다. 보편적으로 실행된 것으로 생각해보면, 모든 실증과학은 정신과학, 보편적 정신과학으로 해소된다.[2] 이것은 어떤 종류의 학문인가? 통상의 의미에서 심리학과 정신과학이다.

  또한 실증과학으로서 '인식작용의'(noetisch) 학과다. 모든 실증성, 즉 인식작용의, 논리적, 윤리적 실증성의 추상성과 통상적 의미에서 '나는 생각한다'(ego cogito)의 추상 등 우리에게는 모든 추상을 폐기하는 새로운 의미의 (현상학적) 인식작용에 대한 학문(Noetik)이 필요하다. 진정한 개인적 심리학의 일면성. 더 높은 단계의 실증성인 행위의 공통개념. 이에 대한 보충을 겨냥한 양상과 나타남의 양상. 완전한 보편성만 완전히 구체적이게 이끈다. 모든 대상은 주관성의 상관적 사건이다. 완전하고 순수한 주관성 전체는 비록 세계가 존재하지 않더라도, 머물러 남아 있다.

---

2) 보편적 학문을 향한 태도를 가정해보자. 이때 자연적으로 드러나는 길은 세계에 대한 실증적 학문의 목표를 지닌 실증성(Positivität)의 길이다. 자연과학에서 정신과학[인문과학]으로 일관해 계속 이끄는 것은 자연을 정신 속에 지향적으로 포괄하고 정신 자체를 통해 정신을 지향적으로 포괄하게 이끈다. 자연과학과 자연 자체, 세계에 대한 학문과 학문적으로 인식된 세계 자체는 그 자체로 보편적 정신 속의 형성물이 된다. 이것은 절대적인 보편적 학문에 이르는 길인 절대적 정신과학이라는 생각에 동기를 부여한다. ─ 후설의 주.

경과: 주어진 세계, 이 세계의 보편적 구조가 지닌 유형의 성격을 기술함. 형상적 변화, 상관관계 ──무엇보다 심리학적 형식에서── 에 대한 인식. '심리학적 환원.'[3]

지향적으로 소급해 관련됨.

a) 학문적 주체가 경험하고 사유함. 그 주체는 모든 인간과 마찬가지로 항상 다양한 경험의 객체들, 그 주체에 대해 존재하는 것으로 타당하며 주체가 때로는 실제로 경험하고 때로는 경험 없이 판단에 적합하게 정립하는 세계 전체를 지닌다. 학자로서 그 주체는 그 자체로 '참된' 존재와 참되고 올바른 판단을 겨냥한다. 그 주체는 경험과 이 경험에 근거한 판단의 명증성을 추구하며, 그 자체로 '참된' 존재의 보편적 연관을 그 주체에 대해 타당한, 궁극적으로 타당한 참된 판단의 기체들의 체계로서 이끌어내 규정하려 시도한다. 학문적 이론은 이러한 일을 수행한다.

b) 진리를 추구하는 모든 노력과 경험작용, 명확하고 개념적으로 판단하는 사유작용, 상대적이 아닌 것을 이념화하는 사유작용, 목표를 달성해 통찰하는 판단작용, 사실, 공리, 증명, 객관적 가능성과 개

---

3) 더 이상 계속하지 않는다. '나는 생각한다'와 세계에 대한 자연적 개념이라는 이 두 가지 고찰방식 전체는 어떤 소박함에서 수행된다. 학문은 통찰할 수 있는 논증에 입각한 인식이다. 학문은 논증[정초]되지 않은 어떤 것도 허용하지 않으려 하며, 이 경우 특히 '객관적으로' 논증되지 않은 것을 허용하지 않으려 하고, 따라서 끊임없이 비판한다. 그러나 철학적 고찰은 단순히 소박한 명증성에서 수행되고, 그래서 이러한 고찰에서 생길 철학적 보편학문은 소박한 명증성에서 수행된 것으로 생각된다.

따라서 결여된 것은 선험적-현상학적 명증성의 이론, 필증적 인식과 학문의 가능조건에 관한 성찰, 선험적인 절대적 이성인 학문적 이성의 이론, 그 필증성(그 '효력범위')에 따라 철저하게 검토된 필증적 원리에 입각한 보편학문을 정초하는 것 ── 현상학을 하는 주관성의 현상학 ──이다. ──후설의 주.

연성에 대한 확인작용 등이 수행되는 이러한 주관적 인식의 삶 전체는 탐구할 수 있는 주제다. 그와 같은 탐구에서는 학문 이전의 주관성과 학문적으로 인식하는 주관성이 주제가 된다. 따라서 그 자체가 경험된, 신중한 주관성이 되고, 참된 존재, 참된 판단, 그 주관성에 관한 이론을 겨냥하는──여가에서 인식하며 학문적으로 활동하는 학문적 인물이──인식활동을 하는 장(場)이 된다.

c) 학자──전공학자로 제한되지 않고 오히려 보편적으로 관심을 쏟는──가 **보편적** 인식, 참으로 존재하는 모든 것의 우주를 겨냥한다면, 그에게 현존하는 실재성들이 통일된 전체로서 그에게 이미 학문 이전에 경험된 시간-공간의 세계인 그 '세계'에 대립해 그가 보편적으로 돌아보려 시도한 자신의 경험에서 우선 자기 자신을 발견할 것이다. 그 전체에는 인간도 포함되며, 인간으로서, 인식하는 자로서, 학자로서 신체와 영혼에 따라 그 자신이다. 그 전체에는 자신의 수동적 삶이나 활동적 삶, 판단하는 삶, 가치를 평가하는 삶, 행위 하는 삶과 마찬가지로 자신의 경험작용과 사유작용 전체도 포함된다. 따라서 그가 학문적으로 실행하는 과정 전체와 이 속에 그에게 주관적으로 주어진 것 전체가 포함된다. 그것은 그에게 주관적으로 다양하게 현존하는 사물, 다양하게 주어지는 방식에서의 사물을 준다. 그에게서 존재하는 것으로 또한 그렇게 존재하는 것으로 주어진다. 더 나아가 그것은──계속되는 가운데──아마 그럼에도 다르게 존재하는 것이나 우선 그에게 현존하는 징표에 관해 의심스러운 것으로 주어질 것이다. 그런 다음 다시 실제로 그러한 것, 입증된 '참된' 것으로 또는 경험하는 파악이 계속 진행되는 가운데 확증되어 경험된 것과 충돌하는 가운데 존재하지 않는 것으로도 주어지며, 다르게 존재하는 것, 환상적 가상 등으로 명백하게 제시되어 주어진다. 학문적으로 만들어낸 참된 존재와 참된 판단도 여기에서 주관적인 것으로서 주관

적인 연관 속에, 인식하는 활동 전체와 대체로 심리적으로 살아나가고 실행해가는 주관성의 구체적 연관 속에 등장한다.

물론 참된 존재 자체는 단순히 주관적인 것이 아니어야 하며, 많은 주관적 명증성과 명증한 논증 속에 동일한 것으로 인식될 수 있고, 일단 명백하게 밝혀지면 언제나 다시 동일한 것으로 명백하게 밝혀질 수 있는 것으로 인식된다. 그래서 이것과 논쟁하는 판단은 분명히 불가능하다. 그러나 이것이 참된 존재, 대상적 존재가 ── 바로 완전한 주관성이 그 모든 삶에서, 수동적이거나 능동적인 그 작업수행에서 주제가 되어야 한다면 ── 게다가 명백하게 그 자체로 다양하게 존재하는 것으로 주관적 연관 속에서 등장하고 따라서 이 연관 속에 함께 연구된다는 사실을 전혀 변경시키지 않는다.

역설적인 소급해 관련됨.

세계를 체계적으로 탐구하는 보편적 학자인 나는 진리에 대한 내 목표로 자연, 동물성(Animalität)[4], 신체-영혼의 경험의 통일체를 겨냥한다. 모든 연관과 의존성을 추구하면, 나는 직관적 경험의 통일체 ── 물리적 사물성과 우선 그 감상적 형태의 음영, 색깔의 음영 등 ── 가 그때그때 경험하는 자의 신체(Leib)와 그의 영혼의 ── 그 자체가 어느 정도 신체적으로 조건 지어진 것으로 제공되는 ── 통각함(Apperzipieren) 그리고 그밖에 활동하는 것의 의존성에도 이르게 된다. 거꾸로도 마찬가지다. 신체적 사건이 이 신체의 영혼적인 것에 의존성에 이르게 되는 것이다. 이때 보편적 학자인 나는 내 속에서 일어나는 모든 작업수행과 형성물을 형성물로서 탐구해야 하며, 나의 주관성을 넘어서 타자의 주체와 주체의 작업수행, 주체의 형성물,

---

4) 이 용어의 의미에 대해서는 본문 49항의 옮긴이 주 3을 참조할 것.

결국 주체들의 결합체, 공동체, 공동체의 작업수행, 공동체의 형성물로서 탐구해야 한다.

그렇다면 **문화**의 주관적 형성물과 상호주관적 형성물 가운데 모든 가치형성물, 모든 외적 작품, 또한 모든 이론, 추정적이거나 진정한 모든 학문, 추정적이거나 발견된 모든 진정한 진리가 등장한다. 따라서 마지막으로 어쩌면 이때 여기에서 겨냥해 노력한 **보편적 학문** 자체도, 만약 실현되었다면, 등장한다. 보편적 학문이 이미 실현되었다면, 그 학문은 두 번 현존해야 할 것으로 보인다. 첫째는 세계에 대한 보편적 이론으로서 등장해 현존해야 하고, 둘째는 인간 문화에 대한 특수학문에서 역사가 생성되는 가운데 학문적으로 만들어내는 주관성의 특수한 작품으로서 문화생산물 가운데 하나로서 등장할 것이다. 실증적인 개별적 학문, 수(數) 이론 등의 수학과 문화역사의 연관 속의 수학, 생성되는 작품으로서 수학과 생성된 —수학화하는— 인류의 관계도 마찬가지다. 다만 우리는 **보편적** 학문에 대해 그 학문이 보편적 이론으로서 다른 모든 주제 가운데 주제로서 자기 자신을 발견한다는 주목할 만한 태도를 지닌다. 마찬가지로 철학자도 자기 자신을 철학의 주체로서 발견한다.

게다가 보편적 '철학'의 보편적 주제인 세계는 동시에 추정된, 판단된, 이론화된 세계로서 주제가 되는 세계에 속한 주체와 주체들의-공동체를 학문적으로 다루는 가운데(따라서 심리학과 정신과학에서) 함께 주제가 된다. 보편적 심리학은 세계를 연구하는 학자들과 세계에 대한 학문 자체를 자신의 심리적 형성물로서 포괄하며, 그 심리학 자체도 포괄한다. 세계가 일단 단적으로 또한 일반적으로 주제이며, 주제 자체 속에, 더구나 '인식하는 주체'라는 특별한 주제 속에 추정적 세계, 지향적 세계, 어쩌면 통찰해 인식된 세계로서 등장한다. 세계를 인식하는 주체에 대해 그것은 그 주체가 단적으로 또 그 자체만으로 주제에 포함되는 방식으로 여전히 타당하고, 그런 다음 그 주체가 그 자신만으로 주제가 되는 사이에 그 주체가 추정적인 것으로 그 자체만으로 주제가 되는 사실이 다시 주제에 포함된다.

역사.

역사는 그 주제로 인식된 세계를 인식된 것으로서, 인식하는 주체 그 자체와 역사 자체를 역사적 형성물로서 포괄한다. 학문, 인식으로서 역사는 인식하는 역사가와 역사가의 인식작용―여기에는 인식된 것으로서 역사가와 역사, 역사학 등도 있다―을 포괄한다.

실제성과 가능성에 따라 인식하는 주관성의 보편적 인식에서 우리는 그 상관자의 측면에서 세계 전체를 지녀야 하고, 이 세계 속에 다시 실제적이거나 가능한 그 모든 인식을 지닌―또한 그 참된 객체들을 지닌, 따라서 다시 세계 자체를 지닌, 또한 주관성 자체를 지닌―이러한 주관성 자체를 지녀야 하지 않는가? 자아가 자기 자신으로 소급해 관련됨은 실제적이거나 가능하게 명증하게 인식하는 주관성 일반이 자기 자신으로 소급해 관련됨으로 계속되고, 이렇게 함으로써 더 이상의 모든 소급해 관련됨도 그러하다.

앞에서 고찰한 출발점은 다음과 같은 것이었다. 즉 학자인 우리는 모든 인간과 마찬가지로 세계를 지닌다. 우리가 다양하게 활동하며 살아나가고 탐구해가는 우리의 모든 삶은 학문과 나란히 또한 학문에 앞서 그 세계를 향해 있다. 우리는 자연을 탐구하고 자연과학을 만들어낸다. 그렇지만 보편적으로 탐구하면서 우리는 세계 속에 경험하는 주관성과 세계의 구성원으로서 우리 자신, 활동하고 겪는 우리의 삶 전체에 이른다. 물론 그 모든 성과와 더불어 학문적 삶에도, 따라서 결국 세계 자체에 이른다. 세계 자체는 참으로 존재하며, 이것은 이론 속에 세계를 규정하는 보편학문의 기체로서 또는 세계를 인식하며 세계에 대해 참된 이론을 만들어내는 학문적 주관성의 기체로서 그때그때 — 항상 '더 완전한' 인식으로 진보해가는 가운데 — 우리에게 타당한 것이다. 이 모든 것은 사실에서, 하지만 가능성에 관해서도 그러하다.

주관성, 즉 우리 모두가 우리가 세계를 경험한다는 점을 통해서만 세계를 지닐 수 있다. 우리가 경험된 것을 숙고한다는 점을 통해서만 세계에 대해 안다는 사실을 숙고할 수도 있다. 우리의 주관성이 '경험작용과 사유작용'이라는 명칭으로 자체 속에 있고 그 주관성이 경험하고 사유한 것에 관련된다는 점 또는 그 주관성이 경험하고 사유한 것이 그것이 포착되고 이해된 내용과 방식으로서 자신의 의식 자체 속에 놓여 있다는 점을 간과하지 않으면, 우리가 말한 것은 특별히 중대한 의미를 지니는 것처럼 보인다. 즉 주관성 자체에 대한 탐구 — 주관성 속에 수행되는 존재와 삶에 대한 내면적 탐구 — 는 모든 인식, 모든 진리와 참된 세계로 이끈다는 사실로 보인다.

따라서 순수하게 내면을 추구하면서 주관성에 대한 탐구는 세계에 대한 보편적 인식에 이르는 길, 게다가 독립적인 길일 수 있거나 그렇게 형성될 수 있지 않은가 하는 의문이 쉽게 든다.

세계에 대한 학문의 첫 번째 자연적 길은 '실증성'의 길, 자연적 태도의 길이다. 자연적으로 살아가면서 우리는 세계를 지닌다. 보편적으로 '개관해' 세계를 포착할 수 있고, 평소에 세계 속에 살아나고 탐구해가듯이, 끊임없이 우리에게 현존하고 우리에게 미리 주어진 이 세계에 대한 보편적 학문의 목표를 세울 수 있다. 이때 세계의 영역을 분류함으로써 또한 체계적으로 질서지어지고 결부된 특수학문들을 통해 그 목표에 도달하려고 시도할 수 있다. 그렇다면 우리는 현대와 같이 자연에서 정신으로 넘어가고, 정신을 — 정신과학에서 — 자연적이지 않게, 심리물리적이지 않게 탐구하는 곳에서조차, 우리는 정신을 순수한 자연과 친밀해진 세계 속에 있는 정신, 자연 속에 있는 정신으로 받아들인다. 이렇게 앞으로 나아간다면, 완전하고 보편적인 정신과학이 형성되었다면, 이때 우리는, 앞에서 밝혔듯이, 이 정신과학 속에 다시 포함된 자연과학 등을 발견하게 된다.

그러나 이미 앞에서 말했듯이, 존재하는 모든 것이 의식된 것이다. 어쩌면 참으로 인식된 것인 처음부터 순수하게 주관성을 추구하는 다른 길이 가능하지 않은가? 자연적 실증성의 길과 (어떻게 형성되는지 아직 알려지지 않은) 형성되어야 할 '순수한' 주관적 길, 이 두 길은 완전히 충분한 보편학문에 대해 동등하게 정당화되지 않는가?

주관성 일반은 어떻게 고찰할 수 있으며, 어떤 태도에서 가능한가? 자연적 삶에서 인간의 경우와 마찬가지로 정신이 세계 속의 객체, 세계에 정리된 것으로서만 가능한가? 그렇지 않고 정신은 이른바 세계에 앞서 세계를 그 자체 속에 구성하는 것으로서 탐구되는가?

보편학문의 과제는 어떻게 완전히 충족되는가? 우선 첫 번째 시도에서 어떻게 착수되고, 어떻게 계속되는가? 나는 임의로 출발할 수 있고 임의로 계속해갈 수 있는가? 여기에 어떤 길이 필연적인가? 도대체 세계에 대한 자연적인 외적 고찰에서 절대적 학문이 정초될 수 있는가? 이에 대해 '내적 고찰'이 착수되어야 하지 않는가?

다음과 같은 사실을 알려주어야 한다. 즉 실증과학에서 나는 상대적인 인식만 획득한다. 나는 보고 통찰하며, 끊임없이 입증하고 확증한다. 이러는 가운데 동일하게 확인하면서 봄(Sehen)에서 〔다른〕봄으로, 통찰(Einsicht)에서 〔다른〕통찰로 계속해 나가는 것이다. 하지만, 언제나 지평을 지닌 상대적 통찰만 획득할 뿐이다. 나는 '세계, 더 나아가 실제적 세계와 가능한 세계'라고 말할 때 모든 것을 포괄하지 않는가?

보편적 자기인식, 그 자체 속에 세계에 대한 보편적 인식을 포함하는 것으로서 보편적인 선험적 인식.

1) 나는 선험적 환원의 길을 간다. 우선 나의 보편적인 선험적 주관성, 즉 나의 절대적 '자아'(ego)를 간취하고, 그 본질적 구조에서, 그 본질적 형태와 이 속에 포함된 구성적 형성물(타인의 '자아'를 가리키는 것도 포함해)에서 그 주관성을 탐구한다. 이렇게 함으로써 나는 나 자신을 '철학자'로서, 그 본질적 진리에서 보편적 본질에 따라 스스로를 인식하는 자아로서 구축한다. 그래서 이 자아가 세계를 사실적인 선험적으로 인식하는 경험적 실천에 대해 참으로 인식하는 자아—선험적 자아—의 규범을 나에게 구축한다. 그러나 나는 나 자신에게 이러한 작업만 수행하는 것이 아니다. 참된 인식을 하는 인류로서, 인간 공동체와 인식공동체의 공복으로서, 우리가 그와 같이 참으로 인식하는 인류로서, 구축하는 것을 돕는다.

공동체의 자기인식을 살펴보자. 여기에서 더 구체적으로, 언제나 더 구체적으로 일어나는 것은 선험적 자기인식—이것은 인격적-복수(複數)의 자기 자신이다!—속에서 실제적이거나 가능한 세계에 대한 객관적 인식이다. 가치를 형성하는 가능한 실천이 가능성에 함께 들어간다. 나는 나 자신을, 우리는 우리 자신을 가치의 진리와 실천적 진리의 가능성을 지닌 자로 형성하며, 그래서 더 높은 의미에서 완전한 인식과 인식세계를 실현한다. 선험적 자아로부터, 선험적 '우리'로부터 선험적 근거에 입각해 진정한 인식의 기체로서 가능한 참된 세계인 참된 세계가 구축되는 여기에서 구성된다.

이 경우 '자기인식'은 자신의 '참된' 존재를 자기 자신 속에 구성하는 기반이다. 이것은 그 자신을 '그 자체'(An-sich)에서 '그 자체에 그 자체만'(An-und-für-sich)으로 이행시키는 자신을 개조하는 것이다. 자기 자신에 대해 그것을 설명하고 '밝히며', 이렇게 밝히는 가운데 그 참된 자신으로 발전(속견적 발휘, 설명, 구체적인 실천적 발휘, 자유로운 자기발전)하게 개조한다. 그렇지만 이렇게 자신을 개조하는 것에서 우리는 참된 세계도 만들어내고, 이 세계는 편향된 맹목적 '그 자체'에서 학문적 '그 자체에 그 자체만'으로 이행하는 것이다. 즉 구성적 주관성 속에 그것의 진정한 참된 존재를 실현하는 가운데 우리에 대한 것으로 이행한다. 그렇지만 '참된' 자기 자신의 의미와 '참된' 세계(진정한 인간성 등)를 구축하기 위해 독특하게 상론해야 한다.

이것은 내가 『이념들』〔제1권〕에서 걸었던 선험적 길이다(인식론으로-이성비판으로 방향이 정해져 근본적 자기이해와 시종일관된 상론에 전혀 이르지 못한 데카르트 이래 근대 선험철학의 길도 어떤 방식으로 이러한 길로 향하는 경향이 있다).

2) 그러나 이때 올바른 형식과 길잡이를 발견하는 고생을 이미 나에게 줄곧 안겨줄 다른 길은 어떻게 가능하지 않는가? '나는 존재한다'(Ich bin)와 '세계는 존재한다'(Die Welt ist)의 두 가지 자연적 출발점은 두 가지 출발점이 아니다. 계속 올바르게 형성되면, 보편학문, 즉 진정한 철학에 이르는 〔하나의〕 입구다. 따라서 두 가지 길은 결국 동일한 입구로 이끄는가? 처음에는 인식비판의 소박함에서, 그런 다음에는 절대적 정당화에서 이끄는가? 마치 내가 실증과학의 분열에 적극적으로 지지하려는 것과 같은 것은 아니다! 마치 내가 이제까지 실증과학의 방법을 완전히 인정하는 것과 같은 것도 아니다!

'독단적으로', 하지만 세계에 대한 인식의 실제적 보편성을 겨냥해 시작해보자. 실증성의 진정한 원리 또는 경험 — 완전히 보편적으로 이해하면, 스스로를 부여하는 것(Selbstgebung)으로서의 경험 — 에 입각해 모든 인식을 정초하는 진정한 원리를 관철해보자. 나는 어떻게 계속 나아갈 수 있는가? 어떻게 실증과학을 넘어설 수 있는가?

우선 나는 보편성에 주목한다. 이 보편성을 철저하게 실현하려는 의지 속에 시종일관 남아 있다. 따라서 실제로 **모든** 연관도 추구한다. 나는 주어진 모든 것을 그것이 나에게 경험 속에 또한 더 높은 단계의 통찰하는 인식 속에 주어진 것으로서 받아들인다. 그러나 이때 주제의 시선방향을 이렇게 주어진 것에 향할 뿐 아니라, 그것이 주어지는 바의 주관적 방식, 나타나는 방식, 완전히 주관적인 — 따라서 실제로 모든 측면에 따라 — 행동과 체험작용 일반에도 향한다.[5]

예를 들어 내가 수학을 할 때 나는 수학적인 것을 수학을 하는 가운데 뚜렷이 나타나는 사유의 '형성물'로서 받아들이고, '수학적 이론'으로서 눈에 들어온 것으로서 받아들인다. 뿐만 아니라 이러한 이론을 이제 그 자체를 주제로 수학을 하는 작용의 형성물로서, 따라서 나의 개인적 역사의 구체적 연관 속에 받아들인다. 마찬가지로 상호주관적으로 이론의 역사, 또는 상호주관적 이론화(理論化)와 그 역사성에서 이론의 역사로서 역사 일반의 연관 속에서 받아들인다.

수학자로서 나는 수학을 '추상적으로' 하고, 수학적인 것의 명증성 속에서 살아간다. 그런 다음 단지 — 하지만 바로 추상적인 — 수학적인 것 자체(이론)만 갖는다. 맨 먼저 그것은 생성되는 것, 내가 수학을 하는 가운데 — 우선 더구나 이렇게 순간적으로 수학을 하는 가운데 — 산출된 것인 수학적인 것이다. 더구나 그것은 습득적인 것이고, 동일한 논증, 이론화를 '반복하는' 데 동일하게 주어진다. 그래서 그 증명, 그 이론, 반복하는 주관적 행위와 이에 속한 구체적 의식과정에 대립된 '그 자체'(an sich)로 존재하는 것으로 주어진다. 그런 다음 수학을 하는 자들의 공동체인 상호주관성으로 이행하는 가운

---

5) 최초의 것으로서 다음과 같은 점이 동일하게 명백히 밝혀져야 할 것이다. 즉 자연적-실천적 삶에서 그 자체로 존재하는 것으로 주어진 것과 실재적인 것으로 타당한 것 모두는 이후부터 단순한 '어떤 것의 나타남(Erscheinung von ……)'이 된다는 점이다. ─후설의 주.

데 이에 대립해 '그 자체'로서 동일한 것으로 주어진다. 즉 분별 있는 실제적이거나 가능한 모든 수학자가 실제적이거나 가능하게 완전히 수행할 수 있는 수학화(數學化)의 주관적 작용에서 **동일한** '참된 것'으로 발견할 수 있을 '그 자체' 또는 어쩌면 발견되었거나 발견할 수도 있을 '그 자체'인 것이다.

처음부터 나는 그때그때 활동하는 수학자로서 내가 거기에서 만들어낸 것, 명백하게 밝혀낸 것, 획득한 것 ― 단순히 주관적인 것이 아니라 '그 자체'인 것 ―을 생각한다. 그러나 나는 이 '그 자체'와 그것이 나에게 본래 의미하는 것을 어떻게 인식하는가? 그런데 바로 나는 그것이 반복되고 반복할 수 있는, 반복해 현실화할 수 있는 습득적 통찰 ― 나뿐만 아닐 다른 사람의, 실제적일뿐 아니라 가능하게 통찰하는 자 ― 에 동일한 것(Identisches)으로서, 때로는 통찰하는 자신의 체험에서 때로는 자신이나 타인의 체험을 감정이입하는 방식으로 명증한 종합 속에 스스로 주어진 동일성으로 간취할 수 있게 발견된다는 사실을 인식한다. 나는 이 경우 인식할 수 있는 자와 그에게 남아 있는 인식을 명증하게 무한히 열린 스스로 주어진 가능성으로 지니며, 게다가 언제 누가 다양하게 가능한 통찰의 형태로 수행하더라도 그는 바로 '동일한 것'(dasselbe)을 지닐 것이라고 통찰한다.

다른 한편 나는 만약 내가 이 동일한 것을 통찰해 실현한다면 모든 사람도 그것을 실현할 수 있을 것이라는 사실도 인식한다. 그리고 이러한 동일성의 '타고난 본성' 등을 인식한다. 이 모든 것은 종합과 상관자로 이끈다. 이러한 점을 숙고해보자. 요컨대 여기에서 다시 통찰작용 자체와 반복할 수 있는 나중에 생각함, 공허한 생각에 의해 통찰된 것으로서 통찰된 것을 주제로 삼고 그래서 통찰된 것과 바로 일치해 통찰작용도 주제로 삼을 수 있다. 이때 나는 실증성의 '무의식적' '추상'에서 자신을 해방시킨다. 실증적인 것(Positives) 자체를 동시에 단순히 추상된 것, 비자립적인 것, 실제적이든 가능하든 의식과 의식의 주체에서 그리고 이 주체에 남아 있는 타당성의 획득물에서 본질적으로 벗겨낼 수 없는 것으로 인식한다.

마찬가지로 어디에서나 나는 인식을 인식된 것에 본질적으로 속하는 것으로 함께 받아들인다. 실제적이거나 가능한 그 모든 주관적 양상과 인식하는 주체—인식된 것이 실제성이나 가능성에 속하는 인식하는 주체—를 함께 고찰하는 가운데 인식된 것을 함께 받아들인다.

나는 이 모든 것을 숙고하고 선험적 주관성에 대해 아무것도 모르며 전혀 논의하지도 않고 일을 끝낸다. 내가 걷는 발걸음, 즉 소박한 실증성(소박한 학문)에서 그때그때 인식하는 주관성 또는 실증적으로 인식된 것의 이러한 주관성의 양상이나 이에 상응하는 모든 주관적 양상을 일관되게 함께 고려하는 발걸음은 아직 **선험적 주관성**으로 되돌아가는 특징을 띠지 않았다.

그런데 이제 다음과 같이 숙고한다. 즉 객관적 세계 일반에 관련된 실증과학 가운데 **심리학**과 다양한 **정신과학**도 있다. 심리학과 정신과학은 처음부터 주관성에 전념한다. 자명하듯이 만약 심리학과 정신과학에도 이 학문들에 인식된 것은 주관적 인식의 양상과 상관관계에서 주제가 되고 탐구되어야 한다. 그렇다면 이 요구는 그 학문들의 탐구방식에서 쓸데없는 것으로 여겨진다. 적어도 우리가 정신에 대한 전문적인 학문을 개별적이 아니라 보편적 정신과학, 따라서 (개별적 주관성과 상호주관성의) 보편적 심리학을 통해 전체를 하나로 또한 결합해 받아들인다면, 쓸데없는 것으로 보인다. **자연과학**은 그 자신의 의미상 바로 모든 주관적인 것, 모든 정신이 가려지는 추상화하는 차단장치를 지닌다. 반면, 실로 주관적인 것의 전체(Allheit)는 보편적 정신과학의 **주제**이며, 보편성에 따라 또한 총체성의 특수성에서 정신에 대한 특별한 학문의 주제다.

형상적이거나 경험적으로 고찰된 이성의 주관성, 그 이성의 작용과
이성의 형성물에 대한 정신과학인 인식작용에 관한 학과

그래서 자연과학을 넘어서 자연과학에 주어진 것을 이것에 속한
인식작용(Noesis)과 함께 다룬다면, 따라서 이것을 자연과학적 인
식작용에 관한 학문(Noetik)으로 전환하는 가운데 자연과학을 한다
면, 어쨌든 이것은 처음부터 정신과학이다. 그러므로 여기에서 나
의 요구는 자연과학을 정신과학, 보편적 심리학으로 해소하는 것이
다. 마찬가지로 인식대상의(noematisch) 논리학과 형식적 '보편수
학'(mathesis universalis)을 나는 논리적 인식작용에 관한 학문으로 소
급시킨다. 어디에서나 그렇다. 만약 내가 처음부터 정신과학을 지
닌다면 문화형성물은 문화의 객체를 그 정신적 술어와 더불어 구성
하는 그 형성물을 주관적으로 구성하는 작용으로 소급시킨다. 이렇
게 함으로써 주제가 되는 관련된 인물로 소급시키는 것이다. 인격성
(Personalität)은 그 측면에서 체계적으로 주제가 되고 특히 가장 보편
적인 방식으로 인격성의 보편적 심리학에서 주제가 될 수 있다. 그렇
지만 물론 모든 주관적 형성물과 이것으로 주관성 속에 산출된 모든
객관적 형성물은 그 주관적 인식작용과 일체가 되어 탐구되어야 한
다.[6] 정신과학의 이념을 충분히 넓게 확장시켜 어쨌든 그 이론을 이
에 속한 인식작용과 일치해 학문적으로 다루는 요구에 따랐던 모든
학문이 모든 것에 공통적인(allgemeinsam) 학문, 즉 보편적 '정신과학'

---

6) 주관적 양상과 참된 존재의 본질적 연관이 일단 철저하게 파악되면, 객관적 세
계에는 '주관적-지향적 세계 그 자체'라는 인식의 상관자가 상응한다. 이렇게
주관적으로 인식되고 인식할 수 있는 세계 그 자체 ─ 이것은 상이한 단계의 명
증성을 지닌 현실성과 잠재성이다 등등. ─후설의 주.

속에 지양될 것이라는 것도 어떤 의미에서는 옳다.

그러나 이러한 방식으로는 정신과학이라는 명칭 아래 세계에 대한 자연적 학문의 영역 속에 주관적인 것에 대한 모든 측면의 학문, 심지어 보편학문을 사실상 전혀 발견하지 못할 것이다. 또한 앞에서 시사한 주관적인 것에 대한 보편학문의 목표에 그 광대함이나 본성을 생각조차 하지 못할 것이다. 실증과학 일반(세계에 대한 학문) 가운데 자연과학과 정신에 대한 학문을 구별할 근거는 있다. 정신에 대한 학문은 — 막연한 역사적 의식-심리학을 제외하고 — 인간의 인격성과 그 인물의 작품에 대한 학문이다.[7] 물론 여기에는 인식의 형성물도 포함되고, 우리는 사실상 정신과학의 논리학('인식작용의' 논리학)으로서 이론과 논리적 행위(개념을 형성하고 통찰을 형성하며 정당한 추론을 수립하는 등)에 대한 규범학을 지니고 있다. 인식대상의 논리학, 논리적 분석론은 그 형식상 명증한 인식작용 속에 획득할 수 있는 산출물, 인식대상의-논리적 법칙과 그 이론을 명확하게 규정한다. 이렇게 명증한 형성물(또는 그 형식과 법칙)은 인식하는 세계의-인격적 주체와 관련되고, 근원적으로 산출하는 가운데 스스로를 부여하고 있는 인식하는 행위의 형성물로서 고찰된다.

따라서 그 주제는 그 행위의 단계에 따른 논리적 행위다. 즉 그것을 실천하는 중간단계에 따라 실천적 형성물을 구축하는 것이다. 그렇지만 이것은 예를 들어 기술학(技術學)에서 심미적 작품이 창조하는 인물이 바로 기술로 산출한 것으로 고찰되는 다른 정신과학에서와 다르지 않다. 다만 — 어쨌든 역사적-정신과학적으로 고찰될 수 있고, 또 고찰될 심미성 이외의 영역과 논리 이외의 영역에 대한 동

---

7) 이 문장의 의미는 계속해 다음과 같이 드러난다. 즉 인격적 학문으로서 정신과학은 행위를 하는 인물과 (더 넓은 의미에서) 그의 행위에 연관되어 있지, 본래 구성하는 의식에 연관되어 있지 않다. ─후설의 주.

기부여를 제외하면 ― 여기〔기술학〕에서는 심미적으로 규정하는 동기(심미적 전제)를 그리고 궁극적 산출물이 획득되는 산출〔작용〕의 심미적 단계를 추구한다. 반면, 거기〔정신과학〕에서는 인식의 동기를 그리고 그 논리적 단계를 추구할 뿐이다.

모든 '행위'의 추상성. 구성된 '계열'인 정신과학에서 자아-작용.
정신과학의 실증성('추상성').

이제 이러한 고찰 전체, 주관적 작업수행에서 최초의 주제제기는 여전히 '추상적인 것'이라는 점을 주목해야 한다. 실증과학으로서 인식작용에 관한 학문 ― 규범적 이성론(Vernunftlehre) ― 은 모든 실증과학뿐 아니라 정신과학도 포함해 추상성이라는 근본적 결함을 공유한다. 이러한 '추상'을 현상학적 주관성으로 이행시켜 지양함으로써 해명하기 위해 다음과 같이 상론할 것이다.

판단하거나 가치를 평가하는 자인 자아에 대해 반성하는 것은 자아의 판단의 동기, 즉 '무엇 때문에' 다른 판단들이 귀결이나 통찰로서 필연적으로 그러한 사태에 이르게 되는지를 자아가 판단하는 정립(Position)에 대해 반성하는 것을 뜻한다. 게다가 이것은 정립과 이 정립이 행위에 따라 형성한 형성물과 연루된 것을 추구한다. 하지만 본질적으로 이러한 정립을 내포하는 구체적인 의식 삶을 주목하고 주제로 탐구하는 것을 뜻하지는 않는다. 그것은 행위 하는 자아인 자아, 원하고 실현하며 궁극적 목표를 겨냥한 자아, 내가 그것을 향해 행위 하는 자아 ― 이와 상관적으로 출발이 시작되는 것, 나의 출발, 나의 최초의 '전제'인 것, 그런 다음 내가 맨 먼저 그것과 더불어 시작하고 맨 먼저 형성하는 것, 내가 실천적 가능성에서 지니고 실현되었을 때 목표로 이끄는 것, 여기에서 계속 수행하는 것 등이다.

'나는 그것을 생각한다' '나는 그것을 주어(기체)로 정립하고 이것에 입각해 그것을 술어로 정립한다' 또는 '나는 가정을 세우고 이 것에 입각해 결론이 생긴다' 등과 같은 자아–작용은, 자아로부터 인식대상으로 뚜렷이 나타난 것으로 향한다. 그리고 실천적 지향을 원본적으로 충족시키는 경우 — 따라서 직접 실현하는 행위의 모든 단계에서 — 대상(경험)을 스스로 파악하거나 본질의 보편성이나 귀결 등 바로 스스로를 파악하는, 즉 스스로 목표를 달성한, 스스로를 실현한 주관적 성격을 지닌 활동성(행위를 함)의 구조적 계열이다.

통상적이고 정신과학적 의미 속에 '나는 생각한다.'(ego cogito) '지향' 의 이중 의미.

'나는 이러저러한 것을 본다'를 보고 보면서 파악하는 자는 이것으로써 아직 앎을 지닌 것은 아니다. 아마 이렇게 '내가–보는 것'을 구체적으로 만드는 주관적인 것 모두를 전혀 예감하지도 못한다. '나는 본다'는 단도직입적으로–지향해 있음, 자아가 대상을 향해 있음을 표현한다. 봄(Sehen)으로서 '대상–자체에서–목표를 달성해–있음', 더 나아가 스스로를 실현하는 가운데 있음을 표현한다. 그렇지만 이미 인식대상의 측면에서는 통상적 의미에서 '자아–작용'에 대해 반성하기 위해 이것으로써 변화하는 나타남의 방식, 조망, 방향이 정해짐 등이 아직 주목되지 않았다. 따라서 그 반성은 통상적 의미에서 '나는 생각한다'가 이른바 하나의 형식, 하나의 구조를 형성하는 자아–의식을 구체화하는 것에 대한 시선방향이 아직 아니다. 그래서 그것은 여전히 추상적인 것[8]이다.

---

8) 정신적 작용 속에 이 추상은 두 가지 관련된다는 사실을 상세하게 논의해야 한다. 우선 현상학적으로 그 자체로 새롭게 반성할 많은 계기를 주는 주제화하는 작용(행위, 판단작용, 가치평가 등)의 주관적 양상이며, [두 번째] 그 나타남의 방식이 지닌 — 은폐된 — 주제 자체(실천적 형성물)다. — 후설의 주.

모든 정신과학의 확정 ─ 기술학, 실천적 분과로서 인식대상과 동시에 인식작용을 겨냥한 논리학, 윤리학, 미학의 모든 확정도 ─ 은 여전히 소박한 실증성의 성격을 지니며, 이 소박함을 극복하는 데는 모든 추상을 지양하고 여전히 일면적 확정인 모든 것이 바로 그 자체로 인식되는 것을 겨냥하고 그래서 생각해볼 수 있는 모든 방향에서 어디에서나 비로소 완전한 구체화, 완전히 충분한 인식을 가능케 하는 보편성으로 진보해가는 것을 겨냥한, 새로운 의미의 (구체적이고 현상학적인) 인식작용에 관한 학문이 필요하다.

모든 개인적 심리학, 즉 감각론으로 왜곡되지 않은 진정한 심리학은 실증과학의 테두리에서 매우 가치 있다. 그럼에도 실증성 그 자체의 일면성 속에 머물러 있다. 인식대상-인식작용을 이중으로 고찰하는 전통논리학과 윤리학은 정당하게 개인적 심리학의 (경험적이고 형상적인) 연관에 포함된다. 다만 의식주관성을 그 완전한 구체적 삶 ─ 주관적 형성물로서 모든 인식대상적인 것(Noematisches) 또는 존재적인 것(Ontisches)처럼 모든 작용, 주체의 모든 행위가 융합되는 삶 ─ 속에 파악하기 위해 의식주관성을 인식작용으로-학문적으로 고찰하는 더 높은 단계가 필요하다. 작용과 행위는 우리 모두가 지닌 개념에 따라, 오직 자연적 자아-반성과 추상적으로 시선 속에 들어오는 것만 표현하는 개념에 따라 '단순한 자연'의 최초의 실증성에 대립해 더 높은 (반성적) 단계의 실증성이다.

보편성.

여기에서 보편성은 이른바 인식의 세계로서 세계의 총체성에 대해 또한 생각해볼 수 있는 인식의 모든 대상에 대해 실증적 주제로서, 경험의 주제로서 또한 학문의 이론적 주제로서 대상에 속하는 모든 본질의 상관관계(Wesenskorrelation)를 심문한다. 따라서 완전한 구체화로만 이끄는 탐구의 보편성을 뜻한다. 그 요구는 대상을 고려하지 않는 것이 아니라, 대상을 다양한 실제적이거나 가능한 주관성의 사건들에 상관자로서 그 대상을 구체화하는 가운데 인식하는 것으로 나간다. 그 주관성은 대상을 지향적으로 구성하고, 의미로서 대상과 분리될 수 없다. 그래서 대상을 주관성 속에 받아들일 수 있으며, 여기에서 그 대상의 주관적인 것과 일체가 되어 탐구할 수 있다.

　오해할 만한 논의방식을 피하기는 어렵다. 그럼에도 주관성을 ── 실제성과 가능성에 따라 ── 탐구하는 데 모든 대상성을 지닌 주관성의 세계가 '형성물'(Gebilde)로서 등장하지만 '형성작용'(Bilden)과도 분리될 수 없다. 이때 이 형성작용 자체는 실증적 반성의 소박한 방식에, 심지어 추상적으로 남아 있으면 안 된다는 의견을 잘 이해할 수 있다. 보편학문이 애써 노력하고 요구하는 보편성은 우리에게 존재하는 대상들의 총체적 우주인 세계에 대한 인식의 통일체다. 이렇듯 모든 통일체를 상관자로서─고찰해 실행할 것을 구상하는 방향으로 나간다. 이렇게 구상함으로써 개별적 주관성과 공동체 속에 구성하는 주관성인 상호주관성의 불가분한 통일체에 대한 인식에서 바로 이 통일체를 주제로 삼는 방향으로 나간다. 이 경우는 세계 전체를 그 상관자의 형성물로서 함께 포괄하는 구체적인 방식일 것이다. 체계적 방법을 더 상세하게 형성하는 것은 특별히 숙고해야 할 일이다. 모든 연구는 일면적이지만, 그 일면성은 인식되어야 한다. 모든 통일의 관점을 장악함으로써 방법적으로 극복되어야 한다.[9]

---

9) 여기에서 계속 다음과 같이 분명해져야 한다. 만약 보편적이고 순수한 주관성 전체를 심리학적 통각 속에 추구한다면, 나는 내가 그 주관성을 완벽한 보편성으로 철저하게 숙고할 때 결국 그 주관성은 이미 자연, 즉 그 속에 자기 자신이 있는, 따라서 자신의 존재 속에 절대적인 것인 심리물리적 세계를 포괄한다는 사실을 발견한다. 이것은 비록 세계의 존재가 의심스럽게 남아있고 그렇

서술하는[10] 동안 나는 마지막 1/4절 원고지에서 시사한 것에 상응해 작용과 작용의 형성물에 관해서 정신의 심리학자가 파악한 모든 것은 여러 가지로 수행될 수 있는 추상을 지녔다는 사실을 알게 되었다. 작용 속에서 우리는 어떤 목표를 겨냥한 자아의 행동(넓은 의미에서 행위)을 지닌다. 이 경우 겨냥해 있음——어떠한 지향〔의도〕에서 노력하는——의 더 깊은 선험적 양상과 그 지향이 겨냥하는 것이 나타나는 양상을 지닌다. 즉 노력하는 지향을 충족시키는 가운데 나타나는 것, 실현된 것이 나타나는 것이다. 이제 '나타남'의 양상이라는 명칭 아래 모든 것을 이끌어올 수 있고, 자아의 행동은 그 행동이 겨냥하고 '그 자체'의 양상으로 실현된 것으로서 지향을 충족시키는 가운데 그 행동 자체 속에 지향적으로 들어가는 대상적인 것처럼 그 자체로 자신의 '나타남의 방식'(Erscheinungsweise)을 지닌다. '나타남의 방식'이라는 명칭 아래 모든 것이 거기에 있지 않은가! 그렇다면 규정들이 침전된——그 습득성[11] 등에서 자아 속에 침전된——대상의 현상학적 변양도 마찬가지다.

그러나 바로 미리 주어진 것들의 우주인 세계(Welt)와 현실적인 세계의 것(Weltliches)을 구별해야 한다. '현실적'은 주제로 경험된 것, 주제화하는 사유작용 속에 신중하게 생각된 것, 판단하고 규정하면서 사유형성물의 주제가 되는 기체를 뜻한다. 가치를 평가하며 주제화하는 가운데, 경험된 것을 상상으로 변형시키는 가운데 현실적인 것을 뜻하며, (나에 의해 '실현될 수 있는' 것으로서) 실천적 가능성을

다면 세계가 하나의 지표(Index)라는 사실 등에 상관없다.——이것은 평행론(Parallelismus)이다.——후설의 주.

10) 여기에서 '마지막 큰 원고지에서 시사한 서술'은 이 논문에서 '후설의 주석 7'과 관련된 본문인 '모든 행위의 추상성.' 이하부터 서술한 것을 가리킨다.

11) '습득성'에 관해서는 본문 42항의 옮긴이 주 6을 참조할 것.

숙고하고 경험하는 가운데, 실행하고 행위 하면서 실현하는 가운데 현실적인 것을 뜻한다. 여기에는 비현실적인 것, 하지만 다시 현실화 할 수 있는 것도 있다. 그래서 두 가지 현실성이 있다! 후자〔현실적인 세계의 것〕는 미리 주어진 존재자를 그 존재 속에 다시 실현하고, 해석해, 그 존재(Sein)를 입증한다. 그것이 그렇게 존재함(Sosein)을 더 자세하게 살펴봄으로써 그 존재의 진리를 얻으려 노력하는 것이다. 따라서 '행위 하는' 현실성에서 현실성의 양상으로서 비현실성이 생긴다. 하지만 세계는 구성하는 활동에서 생긴 것이다. 선험적으로 구성하는 것은 구성되지 않고, 미리 주어지지 않는다. 그것은 현상학을 통해 비로소 현상학자의 것이 된다.

나는 다음과 같이 진행시킬 수 있다.
세계에 대한 자연적 개념.
나에게 사실적으로 미리 주어진 학문 이전의 세계에 관해서 나는 그 사실적인 보편적 구조의 유형성을 기술하려 한다. 이 경우 나는 세계에 존재한다. 그리고 이로써 세계 속에 들어가 행위 하고 경험하며 사유하고 실재적인 것을 변형시켜가는 세계의 구성원인 인간—정신적 관점에서는 나 자신이 주관성으로 존재하고 세계에 포함되는 것처럼 개인적 주관성들—에 즉시 이르게 된다. 이제 나는 경험에 또한 순수하게 가능한 직관에 주어진 주관성을 형상적으로 변화시킨다. 나는 그 주관성을 끊임없이 세계를 경험하는 것으로 인식하고, 가능한 경험과 가능한 인식의 세계에 대한 그 주관성의 상관관계를 인식한다. 나는 가능한 세계가 나를 경험적인 것이 가능한 모든 객체적인 것(또는 이념적인 것) 일반처럼 나타나는 가능한 주관성으로 소급해 이끄는 것을 보게 된다. 나는 주관성이 그 자체에 대해 '나타나는 것'이며 그 자체에 대해 인식할 수 있는 것이기 때문에 주관성 자체가 존재한다는 사실을 보게 된다.

사례에서 출발하자 자연에 대한 인식, 지향적이지만 심리학적 분석의 길잡이인 개인적 인식과 문화적 인식에서 사례를 취한다. 데카르트적 길에서처럼 처음부터 자연적 세계 전체를 즉시 '배제하지' 않는다면, 나 자신을 보편적 자아론(自我論)의 태도로 고양시킨다.

(이렇게 실행한다면, 그럼에도 그때 나는 그러한 개별적 길잡이를 받아들여야 한다. 그리고 현상학적 방법과 모든 인식 ─우선 내재적 인식, 그런 다음 내재 속에 등장하는 (정립적) 객관적 인식─을 비판할 원리를 찾아야 한다. 따라서 나는 데카르트적 방법의 의미를 추구하면서 진정한 철학적 학문과 학문의 체계에 구조를 미리 지시하게 되는 『방법서설』(Discours de la méthode)과 『제일철학에 대한 성찰』(Meditationes de prima philosophia)와 더불어 출발한다. 이 경우 나는 나중에 자연적으로 정립된, 자연적으로 미리 주어지고-구성된 세계─우선 경험의 세계, 그런 다음 상이한 학문의 주제인 이론의 세계─의 형식적 구조를 고찰해야 한다. 구체적인 현상학적 작업에 길잡이로 받아들여야 하는 것이다. 그러나 데카르트적 방법은 학문을 이성비판으로 정초하는 것이고자 한다).

반면 자연적인 '세계에 대한 표상'의 구조를 명백하게 제시함으로써 세계에 대한 자연적 고찰과 더불어 시작할 수 있고, 이러한 고찰과 관련된 세계에 대한 학문을 추구할 수 있다.[12] '이 학문이 완전함에 무엇을 결여하는지' '그 학문들 단체가 실제로 충분한 보편학문을 어느 정도 개척했는지'는 의문시된다. 물론 여기에서 구성작용을, 무엇보다 심리학적 형식에서 인식의 상관관계를 발견하게 된다. 그래

---

12) 여기에서 학문─특히 자연과학─을 기술하는 단계를 이념화(Idealisierung)를 통해 넘어설 필연성을 명백하게 고려해야 할 것이다.─후설의 주.

서 여기에서 이끄는 것은 보편성의 완전함에 대립해 특수성의 불완전함뿐이다. 모든 실증적 주제, 이 주제의 모든 대상은 추상을 지닌다. 또한 탐구되지 않은 '측면'을 지니며, 주관성을 지시한다. 나는 〔한편으로〕 경험(모든 대상적 영역의 경험) 속에 제시할 수 있는 나타남의 방식으로 이끌린다. 다른 한편으로 경험적 주관성(인격과 영혼의 자아)을 자아가 주제로 삼는 관련으로, 지향적 대상성으로, 정립(Position)과 '정립적 의미'(positionale Bedeutung) ─ 정립(These)과 주제(Thema)[13] ─ 인 다양한 형식의 정립(Setzung)과 '명제'(Satz)[14]로 이끄는 **심리학적 환원**으로 이끌린다.

완전한 보편성으로 넘어가자. 모든 익명적 상관관계와 모든 본질의 개방성과 필연적으로 함께 속해 있음을 밝힐 수 있다. 이렇게 함으로써 이 경우 완전한 현상학적 환원과 더불어 선험적 관념론에 이른다. 우선 보편적인 순수한 상호주관성에 이르고, '세계 속에 존재하고' 서로 함께 수수하게 내적으로 결합된 영혼들의 전체에 이른다. 이때 완전한 보편성 ─ 심리학적 '판단중지'(epoche)의 보편성 ─ 이지만 그럼에도 불일치, 모순일 자연적-실증적 관점을 포기하기 위해 다음 단계가 필요하다. 그것은 가령 순수 주관성이 세계의 존재와 독

---

13) '정립적 의미'는 정신과학과 규범과학 자체에서 주제의 역할을 하고 아직 완전히-현상학적이지 않은 것을 나타내는 적절한 용어다. 여기에서 나는 아직 충분히 판명하게 구별하지 못했다. 주제가 되는(thematisch) 지향성과 나타남의 근원에 관한(phansiologisch) 지향성('나타남'의 양상). ─후설의 주.

14) 'Satz'는 단순한 '문장'이 아니라 의식의 인식작용이 대상에 의미를 부여해 '정립된 명제'를 뜻한다. 그리고 'Position'은 지향적 의식이 대상에 일정한 태도를 취해 '정립하는 작용'을 뜻한다. 이러한 뜻으로 사용되는 'Setzung'이나 'These'에서도, 후자는 전자의 특성을 가리키지만(특히 『이념들』 제1권, 117항을 참조), 후설이 때때로 그 차이를 구별하지 않고 사용하며 그때마다 이렇게 구별해 옮기는 것에 특별한 의미가 없다고 생각하기 때문에 모두 '정립'으로 옮기고, 간혹 필요할 경우 원어를 병기하기로 한다.

립적이라는 데카르트적 인식을 비판하는 길의 단계다.

모든 경험의 대상성(영역으로서)은 가능한 나타남의 근원에 연관되어 있다. 다른 한편 나타남의 종합에서 가능한 주제와 연관되어 있다. 이때 참된 명제의 종합에서 구성적 체계를 위한 길잡이다. 가장 완전하고 궁극적인 의미에서 학문, 즉 **보편학문**은 ('무한히') 객관적 이론의 보편적 체계다. 이와 상관적으로 모든 단계의 경험의 이론 — '나타남의 근원'(phansis)[15]의 이론, **구성적 이론** — 에 보편적 체계다. 이것에 의해 주제의 연관, 이론적 연관은 그 자체로 다시 자신의 '나타남의 근원'을 지닌다. 이것은 자신의 경험과 그 경험이 나타나는 방식을 지니는 것이고, 이는 '무한히' 그렇다.

물론 세계구조의 단계, 학문의 단계 그리고 이러한 과정에서 궁극적 의미의 '참된 인식'의 철학적 방법을 선명하게 나타내기는 매우 어렵다. 그렇지만 첫 번째 길에서도 그렇다. 어쨌든 그것은 하나의 출발이다. 그 밖에 함축된 잠재성을 '밝히는 것', 지평을 밝히는 것, 끊임없이 앞서 타당한 세계가 미리 주어져 있음을 해명하기는 엄청나게 어려운 일이다.

더 이상의 고찰은 논리적으로 '참된 것', 심미적이고 윤리적으로 '참된 것', 진정한 것을 겨냥하는 '규범적 학과'로 즉시 이행한다. 학문, 예술, 기술, 윤리적 존재(윤리적 인격성, 윤리적 행동)는 이 경우 '규범적 목표'를 향한 '진리'의-규범 아래에서 생각하게 된다. 모든

---

15) 그리스어 'phansis(또는 phasis)'는 'phainomenon'과 같이 '나타남, 출현함'을 뜻한다. 하지만 후설은 전자를 후자가 역사성과 습득성의 기체인 주관성이 인식대상을 지향적으로 구성해 종합하는 작업수행의 과정에서 드러난 것으로 구별한다. 따라서 의식에 직접 주어져 나타난 것의 근원을 해명하는 후설 현상학은 'phainomenon'에서 'phansis'로 파고들어 가는 작업이다. 그런데 적절한 번역어를 따로 찾기 어려워 일단 'phansis'를 '나타남의 근원', 'phansiologisch'를 '나타남의 근원에 관한'으로 옮긴다.

실천은 행위 하는 자가 의식에 적합하게 다소 간에 완전하게 도달했다고 체험하는 자신의 목표를 지닌다. 그러나 이 목표도 개인의 삶, 게다가 행위 하는 삶에서 끌어낸 것이다. 완전히 목표를 달성한 것으로, 행위로 노력해 충족시킨 것으로 의식된다. 이를 통해 완성시키는 것의 지속적 의미를 무엇보다 체험에 부여하는데, 그와 같이 모든 체험이 목표를 달성한 것은 실제로 완전한 것이었는지를 곧바로 겨냥한 양상화의 이러한 경험을 통해 동기가 부여된 추후의 비판을 받듯이, 나중에 이러한 의미를 상실한다. 그런데 그러한 비판을 견뎌내는 것도, 결국 **목표 자체**가 상대적이 되는 한, 상대적이 된다. 이 모든 것은 수단, 중간 목표, 방법〔길〕에도 적용된다.

1) 목표로서 목표는 (참으로 존재하는 것으로서) 완성되어 원본적으로 주어진다. 참된 완성은 그것이 순수하게 충족시키는 것으로서 모든 비판을 견뎌낼 때 이루어진다. 그것은 나에게 실천적으로 가능하고 명증한 길로서 그것으로 이끄는 목적으로서 목표를 명증하게 '미리 구체적으로 떠올리는' 가운데 '미리' 명증하게 주어진다. 겨냥하는 것은 앞서 원하는 가운데 미래의 실제성을 정립하는 것이며, 의지를 정립하는 것이다. 실현하는 행위는 실현된 실제성의 의지의 양상으로 주어진 것으로 이제 현재가 된 실제성에서 끝난다. 그러나 이것은 '본래' 지각된 것이 통각에 의해 함께 있는 현재(Mitgegenwart)로서 객관적 현재(Gegenwart) 속에 놓여 있는 자신의 의지의 지평(Willenshorizont)을 여전히 지닌다. 비판은 이것을 겨냥한다.

2) 그러나 이제 내가 나의 것이나 그것을 의도한 것과 참으로 정확히 그대로 목표를 달성한 것으로서 이미 명증성을 지닌 그 목표를 다른 방식으로 비판할 수도 종종 있다. 새로운 비판은 내가 더 좋은 것을 원할 수 있었다는 사실을 깨달을 가능성, 심지어 이 목표는 단적으로 내가 원하면 안 될 것이라고 통찰할 가능성, 또는 그것은 절대

적으로 마땅히 해야 할 것에 모순될 가능성과 관련된다.

이것으로써 이미 시사되었듯이, 그 경우는 상이하며, 당위(當爲)에 대해 상이한 의미에서 말하는 것이다. 어떤 경우에만 적확한 의미를 지닌다. 즉 절대적인 의미에서 당위에 대해 말한다. 나는 더 즐거운 것, 더 유익한 것을 선택할 수 있었을 경우에도 '어리석게' 그렇지 못한 것을 선택한다. 나는 '실용적이지 못했고', 더 짧은 길을 더 잘 선택할 수 있었을 경우에 더 먼 길을 선택하기도 한다. 다른 한편으로 나는 '아름다운 것'(kalón)¹⁶⁾을 선택할 수 있었고 선택 '해야 했을' 경우에 단순히 즐거운 것, 유익한 것을 선택했다. 그래서 길뿐 아니라 목표 그리고 상이한 당위의 개념에 지배되는 이것들 자체도 목표의 단순한 물질적 내용에 관계하지 않는다. 자신의 실천적 삶과 상호주관적인 실천적 삶 및 이들의 가능한 목표의 더 넓고 가장 넓은 개방된 지평에 관계하는 상이한 종류의 우선성에 따라 구별되고 비판된다. 이렇게 원리상 상이한 형식의 각 우선성에는 각기 최선의 것(Bestes)이 있겠지만, 아마 이 모든 것은 궁극적으로 '절대적 당위'라는 형식에서 하나의 최선의 것에 관련되고, 심지어 이미 이러한 형식의 것이다. 절대적 당위가 우선성의 원리 아래 있을 수 있는 한, 후자는 이것을 넘어서 최상의 절대적 당위를 지배한다.

여기에서는 이러한 상대주의를 추구하면 안 된다. 어쨌든 목표도 그 사실적 존재(실현할 수 있는 가능성과 완성해 실현하는 것 자체에서

---

16) 후설이 이 용어를 굳이 그리스어로 표기한 이유를 정확하게 알 수 없지만, 플라톤이 이와 관련해 "모든 좋은 것(to agathon)은 아름답고, 아름다운 것(to kalon)은 반드시 균형을 이룬다."(『티마이오스』(Timaios), 87c~89d; 『필레보스』(Philebos), 64e~65a 참조)고 주장해 자연이나 기술, 실천적 행위에서도 알맞은 정도와 균형을 갖추어야만 좋은 것을 탄생시키고 보존할 수 있다고 파악한 것을 참조해볼 수 있다.

실제성) 이외에 비판과 명증성에 속한 차원과 더불어 여전히 완전하거나 불완전할 수 있는 차원을 지닌다. 그 비판은 실제적 행위, 그때그때 현실적 목표뿐 아니라 변하지 않는 실천적 관심인 습득적 목표에 관련된다. 현실적 삶에서 ─이 삶이 현실적으로 자각해 추진하는 목표에 대한 비판에서 ─끊임없는 경향이 생긴다. 겨냥하는 삶의 더 이상의 연관 속에 말소되지 않을 실천적으로 최선의 것에서 우리는 목표를 유지할 수 있고, 그 대신 더 좋은 것을 선택할 수 있었을 것이라는 사실을 인식할 필요는 없다. 따라서 보편적인 실천적 일치함(그래서 무엇보다 상호주관적 일치함)이라는 삶의 양식을 향한 경향은 후회 없이 영원히 남아 있을 수 있는 목표의 체계를 지닌다.

게다가 절대적 당위와 절대적 우선성이 비록 그 자체가 다시 상대성 ─어쨌든 이러한 성격을 폐기하는 것이 아니라 목표를 비교하는 가운데 절대적 우선성이 어떤 전제에서, 이해할 수 있게 실천적 장(場)에 상대화되더라도 ─속에 정상적 상황의 보편성에서 일어나는 실제적 명증성과 추정적 명증성이 우리에게 생긴다. 그래서 우리는 절대적 규범 ─여기에서는 그 상황에서 절대적으로 마땅히 해야 할 목표, 절대적으로 우선하는 목표로서 이해된 ─의 장(場), 그 영역에 이르게 된다. 그 목표가 유(類)에 적합한 보편성에서, 더구나 본질상 보편성에서 파악될 수 있는 한(상대성에서 본질적으로 파악할 수 있는 그 목표의 상황), 우리는 통상적 의미에서 절대적 규범을 지니며, 본질상 보편적으로 타당한(즉 그 자체로 절대적으로 타당한) 규범적 진술명제와 더불어 바로 본질상 보편적 규범도 지닌다. 본질상 보편성에는 이와 상관적인 본질상 보편적으로 파악된 상황이 관련된다.

그 규범은 형식적-논리적 진리뿐 아니라 논리적 진리 일반, 결국 논리 이전에 상황의 진리인 존재의 진리에 규범이다. 또한 심미적 진리의 규범, 윤리적 진리의 규범, 절대적으로 올바른 개인행위의 진리에 규범이다. 그런데 그것은 개인 자신의 윤리적 진리에 규범을, 즉 — 행위 하면서 일관되게 진정함이나 참됨을 얻으려 노력하며 살아가고 이렇게 하는 가운데 자신의 삶 전체를 어쩌면 회심(回心)해 절대적 규범으로 주제화하는 이상(理想)으로서 — 참되고 진정한 개인(참되고 진정한 인간)으로서 그의 존재를 개혁하는 개인, 절대적으로 마땅히 해야 할 개인의 절대적인 규범적 이념 아래 스스로를 형성하는 개인이다. 공동체의 경우도 마찬가지다. 개인의 이러한 윤리적 진리는 그 자체로 절대적인 '형식적' 진리다. 그것은 자신의 현실적(역사적, 인류의, 따라서 환경세계의) 상황에서 절대적으로 진정한 윤리적 행위나 윤리적 개인의 존재에 대한 형식이다.

규범적 학문, 논리학, 미학, 윤리학에 대해 논의해보자. 이것들은 곧 절대적 규범이 나뉘는 근본방식에 대한 학문이다. 결국 이것들이 서로 잇달아 연관된 것(서로 뒤섞인 것)과 이것들이 궁극적 절대성으로 종합되는 것에 대한 학문인 것이다.

이제 **정신과학**의 작업영역을 다시 숙고해보자. 인간에 대한 학문으로서 정신과학은 특별한 인간에 따라 분류된다. 이와 상관적으로 그것은 이 인간에게 의식되고 그의 개별적 인간과 공동체의 삶에서 항상 새롭게 형성되는 **환경세계**에 대한 학문이다. 여기에서는 인간이 의식에 적합하게[17] 지닌 것, 인간에게 (확실성, 불확실함, 개연성, 가상 등으로) 존재하는 것으로 의식에 적합하게 발견되는 것이 주제가 되며, 인간의 삶(인간이 '존재하는 것', 이러저러하게 가치 있다고 평가한 것, 실천적으로 그렇게 동기가 부여된 것에서 받는 괴로움)에서 그

---

17) '의식에 적합하게'는 무엇이든 인간으로서 인간 일반에 그리고 특수성에서 이러저러한 인간에 이미 현실적이거나 잠재적으로 타당한 것, 존재하는 것으로, 가치 있는 것으로, 좋은 것으로 실제적이거나 '가능한' 삶의 목표로서 타당한 것을 뜻한다. —후설의 주.

리고 행위 하는 행동에서 정신적 형태를 지니는 것 모두가 주제가 된다. 그것은 인간 문화의 세계, 작품형태의 세계, 목표형태의 세계, 활용할 수 있는 재산, 유용함, 무용함(상관없음과 유해함) 등으로서 사물의 세계다. 다른 한편 인간 자체가 주제가 되며, 이와 상관적으로 그 성격을 개조하고 육성하는 등 끊임없이 생성되는 가운데 어쩌면 자기 자신과 그 동료 인간, 조합을 실천적으로 고용해 연마하는 개인으로서 주제가 된다.

여기에서 특별한 정신과학의 영역은 정신의 형성물과 인간 자체를 규범적으로 평가하는 데 근거한 규범적 실천이다.

1) 그 물음은 한편으로 우선 인간 일반이 무엇을 사실적으로 원했고 얻고자 노력했는지, 참으로 무엇을 완전하거나 불완전하게 실현했는지, 이 경우 형성물에서 무엇이 일어났는지, 그것은 어떤 유형성인지 등과 같다. 다른 한편으로 인간은 절대적 규범—단일한 규범이나 규범법칙—에서 사실적으로 무엇에 주목했는지, 그 규범을 얼마나 명석하게 파악하고 어디까지 실현했는지 하는 물음이다.

2) 결국 인류와 그 정신적 환경세계를 절대적 규범 아래(정신과학자의 관점에서) 평가하는 것은 평가된 인류가 이 규범에 의해 이끌렸든 이끌리지 않았든 상관없다. 그리고 이 경우 인류가 절대적 규범의 이념 아래 어디까지 인식될 수 있는지 등과도 상관없다.[18]

따라서 다음과 같은 것도 있다.

1) 인간 정신에 대한 사실과학, 따라서 지상의 유한함에서 사실과학을 지닌다.

2) 인간 정신에 대한 아프리오리한 학문을 지닌다.

---

18) 일상적 삶의 상대성에서도 우리는 우리 자신과 타인을 게다가 1) 우선 그들의 사실적 생각과 행동, 그들의 사실적 규범을 전제해, 그런 다음 2) 절대적으로 평가하며, 일반적으로 그러하다.—후설의 주.

a) 자신의 정서와 행동에서 변하지 않는 것으로서, 영혼의 수동성 (Passivität)[19)]에 근거한 것으로서 상대적으로 구체화되는 가운데 그 자신의 본질적 구조에 따른 인간 개인의 아프리오리를 지닌다.

b) 개인적으로 서로 함께 있는 것으로서 세계 속에 인간적으로 서로 함께 존재하는, 인간 공동체의 아프리오리를 지닌다.

c) 다른 한편 일반적으로 인간과 인간 공동체의 경험의 환경세계인 세계 ── 인간의 환경세계 ── 의 상관적 아프리오리를 지닌다.

여기에는 심리물리적 아프리오리도 포함된다. 그것의 함축 속에 인간 정신의 보편적 아프리오리다. 이것은 자연, 경험의 세계 일반, 논리적으로 참된 것으로서 존재할 가능성 속에 존재한다. 이로서 인간의 실천적 가능성에서 세계로서, 개별적 인간이나 공동체의 인간의 모든 존재할 가능성에서 그에게 실천적인 것인 관념적으로 가장 가능한 세계로서 자연과 세계 일반의 보편적 아프리오리를 함축하고 있다. 개인으로서 인간은 작용의 주체다. 따라서 자신의 가능성에서 언제나 '할 수 있는 능력이'(vermöglich) 있다.

내재적으로 논리화[추정](logifizieren)된 무한함에서 순수한 개인적 상호주관성의 보편적 아프리오리를 지닌다. 또한, 보편적으로 순수한 인간적-주관적인 절대적 아프리오리는 그 줄기로서 판단의 진리(존재의 진리, 가장 넓은 의미에서 사실의 진리)의 아프리오리를 지니며, 순수한 절대적 윤리학의 아프리오리 등을 지닌다. 이것들은 그 줄기이고, 어쨌든 포괄된다.

통상적 의미에서 윤리학, 통상적 의미에서 미(美)에 대한 학설은 지상의[세속적] 상황, 사실적-역사적 인류에 관련된다. 그러나 우리

---

19) 후설에서 '수동성'과 '능동성'에 관해서는 본문 31항의 옮긴이 주 20을 참조할 것.

가 합리적인 '규범적' 학과를 논리화하자마자, 따라서 추정된 무한함에 관련시키자마자, 우리는 지상의 것[세속적인 것]을 넘어선다.

우리에게 존재하는 바로 그 세계의 보편적 아프리오리는 일치하는 모든 존재가능성에 따라 발전된 것으로 생각된—지평에 의해 경험되고 추정된—우리의 세계가 존재할 가능성의 본질적 보편성을 부여한다. 그 존재가능성은 이렇게 사실적으로 추정된 세계에 시간-공간적 무한함에서 참된 존재의 통일성을 부여한다.

이렇게 무한히 다의적인 사실인 '존재하는 세계'(무한히 많은 자신의 존재가능성을 포함해)의 변화를 형상적 단일성으로 수립할 것이다. 이러한 세계의 보편적 아프리오리, 참으로 가능하게 '무한히' 존재하는 세계 일반의 아프리오리는 모든 가능한 자연(세계의 핵심)의 아프리오리와 세계에서 심리물리적으로 가능하게 일어날 수 있는—개별적이거나 상호주관적으로 결합되어, 공동체화 되어, 지향적으로 서로 함축하는 것으로서—정신성의 아프리오리를 내포한다. 그러나 이 정신적 아프리오리는 자연의 아프리오리를 함축한다. 따라서 우리는 정신에 대한 아프리오리한 학설과 나란히(neben) 자연에 대한 아프리오리한 학설을 갖지 않지만, 어쨌든 심리물리학의 아프리오리를 지닌다. 그렇지만 세계 속에 존재하는 정신성 자체는 그 자체로 세계 일반과 마찬가지로 통각의 형성물이다. 그런데 우리가 세계의 상관적 아프리오리, 즉 구성하는 궁극적 주관성의 아프리오리를 함께 포함해 생각하자마자, 모든 것이 다르게 된다.

우리가 인간으로, 즉 우리 자신을 자연적 타당성에서 인간으로 의식하면서 탐구하고 마찬가지로 이를 의식해 행위 하자마자, 우리 존재의 상관자로서 세계, 즉 외부 세계와 이 세계와 하나가 된 우리 자신을 총체적 세계로서 지니게 된다. 우리 인간의 존재를 넘어서는 현상학적 환원을 통해 보편적 통각과 이 통각의 작업수행에 터전인 선험적 주관성으로 상승해갈 수 있다. 이때 우리는 존재하는 총체성으로서 선험적 자아-전체(Ich-All)를, 그리고 **구성된 것으로서** 자연적 인간 세계를 지니게 된다. 인간으로서 우리는 구성적으로 심리학적인 것을 획득한다. 그리고 심리학적으로 통각된 것으로서 언제나 다시 동일한 것을 반복한다. 선험적 주체로서 우리는 선험적인 것을 획득하며, 또한 다시 반복된다. 세계성(Weltlichkeit) 또는 인간성(Menschlichkeit)에는 주관적인 것을 심리학화(心理學化)하는 반복이 포함되며, 모든 반성은 반성된 것의 심리학적 통각이다. 이렇게 반복할 수 있는 잠재성은 이미 미리 주어진 것과 그 지평에 속한다.

현상학적 환원은 이러한 선험적 경험 등을 비로소 가능케 해준다. 게다가 선험적 현상으로 환원된 '세계'의 토대 위에 가능케 해준다. 이것으로부터 '선입견에서 해방된'(vorurteilsfrei) 자아는 선험적으로 미리 주어진 것을 형성한다. 그렇다면 이제부터 선험적으로 미리 주어진 모든 것은 심리학적인 것으로 진입한다.

후설 연보

1. 성장기와 재학 시절(1859~87)

1859년   4월 8일 오스트리아 프로스니츠(현재 체코 프로스초프)에서 양품점을 경영하는 유대인 부모의 3남 1녀 중 둘째로 출생함.

1876년   프로스니츠초등학교와 빈실업고등학교를 거쳐 올뮈츠고등학교를 졸업함.

1876~78년   라이프치히대학교에서 세 학기(수학, 물리학, 천문학, 철학)를 수강함.

1878~81년   베를린대학교에서 바이어슈트라스와 크로네커 교수에게 수학을, 파울센 교수에게 철학을 여섯 학기 수강함.

1883년   변수계산에 관한 논문으로 박사학위를 받은 후 바이어슈트라스 교수의 조교로 근무함.

1883~84년   1년간 군복무를 지원함.

1884년   4월 부친 사망함.

1884~86년   빈대학교에서 브렌타노 교수의 강의를 듣고 기술심리학의 방법으로 수학을 정초하기 시작함.

1886년   4월 빈의 복음교회에서 복음파 세례를 받음.

1886~87년   할레대학교에서 슈툼프 교수의 강의를 들음.

1887년   8월 6일 말비네와 결혼함.

   10월 교수자격논문 「수 개념에 관하여」가 통과됨. 할레대학교 강사로 취임함.

2. 할레대학교 시절(1887~1901)

1891년   4월『산술철학』제1권을 출간함.

1892년   7월 딸 엘리자베트 출생함.

1893년   프레게가『산술의 근본법칙』에서『산술철학』을 비판함.

            12월 장남 게르하르트 출생함(법철학자로 1972년에 사망함).

1895년   10월 차남 볼프강 출생함(1916년 3월 프랑스 베르됭에서 전사함).

1896년   12월 프러시아 국적을 얻음.

1897년   『체계적 철학을 위한 문헌』에「1894년부터 1899년까지 독일에서 발표된 논리학에 관한 보고서」를 게재함(1904년까지 4회에 걸쳐 발표함).

1900년   『논리연구』제1권(순수논리학 서설)을 출간함.

1901년   4월『논리연구』제2권(현상학과 인식론의 연구)을 출간함.

3. 괴팅겐대학교 시절(1901~16)

1901년   9월 괴팅겐대학교의 원외교수로 부임함.

1904년   5월 뮌헨대학교에 가서 립스 교수와 그의 제자들에게 강의함.

1904~05년   「내적 시간의식의 현상학」을 강의함.

1905년   5월 정교수로 취임이 거부됨.

            8월 스위스 제펠트에서 뮌헨대학교 학생 팬더, 다우베르트, 라이나흐(Adolf Reinach), 콘라트(Theodor Conrad), 가이거(Moritz Geiger) 등과 토론함.

1906년   6월 정교수로 취임함.

1907년   4월 제펠트의 토론을 바탕으로 일련의 다섯 강의를 함.

1911년   3월『로고스』창간호에「엄밀한 학문으로서의 철학」을 발표함.

1913년   4월 책임편집인으로 참여한 현상학 기관지『철학과 현상학 탐구연보』를 창간하면서『순수현상학과 현상학적 철학의 이념들』제1권을 발표함(기술적 현상학에서 선험적 현상학으로 이행함). 셸러도『철학과 현상학 탐구연보』에『윤리학의 형식주의와 실질적 가치윤리학』제1권을 발표함(제2권은 1916년『철학과 현상학 탐구연보』제2권에 게재됨).

10월 『논리연구』제1권 및 제2권의 개정판을 발간함.

1914년   7월 제1차 세계대전이 일어남(12월 두 아들 모두 참전함).

4. 프라이부르크대학교 시절(1916~28)

1916년   3월 차남 볼프강이 프랑스 베르됭에서 전사함

4월 리케르트(Heinrich Rickert)의 후임으로 프라이부르크대학교 교수로 취임함.

10월 슈타인이 개인조교가 됨(1918년 2월까지).

1917년   7월 모친 사망함.

1917년   9월 스위스 휴양지 베르나우에서 여름휴가 중 1904~1905년 강의 초안 등을 검토함(1918년 2~4월에 베르나우에서 보낸 휴가에서 이 작업을 계속함).

1919년   1월 하이데거가 철학과 제1세미나 조교로 임명됨.

1921년   『논리연구』제2-2권 수정 2판을 발간함.

1922년   6월 런던대학교에서 「현상학적 방법과 현상학적 철학」을 강의함.

1923년   일본의 학술지 『개조』(改造)에 「혁신, 그 문제와 방법」을 발표함.

6월 베를린대학교의 교수초빙을 거절. 하이데거가 마르부르크 대학교에, 가이거가 괴팅겐대학교에 부임함. 란트그레베가 1930년 3월까지 개인조교로 일함.

1924년   『개조』에 「본질연구의 방법」과 「개인윤리의 문제로서 혁신」을 발표함.

5월 프라이부르크대학교의 칸트 탄생 200주년 기념축제에서 「칸트와 선험철학의 이념」을 강연함.

1926년   4월 생일날 하이데거가 『존재와 시간』의 교정본을 증정함.

1927~28년 하이데거와 공동으로 『브리태니커백과사전』'현상학' 항목을 집필하기 시작함(두 번째 초고까지 계속됨).

1927년   하이데거가 『철학과 현상학 탐구연보』제8권에 『존재와 시간』을 발표함.

1928년   1904~1905년 강의수고를 하이데거가 최종 편집해 『철학과 현상

학 탐구연보』제9권에『시간의식』으로 발표함.

3월 후임에 하이데거를 추천하고 정년으로 은퇴함.

5. 은퇴 이후(1928~38)

1928년   4월 네덜란드 암스테르담에서 '현상학과 심리학'과 '선험적 현상학'을 주제로 강연함.

8월 핑크가 개인조교로 일하기 시작함.

11월 다음 해 1월까지『형식논리학과 선험논리학』을 저술함.

1929년   2월 프랑스 파리의 소르본대학교에서 '선험적 현상학 입문'을 주제로 강연함.

3월 귀국길에 스트라스부르대학교에서 같은 주제로 강연함.

4월 탄생 70주년 기념논문집으로『철학과 현상학 탐구연보』제10권을 증정받음. 여기에『형식논리학과 선험논리학』을 발표함.

1930년   『이념들』제1권이 영어로 번역되어 출간됨. 이 영역본에 대한 「후기」(後記)를『철학과 현상학 탐구연보』최후판인 제11권에 발표함.

1931년   「파리강연」의 프랑스어판『데카르트적 성찰』이 출간됨.

6월 칸트학회가 초청해 프랑크푸르트, 베를린, 할레대학교에서 '현상학과 인간학'을 주제로 강연함.

1933년   1월 히틀러가 집권하면서 유대인을 박해하기 시작함.

5월 하이데거가 프라이부르크대학교 총장에 취임함.

1934년   4월 미국 사우스캘리포니아대학교의 교수초빙 요청을 나이가 많고 밀린 저술들을 완성하기 위해 거절함.

8월 프라하철학회가 '우리 시대에 철학의 사명'이라는 주제로 강연을 요청함.

1935년   5월 빈문화협회에서 '유럽인간성의 위기에서 철학'을 주제로 강연함.

11월 프라하철학회에서 '유럽학문의 위기와 심리학'을 주제로 강연함.

1936년   1월 독일정부가 프라이부르크대학교의 강의권한을 박탈하고 학계활동을 탄압함.

9월 「프라하강연」을 보완해 유고슬라비아 베오그라드에서 창간한 『필로소피아』에 『위기』의 제1부 및 제2부로 발표함.

1937년 8월 늑막염과 체력약화 등으로 발병함.

1938년 4월 27일 50여 년에 걸친 학자로서의 외길 인생을 마침.

6. 그 이후의 현상학 운동

1938년 8월 벨기에 루뱅대학교에서 현상학적 환원에 관한 학위논문을 준비하던 반 브레다 신부가 자료를 구하러 후설 미망인을 찾아 프라이부르크를 방문함.

10월 루뱅대학교에서 후설아카이브 설립을 결정함.

11월 유대인저술 말살운동으로 폐기처분될 위험에 처한 약 4만 5,000여 매의 유고와 1만여 매의 수고 및 2,700여 권의 장서를 루뱅대학교으로 이전함. 후설의 옛 조교 란트그레베, 핑크 그리고 반 브레다가 유고정리에 착수함.

1939년 『위기』와 관련된 유고 「기하학의 기원」을 핑크가 벨기에 『국제철학지』에 발표함.

3월 유고 『경험과 판단』을 란트그레베가 편집해 프라하에서 발간함.

6월 루뱅대학교에 후설아카이브가 정식으로 발족함(이 자료를 복사하여 1947년 미국 버펄로대학교, 1950년 독일 프라이부르크대학교, 1951년 쾰른대학교, 1958년 프랑스 소르본대학교, 1965년 미국 뉴욕의 뉴스쿨에 후설아카이브가 설립됨).

1939년 파버가 미국에서 '국제현상학회'를 창설함. 1940년부터 『철학과 현상학적 연구』를 창간하기 시작함.

1943년 사르트르가 『존재와 무: 현상학적 존재론의 시도』를 발표함.

1945년 메를로퐁티가 『지각의 현상학』을 발표함.

1950년 후설아카이브에서 유고를 정리해 『후설전집』을 발간하기 시작함.

1951년 브뤼셀에서 '국제현상학회'가 열리기 시작함.

1958년 후설아카이브에서 『현상학총서』를 발간하기 시작함.

1960년 가다머가 『진리와 방법』을 발표함.

1962년	미국에서 '현상학과 실존철학협회'가 창설됨.
1967년	캐나다에서 '세계현상학 연구기구'가 창립됨. '영국현상학회'가 『영국현상학회보』를 발간하기 시작함.
1969년	'독일현상학회'가 창립되고 1975년부터 『현상학탐구』를 발간하기 시작함. 티미니에츠카(Anna-Teresa Tymieniecka)가 '후설과 현상학 국제연구협회'를 창설하고 1971년부터 『후설연구선집』을 발간하기 시작함.
1971년	미국 듀케인대학교에서 『현상학연구』를 발간하기 시작함.
1978년	'한국현상학회'가 창립되고 1983년부터 『현상학연구』(이후 『철학과 현상학 연구』로 개명함)를 발간하기 시작함.

후설의 저술

1. 후설전집

1. 『성찰』(*Cartesianische Meditationen und Pariser Vorträge*), S. Strasser 편집, 1950.
   『데카르트적 성찰』, 이종훈 옮김, 한길사, 2002; 2016.
2. 『이념』(*Die Idee der Phänomenologie*), W. Biemel 편집, 1950.
   『현상학의 이념』, 이영호 옮김, 서광사, 1988.
3. 『이념들』 제1권(*Ideen zu einer reinen Phänomenologie und phänomeno-logischen Philosophie I*), W. Biemel 편집, 1950; K. Schuhmann 새편집, 1976.
   『순수현상학과 현상학적 철학의 이념들』 제1권, 이종훈 옮김, 한길사, 2009.
4. 『이념들』 제2권(*Ideen zu einer reinen Phänomenologie und phänomeno-logischen Philosophie II*), M. Biemel 편집, 1952.
   『순수현상학과 현상학적 철학의 이념들』 제2권, 이종훈 옮김, 한길사, 2009.
5. 『이념들』 제3권(*Ideen zu einer reinen Phänomenologie und phänomeno-logischen Philosophie III*), M. Biemel 편집, 1952.
   『순수현상학과 현상학적 철학의 이념들』 제3권, 이종훈 옮김, 한길사, 2009.
6. 『위기』(*Die Krisis der europäischen Wissenschaften und die transzendentale Phänomenologie*), W. Biemel 편집, 1954.
   『유럽학문의 위기와 선험적 현상학』, 이종훈 옮김, 한길사, 1997; 2016.
7. 『제일철학』 제1권(*Erste Philosophie*〔*1923~1924*〕*I*), R. Boehm 편집, 1956.
   『제일철학』 제1권, 이종훈 옮김, 한길사, 2020.

8. 『제일철학』 제2권(*Erste Philosophie[1923~1924] II*), R. Boehm 편집, 1959.
『제일철학』 제2권, 이종훈 옮김, 한길사, 2020.

9. 『심리학』(*Phänomenologische Psychologie[1925]*), W. Biemel 편집, 1962.
『현상학적 심리학』, 이종훈 옮김, 한길사, 2013.

10. 『시간의식』(*Zur Phänomenologie des inneren Zeitbewußtseins[1895~1917]*),
R. Boehm 편집, 1966.
『시간의식』, 이종훈 옮김, 한길사, 1996; 2018.

11. 『수동적 종합』(*Analysen zur passiven Synthesis[1918~1926]*), M. Fleischer
편집, 1966.
『수동적 종합』, 이종훈 옮김, 한길사, 2018.

12. 『산술철학』(*Philosophie der Arithmethik[1890~1901]*), L. Eley 편집, 1970.

13. 『상호주관성』 제1권(*Zur Phänomenologie der Intersubiektivität I [1905~20]*),
I. Kern 편집, 1973.

14. 『상호주관성』 제2권(*Zur Phänomenologie der Intersubjektivität II [1921~28]*),
I. Kern 편집, 1973.

15. 『상호주관성』 제3권(*Zur Phänomenologie der Intersubjektivität III [1929~35]*),
I .Kern 편집, 1973.

16. 『사물』(*Ding und Raum[1907]*), U. Claesges 편집, 1973.
『사물과 공간』, 김태희 옮김, 아카넷, 2018.

17. 『형식논리학과 선험논리학』(*Formale und transzendentale Logik*), P. Janssen
편집, 1974.
『형식논리학과 선험논리학』, 이종훈 옮김, 나남, 2010; 한길사, 2019.

18. 『논리연구』 1권(*Logische Untersuchungen I*), E. Holenstein 편집, 1975.
『논리연구』 제1권, 이종훈 옮김, 민음사, 2018.

19. 『논리연구』 2-1권(*Logische Untersuchungen II/1*), U .Panzer 편집, 1984.
『논리연구』 제2-1권, 이종훈 옮김, 민음사, 2018.

20-1. 『논리연구』 보충판 제1권(*Logische Untersuchungen. Ergänzungsband. I*),
U. Melle 편집, 2002.

20-2. 『논리연구』 보충판 제2권(*Logische Untersuchungen. Ergänzungsband. II*),
U. Melle 편집, 2005.
『논리연구』 제2-2권, 이종훈 옮김, 민음사, 2018.

21. 『산술과 기하학』(*Studien zur Arithmetik und Geometrie*[*1886~1901*]), I. Strohmeyer 편집, 1983.

22. 『논설』(*Aufsätze und Rezensionen*[*1890~1910*]), B. Rang 편집, 1979.

23. 『상상』(*Phantasie, Bildbewußtsein, Erinnerung*[*1898~1925*]), E. Marbach 편집, 1980.

24. 『인식론』(*Einleitung in die Logik und Erkenntnistheorie*[*1906~1907*]), U. Melle 편집, 1984.

25. 『강연 1』(*Aufsätze und Vorträge*[*1911~21*]), Th. Nenon & H.R. Sepp 편집, 1986.

26. 『의미론』(*Vorlesungen über Bedeutungslehre*[*1908*]), U. Panzer 편집, 1986.

27. 『강연 2』(*Aufsätze und Vorträge*[*1922~37*]), Th. Nenon & H.R. Sepp 편집, 1989.

28. 『윤리학』(*Vorlesung über Ethik und Wertlehre*[*1908~14*]), U. Melle 편집, 1988.

29. 『위기-보충판』(*Die Krisis der europäischen Wissenschaften und die transzendentale Phänomenologie*[*1934~37*]), R.N. Smid 편집, 1993.

30. 『논리학과 학문이론』(*Logik und allgemeine Wissenschaftstheorie*[*1917~18*]), U. Panzer 편집, 1996.

31. 『능동적 종합』(*Aktive Synthesen*[*1920~21*]), E. Husserl & R. Breeur 편집, 2000.

32. 『자연과 정신』(*Natur und Geist*[*1927*]), M. Weiler 편집, 2001.

33. 『베르나우 수고』(*Die Bernauer Manuskripte über das Zeitbewußtsein* [*1917~18*]), R. Bernet & D. Lohmar 편집, 2001.

34. 『현상학적 환원』(*Zur phänomenologische Reduktion*[*1926~35*]), S. Luft 편집, 2002.

35. 『철학 입문』(*Einleitung in die Philosophie*[*1922~23*]), B. Goossens 편집, 2002.

36. 『선험적 관념론』(*Transzendentale Idealismus*[*1908~21*]), R.D Rollinger & R. Sowa 편집, 2003.

37. 『윤리학 입문』(*Einleitung in die Ethik*[*1920 & 1924*]), H. Peucker 편집, 2004.

38.『지각과 주의를 기울임』(*Wahrnehmung und Aufmerksamkeit*[*1893~ 1912*]), T. Vongehr & R. Giuliani 편집, 2004.

39.『생활세계』(*Die Lebenswelt*[*1916~37*]), R. Sowa 편집, 2008.

40.『판단론』(*Untersuchungen zur Urteilstheorie*(*1893~1918*)), R.D. Rollinger 편집, 2009.

41.『형상적 변경』(*Zur Lehre vom Wesen und zur Methode der eidetischen Variation (1891~1935)*), D. Fonfaral 편집, 2012.

42.『현상학의 한계문제』(*Grenzprobleme der Phänomenologie*(*1908~1937*)), R. Sowa & T. Vongehr 편집, 2014.

2. 후설 전집에 수록되지 않은 저술

1.『엄밀학』(*Philosophie als strenge Wissenschaft*) in 『*Logos*』 제1집, W. Szilasi 편집, Frankfurt, 1965.
『엄밀한 학문으로서의 철학』, 이종훈 옮김, 지만지, 2008.

2.『경험과 판단』(*Erfahrung und Urteil*), L. Landgrebe 편집, Prag, 1939.
『경험과 판단』, 이종훈 옮김, 민음사, 1997; 2016.

3. *Briefe an Roman Ingarden*, R. Ingarden 편집, The Hague, 1968.

3. 후설 유고의 분류

A 세속적(mundan) 현상학
　　I 논리학과 형식적 존재론
　　II 형식적 윤리학, 법철학
　　III 존재론(형상학[形相學]과 그 방법론)
　　IV 학문이론
　　V 지향적 인간학(인격과 환경세계)
　　VI 심리학(지향성 이론)
　　VII 세계통각의 이론
B 환원
　　I 환원의 길
　　II 환원 자체와 그 방법론

III 잠정적인 선험적 지향적 분석학

IV 현상학의 역사적·체계적 자기특성

C 형식적 구성으로서 시간구성

D 원초적 구성(근원적 구성)

E 상호주관적 구성

  I 직접적 타자경험의 구성적 기초학

  II 간접적 타자경험의 구성(완전한 사회성)

  III 선험적 인간학(선험적 신학, 목적론 등)

F 강의·강연들

  I 강의들과 그 부분들

  II 강연들과 부록들

  III 인쇄된 논문들과 그 부록들의 수고(手稿)

  IV 정리되지 않은 원고

K 1935년 비판적으로 선별할 때 수용하지 않았던 속기 필사본

  I 1910년 이전 수고들

  II 1910년부터 1930년까지의 수고

  III 1930년 이후『위기』와 관련된 수고

  IX~X 후설 장서에 기재한 난외 주석들의 사본

L 1935년 비판적으로 선별할 때 수용하지 않았던 흘림체 필사본

M 필사체 수고 사본과 1938년 이전 후설의 조교들이 타이프한 원고

  I 강의들

    1『현상학 입문』(1922)

    2『철학입문』

    3『제일철학』

    4『현상학적 심리학』

  II 강연들

    1 베를린 강연

    2 칸트 기념 강연회의 연설

    3 파리 강연과『데카르트적 성찰』

  III 출판구상

    1『이념들』제2권과 제3권

　　　a) 슈타인 사본

　　　b) 란트그레베 사본

　　　c) 란트그레베 사본에 대한 후설의 수정

　　2 『논리연구』 제6연구(제2-2권)의 개정

　　3 의식의 구조에 대한 연구

　　　a) 1부

　　　b) 2부

　　　c) 3부

　　　d) 이러한 사상의 범위에 대한 구상

　　4 일본 잡지 『개조』에 기고한 논문의 구상

　　5 『위기』 제3부를 위한 구상

　　　a) 프라하 강연

　　　b) 빈 강연

　　　c) 『위기』 제3부; 내용 색인; 역사 연구; 『위기』 제3부의 수정

　　6~8 커다란 구도 속에서의 구상

　　9 후설의 관념론에 관한 논쟁

　　10 『브리태니카 백과사전』에 기고한 '현상학' 항목의 구상

　　11~17 네 가지 구도 속에서의 구상

N 비망록

P 다른 저자들의 수고들

Q 스승들의 강의를 들을 때 후설이 작성한 메모

R 편지

　I 후설이 쓴 편지

　II 후설에게 보낸 편지

　III 후설에 관한 편지

　IV 후설 사후(1938년) 후설 부인의 편지

X 기록문서

　I 임명장

　II 광고 포스터

　III 강의 안내문

　IV 일지

옮긴이의 말

후설은 생전에 『산술철학』(1891), 『논리연구』 제1권(1900)과 제2권(1901), 『엄밀한 학문으로서의 철학』(1911), 『이념들』 제1권(1913), 『시간의식』(1928), 『형식논리학과 선험논리학』(1929), 『위기』(1936)를 발표했다.

그런데 『엄밀한 학문으로서의 철학』은 그의 사상발전 전체를 추적할 수 있는 간명한 길잡이임에도 학술지 창간호에 게재되었기 때문에, 『시간의식』은 하이데거의 『존재와 시간』(1927)에 파묻혀 유사한 주제를 다룬 것으로 또한 『형식논리학과 선험논리학』은 현상학의 근본문제가 아니라 지엽적 문제를 다룬 것으로 간주되었기 때문에, 『위기』는 제1부와 제2부만 그것도 유고슬라비아에서 창간한 학술지에 발표되었기 때문에 학계에 본격적으로 주목받지 못했다.

더구나 심리학주의를 회의적 상대주의라고 비판한 『논리연구』 제1권은 객관주의로 각인된 반면, 의식체험을 지향적으로 분석한 제2권은 다시 주관적 심리학주의로 후퇴한 것으로 평가되었다. 그리고 순수 자아의 본질구조를 밝히며 현상학의 문제와 방법을 제시한 『이념들』 제1권은 전통적 의미의 주관적 관념론, 즉 의식 속에 갇힌 독아론으로 매도되었다. 이에 대해 후설이 거듭 해명했지만, 일단 이미 굳어진 근거 없는 편견을 지울 수는 없었다.

이렇게 왜곡된 경향들은 1950년부터 후설아카이브에서 유고를 중심으로 편집해 후설전집을 발간하면서, 즉 주관적 관념론의 테두리에 넣을 수 없는 신체, 감정이입, 상호주관성 등에 대한 분석이 쏟아지면서 더욱 증폭되었다. 그래서 일부에서는 '인식주관과 인식대상의 질료, 또는 이성(logos)과 감성(pathos)의 갈등을 극복하지 못했다' '객관에서 주관으로 전환한 후에 다시 객관으로 전환했다' '1920년대 전후로 현상학의 이념이 근본적으로 전환되었다'고도 한다.

후설전집에서 각 편집자가 밝힌 작성연도를 완전히 무시한다면, 과연 그 자료는 죽은 후설의 유령이 쓴 것인가? 1920년대 전후에 근본적 전환이 일어났다는 주장의 근거는 무엇인가? 왜 1920년대 전후인가? 정적 현상학의 이념과 발생적 현상학의 이념은 어떻게 다른가? 정적 분석과 발생적 분석 또는 데카르트적 길과 비-데카르트적 길은 서로 배척되는가?

결국 후설 현상학을 총체적으로 파악하려면 의식과 대상의 불가분적 상관관계에 대한 지향적 분석(정적 분석뿐 아니라 발생적 분석)을 정확하게 파악해야 하며, 소박한 자연적 태도에서 벗어나 궁극적 근원으로 되돌아가 묻는 선험적 태도를 엄밀하게 견지해야 한다.

여기에서 특히 『제일철학』이 선명하게 부각된다. 『이념들』 제1권 '머리말'에서 밝힌 본래 계획했던 제3권이 추구할 절대적 인식의 이념인 제일철학을 철학사를 통해 비판적으로 검토(제1권)하고 심리학이나 상호주관성을 통한 새로운 비-데카르트적 길을 적극 모색(제2권)하기 때문이다. 물론 현상학이 인식론을 중시한다고 신칸트학파(바덴학파)의 아류로 간주될 수 없다고 천명한 '칸트와 선험철학의 이념'(제1권 '보충논문 3') 등 칸트와 관련된 자료도 주목해야 한다.

요컨대 이 책은 후설이 은퇴 이후에 발표한『형식논리학과 선험논리학』,『데카르트적 성찰』,『위기』가 숙성되는 소중한 토양이자,『이념들』제1권 이후 은퇴할 때까지 16년간 왜곡된 비난과 오해에도 불구하고 오직 강의와 연구에 몰두했던 생생한 흔적인『수동적 종합』,『경험과 판단』,『현상학적 심리학』과의 긴밀한 연관을 일목요연하게 조망할 수 있는 유일한 거점이다.

이제 남은 문제는 후설의 논지를 읽어내는 일뿐이다. 결국 판단중지나 환원 등 현상학의 방법은 편견을 제쳐놓고 '사태 그 자체로!'(zur Sachen selbst) 되돌아가 직관하는(직접 보는) 것에서 출발한다. 후설은 개종(改宗)하는 것처럼 어렵더라도 선험적 주관성을 해명하고 인간성의 삶을 개혁하려면 철저한 자기책임에 입각한 의지의 결단으로 '현상학을 해야 한다'(Phänomenologiseiren)고 역설한다. 왜 무엇 때문에 여전히 망설이고 있는가!

끝으로 항상 깊은 가르침과 관심을 베풀어주신 은사님들께 감사드리며, 어려운 출판여건에도 이 책을 출간할 수 있게 많은 도움을 주신 한길사 김언호 사장님과 편집부 여러분에게 고마운 마음을 전한다. 그리고 학문적 능력이 부족한데도 이제껏 공부해 여기까지 올 수 있게 도와준 아내 조정희와 그 동안 무척 힘든 시절을 굳게 견디어준 윤상이와 윤건이도 잊을 수 없다.

2020년 6월
이종훈

찾아보기

ㄱ

간접적 제시 96

감정이입 88, 188-191, 196, 236-238, 244, 251, 254, 309, 311, 331, 370, 404

객관적인 것 39, 122, 297, 303, 308, 311, 356

객체적인 것 123, 157, 172, 186, 194, 296, 379

경험적 현상학 234

공동체 의식 304, 309

공리주의 41

과거지향 130, 150, 207, 237

구성 50, 89, 148, 171, 180,

구성작용 380

귀결논리 333, 334

근본주의 30, 38-40, 43-45, 59, 227

ㄴ

내재 140, 242, 282, 322, 325, 346, 380, 388

능동성 52, 132, 225

ㄷ

다양체 154, 195, 291

대상성 105, 170, 175, 186, 194, 195, 198, 199, 201, 209, 211, 216-218, 221-223, 225, 231, 239, 246, 248, 254, 290, 294, 299, 300, 306, 310, 323, 325, 377, 381, 382

대상적인 것 116, 156, 378

데카르트 21-23, 43, 46, 54, 64, 112, 118, 119, 123, 176, 177, 235, 328, 340, 345, 358, 368, 382

데카르트적 길 179, 193, 226, 296, 339, 358

데카르트적 방법 118, 380

데카르트적 환원 182, 225
독아론 92, 100, 244, 245, 249
독아론자 236
독아론적 현상학 238
동기부여 26, 28, 49, 55, 56, 65, 86, 114, 117, 139, 141, 171, 173, 194, 232, 248, 249, 251, 268, 271, 289, 290, 292, 310-316, 355
동물성 209, 362

ㄹ

라이프니츠 326
라프라스 282
로고스 280-282, 295, 336
로바체프스키 195
로크 197
리만 195

ㅁ

명석 24, 25, 28, 45, 56, 57, 68, 80, 98, 223, 224, 233, 234, 246, 248, 249, 278, 291, 333, 387
모나드론 255
목적론 337
미래지향 237

ㅂ

발생 296, 311-313, 315
방관자 134, 141, 152-154, 163, 222, 228-230, 239, 246
버클리 283

보편수학 286, 326, 335
보편학문 20, 55, 231, 277, 278, 285, 297, 301, 343, 344, 364, 366, 368, 373, 377, 380, 382
분석론 279, 333, 373

ㅅ

'선험적 주관성' 193, 351
'선험적' 주관성 55, 344
사회적 주관성 51
상관관계 42, 45, 54, 83, 84, 248, 261, 282-285, 291-293, 297, 299, 321, 326, 360, 371, 376, 379-381
상상 32, 89, 108, 158, 160-169, 176, 181-183, 186, 187, 189, 206, 207, 233, 274, 276, 317, 232, 378
상호주관성 228, 239, 279, 352, 369, 371, 377, 381, 388
상호주관적 경험 342, 343
상호주관적 이론화 369
상호주관적 환원 235
생활세계 355
선험적 가상 85, 86, 102, 110, 125, 231
선험적 경험 113, 123, 124, 126, 230, 231, 233, 234, 242, 329, 390
선험적 관념론 244, 283, 284, 381
선험적 독아론 244, 245, 249
선험적 상호주관성 228, 239, 279, 352
선험적 소박함 67, 231
선험적 시간 126
선험적 인식 45, 59, 68, 69, 232, 280,

284, 297, 320, 358, 367

선험적 자아 25, 112-114, 117, 121-
123, 126, 178, 181, 237, 243, 367

선험적 자아론 235

선험적 자아-전체 390

선험적 존재론 286

선험적 주관성 21, 53, 55, 57, 69, 70,
113, 117-119, 123, 127, 128, 176,
178-180, 193, 194, 197, 225-230,
232, 235-237, 243, 247, 252, 280,
294, 299, 316, 328, 329, 344, 345,
347, 351-353, 356, 359, 371

선험적 현상학 21, 180, 248

선험적 환원 119, 122, 124-126, 181,
222, 224, 232, 235, 239, 241, 244,
249, 358, 367

선험적인 것 59, 124, 126, 280, 390

선험철학 21, 68, 259, 283, 325, 358,
368

소피스트 43, 270

소피스트철학 20

속견 142, 150, 330, 368

수동성 52, 313, 324, 388

수용성 197

습득성 199, 234, 378

신체성 96, 97, 189, 190, 281, 290-293,
296, 298, 303, 308, 331

심리적인 것 96, 117, 157, 197, 296,
300

심리학의 길 358

심리학적 환원 181, 218, 224, 381

ㅇ

아름다운 것 33, 35, 37, 48, 50, 384

아프리오리 230, 231, 233, 246, 265,
282-285, 294, 297, 299, 325, 326,
335-337, 357, 387-389

언어적 신체화 274

역사 20, 21, 23, 45, 47, 54, 66, 99, 118,
173, 212, 232, 259, 261, 265, 271,
283, 285, 287, 303, 308, 310-313,
315, 326, 363, 364, 369, 373, 386,
388

연상 205, 212, 312, 314

영혼 88, 90, 109-111, 116, 188, 196-
198, 209, 228, 252, 293, 298, 304,
305, 308, 323, 361, 362, 381, 388

영혼적인 것 111, 117, 190, 197, 243,
331, 362

운동감각 292, 347

유명론 43

유클리드 232, 281, 289

의사소통 87, 90, 92, 171, 191, 264,
265, 325

의식의 지평 202, 206, 207, 229

의지 24, 25, 31, 33, 39-41, 43, 46,
48-50, 59, 60, 75, 104, 142, 143,
146, 152, 156, 173, 179, 198-200,
213, 214, 216, 253, 257-261, 263-
267, 304, 308, 314, 320, 334, 369,
383

이성 22, 36, 47, 49, 51, 54, 56, 71, 224,
229, 247, 248, 257, 258, 263-269,

271, 278, 282, 301-303, 305, 314-317, 321, 322, 326, 330, 337, 343, 345, 354, 355

이성비판 303, 368, 380

인식공동체 358, 367

인식대상 279, 326, 335, 372, 373, 375, 376

인식대상에 관한 학문 282

인식론적 순환 101, 106, 107

인식비판 28, 29, 69, 109, 112, 177, 329, 368

인식작용 26-28, 30, 47, 50, 53, 59, 67, 147, 231, 232, 245, 247-249, 251, 252, 257, 258, 279, 280, 282, 321, 323, 324, 326, 332, 334, 335, 340, 359, 364, 372, 373, 376

인식작용에 관한 학문 280, 359, 372, 374, 376

ㅈ

자기객관화 114

자기경험 106, 108, 110, 111, 113, 115, 117, 119, 120, 191, 228, 234, 237, 347

자기망각 130, 131, 166, 299

자기인식 22, 23, 68, 106, 107, 119, 158, 228, 358, 359, 367

자기책임 20, 26, 261-263, 270

자아론 235, 239, 297, 380

자아의 분열 131, 136, 139

자아적인 것 111

자연의 빛 302, 323

자유로운 변경 330

작업수행 20, 26, 29, 30, 42, 45, 49, 50, 52-54, 56, 67, 69, 114-116, 122, 158, 164, 167, 169, 170, 172, 175, 180, 181, 188, 194, 197, 201, 214, 216, 229, 239, 244, 248, 249, 251, 258, 259, 261, 265, 268, 273, 275-277, 283, 287, 300, 303, 305, 310, 314, 315, 317, 320, 321, 323-326, 330, 342, 343, 345, 356, 362, 363, 374, 389

정신 29, 32, 38, 43, 46, 52, 54, 69, 123, 147, 174, 176, 188, 204, 209, 239, 271-273, 275-277, 281, 282, 296, 308, 309, 311-313, 316, 325, 342, 356, 365, 366, 371-373, 378, 379, 387, 388

정신성 53, 281, 293, 342, 389

제이철학 324

존재론 280-284, 286-288, 294, 296-298, 326, 330, 331, 333

주관성의 작업수행 303

주관적인 것 97, 140, 154, 157-159, 175, 186, 189, 190, 192, 194-197, 211, 217-219, 243, 297, 300, 303, 304, 309, 311, 312, 314, 315, 330, 331, 347, 351, 352, 356, 357, 361, 362, 370, 371, 373, 375, 377, 390

지성 142, 143, 150, 152, 267

지평 35, 56, 72, 74, 75, 82, 84, 89, 90,

101, 102, 113, 126, 148, 200-212, 214, 217, 219, 221-224, 229, 234, 246, 253, 263, 268, 285, 293, 296, 309, 310, 312, 337, 349-352, 357, 358, 366, 382-384, 389, 390

지향성 164, 165, 180, 183, 186, 187, 190, 191, 210, 216, 221, 237, 241, 246, 248, 263, 316, 352

지향적인 것 146, 306

ㅊ

초재 242, 243, 322

충전적 60-65, 68, 69, 72, 73, 75, 78, 80, 103, 294

ㅋ

켄타우로스 162, 164-166

키클롭스의 싸움 158

ㅌ

태도변경 166

통각 114, 115, 122, 123, 171, 173, 196, 324, 362, 383, 389, 390

ㅍ

판단중지 154, 155, 163, 167, 169, 171, 174, 175, 177, 179, 181, 189, 192, 197-200, 214, 218, 221, 222, 224-226, 230, 232, 235, 236, 347, 351, 381

판명 42, 56, 57, 223, 278, 333

플라톤 20, 23, 43, 228, 325

플라톤주의 43

필증적 63, 64, 69, 70, 73, 79-82, 104-107, 109, 111-113, 118, 119, 154, 177, 178, 227, 231, 232, 234, 282, 284, 287, 320, 329, 333, 357-359

ㅎ

학문이론 50, 66, 259, 326

합리적 현상학 234

헤르바르트 77, 176

현상학적 철학 20

현상학적 환원의 현상학 225

현재화 189

현전화 124, 126, 136, 160, 182, 186, 188, 204, 205, 223, 236, 237

회의론 21, 42-44, 52, 55, 67, 353

회의론자 134, 136, 155

흄 44, 283

지은이 에드문트 후설

에드문트 후설(Edmund Husserl)은 1859년 오스트리아에서 유대인 상인의 아들로 태어났다. 20세기 독일과 프랑스 철학에 큰 영향을 미친 현상학의 창시자로서 마르크스, 프로이트, 니체와 더불어 현대사상의 원류라 할 수 있다. 1876년부터 1882년 사이에 라이프치히대학교와 베를린대학교에서 철학과 수학, 물리학 등을 공부했고, 1883년 변수계산에 관한 논문으로 박사학위를 받았다. 1884년 빈대학교에서 브렌타노 교수에게 철학강의를 듣고 기술심리학의 방법으로 수학을 정초하기 시작했다. 1887년 할레대학교에서 교수자격논문 「수 개념에 관하여」가 통과되었으며, 1901년까지 할레대학교에서 강사로 재직했다. 1900년 제1주저인 『논리연구』가 출간되어 당시 철학계에 강력한 인상을 남기고 확고한 지위도 얻었다. 많은 연구서클의 결성으로 이어진 후설 현상학에 대한 관심은 곧 『철학과 현상학적 탐구연보』의 간행으로 이어졌으며, 1913년 제2주저인 『순수현상학과 현상학적 철학의 이념들』 제1권을 발표해 선험적 관념론의 체계를 형성했다. 1916년 신칸트학파의 거두 리케르트의 후임으로 프라이부르크대학교 정교수로 초빙되어 1928년 정년퇴임할 때까지 재직했다. 세계대전의 소용돌이와 나치의 권력장악은 유대인 후설에게 커다란 시련이었으나, 지칠 줄 모르는 연구활동으로 저술작업과 학문보급에 힘썼다. 주저로 『유럽학문의 위기와 선험적 현상학』 『데카르트적 성찰』 『시간의식』 『엄밀한 학문으로서의 철학』 등이 있다. 후설 현상학은 하이데거와 사르트르, 메를로 퐁티 등의 철학은 물론 가다머와 리쾨르의 해석학, 인가르덴의 미학, 카시러의 문화철학, 마르쿠제와 하버마스 등 프랑크푸르트학파의 비판이론에도 지대한 영향을 미쳤다. 아울러 데리다, 푸코, 리오타르 등 탈현대 철학과 프루스트, 조이스, 울프 등의 모더니즘 문학에도 많은 영향을 주었다.

옮긴이 이종훈

이종훈(李宗勳)은 성균관대학교 철학과와 같은 대학교 대학원에서 후설 현상학으로 박사학위를 받았다. 춘천교대 명예교수다. 지은 책으로는 『후설현상학으로 돌아가기』(2017), 『현대사회와 윤리』(1999), 『아빠가 들려주는 철학이야기』(전 3권, 1994~2006), 『현대의 위기와 생활세계』(1994)가 있다. 옮긴 책으로는 『형식논리학과 선험논리학』(후설, 2010, 2019), 『논리연구』(전 3권, 후설, 2018), 『순수현상학과 현상학적 철학의 이념들』(전 3권, 후설, 2009), 『유럽학문의 위기와 선험적 현상학』(후설, 1997, 2016), 『시간의식』(후설, 1996, 2018), 『현상학적 심리학』(후설, 2013), 『데카르트적 성찰』(후설·오이겐 핑크, 2002, 2016), 『수동적 종합』(후설, 2018), 『경험과 판단』(후설, 1997, 2016), 『엄밀한 학문으로서의 철학』(후설, 2008), 『제일철학』(전 2권, 후설, 2020)이 있다. 이 밖에 『소크라테스 이전과 이후』(컨퍼드, 1995), 『언어와 현상학』(수잔 커닝햄, 1994) 등이 있다.

HANGIL GREAT BOOKS 168

제일철학 2

지은이 에드문트 후설
옮긴이 이종훈
펴낸이 김언호

펴낸곳 (주)도서출판 한길사
등록 1976년 12월 24일
주소 10881 경기도 파주시 광인사길 37
홈페이지 www.hangilsa.co.kr
전자우편 hangilsa@hangilsa.co.kr
전화 031-955-2000~3 **팩스** 031-955-2005

부사장 박관순 **총괄이사** 김서영 **관리이사** 곽명호
영업이사 이경호 **경영이사** 김관영
편집 김대일 백은숙 노유연 김지연 김지수 김영길
마케팅 서승아 **관리** 이주환 김선희 문주상 이희문 원선아
디자인 창포 031-955-9933
CTP출력·인쇄 예림 **제본** 예림바인딩

제1판 제1쇄 2020년 6월 10일

값 30,000원

ISBN 978-89-356-6487-0 94080
ISBN 978-89-356-6427-6 (세트)

• 잘못 만들어진 책은 구입하신 서점에서 바꿔드립니다.
• 이 도서의 국립중앙도서관 출판시도서목록(CIP)은 서지정보유통지원시스템 홈페이지(seoji.nl.go.kr)와
국가자료공동목록시스템(www.nl.go.kr/kolisnet)에서 이용하실 수 있습니다.
(CIP제어번호: CIP2020020271)

한길그레이트북스 인류의 위대한 지적 유산을 집대성한다

1 관념의 모험
앨프레드 노스 화이트헤드 | 오영환

2 종교형태론
미르치아 엘리아데 | 이은봉

3·4·5·6 인도철학사
라다크리슈난 | 이거룡
2005 『타임스』 선정 세상을 움직인 100권의 책
『출판저널』 선정 21세기에도 남을 20세기의 빛나는 책들

7 야생의 사고
클로드 레비-스트로스 | 안정남
2005 『타임스』 선정 세상을 움직인 100권의 책
2008 『중앙일보』 선정 신고전 50선

8 성서의 구조인류학
에드먼드 리치 | 신인철

9 문명화과정 1
노르베르트 엘리아스 | 박미애
2005 연세대학교 권장도서 200선
2012 인터넷 교보문고 명사 추천도서
2012 알라딘 명사 추천도서

10 역사를 위한 변명
마르크 블로크 | 고봉만
2008 『한국일보』 오늘의 책
2009 『동아일보』 대학신입생 추천도서
2013 yes24 역사서 고전

11 인간의 조건
한나 아렌트 | 이진우
2012 인터넷 교보문고 MD의 선택
2012 네이버 지식인의 서재

12 혁명의 시대
에릭 홉스봄 | 정도영·차명수
2005 서울대학교 권장도서 100선
2005 『타임스』 선정 세상을 움직인 100권의 책
2005 연세대학교 권장도서 200선
1999 『출판저널』 선정 21세기에도 남을 20세기의 빛나는 책들
2012 알라딘 블로거 베스트셀러
2013 『조선일보』 불멸의 저자들

13 자본의 시대
에릭 홉스봄 | 정도영
2005 서울대학교 권장도서 100선
1999 『출판저널』 선정 21세기에도 남을 20세기의 빛나는 책들
2012 알라딘 블로거 베스트셀러
2013 『조선일보』 불멸의 저자들

14 제국의 시대
에릭 홉스봄 | 김동택
2005 서울대학교 권장도서 100선
1999 『출판저널』 선정 21세기에도 남을 20세기의 빛나는 책들
2012 알라딘 블로거 베스트셀러
2013 『조선일보』 불멸의 저자들

15·16·17 경세유표
정약용 | 이익성
2012 인터넷 교보문고 필독고전 100선

18 바가바드 기타
함석헌 주석 | 이거룡 해제
2007 서울대학교 추천도서

19 시간의식
에드문트 후설 | 이종훈

20·21 우파니샤드
이재숙
2005 서울대학교 권장도서 100선

22 현대정치의 사상과 행동
마루야마 마사오 | 김석근
2005 『타임스』 선정 세상을 움직인 100권의 책
2007 도쿄대학교 권장도서

23 인간현상
테야르 드 샤르댕 | 양명수
2007 서울대학교 추천도서

24·25 미국의 민주주의
알렉시스 드 토크빌 | 임효선·박지동
2005 서울대학교 권장도서 100선
2012 인터넷 교보문고 MD의 선택
2012 인터넷 교보문고 MD의 선택
2013 문명비평가 기 소르망 추천도서

26 유럽학문의 위기와 선험적 현상학
에드문트 후설 | 이종훈
2005 서울대학교 논술출제

27·28 삼국사기
김부식 | 이강래
2005 연세대학교 권장도서 200선
2012 인터넷 교보문고 필독고전 100선
2013 yes24 다시 읽는 고전

29 원본 삼국사기
김부식 | 이강래 교감

30 성과 속
미르치아 엘리아데 | 이은봉
2005 『타임스』 선정 세상을 움직인 100권의 책
2012 인터넷 교보문고 명사 추천도서
『출판저널』 선정 21세기에도 남을 20세기의 빛나는 책들

31 슬픈 열대
클로드 레비-스트로스 | 박옥줄
2005 서울대학교 권장도서 100선
2005 연세대학교 권장도서 200선
2008 홍익대학교 논술출제
2012 인터넷 교보문고 명사 추천도서
2013 yes24 역사서 고전
『출판저널』 선정 21세기에도 남을 20세기의 빛나는 책들

32 증여론
마르셀 모스 | 이상률
2003 문화관광부 우수학술도서
2012 네이버 지식인의 서재

33 부정변증법
테오도르 아도르노 | 홍승용

34 문명화과정 2
노르베르트 엘리아스 | 박미애
2005 연세대학교 권장도서 200선
2012 인터넷 교보문고 명사 추천도서
2012 알라딘 명사 추천도서

35 불안의 개념
쇠렌 키르케고르 | 임규정
2012 인터넷 교보문고 필독고전 100선

36 마누법전
이재숙·이광수

37 사회주의의 전제와 사민당의 과제
에두아르트 베른슈타인 | 강신준

38 의미의 논리
질 들뢰즈 | 이정우
2000 교보문고 선정 대학생 권장도서

39 성호사설
이익 | 최석기
2005 연세대학교 권장도서 200선
2008 서울대학교 논술출제
2012 인터넷 교보문고 필독고전 100선

40 종교적 경험의 다양성
윌리엄 제임스 | 김재영
2000 대한민국학술원 우수학술도서

41 명이대방록
황종희 | 김덕균
2000 한국출판문화상

42 소피스테스
플라톤 | 김태경

43 정치가
플라톤 | 김태경

44 지식과 사회의 상
데이비드 블루어 | 김경만
2002 대한민국학술원 우수학술도서

45 비평의 해부
노스럽 프라이 | 임철규
2001 『교수신문』 우리 시대의 고전

46 인간적 자유의 본질·철학과 종교
프리드리히 W.J. 셸링 | 최신한

47 무한자와 우주와 세계·원인과 원리와 일자
조르다노 브루노 | 강영계
2001 한국출판인회의 이달의 책

48 후기 마르크스주의
프레드릭 제임슨 | 김유동
2001 한국출판인회의 이달의 책

49·50 봉건사회
마르크 블로크 | 한정숙
2002 대한민국학술원 우수학술도서
2012 『한국일보』 다시 읽고 싶은 책

51 칸트와 형이상학의 문제
마르틴 하이데거 | 이선일
2003 대한민국학술원 우수학술도서

52 남명집
조식 | 경상대 남명학연구소
2012 인터넷 교보문고 필독고전 100선

53 낭만적 거짓과 소설적 진실
르네 지라르 | 김치수·송의경
2002 대한민국학술원 우수학술도서
2013 『한국경제』 한 문장의 교양

54·55 한비자
한비 | 이운구
한국간행물윤리위원회 추천도서
2007 서울대학교 추천도서
2012 인터넷 교보문고 필독고전 100선

56 궁정사회
노르베르트 엘리아스 | 박여성

57 에밀
장 자크 루소 | 김중현
2005 서울대학교 권장도서 100선
2000·2006 서울대학교 논술출제

58 이탈리아 르네상스의 문화
야코프 부르크하르트 | 이기숙
2004 한국간행물윤리위원회 추천도서
2005 연세대학교 권장도서 200선
2009 『동아일보』 대학신입생 추천도서

59·60 분서
이지 | 김혜경
2004 문화관광부 우수학술도서
2012 인터넷 교보문고 필독고전 100선

61 혁명론
한나 아렌트 | 홍원표
2005 대한민국학술원 우수학술도서

62 표해록
최부 | 서인범·주성지
2005 대한민국학술원 우수학술도서

63·64 정신현상학
G.W.F. 헤겔 | 임석진
2006 대한민국학술원 우수학술도서
2005 연세대학교 권장도서 200선
2005 프랑크푸르트도서전 한국의 아름다운 책100
2008 서우철학상
2012 인터넷 교보문고 필독고전 100선

65·66 이정표
마르틴 하이데거 | 신상희·이선일

67 왕필의 노자주
왕필 | 임채우
2006 문화관광부 우수학술도서

68 신화학 1
클로드 레비-스트로스 | 임봉길
2007 대한민국학술원 우수학술도서
2008 『동아일보』 인문과 자연의 경계를 넘어 30선

69 유랑시인
타라스 셰브첸코 | 한정숙

70 중국고대사상사론
리쩌허우 | 정병석
2005 『한겨레』 올해의 책
2006 문화관광부 우수학술도서

71 중국근대사상사론
리쩌허우 | 임춘성
2005 『한겨레』 올해의 책
2006 문화관광부 우수학술도서

72 중국현대사상사론
리쩌허우 | 김형종
2005 『한겨레』 올해의 책
2006 문화관광부 우수학술도서

73 자유주의적 평등
로널드 드워킨 | 염수균
2006 문화관광부 우수학술도서
2010 동아일보 '정의에 관하여' 20선

74·75·76 춘추좌전
좌구명 | 신동준

77 종교의 본질에 대하여
루트비히 포이어바흐 | 강대석

78 삼국유사
일연 | 이가원·허경진
2007 서울대학교 추천도서

79·80 순자
순자 | 이운구
2007 서울대학교 추천도서

81 예루살렘의 아이히만
한나 아렌트 | 김선욱
2006 『한겨레』 올해의 책
2006 한국간행물윤리위원회 추천도서
2007 『한국일보』 오늘의 책
2007 대한민국학술원 우수학술도서
2012 yes24 리뷰 영웅대전

82 기독교 신앙
프리드리히 슐라이어마허 | 최신한
2008 대한민국학술원 우수학술도서

83·84 전체주의의 기원
한나 아렌트 | 이진우·박미애
2005 『타임스』 선정 세상을 움직인 책
『출판저널』 선정 21세기에도 남을 20세기의 빛나는 책들

85 소피스트적 논박
아리스토텔레스 | 김재홍

86·87 사회체계이론
니클라스 루만 | 박여성
2008 문화체육관광부 우수학술도서

88 헤겔의 체계 1
비토리오 회슬레 | 권대중

89 속분서
이지 | 김혜경
2008 대한민국학술원 우수학술도서

90 죽음에 이르는 병
쇠렌 키르케고르 | 임규정
『한겨레』 고전 다시 읽기 선정
2006 서강대학교 논술출제

91 고독한 산책자의 몽상
장 자크 루소 | 김중현

92 학문과 예술에 대하여·산에서 쓴 편지
장 자크 루소 | 김중현

93 사모아의 청소년
마거릿 미드 | 박자영
20세기 미국대학생 필독 교양도서

94 자본주의와 현대사회이론
앤서니 기든스 | 박노영·임영일
1999 서울대학교 논술출제
2009 대한민국학술원 우수학술도서

95 인간과 자연
조지 마시 | 홍금수

96 법철학
G.W.F. 헤겔 | 임석진

97 문명과 질병
헨리 지거리스트 | 황상익
2009 대한민국학술원 우수학술도서

98 기독교의 본질
루트비히 포이어바흐 | 강대석

99 신화학 2
클로드 레비-스트로스 | 임봉길
2008 『동아일보』 인문과 자연의 경계를 넘어 30선
2009 대한민국학술원 우수학술도서

100 일상적인 것의 변용
아서 단토 | 김혜련
2009 대한민국학술원 우수학술도서

101 독일 비애극의 원천
발터 벤야민 | 최성만·김유동

**102·103·104 순수현상학과
현상학적 철학의 이념들**
에드문트 후설 | 이종훈
2010 대한민국학술원 우수학술도서

105 수사고신록
최술 | 이재하 외
2010 대한민국학술원 우수학술도서

106 수사고신여록
최술 | 이재하
2010 대한민국학술원 우수학술도서

107 국가권력의 이념사
프리드리히 마이네케 | 이광주

108 법과 권리
로널드 드워킨 | 염수균

109·110·111·112 고야
홋타 요시에 | 김석희
2010 12월 한국간행물윤리위원회 추천도서

113 왕양명실기
박은식 | 이종란

114 신화와 현실
미르치아 엘리아데 | 이은봉

115 사회변동과 사회학
레이몽 부동 | 민문홍

116 자본주의·사회주의·민주주의
조지프 슘페터 | 변상진
2012 대한민국학술원 우수학술도서
2012 인터파크 이 시대 교양 명저

117 공화국의 위기
한나 아렌트 | 김선욱

118 차라투스트라는 이렇게 말했다
프리드리히 니체 | 강대석

119 지중해의 기억
페르낭 브로델 | 강주헌

120 해석의 갈등
폴 리쾨르 | 양명수

121 로마제국의 위기
램지 맥멀렌 | 김창성
2012 인터파크 추천도서

122·123 윌리엄 모리스
에드워드 파머 톰슨 | 윤효녕 외
2012 인터파크 추천도서

124 공제격치
알폰소 바뇨니 | 이종란

125 현상학적 심리학
에드문트 후설 | 이종훈
2013 인터넷 교보문고 눈에 띄는 새 책
2014 대한민국학술원 우수학술도서

126 시각예술의 의미
에르빈 파노프스키 | 임산

127·128 시민사회와 정치이론
진 L. 코헨·앤드루 아라토 | 박형신·이혜경

129 운화측험
최한기 | 이종란
2015 대한민국학술원 우수학술도서

130 예술체계이론
니클라스 루만 | 박여성·이철

131 대학
주희 | 최석기

132 중용
주희 | 최석기

133 종의 기원
찰스 다윈 | 김관선

134 기적을 행하는 왕
마르크 블로크 | 박용진

135 키루스의 교육
크세노폰 | 이동수

136 정당론
로베르트 미헬스 | 김학이
2003 기담학술상 변역상
2004 대한민국학술원 우수학술도서

137 법사회학
니클라스 루만 | 강희원
2016 세종도서 우수학술도서

138 중국사유
마르셀 그라네 | 유병태
2011 대한민국학술원 우수학술도서

139 자연법
G.W.F 헤겔 | 김준수
2004 기담학술상 변역상

140 기독교와 자본주의의 발흥
R.H. 토니 | 고세훈

141 고딕건축과 스콜라철학
에르빈 파노프스키 | 김율
2016 세종도서 우수학술도서

142 도덕감정론
애덤스미스 | 김광수

143 신기관
프랜시스 베이컨 | 진석용
2001 9월 한국출판인회의 이달의 책
2005 서울대학교 권장도서 100선

144 관용론
볼테르 | 송기형·임미경

145 교양과 무질서
매슈 아널드 | 윤지관

146 명등도고록
이지 | 김혜경

147 데카르트적 성찰
에드문트 후설·오이겐 핑크 | 이종훈
2003 대한민국학술원 우수학술도서

148·149·150 함석헌선집 1·2·3
함석헌 | 함석헌편집위원회
2017 대한민국학술원 우수학술도서

151 프랑스혁명에 관한 성찰
에드먼드 버크 | 이태숙

152 사회사상사
루이스 코저 | 신용하·박명규

153 수동적 종합
에드문트 후설 | 이종훈
2019 대한민국학술원 우수학술도서

154 로마사 논고
니콜로 마키아벨리 | 강정인·김경희
2005 대한민국학술원 우수학술도서

155 르네상스 미술가평전 1
조르조 바사리 | 이근배

156 르네상스 미술가평전 2
조르조 바사리 | 이근배

157 르네상스 미술가평전 3
조르조 바사리 | 이근배

158 르네상스 미술가평전 4
조르조 바사리 | 이근배

159 르네상스 미술가평전 5
조르조 바사리 | 이근배

160 르네상스 미술가평전 6
조르조 바사리 | 이근배

161 어두운 시대의 사람들
한나 아렌트 | 홍원표

162 형식논리학과 선험논리학
에드문트 후설 | 이종훈

163 러일전쟁 1
와다 하루키 | 이웅현

164 러일전쟁 2
와다 하루키 | 이웅현

165 종교생활의 원초적 형태
에밀 뒤르켐 | 민혜숙 · 노치준

166 서양의 장원제
마르크 블로크 | 이기영

167 제일철학 1
에드문트 후설 | 이종훈

168 제일철학 2
에드문트 후설 | 이종훈

●한길그레이트북스는 계속 간행됩니다.